电力

会计档案管理应用手册

杨知普　主　编
龙鹏学　王显静　副主编

中国电力出版社
CHINA ELECTRIC POWER PRESS

内容提要

会计档案是总结经验、揭露责任事故、打击经济领域犯罪、分析和判断事故原因的重要依据，是国家制定宏观经济政策及经营决策的重要资源。随着社会市场经济和信息技术的不断发展，会计档案管理工作面临保证经济稳定发展和新技术要求的挑战，为提高会计档案管理水平，编撰了《电力会计档案管理应用手册》。本书共分为九章，分别是：会计档案及其管理原则，会计核算工作及会计准则体系，会计档案管理体制及管理职责，会计保密、会计监督及会计法律责任，会计文书档案及会计档案归档范围，会计档案立卷分类方法及档号结构，会计档案编目及入库排架，会计档案临时保管及归档保管利用，会计档案鉴定及销毁。

本书编撰来自会计专业和档案工作实际，是会计部门和档案部门的工具书，具有较强的参考价值。本书不仅适用于电力行业会计档案，同时对其他行业会计档案（如财政部门、银行、税务部门）同样具有指导作用。

图书在版编目（CIP）数据

电力会计档案管理应用手册/杨知普主编. —北京：中国电力出版社，2024.2
ISBN 978-7-5198-8588-5

Ⅰ. ①电… Ⅱ. ①杨… Ⅲ. ①电力工业－工业会计－会计档案－档案管理－手册 Ⅳ. ①G275.9-62

中国国家版本馆 CIP 数据核字（2024）第 004230 号

出版发行：中国电力出版社
地　　址：北京市东城区北京站西街 19 号（邮政编码 100005）
网　　址：http://www.cepp.sgcc.com.cn
责任编辑：孙建英（010-63412369）
责任校对：黄　蓓　王海南
装帧设计：赵姗姗
责任印制：吴　迪

印　　刷：三河市航远印刷有限公司
版　　次：2024 年 2 月第一版
印　　次：2024 年 2 月北京第一次印刷
开　　本：880 毫米×1230 毫米　16 开本
印　　张：14.125
字　　数：342 千字
印　　数：0001—1000 册
定　　价：70.00 元

本书编委会

主　任　杨知普

副主任　王荣富　齐　亮　李　琳

委　员　杨　辉　杨宏鹏　马培奇　杨丽波

主　编　杨知普

副主编　龙鹏学　王显静

参　编　向东辉　王恒贤　朱华军　管　军　黎　威

谢　芳　余　丽　陈剑峰　郭忠保　杨晓泰

崔丹丹　黄　伟　李婪华　段永杰　王　玲

徐莉莉　程秀琴　郭建忠　王安屿　穆荣进

王珊珊　佐志红　李中全　金星海　郑贤林

郭莲娜　王鹏飞

前　言

会计档案是各行各业在会计核算活动中形成或接收的各种记录，是反映企事业单位经济业务事项的会计资料，是单位经济业务的重要史料和证据，是总结经验、揭露责任事故、打击经济领域犯罪、分析和判断事故原因的重要依据，是国家制定宏观经济政策及经营决策的重要资源。随着社会市场经济和信息技术的不断发展，会计档案管理工作面临保证经济稳定发展和新技术要求的挑战，会计档案作为企事业财务工作的重要组成部分，常常因为财务工作的收尾而被忽视，结果造成会计档案质量存在一定的问题。尤其是工程建设项目，工程会计档案直接关系到企业建设项目的成本控制、决策、评审、质量等问题，由于工期短、时间紧、人员变动大，会计档案收集整理和立卷归档保管处于薄弱环节，直至工程完工验收会计档案也未移交。

工程建设项目完工后，国家或地方行政单位、上级企业管理仅对基建项目档案的完整性、系统性、准确性及规范性进行检查验收，忽视了工程会计档案的整理归档及保管检查，随着时间推移，越来越多的问题逐渐显露，有些工程建设项目的会计档案一直滞留于会计人员手中，部分会计档案被任意销毁或随意丢弃，一旦查账无从做起，造成会计档案丢失的严重后果，互相推诿、难以追究责任，给企业乃至国家造成严重损失。有些单位虽有移交，但收集不全、整理不规范、立卷缺乏标准性，随着工程建设的进展或会计人员的调离，补充整理立卷存在问题，导致档案部门对会计档案无法实行集中统一管理。为提高工程建设项目会计档案的收集整理水平，加强档案部门对会计档案的接收与保管意识，编者经过实践、理论、再实践、总结经验，编撰了《电力会计档案管理应用手册》一书，该书的问世不仅对电力企业、工程会计档案收集整理、分类方法起到指导和促进作用，同时对其他行业（如财政、银行、税务部门）会计档案同样具有指导作用。

随着国家社会经济的不断发展，工程建设项目越来越多，如大中小型水电水利、新能源建设工程等，由于现代信息技术的发展需要，各类工程会计档案的收集整理、分类、立卷归档水平亟待再上新台阶，本书以电力新能源会计档案管理工作为实例，在依据国家会计法律法规应用的基础上，就会计档案管理工作存在的问题，结合实际编撰而成。该书详细地阐述了从会计核算材料的形成、收集、整理、分类、立卷、装订、编目，以及会计档案的移交和保管，尤其对各行各业会计核算材料的分类方法及档号结构进行了详细的分析和阐述，拓展会计人员和档案人员的思路，使本书更具可操作性，是会计机构和档案机构的实用工具书。

本书共分为九章，分别是会计档案及其管理原则，会计核算工作及会计准则体系，会计档案管理体制及管理职责，会计保密、会计监督及会计法律责任，会计文书档案及会计档案归档范围，会计档案立卷分类方法及档号结构，会计档案编目及入库排架，会计档案临时保管及归档保管利用，会计档案鉴定及销毁。本书编撰来自工作实际，具有较强的参考价值。

本书在编撰过程中，力求做到依据准确、内容全面、简明实用，由于水平有限，疏漏之处难免，敬请指正。

编　者

2023 年 12 月

目　录

第一章

会计档案及其管理原则

第一节　会计档案及其作用和特点

一、会计档案及其形式

1. 会计档案及其重要性

（1）会计档案定义。会计档案是国家机关、社会团体、企事业单位、个体工商户和其他组织在会计核算活动中形成或接收的、记录和反映单位经济业务事项的，具有保存价值的文字、图表等各种形式的原始记录。或：会计档案是会计凭证、会计账簿、会计报告等会计核算材料，是记录和反映单位经济业务发生事项的重要史料和证据。或：会计档案是在核算和监督经济业务活动的过程中形成的具有利用价值的原始会计核算专业材料。或：根据《会计档案管理办法》第三条规定：会计档案是指单位在进行会计核算等过程中形成或接收的，记录和反映单位经济业务事项的，具有保存价值的文字、图表等各种形式的会计资料，包括通过计算机等电子设备形成、传输和存储的电子会计档案。

（2）会计档案管理的重要性。首先，会计档案是国家档案的重要组成部分，也是各单位的重要档案，它是记录和反映单位经济业务的历史资料和证据，是单位经济活动的历史记录，是重要的信息资源。通过会计档案，可以了解各项经济业务的来龙去脉；可以检查一个单位是否遵守财经纪律，在会计资料中有无弄虚作假、违法乱纪等行为；会计档案还可以为国家、单位提供详尽的经济资料，为国家制定宏观经济及单位制定经营决策提供参考依据。其次，在会计电算化业务高速发展的同时，对会计档案管理提出了新要求，利用计算机管理会计档案，有着存储量大、处理迅速、查阅方便，具有随时随地查阅所需会计信息，大大提高了工作效率等诸多优点，根据电算化会计档案的特点，职能的定位，进一步做好电算化会计档案的管理工作，确保会计档案的连续、系统、完整，促进电算化会计档案的业务发展。

2. 会计档案形成条件及工程建设项目会计档案

（1）会计档案形成条件。凡是具备独立核算的生产经营活动或预算资金活动的单位，都必须要形成会计档案。建设项目企业会计档案是记录和反映项目自身经济业务会计核算的专业资料，具有重要的经济意义和法律意义。

（2）工程建设项目会计档案。工程建设项目是指按固定资产投资管理形式进行投资并形成固定资产的全过程。工程建设项目会计档案是企业建设项目实施过程的核心文件，直接关系到企业建设项目的成本控制、决策、评审、质量管理等诸多问题，是企业决策和管理的基础。新建项目包括建设准备、建设施工、建设安装、建设投产四个过程。根据投资来源不同分为基本建设投资项目、更新改造项目等，根据行业建设特点分为公路铁路工程、涉水交通工程、机场工程、水利工程、电力工程（包含火电、水电、新能源工程）、金属矿工程、非金属矿工程、煤矿工程、煤化工工程、水泥工程、管道工程、城建工程、林纸一体化工程、农林开发工程、移民工程等，工程建设项目产生的会计档案，根据工程投资概算与会计档案形成闭环管理。

水电行业，如水电水利建设项目由于建设周期长、建设任务重，工程技术管理要求高、工程建设进度快，建设项目产生的会计档案常常被忽视管理，待工程专项验收、完工验收后，才发现会计档案归档不完整、整理不规范，由于工程建设人员流动快，补充收集整理立卷归档十分困难，无法向档案部门移交合格的会计档案。

3. 会计档案的形式

会计档案分为纸质会计档案、电子会计档案两种载体形式，其内容包括会计凭证、会计账簿、会计报告、其他会计资料四类。

（1）纸质会计档案外在形式多样。会计专业的性质决定了会计档案形式的多样化：①会计凭证在不同的行业，外形更是大小各异，长短参差不齐。②会计账簿有订本式账、活页式账、卡片式账。③财务报告由于有文字、表格、数据而出现 16 开或 8 开的纸张规格以及计算机打印报告等。由于会计档案的特点要求其在整理和保管方面，不能照搬其他门类档案的整理办法，而是需要从实际出发。

（2）电子会计档案采用光盘脱机保存。电子会计档案是指单位可以利用计算机、网络通信等信息技术手段管理会计档案。在会计软件工作中形成的电子会计业务记录，每年末需要将其打印形成会计纸质材料，要求纸质会计档案与电子会计档案一并归档保存，电子会计档案采用光盘刻录脱机保存归档。

二、会计档案的作用及保管目的和要求

1. 会计档案的作用

会计档案是企事业单位经济业务的重要史料和证据，也是国家档案的重要组成部分，其作用如下：

（1）依据作用。会计档案是编制国家和地方预算、国家和部门经济计划、单位预算及财务收支计划的重要依据。

（2）参考作用。会计档案为国家进行经济建设的计划和决策提供可靠信息，是各单位管理、生产、经营和事业活动的重要参

考资料。

（3）凭证作用。会计档案是记录各类经济活动，维护国家、集体和公民个人财产权益，会计档案是总结经验、揭露责任事故、打击经济领域犯罪、分析和判断事故原因，查处经济犯罪活动的可靠依据。

（4）史料作用。会计档案真实地记录了各个历史时期经济管理水平与状况，为编写经济管理、财政事业发展等专题提供重要史料，有助于进行经济前景的预测、经营决策。

2. 保管会计档案的目的

保管会计档案的目的是保障企业财务管理的合法性、规范性和可靠性。具体原因如下：

（1）法律要求。根据《中华人民共和国会计法》（简称《会计法》）的规定，企业应当建立会计档案，对企业的财务状况、经营成果、现金流量等记录和保存。如果企业没有建立和保管好会计档案，将会受到法律的制裁。

（2）决策依据。会计档案是企业财务管理的重要依据，是企业管理层进行决策的重要参考。企业管理层根据会计档案了解企业的财务状况，经营成果、现金流量等信息而进行决策。

（3）审计需要。会计档案是企业内部审计和外部审计的重要依据。内部审计人员可以根据会计档案进行内部审计，外部审计机构可以对企业的会计档案进行审计，以确保企业的财务信息真实、准确、完整。

（4）税务管理。会计档案是企业纳税的重要依据。税务机关可以根据企业的会计档案进行税务检查，以确保企业的纳税行为合法、规范。

综上，通过会计档案可以详细地反映一个单位会计基础工作的规范情况，如果一个单位存在会计账目混乱、手续不清、资料散失等问题，都能清楚地从会计档案中体现出来；同时，如果一个单位存在弄虚作假、违法乱纪等情况，也可从会计档案中反映和体现出来。各种会计记录都是经济活动的原始记录和客观写照，对会计档案的重视程度如何，反映了企事业单位经济秩序是否正常与合法。

3. 会计档案管理的要求

会计档案是国家档案的重要组成部分，会计人员要按照国家和上级关于会计档案管理办法的规定和要求，对本单位的各种会计凭证、会计账簿、会计报告（表）、其他类会计资料进行定期收集、审查核对、立卷整理、装订成册，交由专门的档案管理部门或专人保管，并严格按照《会计档案管理办法》的规定在保管年限期满时办理销毁。

三、会计档案的价值及特点

1. 会计档案的价值

会计档案在保证企事业单位正常工作秩序、生产秩序和科研秩序等方面，具有十分重要的利用价值。体现六个方面：一是会计档案是制定财务计划的重要数据源；二是会计档案是进行科学经济决策的信息源；三是会计档案是维护正常经济、工作秩序的法定书证；四是会计档案是研究经济文化存在与发展规律的重要文献源；五是会计档案是开展历史研究的记忆库；六是会计档案是储备会计工作经验、技术、智慧和教训的知识库。

2. 会计档案的特点

（1）专业性。会计档案是由会计核算专业材料转化而来的；会计核算是对会计对象进行连续、系统、完整的记录和计算；会计凭证、账簿、报告都是在会计核算业务过程科学地组织会计核算形成的。

（2）严密性。各类核算材料之间内容联系紧密，不可分割。

会计凭证是根据业务发生的原始凭证，经过审核，然后编制相应的记账凭证。会计账簿是由凭证转化而来的；会计报告是由会计账簿汇总而成的；会计凭证、会计账簿、会计报告三种形式相互衔接，环环相扣，相互制约，显示了较强的严密性和整体性。

（3）广泛性。任何社会实践主体、凡是具备独立会计核算业务的单位，都要形成会计档案，包括各种国家机关、社会团体、部队、企事业单位以及个体工商户和其他组织，都要按规定建账；只要具有独立核算就要形成会计档案，涉及面极为广泛。

（4）稳定性。会计核算专业材料形成的内部性和形成渠道的专一性，使会计档案类别稳定。会计档案的种类很多，包括农业会计、工业会计、商业会计、企业单位会计、行政事业单位会计、银行会计、税收会计、总预算会计、单位预算会计等，其门类众多、遍布生产流通和非生产流通各领域；但是，会计档案的内容成分具有稳定性和共性，是其他门类档案无可比拟的，会计档案便于分类，包括会计凭证、会计账簿、财务报告三种固定形式。

第二节　会计档案管理原则及会计基础工作

一、会计档案管理原则及意义

（1）会计档案管理原则。根据《中华人民共和国档案法》（简称《档案法》）第四条：档案工作实行统一领导、分级管理的原则，维护会计档案的完整与安全，便于社会各方面的利用。根据《档案法》第十四条：应当归档的材料，按照国家有关规定，定期向本单位档案机构或者档案工作人员移交，集中管理，任何个人不得拒绝归档或者据为己有。国家规定不得归档的材料，禁止擅自归档。

集中管理本单位的全部档案，是《档案法》赋予档案部门的权力和职责，是档案部门依法行使职权的依据。各单位应遵守档案部门“统一领导、集中管理”的原则，集中统一管理本单位的全部档案，维护档案的完整与安全。各级机关、企事业单位形成的会计档案，是档案的重要组成部分，应由本单位档案部门集中统一管理，不得由承办单位或会计个人分散保存。

（2）集中统一管理的含义。集中统一管理本单位的全部档案是指集中统一管理本单位形成的科技档案、文书档案、会计档案等；“统一”体现在五个方面：统一制度、统一标准、统一监督、统一指导、统一保管。

（3）集中统一管理的意义。集中统一管理本单位的全部档案，是适应档案工作发展的客观要求，在总结档案工作历史经验的基础上形成的；“集中统一管理”是档案学的一项重要理论，是档案工作实践的一项重要准则。实行这一原则有助于建立统一的、科学的档案工作制度和推行档案工作标准化、现代化管理，有利于维护档案的完整、安全和便于社会各方面利用档案。

二、会计核算文件定义、归档要求及职责

（1）会计核算文件定义及归档要求。

1）会计核算文件是指各单位在各项会计核算业务活动中形成的会计凭证、会计账簿、会计报告（财务报告）、其他类核算文件，简称为凭证、账簿、报告、其他类。

2）会计核算文件的归档是指由本单位会计机构按照相关的档案管理规定，将会计核算文件通过系统整理立卷归档的过程。

3）会计核算文件归档要求。①收集、整理要求：应归档的会计核算材料要求连续、系统、完整、准确，并且分类清楚、组卷合理、排序科学、编目清晰。②移交：移交归档的纸质档案，应当保持原卷册的封装，电子会计档案移交时要求将电子会计档案及其原数据一并移交，并且文件格式应当符合国家档案管理的有关规定。特殊格式的电子会计档案应当与其读取平台一

并移交。

（2）会计档案归档职责。各单位会计档案在会计年度终了后，由会计人员根据会计档案归档范围和归档要求，进行分类、整理、装订成册，定期立卷归档，并编制会计档案保管清册，在会计部门临时保管一年，保管期限满后向本单位档案部门移交。分管财务的负责人具有指导、检查、督促财务人员定期向档案部门移交会计档案的责任。

（3）委托机构记账。单位委托中介机构代理记账的，应当在签订的书面合同中，明确会计档案的管理要求和相应的责任。

三、会计及其基本职能

（1）会计及其特点、会计主体与法律主体。

1）会计是伴随人类生产实践和经济管理的客观需要而产生的一项管理活动。会计是以货币作为计量单位，反映核算和监督一个单位经济活动的一种经济管理工作。

2）会计的特点。会计是经济管理的重要组成部分，其特点主要有四个方面：①以货币为主要计量单位；②以凭证为基本依据；③以一套完整的专门技术方法为手段；④对经济活动的管理具有全面性、连续性和系统性。

3）会计主体是能够进行独立会计核算的单位，是会计核算和会计监督的特定单位或组织。凡拥有独立资金、自主经营、独立核算收支、盈亏并编制财务报表的企业或单位就构成一个会计主体。它可以是单一的企业，也可以是企业内部某个单位或企业中的一个特定部分，还可以是几个企业组成的企业集团。

4）会计主体与法律主体的关系。法律主体是指具有法人资格的主体。法人一定要进行独立的会计核算，所以法律主体一定是会计主体，会计主体不一定是法律主体。

（2）会计管理及其特点。

1）会计管理包含：①会计是一项经济管理活动，它属于管理范畴；②会计对象是特定单位的经济活动；③会计的基本职能是核算与监督；④会计以货币为主要计量单位。各项经济业务以货币为统一的计量单位才能够汇总和记录，但货币并不是唯一的计量单位。

2）会计管理的特点：连续性、系统性、全面性、综合性。

（3）会计的基本职能及其基本要求。会计的基本职能包含会计核算和会计监督职能。具体如下：

1）会计核算。会计核算职能也称会计反映职能。①核算职能是以货币为主要计量单位，通过确认、计量、记录和报告等环节，反映特定会计主体的经济活动，向有关各方提供会计信息，它是会计最基本的职能。包含四个环节：确认、计量、记录、报告。其中，确认指是否应该或能够进行会计处理；计量指确定其应记录的金额；记录指将经济活动在特定的载体上进行登记；报告指编制财务报表，提供会计信息。②会计核算基本要求。一是以实际发生的经济业务事项为依据；二是会计资料必须符合国家统一的规定，严禁生成和提供虚假的会计资料。③会计核算内容。包含款项和有价证券的收付；财物的收发、增减和使用；债权债务的发生和结算；资本、基金的增减；收入、支出、费用、成本的计算；财务成果的计算和处理；其他新出现的经济业务事项。核算以人民币为本位币并且以元为单位。

2）会计监督。会计监督是我国经济监督体系的重要组成部分，它通过核算对经济活动依法进行检查，使经济活动按照国家和企业的既定方向和目标健康发展。监督职能包括：①对经济活动的数据进行分类、汇总，以财务分析报告的方式传递企业经济信息；②反映企业收入与费用的配比，查找影响效益的原因，即价值最大化；③反映经济资源的来源与分布状况，即保值增值；④向报告使用者反映企业经营过程和进行决策的一整套信息系统。

四、会计的特征、原则及其工作的重要性

1. 会计的特征、会计对象和会计方法

（1）会计的特征。会计是一种经济管理活动，是一种经济信息系统，是以货币作为主要计量单位，具有核算和监督两个基本职能。会计的基本特征包含两个方面：①以货币为主要计量单位。②准确完整性、连线系统性。

（2）会计对象。会计对象是指企事业单位在日常经营活动或业务活动中所表现出的资金运动，即资金运动构成了会计核算和会计监督的内容。凡是特定会计主体能够以货币表现的经济活动，都是会计核算和会计监督的内容，也就是会计的对象。

（3）会计方法。会计方法包含会计核算方法、会计分析方法、会计检查方法。

2. 会计工作在企业管理中的重要性

（1）反映的需要。企业经营状况好坏需要用会计指标来体现，企业经营活动最终都要反映到财务成果上。

（2）决策的需要。财务管理的各项价值指标是企业经营决策的重要依据；做好财务管理对于改善企业经营管理、提高经济效益具有重要的作用，如：货周转率、应收款账龄、毛利率等。

（3）营运的需要。企业的造血功能是否健康需要用财务来平衡，如筹集、投放、平衡、效率等。

（4）风险控制的需要。企业面临各种风险需要用财务分析指标来防范，如偿债风险、营运风险、发展风险等。

（5）税务关系处理的需要。企业财务与税务的关系，如合理避税、税务风险等。

3. 会计原则

会计原则又称会计准则，会计准则要求实质重于形式。会计

原则是会计工作的指导性规范，它是建立在会计目标、会计假设及会计概念等基础理论之上，具体确认和计量会计事项所应依据的概念和规则。具体如下：

（1）会计八大原则。可靠性、相关性、可理解性、可比性、实质重于形式、重要性、谨慎性、及时性。

（2）会计工作基本原则。爱岗敬业、诚实守信、廉洁自律、客观公正、坚持准则、提高技能、参与管理、强化服务。

（3）会计法的基本原则。合法性原则，真实性原则，单位负责人负责原则，统一领导、分级管理的原则，统一性原则。

五、会计的种类、联系及会计工作交接程序

1. 会计的种类

现代企事业会计根据其服务对象和目的不同，分为管理会计和财务会计两大类。

（1）管理会计。管理会计指侧重于服务企业内部，包括企业内部各层次的管理者。这些管理者需要使用会计信息拟定企业发展战略、确定经营方针、做出财务和经营决策、管理和控制日常经营活动、做出绩效评价等。

（2）财务会计。财务会计指侧重于服务企业外部，包括投资者、债权人、政府及其有关部门、社会公众等。财务会计包含两大门类：营利组织财务会计和非营利组织财务会计；营利组织财务会计指企业财务会计，非营利组织财务会计指预算会计。财务会计类包括财务会计、成本会计、管理会计、税务会计、审计学。预算会计是指对企业预算活动过程及其结果所实施的一种管理行为，是各部门用来核算、反映和监督预算执行情况的会计。它以货币为主要计量单位，对各部门的业务进行连续、系统、完整的反映和监督。

2. 企业财务会计与预算会计的联系与区别

（1）财务会计和预算会计的联系。财务会计和预算会计对同一笔经济业务或事项进行会计核算，要求预算会计要素和财务会计要素相互协调，决算报告和财务报告相互补充，共同反映会计主体的预算执行信息和财务信息。

（2）财务会计与预算会计的区别。①会计要素不同。企业财务会计要素分为六大类：资产、负债、所有者权益、收入、费用和利润；预算会计要素分为五大类：资产、负债、净资产、预算收入和预算支出。即使相同名称的会计要素，其内容在预算会计与企业会计上也存在较大差异。②会计平衡等式不同：财务会计的平衡等式为：资产＝负债＋所有者权益。预算会计的平衡等式为：资产＋预算支出＝负债＋净资产＋预算收入。③核算基础不同：财务会计以权责发生制为会计核算基础，核算过程复杂，涉及供应、生产、销售三个过程。预算会计以收付实现制为会计核算基础，核算过程只涉及预算收入和预算支出两个方面，核算过程相对简单。④适用范围不同：财务会计适用于以营利为目的的企业，使企业用最少的资金，获取最大的经济利益。预算会计适用于政府部门、行政单位和事业单位，体现预算的收支情况，不在于营利。⑤报告形式不同：财务会计是财务报告，预算会计是决算报告。

3. 会计工作交接程序

（1）尚未处理完毕的业务要处理完毕。一般将交接截止期放在月末，就是说，将月底之前的凭证、账簿、报表等编制登记完毕。

（2）整理保管的各种会计资料，如凭证、账簿、报表等，以及各种会计物品，如证件、发票、印章、电算化密码等，列入交接清单。

（3）整理尚无法处理的业务，列示于交接清单上，注明已处理的程度、相关的凭证资料等。

（4）交代其他相关事宜。如相关工作联系部门，包括企业内部和外部联系人的联系方式、相关会计处理流程方法等。

（5）打印交接清单，一式三份。按照交接清单交接工作，交接无误后，由移交人、接收人、监交人各自签章，各自保留一份交接清单。

六、会计基础工作及其内容

1. 会计基础工作依据

会计基础工作是会计工作的基本环节，也是经济管理工作的重要基础，会计基础工作与会计档案的形成质量和会计档案管理的水平紧密联系。我国颁布的《中华人民共和国会计法》是为了把包括会计档案管理在内的会计基础工作纳入法治轨道，制定了一系列规章、制度、用以规范会计基础工作。1984 年 4 月，财政部发布了《会计人员工作规则》，对建立会计人员岗位责任制、使用会计科目、填制会计凭证、登记会计账簿、编制会计报表、管理会计档案、办理会计交接等问题做出了具体规定。这是全面规范各单位会计基础工作的重要规章。随着经济管理和会计工作的发展，《会计人员工作规则》中一些规定不能适应新的要求，会计基础工作中一些新情况、新问题也需要以规章、制度的形式予以规范。于是，1996 年 6 月 17 日，财政部发布了《会计基础工作规范》（财会字〔1996〕19 号），对会计基础工作的管理、会计监督、单位内部会计管理制度建设等做出全面规范，一方面，为会计人员开展会计基础工作提出了准则，使加强和改进会计基础工作有了明确的目标和方向；另一方面，为各级财政管理部门、档案行政管理部门监督检查会计基础工作、会计档案管理工作提供了政策依据和考核标准。《会计基础工作规范》发布后，《会计人员工作规则》同时废止。1999 年 10 月 31 日，部分条款上升为会计法律条文；2019 年 3 月 14 日，再次对《会计基础工作规范》进行修订，并以中华人民共和国财政部令第 98 号颁布，规定了会计工作的新要求，加强会计基础工作，建立规范的会计工作秩序，提高会计工作水平。

2. 会计基础工作的基本内容

为了从源头上确保会计档案的质量，必须确保各环节会计核算资料的质量符合规程规范要求。会计基础工作基本内容：①审核原始凭证；②根据审核无误的原始凭证或原始凭证汇总表，填制记账凭证，包括收款凭证、付款凭证、转账凭证和通用凭证；③根据记账凭证逐项登记现金日记账簿和银行存款日记账簿；④根据原始凭证、原始凭证汇总表或记账凭证，逐项登记各种明细分类账簿；⑤定期根据记账凭证编制记账凭证汇总表；⑥根据记账凭证或记账凭证汇总表或现金日记账和银行存款日记账，登记总分类账；⑦按照要求将分类账与日记账、明细账定期进行核对；⑧根据总分类账、明细分类账定期编制会计报告。

第三节　会计电算化及电子会计档案

一、会计电算化与会计信息化发展历程

1. 会计电算化与会计信息化

（1）会计电算化。会计电算化也叫计算机会计，是指以电子计算机为主体的信息技术在会计工作中的应用，利用会计软件、各种计算机设备替代手工完成或在手工下很难完成的会计工作过程。

（2）会计信息化。会计信息化是指企事业单位利用计算机、网络通信等现代信息技术手段开展会计核算，以及利用上述技术手段将会计核算与其他经营管理活动有机结合的过程。会计信息化是会计与信息技术的结合，是信息社会对企业财务信息管理提出的新要求，是企业会计顺应信息化浪潮做出的必要举措，是网络环境下企业领导者获取信息的主要渠道，有助于增强企业竞争力，提高会计管理决策能力和管理水平。

（3）会计与电算化会计。会计是企事业计量、核算财务经营成果的一种方法。会计电算化是会计核算的一种手段和方式，它是利用财务管理软件来完成会计核算、报表编制等核算工作。会计电算化大大提高了会计核算效率，减轻劳务工作量。

2. 传统会计档案与电算化会计档案

（1）传统会计档案。1990 年前，会计凭证与会计账簿一直是以手写形式，并采用纸质载体来形成和保存的，对于会计凭证、账簿、报表，企事业单位基本上都做到了收集齐全、分类造册、排列有序。

（2）传统会计档案向电算化会计档案的过渡。随着计算机的普及以及会计软件的产生，以及现代化信息技术的广泛应用，电算化会计随之产生，电算化会计档案的形成与保管载体也随之产生。

3. 我国会计电算化发展历程

我国会计电算化发展到会计信息化，大体分为五个阶段：

（1）缓慢发展阶段。会计信息始于 1979 年，在 1982 年以前是尝试阶段。会计核算的电算化，初步试验由手工记账转变为电脑记账、在电脑上进行财务和报表核算，但很不完善、业务单一，人员缺乏。

（2）自我发展阶段。从 1983 年至 1988 年是电算化自主发展阶段。随着计算机出现，利用计算机对某一管理子系统进行核算，会计业务盲目且水平低，重复自我完善和修复，与其他业务结合推广发展，财务业务信息一体化，电算化初具规模，仅局限于日常的会计核算。

（3）普及与提高阶段。1989 年至 1996 年是电算化有计划的稳步发展阶段。商品化会计核算软件市场逐步走向成熟，数十个商品化会计软件通过了财政部评审，数百个商品化会计软件通过了省、市财政部门评审。由于会计核算软件的产生到会计信息系统出现，会计电算化不断地发展，培养了大量的电算化会计人员。

（4）向企事业管理全面信息化发展。1996 年后是管理型会计软件发展阶段。内控相结合建立 ERP 系统的集成管理阶段，要求会计电算化与内部控制相结合，运用计算机实现内部控制要求，建立 ERP 系统的集成管理，企业管理型会计信息系统得到全面发展。企业管理全面信息化特征是整体性、目的性、关联性、层次性。

（5）会计信息化发展。会计信息化是会计与信息技术的结合，是信息社会对企业财务信息管理提出的一个新要求，会计的所有领域，包括会计理论、会计工作、会计管理和会计教育等，全面运用现代信息技术。会计核算业务已历经 20 余年，信息系统的功能不断增强，应用越来越普及，尤其是大、中型企事业目前已基本实现了会计信息化，应用了核算型会计软件，但从总体来看，中国会计信息化还处在发展过程中，存在着诸多亟待解决的问题。

二、电子会计档案及会计信息系统和财务软件

1. 电子会计档案及其管理内容

电子会计档案管理是随着信息技术的发展而兴起的，它将传统的纸质会计档案纳入电子化的管理范畴。它的主要内容是电子会计档案纳入会计档案范围、删除保存会计档案条件的规定、允许以电子形式保存电子会计资料、要求移交电子会计档案及其元数据，以及销毁电子会计档案的要求。这些规定为企业节省了大量的时间和成本，推动了会计信息化、数字化和智能化的发展。具体如下：

（1）电子会计档案纳入会计档案范围。根据中国会计准则，电子会计档案与纸质会计档案具有同等法律效力，因此，电子会计档案被纳入会计档案的范畴。这意味着电子会计档案要遵循与纸质会计档案相同的法律规定，如保存时间和保密性。

（2）删除保存会计档案条件的规定。根据中国会计准则，会计档案应当保存永久、定期（30 年、10 年），但是会计档案管理方式需要满足更为严格的保留条件。它需要保障数据的完整性、

可靠性和真实性。因此，在删除电子会计档案时应满足特定条件，如备份、审计等，以保证数据的完整性、可靠性和真实性。

（3）允许以电子形式保存电子会计资料。根据中国会计准则，电子会计资料应当是具有可审计性并符合真实性原则，且应当以保留其原样的形式保存。电子会计资料信息应存储在数据仓库，并且按照某些标准进行分类。数据安全是非常重要的问题，因此在保存电子会计资料时，应当采取一些控制措施来保障数据的安全性和保密性。

（4）移交电子会计档案及其元数据以及销毁电子会计档案的要求。根据规定，电子会计资料不仅应当保留，还需要定期向档案部门进行移交。移交时，必须将电子会计资料元数据以及与之相关的一些其他元素一并移交。如果要销毁电子会计档案，则需要严格控制销毁程序和安全措施以保护其机密性。

2. 会计软件功能及会计信息系统的特点

（1）会计软件功能。会计软件是指企业使用的、专门用于会计核算、财务管理的计算机软件系统及其功能模块。会计软件的功能：为会计核算、财务管理直接采集数据，生成会计凭证、账簿、报表等会计资料，并对会计资料进行转换、输出、分析、利用。

（2）会计信息化系统的特点。其特点为及时性与准确性、集中化与自动化、人机结合、内部控制更加严格。会计信息系统具有数据来源广、数据量大、数据结构和数据处理流程复杂，数据真实性、可靠性要求高，数据处理环节多，处理步骤具有周期性，数据加工处理有严格的制度规定，并要求留有明确的审计线索；信息输出种类多、数量大、格式上有严格要求，数据处理进程的安全、保密性有严格要求。

3. 财务会计软件的种类

（1）按适用范围划分。财务会计软件分为通用会计软件和专用会计软件。①通用会计软件：是指在一定范围内适用的会计软件，它分为全通用会计软件和行业通用会计软件，如易记账；②专用会计软件：是指定点开发会计软件也称为专用会计软件，仅适用于个别单位会计业务的会计软件。

（2）按硬件结构划分。财务会计软件分为单机版和网络版。①单机版会计软件：又称为单用户会计软件，是指将会计软件安装在一台或两计算机上，但每台计算机中的会计软件单独运行，生成的数据只存储在本台计算机中，各计算机之间不能相互联系、会计数据不能交换和共享；②网络版会计软件：又称为多用户会计软件，是指将会计软件安装在一个多用户系统的主机，即计算机网络的服务器上，系统中各终端可同时运行，不同终端的会计人员能够共享会计信息。

（3）按取得方式划分。财务会计软件分为商品化和非商品化两类。①商品化会计软件：是指由专门的软件组织开发、面向社会销售的、适用程度较高的会计软件；②非商品化会计软件：是指不以销售为目的，主要面向本单位应用而开发的、专用程度较高的会计软件。非商品化会计软件是应企事业的需求而组织开发的，有自行开发、委托开发、合作开发形式。

（4）按职能划分。财务会计软件分为核算型和管理型会计软件。①核算型会计软件：是计算机在会计领域的最初应用，强调核算电算化，旨在改善财会的劳动强度和核算精度；②管理型会计软件：是在核算会计软件的基础上，综合了会计管理的职能，包括事前的预测与决策、事中的控制与管理、事后的核算与分析。

三、电子会计档案依据、要求、内容、特点及其保存要求

1. 电子会计档案定义及其管理依据和存储要求

（1）电子会计档案是指企业会计核算资料、凭证等相关信息

在计算机等电子设备上电子表现形式。电子会计档案与纸质会计档案具有同等的证明作用，应当同等认定法律效力。它包括电子凭证、电子账簿、电子报表、其他电子会计核算资料等电子信息数据。

（2）电子会计档案管理依据。随着互联网的发展以及电子发票的普及，会计资料电子化成为行业通用需要。如何规范且安全保存电子会计档案、电子会计资料等成为行业热点。2022 年 7 月，国家档案局发布了《电子会计档案管理规范》（DA/T 94—2022），该规范的正式颁发为电子会计档案的管理工作指明了方向，让会计档案管理有章可循。根据《电子会计档案管理规范》要求，单位应加强电子会计档案管理工作，建立和完善电子会计资料的形成、收集、整理、鉴定、处理等管理制度，采取可靠的安全防护技术和措施，保证电子会计档案在传递及存储过程中的真实性、完整性、可用性和安全性。

（3）电子会计档案存储要求。根据《电子会计档案管理规范》要求，电子会计档案应实施在线和离线方式存储。在线存储指数据的实时处理，是在大磁盘阵列中实时存储数据，它可以提供最好的数据获取便利性。离线存储是用于对在线存储的数据进行备份，以防范可能发生的数据灾难，又称备份级的存储。离线存储设备是磁带、光盘或磁带库，优先推荐光盘；同时，对存储安全、存储年限、安全检测等方面进行要求和规定。①电子会计档案迁移：规范规定，要保证迁移过程中电子会计档案的真实、完整、过程可控，防止迁移过程中电子会计档案的信息丢失或被非法篡改。首先，光盘存储本身具有可靠性高、存储寿命长、不可篡改等优势，是电子会计档案归档的公认选择。其次，系统搭载智能刻录设备，配备智能机械臂，自动取盘、放盘，且支持定时、定量、大文件自动分盘刻录等功能，全程无需人工值守，避免人工介入等安全问题，且节省了人力物力。②电子会计档案迁移保存时间：规范要求，检测合格的电子会计档案保管期限分为永久和定期（10年、30年）。各单位可根据工作需要选择更高的保管期限。③电子会计档案迁移存储设备：采用档案级光盘，档案级光盘经过耐久性测试，各项技术指标优于工业标准，归档寿命大于20年，物理存储寿命大于30年，BD蓝光光盘归档寿命大于30年。搭配智能光盘柜，具有防尘、防污染、防静电、防盗、防篡改等优势，特有的用户权限管理功能，更加增加了档案数据的安全性。

2. 电子会计档案的内容及元数据

（1）会计电算化档案是指会计系统的操作记录和相关的电子文件等信息的集合。其内容包括：①会计系统操作记录，包括会计系统的登录记忆、操作记录、修改记录等，用于追溯会计系统操作过程和相关人员的操作行为。②会计凭证和账簿，包括电子化的会计凭证和各类账簿，如总账、明细账、日记账等。这些电子化的凭证和账簿是会计电算化的核心内容，记录了企业的经济业务和财务状况。③会计报表和财务分析，包括电子化的财务报表和财务分析报告，如资产负债表、利润表、现金流量表等。这些报表及分析是会计电算化的重要成果，反映了企业的财务状况和经营成果。④其他相关资料，包括会计电算化相关的各种文件，如合同、协议、备忘录、审计报告等。

（2）会计档案管理系统数据及其元数据归档要求。采用会计软件进行会计核算的单位，应将纸质会计档案与电子会计档案同时归档，并且注意其元数据一起归档。其内容包括：①数据读取，光盘数据读取，统一使用财务管理软件，读取会计软件系统中的财务信息数据，符合国家标准要求。②打印，会计凭证、会计账簿、财务报告的内容，应按规格采用计算机全部打印输出纸质会计档案。③纸质会计核算资料要求，打印输出的纸质载体材料，要求字迹清晰、符合归档要求。④会计信息的脱机保存，所有电子会计信息需要刻录光盘，脱机保存。⑤会计档案数据的元数据，元数据是指读取会计凭证、会计账簿、会计报表（包括报表格式与计算公式）等数据的数据。电子文件元数据是指描述电子文件数据属性的数据，包括文件的格式、编排结构、硬件和软件环境、文件处理软件、字处理软件和图形处理软件、字符集等。元数据是对数据进行著录说明的数据信息，这些著录信息专门用于电子文件的管理，以保证电子文件的真实性、可靠性。元数据是为了提高电子文件的凭证性，是电子文件管理不可或缺的重要工具。在电子环境下，由于电子文件内容极易被删改、破坏而不留任何痕迹，为保证电子文件信息的原始和真实，不得不借助于元数据。

（3）仅以电子档案归档的规定。为确保电子会计档案的真实、完整、可用、安全，对电子会计资料仅以电子形式保存的方式。同时满足下列条件的可仅以电子形式保存的会计资料，形成电子会计档案。①企事业单位“内部”形成的，属于归档范围的电子会计资料，符合电子会计档案基本质量要求，可仅以电子形式保存，形成电子会计档案。②企事业单位从“外部”接收的电子会计资料，符合电子会计档案基本质量要求，附有符合《中华人民共和国电子签名法》规定的电子签名的，可仅以电子形式保存，形成电子档案。③注意事项。满足安全、可靠条件且非重要的会计档案，可仅以电子形式保存。

（4）电子会计档案条件。①形成的电子会计资料来源真实有效，由计算机等电子设备形成和传输；②使用的会计核算系统能够准确、完整、有效接收和读取电子会计资料，能够输出符合国家标准归档格式的会计凭证、会计账簿、财务会计报表等会计资料，设定了经办、审核、审批等必要的审签程序；③使用的电子档案管理系统能够有效接收、管理、利用电子会计档案，符合电子档案的长期保管要求，并建立了电子会计档案与相关联的其他纸质会计档案的检索关系；④采取有效措施，防止电子会计档案被篡改；⑤建立电子会计档案备份制度，能够有效防范自然灾害、意外事故和人为破坏的影响；⑥形成的电子会计资料不属于具有永久保存价值或者其他重要保存价值的会计档案；⑦电子资料附有符合《中华人民共和国电子签名法》规定的电子签名，可仅以电子形式归档保存，形成电子会计档案。

（5）会计信息化数据。会计信息化数据包含会计信息化系统开发和使用的全套会计资料及软件程序，都应视为会计档案保管，采用脱机保管，保管期限截至该系统停止使用或重大更改后的1～3年。

3. 电子会计档案的特点

（1）电子会计档案对环境的依赖性强。电子会计档案的使用依赖于计算机的硬件和软件系统，其储存对周围环境要求苛刻。磁性介质对环境的要求较高，不仅要防水、防火，还要防尘、防磁，而且对温度还有一定要求，从而增加了数据的脆弱性。故应在数据安全方面加强管理，否则数据丢失和毁损的可能性较手工会计档案的可能性大。

（2）电子会计档案缺乏直观可视性。纸质会计档案具有直观可视性，而存储在磁性介质或光盘上的电子会计档案必须在特定的计算机硬件和软件环境中才能可视。

（3）电子会计档案具有技术性。与电子会计档案的设计和使用密切相关的技术性文档，解释电子会计档案的设计和运行情况，主要用来指导用户对电子会计档案系统进行操作、利用。

（4）电子会计档案控制的复杂性。信息化程度越高，采用的程序化控制要求也越多，目前我国常用的程序化控制有计算机软件控制、输入数据的机内检验等。电子会计档案系统控制技术的复杂性表现在系统人工控制与各类程序化控制相结合。

（5）电子会计档案管理缺乏有效的安全与保密措施。从电子数据结构来看，电子数据具有数据高度集中的特点，因而非常容易泄密，传统会计实行纸质会计档案管理，在网络时代，新型磁性介质档案管理将取代纸质档案管理成为新的管理方式。电子数据是以数字编码的形式存储在各种磁性介质或光盘上的，而磁性介质或光盘不但体积小而且存储容量大，因此电子数据资料非常容易泄密，并且泄密的危害性大、范围广、涉及的时间长。

四、电子会计核算材料的生成与管理

1. 记账凭证的生成与管理

会计核算工作采取计算机及会计软件，记账凭证生成如下：

（1）根据原始凭证在计算机上直接编录记账凭证，由计算机打印输出。在这种情况下，记账凭证上应有录入人员、稽核人员和会计主管人员的签名或盖章。收付款记账凭证还应由出纳人员签名或盖章。打印生成的记账凭证与手工填制的记账凭证，根据会计档案的有关规定立卷归档保管。

（2）手工做好记账凭证，向计算机录入记账凭证，然后进行处理。这种情况下，要分别保存手工记账凭证与机制记账凭证。在保证记账凭证清晰的条件下，计算机打印输出凭证的表格可适当减小。

2. 会计账簿和会计报表的生成与管理

对计算机形成的会计账簿和会计报表应当打印出书面形式，按规定立卷整理，会计核算文件材料的生成主要包括：

（1）现金日记账和银行存款日记账要每天登记并打印输出，做到日清月结。现金日记账和银行存款日记账的打印一般要求每天完成，采用计算机打印输出活页账并装订成册；如果每天业务较少、不能满页打印的，可按月打印输出。

（2）一般账簿可以根据实际情况和工作需要按月或按季、按年打印；发生业务少的账簿，可满页打印。在保证账簿清晰的条件下，计算机打印输出的账簿中表格线可适当减少。

（3）采用电子计算机打印输出的会计凭证、账簿、报告应当符合国家统一会计制度的要求，必须采用中文或中外文对照，字迹要清晰，保存期限要符合要求。

五、电子会计档案的管理原则、形成质量和保存要求

1. 电子会计档案的管理原则

（1）各单位应加强电子会计档案管理工作，建立和完善电子会计资料的形成、收集、整理、归档和电子会计档案的保管、统计、利用、鉴定、处置等管理制度，采取可靠的安全防护技术和措施，保证电子会计档案在传递及存储过程中的真实性、完整性、可用性、安全性。

（2）单位应将电子会计档案管理工作纳入会计人员、档案人员、相关业务人员岗位职责和绩效考核。

（3）单位的会计机构或会计人员负责将应归档的电子会计档案资料收集、整理归档工作，并定期向档案机构移交。

2. 电子会计档案形成质量要求

（1）形成的电子会计档案，来源真实有效，由计算机等电子设备形成和传输。

（2）使用的电算化系统完善，对会计核算系统的要求如下：①能够准确、完整、有效接收和读取电子会计资料；②能够输出符合国家标准归档格式的会计凭证、会计账簿、财务会计报表等会计资料；③设定了经办、审核、审批等必要的审签程序。

（3）所使用的电子会计档案管理系统完善：①能够有效接收、管理、利用电子会计档案；②符合电子会计档案的长期保管要求；

③建立电子会计档案与相关联纸质会计档案的检索关系。

（4）电子档案的安全机制：①采取有效措施，防止电子会计档案被篡改；②建立电子会计档案备份制度，能够有效防范自然灾害、意外事故和人为破坏的影响。

（5）形成的电子会计档案，不属于具有永久或者重要保存价值的会计档案，即非需永久保存或者重要价值的会计档案。

3. 电子会计档案的保存要求

（1）安全性要求。会计电算化档案应采取有效的安全措施，保护档案的完整性和机密性。可采用密码、防火墙、备份等技术手段，防止非法访问，篡改和丢失。

（2）完整性要求。会计电算化档案应保证信息的完整性，即准确记录和保存企业的经济业务和财务状况。应确保所有的会计凭证、账簿和报表都能够正确生成和保存，不得有遗漏或错误。

（3）可追溯性要求。会计电算化档案应具备良好的追溯性，即能够追溯每一笔经济业务的来源和去向。应保留操作记录、修改记录等信息，以便审计和日后查询。

（4）存储要求。会计电算化档案应采用可靠的储存介质，如硬盘、光盘、磁带等。应定期备份档案数据，以防止硬件故障或意外损坏的情况发生。

（5）保存期限要求。会计电算化档案的保存期限应符合法律法规和企业内部规定。

六、电子发票报销、归档保存要求及法律效力

1. 电子发票报销归档的管理

（1）仅使用电子发票进行报销入账归档。纳税人以全电子发票报销入账归档的，按照财政部和国家档案局的相关规定执行。根据财政部和国家档案局《关于规范电子会计凭证报销入账归档的通知》（财会〔2020〕6 号）第三条至第五条的规定：“除法律

和行政法规另有规定外，同时满足下列条件的，单位可以仅使用电子发票进行报销入账归档”。具体如下：①接收的电子发票经查验合法、真实；②电子发票的传输、存储安全、可靠，对电子发票的任何篡改能够及时被发现；③使用的会计核算系统能够准确、完整、有效接收和读取电子会计凭证及其元数据，能够按照国家统一的会计制度完成会计核算业务；能够按照国家档案行政管理部门规定格式输出电子发票及发票信息，设定了经办、审核、审批等必要的审签程序，且能有效防止电子发票重复入账；④电子会计凭证的归档及管理符合《会计管理办法》（财政部国家档案局第 79 号令）等要求；⑤采用电子专票进行报销、入账且本单位财务信息系统能导出符合国家档案部门规定的电子归档格式，应当将电子专票与其他电子会计记账凭证等一起归档保存，电子专票不再需要打印和保存纸质件。不满足上述条件的单位，采用电子专票的纸质打印件进行报销、入账的，电子专票应当与其纸质打印件一起交由会计档案人员保存。

（2）电子发票报销必须保存相应的电子档案，即要求保存的电子会计凭证或者电子发票必须是原文件。凡是以纸质打印件作为报销凭证的都必须同时保存该发票的电子档案。

（3）纳税人需要以电子会计凭证或电子发票的纸质打印件作为报销入账归档。根据财政部、国家档案局《关于规范电子会计凭证报销入账归档的通知》（财会〔2020〕6 号）第四条规定：“单位以电子会计凭证或电子会计凭证的纸质打印件作为报销入账归档依据的，必须同时保存打印该纸质件的电子会计凭证或电子发票”。

（4）电子发票纸质打印件的相关要求。部分受票方因自身管理需要，可能仍需使用纸质专票的，为保障受票方的权益，其在要求索取纸质专票时，开票方应当开具纸质专票。

（5）电子发票归档保存注意事项。①财政部要求的保存电子会计凭证必须是原文件，电子发票原文件（PDF、OFD 格式）是指开具电子发票时才能获取的，含的电子签名信息的，任何第三方都不可能凭空生成电子发票原文件的，国家要求的电子版就是电子发票的原文件。②拍照、截图、扫描等电子影像件属于电子副本文件，并不是电子会计凭证原件，不能仅以电子副本文件报销入账归档。

2. 电子专票作为电子会计凭证与纸质会计凭证具有同等法律效力

电子凭证是指以电子形式生成、传输、存储的各类会计凭证，包括电子原始凭证、电子记账凭证。电子专票属于电子会计凭证。电子专票作为电子会计凭证与纸质会计凭证具有同等法律效力的法律依据。其法律依据如下：

（1）国家税务总局 2020 年第 22 号公告第二条规定："电子专票由各省税务局监制，采用电子签名代替发票专用章，属于增值税专用发票，其法律效力、基本用途、基本使用规定等与增值税纸质专用发票相同"。

（2）财政部、国家档案局《关于规范电子会计凭证报销入账的通知》（财会〔2020〕6 号）规定："来源合法、真实的电子会计凭证与纸质凭证具有同等法律效力"。

（3）《档案法》第三十七条规定："电子档案应当来源可靠、程序规范、要素合规。电子档案与传统载体档案具有同等效力，可以以电子形式作为凭证使用。"

综上，只要是来源合法、真实的电子专票作为会计凭证与纸质会计凭证具有同等的法律效力，并均可作为电子档案进行保存。

3. 实行专票电子化的新办纳税人如何开具电子专票

实行专票电子化的新办纳税人可向税务机关免费领取税务软

件，通过电子税务局、办税服务厅等渠道申请电子专票的票种核定，在国家税务总局增值税发票的查验平台上，可下载并安装增值税发票开票软件后开具电子专票。开票完成后，纳税人可以通过电子邮件、二维码等方式，远程交付电子专票给受票方。

4. 受票方收到电子专票后对电子发票真伪的查验

电子专票采用可靠的电子签名代替原发票专用章，采用经过税务数字证书签名的电子发票监制章代替原发票监制章，更好地适应了发票电子化改革的需要。纳税人可以通过全国增值税发票查验平台下载增值税电子发票版式文件阅读器，查阅电子专票并验证电子签名以及电子发票监制章的有效性。验证方法是通过查验“销售方”相关信息即可得到验证结果。

5. 电子发票归档及会计核算系统注意事项

（1）电子发票纸质打印件应与电子凭证原件一同归档。使用电子凭证的纸质打印件作为报销入账归档凭证，必须同时保存该纸质打印件的电子会计凭证原件，并建立相应的检索关系。

（2）电子发票的扫描影像文件不能算作是电子会计凭证原件。拍照、截图、扫描等电子影像材料属于电子副本文件，并不是电子会计凭证原件。不能仅以电子副本文件报销入账归档，仍应按纸质会计凭证的有关规定进行管理。另外，发票地址、二维码不是电子会计凭证原件。

（3）如果电子发票原版文件丢失，仅有打印的纸质版时的处理要求：单位若使用电子会计凭证的纸质打印件作为报销入账凭证，必须同时保存该纸质打印件的电子会计凭证原件。不能仅以电子副本文件报销入账归档，仍须按纸质会计凭证的有关规定进行管理。

（4）保留电子会计凭证的形式，企业内部会计核算系统应具备的功能。企业的会计核算系统能够接收、读取和输出符合要求的电子会计凭证，且设定了经办、审核、审批等必要的审签程序，采取了风险控制手段。同时，由于电子会计凭证具有易复制且难察觉的特点，会计核算系统应当设置必要的程序或功能，防止重复利用同一电子会计凭证的原件及其复制件报销入账。

七、电子会计档案管理系统及其管理事项

随着信息技术的迅速发展，传统的会计档案管理方式已经无法满足企业日益增长的财务管理需求。为提高财务数据的准确性、安全性和可访问性，越来越多的企业开始采用电子会计档案管理平台，电子会计档案管理系统大大提高了财务人员工作效率，降低企业成本。

根据2020年3月财政部发布的《关于规范电子会计凭证报销入账归档的通知》到2021年1月新修订生效的《档案法》，以及2021年3月四部委联合发文的《扩大电子发票电子化报销入账归档试点工作通知》，政策方面都在有力支持电子会计档案的建设发展。电子会计档案系统的建设关系到了企业数字化转型的成功。

1. 电子会计档案管理平台定义及保管要求

（1）电子会计档案管理平台是一种基于云计算和大数据技术的财务管理工具，通过数字化、智能化和集中化的方式，实现企业财务数据的全面和监控。该平台可以集成企业的财务系统，自动化地记录和处理财务数据。

（2）电算化会计档案保管要求。电算化会计档案管理是非常重要的会计基础工作，必须加强会计档案管理工作的领导，建立健全会计档案的立卷、归档、保管、调阅和销毁管理制度，并由专人负责管理，对电算化会计档案管理做好防磁、防火、防潮和防尘工作，重要会计档案应双备份，存放在不同地方。采用磁性、光盘介质保存的会计档案，要定期检查、定期修复，防止介质损坏而使会计档案数据信息丢失，通用会计软件、定点开发的会计

软件或通用与定点开发相结合的会计软件的全套资料，以及会计软件程序，视同会计档案保管，其保管期限要截止到软件停止使用后的十年。

2. 电子会计档案平台的优势及注意事项

（1）电子会计档案平台的优势及选择。

1）电子会计档案平台的优势。①提高财务数据的准确性。电子会计档案管理平台可以自动化地记录和处理财务数据，减少人为记录的错误性。②提升财务数据的安全性。传统的纸质档案容易受到损毁、遗失或盗窃的风险。电子会计档案管理平台采用了安全加密技术，可以有效地保护财务数据和安全性。③提高财务数据的可访问性。传统的纸质档案需要人工检索和整理，而电子会计档案管理平台可以通过关键的检索，分类筛选，快速定位到所需的财务数据，提高了数据的可访问性的利用效率。④实现财务数据的智能化分析。电子会计档案平台可以通过大数据进深度挖掘和分析，提供实时的财务决策和业务优化。

2）电子会计档案平台的选择。电子会计档案管理平台是数字化时代的财务管理设备，提高财务数据的准确性、安全性和可访问性，帮助企业实现财务管理的高效性和智能化，企业在选择电子会计档案平台时，应根据自身需求和特点，选择适合的电子会计档案管理设备，并结合实际情况进行定制化和优化。

（2）电子档案管理的注意事项。①建立严格的内部控制制度。②建立严格的认证制度，并且引入加密技术。③建立授权操作制度，实行岗位专人专职管理。④实现电子会计档案多备份管理规范化和制度化。⑤将电子会计档案的格式随技术发展不断升级使不同时期的电子会计档案具有兼容性。⑥定期对电子会计档案进行检测，及时做好数据维护工作。⑦提高电子会计档案保管人员的素质。

3. 纸质会计档案管理与电子会计档案管理的比较

（1）纸质会计档案管理。①管理成本高，海量业务及财务数据都需要打印成纸质，经人力匹配、贴票、装订后才可归档；需要占用大量的存储空间。②信息存储无索引关联，会计档案资料的查（借）阅、检索非常不便，查阅、调用困难较大，且存在丢失风险和安全隐患问题。③财务人员的工作量大，整理会计档案工作耗时耗力；④信息数据共享受到极大限制，对财务的工作效率影响较大，且不利于进行财务数据的分析。

（2）电子会计档案管理。随着信息技术的发展，电子会计档案的推行，大大推动了电子会计数据的深度开发和有效利用，为政府决策和管理提供更多维度、更具有参考价值的会计信息。电子会计档案管理的优点主要体现三个方面：一是，对于企业员工来说，对会计档案的查询更便利，可在线上直接查看会计档案只读文件。二是，对于管理者来说，会计档案齐全流程清晰，分析会计数据更高效。三是，对于财务人员，改善了工作管理环境。

电子会计档案节约打印及会计档案的归档管理成本，节约人力工作的时间成本，更有利于培养会计人才；便于索引和借阅，提高企业会计档案的利用和管理的规范性；降低档案丢失和损毁，利于对会计工作的监督和检查；实现信息数据共享，实现会计业务和财务数据的互通。

第二章

会计核算工作及会计准则体系

第一节　会计核算方法、前提、原则及内容

一、会计核算的依据、意义及核算制度

1. 会计核算依据及意义

（1）会计核算是指以货币为主要计量单位，通过确认、计量、记录和报告等环节，对特定主体的经济活动进行记账、算账和报账，为相关会计信息使用者提供决策所需的会计信息。

（2）会计核算的依据。①必须以实际发生的经济业务事项为依据。实际依据是各种原始凭证，如合同、出库入库单、发票、银行结算单据等。②依据会计法、会计准则、会计制度等规定，任何单位不得以虚假的经济业务事项或者资料进行核算。

（3）会计核算的意义。①会计核算是促成相关财务管理制度的贯彻以及落实，从而使企业的相关经济活动具有一定的合法合规性。②会计核算是在企业发展过程中，形成内部成本控制水平的重要条件，它直接关系到了企业的运营质量。

2. 会计核算制度内容

（1）会计核算制度是对会计核算过程中的各项具体会计工作的操作原则和方法作出的规定。它使会计人员在会计核算时有章可循，从而有利于提高会计核算的质量。

（2）会计核算制度的内容。会计核算制度与会计核算的内容相对应，会计核算制度内容包括：①会计凭证的取得、填制、审核和错误更正的规定；②会计科目（账户）的设置和运用的规定；③会计记账方法的规定；④会计记录文字、会计期间和记账本位币的规定；⑤会计账簿的设置、登记、错误更正、对账和结账的规定；⑥会计处理方法的选择和运用的规定；⑦财务会计报告编制的规定；⑧会计档案管理的规定；⑨其他会计核算工作的规定。

二、会计资料的基本要求及会计核算方法

1. 会计资料的基本要求

会计资料是在会计核算过程中形成的，记录和反映实际发生的经济业务事项的资料，包括：会计凭证、会计账簿、会计报告和其他会计资料，它是记录会计核算过程和结果的载体，也是会计核算的主要成果，是投资者做出投资决定、经营者进行经营管理，乃至国家进行宏观调控的重要依据。会计资料的基本要求如下：

（1）会计资料的生成和提供必须符合国家统一的会计制度规定。

（2）提供虚假的会计资料是违法行为。任何单位和个人不得伪造、变造会计凭证、会计账簿和其他会计资料，不得提供虚假的财务报告。

（3）伪造、变造、提供虚假资料的主要表现形式。伪造是指无中生有；变造是指用涂改、挖补等手段来改变会计凭证、会计账簿的真实内容、歪曲事实真相的行为；提供虚假资料是指以假乱真。伪造、变造、提供虚假资料的主要表现形式如表2-1所示。

表 2-1　　伪造、变造、提供虚假资料的主要形式

内容	主要表现形式	总结
伪造	以虚假的经济业务事项为前提编造不真实的会计凭证、会计账簿和其他会计资料	无中生有
变造	用涂改、挖补等手段来改变会计凭证、会计账簿等真实内容、歪曲事实真相的行为	篡改事实
提供虚假资料	通过编造虚假的会计凭证、会计账簿及其他会计资料，或者篡改会计报告的真实数据，使财务报表不真实、不完整地反映财务状况和经营成果，借以误导、欺骗会计资料使用者的行为	以假乱真

2. 会计核算方法及其环节

（1）会计核算方法是指会计对已经发生的经济活动进行连续、系统、全面反映和监督所采用的方法。由于会计对象的多样性和复杂性，决定了用来对其进行反映和监督和会计核算方法不能采取单一的方法形式，应采用方法体系模式。

（2）会计核算方法的环节。包括七个环节：设置账户、复式记账、填制和审核凭证、登记账簿、成本核算、财产清查、编制财务报表，这七种方法构成一个完整、科学的方法体系。第八环节是对会计资料的分析利用。其中最主要的三个环节是：填制和审核凭证、登记账簿和编制会计报表。

1）设置账户：是对会计核算的具体内容进行分类核算和监督的一种专门方法。

2）复式记账：是与单式记账相对称的一种记账方法。复式记账是指对发生的每项经济业务，都必须以相等的金额，同时在两个或两个以上相互联系的账户中进行登记的一种记账方法。

3）填制和审核凭证：是为了审查经济业务是否合法、合理，保证账簿记录正确、完整而采用的一种专门方法。

4）登记账簿：简称为记账，是以审核无误的会计凭证为依

据，在账簿中分类，连续地、完整地记录各项经济性业务，以便为经济管理提供完整、系统地记录各项经济业务会计核算资料。

5）成本计算：是按照一定对象归集和分配生产经营过程中的各种费用，以便确定各该对象的总成本和单位成本的一种专门方法。

6）财产清查：财产清查是指通过盘点实物、核对账目，以查明各项财产物资保持账实相符的一种方法。

7）编制财务报表：是以特定表格的形式，定期并总括地反映企业、行政事业单位的经济活动情况和结果的一种专门方法。

8）会计资料分析利用：会计资料分析是为了提高企业经济管理水平。

三、会计核算的基本前提及会计核算基础

1. 会计核算的基本前提

（1）会计核算的基本前提的定义及其目的。会计核算的基本前提又称会计基本假设，是指对会计领域某些无法正确加以论证的事物，根据客观的、正常的发展趋势所作的合乎真理的前提推断。会计对象的确定、会计方法的选择、会计数据的收集等，都是以会计核算的基本前提为依据。会计核算的目的是通过连续、系统、全面地记录、计算和反映，为各方面提供有价值的会计信息。

（2）会计核算的基本前提的内容及注意事项。会计核算的基本前提包含四方面内容：会计主体、持续经营、会计分期和货币计量。具体如下：

1）会计主体：是指会计工作服务的特定对象。凡是实行独立核算的单位均为会计主体。会计核算的对象是该主体的财务活动。注意事项：会计为之服务的对象完全可能不是企业，可能是某个机关、事业单位或团体，甚至可能是某个地区经济或整个国

民经济。这样,《企业会计准则》就未必适用，需要采用特殊的原则和方法，从而构成非营利单位会计和社会会计。

2）持续经营：是指假定会计主体的经济活动是无限地持续下去。将持续经营作为基本前提条件，是假设企业在可以预见的未来，不会面临破产和清算，这样才能认为资产在未来的经营活动中可以给企业带来经济效益，固定资产的价值才能按照使用年限的长短以折旧的方式分期转为费用。注意事项：如果有证据表明一个企业已无法履行它所承担的义务，正常的经营活动也无法持续下去，那么，以持续经营为前提所规定的各种方法和程序也就不再适用，而不得不改用其他方法。如以法律（如破产法）、法规为依据，根据清算的要求如实反映企业清算时的财务状况和财务关系，着眼于变现能力与偿还能力，提供正确处理各方权益关系的信息。

3）会计分期：是指从持续经营假设引申出来的，是持续经营的客观要求。企业经营活动从时间上来看是连续不断的、但会计为了定期确定损益编制财务报表，及时为使用者提供信息，就必须人为地将持续不断的经营过程分成若干期间。会计期间一般按照日历时间划分为年度、季度、月份。注意事项：会计分期通常为一年，可以是日历年度，也可以是财政年度，甚至是营业年度(通常是用业务量最低的时刻作为两个会计期间的交接点)。随着经济管理工作对会计信息依赖性的增加，会计期间单位有进一步划细划小的趋势，如季、月、旬、星期等。根据《企业会计准则》第六条规定,“会计期间分为年度、季度和月份。年度、季度和月份的起讫日期采用公历日期”。每年 1 月 1 日至 12 月 31 日为一个会计年度，每季度的第一个月的一日至该季度的最后一日为一个会计季度，每月的第一日至最后一日为一个会计月份。企业应当按年、按季和按月分期结算账目，编制会计报表。

4）货币计量：用货币来反映一切经济业务是会计核算的基本特征。货币计量是会计核算的一个重要前提条件。注意事项：以货币作为统一的计量单位，还有一个附带的前提，即假定货币本身的价值不变。也就是说，货币购买力的波动不予考虑。

2. 会计核算的基础

（1）会计核算处理基础包括权责发生制和收付实现制。

1）权责发生制：又称应收应付制或应计制，它是指企业按收入的权利和支出的义务是否归属本期来确认收入、费用的标准，而不是按款项的实际收支是否在本期发生，也就是以应收应付为标准。在权责发生制下，凡属本期的收入和费用，不论其是否发生，均要计入本期；凡不属本期的收入、费用，尽管发生了也不计入本期。故又叫权责发生制或应收应付制。企业的会计核算是以权责发生制为基础。适用范围：企业会计和政府会计中的财务会计。

2）收付实现制：又称现收实付制或现金制，它是以本期款项的实际收付作为确定本期收入、费用的标准。凡是本期实际收到款项的收入和付出款项的费用，不论款项是否属于本期，只要在本期实际发生，即作本期的收入和费用，所以又叫收付实现制或实收实付制。适用范围：政府会计中的预算会计，国务院另有规定的除外。我国政府会计由预算会计和财务会计构成。其中，预算会计采用收付实现制，国务院另有规定的依照其规定，财务会计采用权责发生制。

（2）会计核算处理基础的选择。现金收付基础和应计基础是对收入和费用而言，都是会计核算中确定本期收入和费用的会计处理方法。但是，现金收付基础强调款项的收付，应计基础强调应计收入和为取得收入而发生的费用的配合。采用现金收付基础处理经济业务对反映财务成果欠缺真实性、准确性，一般只是被非经营性质事业单位采用；采用应计基础比较科学、合理，被大多企业普遍采用，因此成为成本计算的会计处理基础。

四、会计核算的基本原则和重要性原则

1. 会计核算的基本原则

（1）会计核算的基本原则是企业财务人员从事财务处理的基础依据，是进行会计核算的指导思想和衡量会计工作成败的标准。会计核算基本原则包括 13 项原则，分为一般原则、计量原则、信息质量原则。

1）一般原则（三个）指关于会计核算方法选择上的要求，包括谨慎性原则、重要性原则、实质重于形式原则。

2）计量原则（四个）指关于会计核算方法选择上的要求，包括权责发生制、配比原则、实际成本计价原则、划分收益支出与资本性支出原则。

3）信息质量原则（六个）指关于会计要素确认与计量上的要求，包括真实性（客观性）原则、及时性原则、相关性原则、可比性原则、一致性原则、清晰性原则。

（2）会计核算 13 项基本原则为：客观性原则、实质重于形式原则、相关性原则、一致性原则、可比性原则、及时性原则、清晰性原则、权责发生制原则、配比性原则、实际成本原则、划分收益性支出与资本性支出原则、谨慎性原则、重要性原则。其含义如下：

1）客观性原则：又称真实性原则，指企业会计核算应当以实际发生的交易或事项为依据，如实地反映经济业务、财务状况和经营成果，做到内容真实、数字准确、资料可靠。

2）实质重于形式原则：指企业应当按照交易或事项的经济实质进行核算，而不应当仅仅按照它们的法律形式作为会计核算的依据。

3）相关性原则：又称有用性原则，指会计信息应当符合国家宏观管理的要求，满足有关各方了解企业财务状况和经营成果的需要，满足企业加强内部经营管理的需要。

4）一贯性原则：又称一致性原则，指会计处理方法前后各期应当一致，不得随意变更。

5）可比性原则：指会计核算应当按照规定的会计处理方法进行，会计指标应当口径一致，相互可比。

6）及时性原则：指会计核算应当及时进行，保证会计信息与所反映的对象在时间上保持一致，避免会计信息失去时效。

7）清晰性原则：指会计记录和会计报表都应清晰明了，便于理解和利用，能清楚地反映企业经济活动的来龙去脉及财务状况和经营成果。

8）权责发生制原则：相对于收付实现制而言，指会计核算应当以权责发生制作为会计确认的时间基础，即收入或费用是否计入某会计期间，不是以是否在该期间内收到或付出现金为标志，而是依据收入是否归属该期间的成果，费用是否由该期间负担来确定。

9）配比原则：又称收入与费用配比性原则，指收入与其相关的成本费应当配比。企业在进行会计核算时，收入与其成本、费用应当相互配比，同一会计期间的各项收入与其相关的成本、费用，应当在该会计期间内确认。这一原则是以会计分期为前提的。

10）实际成本原则：又称历史成本原则，是指企业和各项财产物应当按取得时的实际成本计价，物价如有变动，除有特殊规定外，不得调整其账面价值。

11）划分收益性支出与资本性支出原则：指在会计核算中合理划分收益性支出与资本性支出。

12）谨慎性原则：指在不确定因素的情况下作出判断时，保持必要的谨慎，不抬高资产或收益，也不压低负债或费用。

13）重要性原则：企业的会计核算应当遵循重要性原则，在会计核算过程中对交易或事项应当区别其重要性程度，采用不同的核算方法。在选择会计方法和程序时，要考虑经济业务本身的性质和规模，根据特定经济业务对经济决策影响的大小，来选择合适的会计方法和程序。

2. 会计核算的重要性原则

（1）会计核算的重要性原则是指在选择会计方法和程序时，要考虑经济业务本身的性质和规模，根据特定经济业务对经济决策影响的大小，来选择合格的会计方法和程序。

（2）会计核算的重要性原则与会计信息成本效益直接相关。坚持重要性原则能够保证会计信息的收益大于成本。如对于不重要项目，也采用严格的会计程序，分别核算、分项反映，就可能会导致会计信息成本高于收益。在评价某些项目的重要性时，应从质和量两个方面来分析。从质上来说，当某一事项有可能对决策产生一定影响时，就属于重要项目；从量上来说，当某一项目的数量达到一定规模时，就可能对决策产生影响。

五、会计核算的步骤及基本要求

1. 会计核算的步骤、作用及程序

（1）会计核算的步骤。首先，根据审核无误的原始凭证、编制记账凭证；其次，按照国家统一会计制度规定和会计业务需要设置会计账簿，以实际发生经济业务的记账凭证为依据登记账簿；最后，根据账簿记录定期编制会计报表。

（2）会计核算的作用。①可以使会计数据的处理过程有条不紊地进行，确保会计记录正确、完整，会计信息相关、可靠；②可以减少不必要的会计核算环节和手续，节约人力、物力、财力，提高会计工作效率；对会计核算工作的分工协调、责任划分，充分发挥会计工作的监督职能也有重要意义。

（3）会计核算的程序。包括记账凭证核算程序、汇总记账凭证核算程序、科目汇总表核算程序、多栏式日记账核算程序四种；此外还有日记总账核算程序和分录日记账核算程序等。

2. 会计核算的基本要求

根据《会计法》第九条："各单位必须根据实际发生的经济业务事项进行会计核算，填制会计凭证，登记会计账簿，编制财务报告。任何单位不得以虚假的经济业务事项或者资料进行会计核算。"会计核算基本要求具体如下：

（1）依法建账。建立账簿必须符合《会计法》等法规要求：①各单位都应按照《会计法》规定设置会计账簿，设置会计账簿的种类和具体要求，应当符合《会计法》、会计法规和国家统一会计制度的规定。②各单位发生的各项经济业务事项应当统一进行会计核算，不得违反规定私设会计账簿进行登记、核算。

（2）根据实际发生的经济业务进行会计核算。①各单位必须根据实际发生的经济业务事项进行会计核算，填制会计凭证，登记会计账簿，编制会计报告。②会计核算以实际发生的经济业务为依据，体现会计核算的真实性和客观性要求。

（3）保证会计资料真实和完整要求。①会计资料：主要是指会计凭证、会计账簿、会计报告等会计核算专业资料。②会计资料的真实性：主要是指会计资料所反映的内容和结果，应当同单位实际发生的经济业务的内容及其结果相一致。③会计资料的完整性：主要是指构成会计资料的各项要素都必须齐全，使会计资料如实、全面地记录和反映经济业务发生情况，便于会计资料使用者全面、准确地了解经济活动情况。④会计资料真实性和完整性的作用：真实性和完整性是会计资料最基本的质量要求，是会计工作的生命。⑤不得伪造、变造会计资料：任何单位或者个人不得以任何方式授意、指使、强令会计机构、会计人员伪造、变造会计凭证、会计账簿和其他会计资料，提供虚假财务会计报告；任何单位和个人不得伪造、变造会计凭证、会计账簿及其他会计资料，不得提供虚假的财务报告。

六、会计核算的内容及形式

1. 会计核算的内容

会计核算的内容是指应当进行会计核算的经济业务事项。它是根据会计法的规定，会计核算所包含具体内容有七个方面：款项和有价证券的收付，财物的收发、增减和使用，债权、债务的发生和结算，资本、基金的增减，收入、支出、费用、成本的计算，财务成果的计算和处理，其他需要办理会计手续、进行会计核算的事项。

（1）款项和有价证券的收付。款项包括现金、银行存款及其他视同现金、银行存款使用的外埠存款、银行汇票存款、银行本票存款、在途货币资金、信用证存款、保函押金和各种备用金。

（2）财物的收发、增减和使用。财物是指单位的财产物资，一般包括原材料、燃料、包装物、低值易耗品、在产品、商品等流动资产和房屋、建筑物、机器、设施、运输工具等固定资产。财物的收发、增减和使用是单位资金运动的重要形态，是会计核算的经常性业务。

（3）债权、债务的发生和结算。债权、债务是指由于过去的交易或事项所引起的单位的现有权利或义务，其中，债权主要包括应收账款、应收票据、其他应收款、短期和长期投资等；债务主要包括短期借款、应付票据、应付账款、预收账款、应付工资、应交税金、应付利润、其他应付款、长期借款、应付债券、长期应付款等。债权债务的发生和结算，反映了单位的资金周转情况，必须进行会计核算。

（4）资本、基金的增减。会计上的资本又称为所有者权益，是指投资人对企业净资产的所有权，是企业全部资产减去全部负债后的余额，包括实收资本、资本公积、盈余公积和未分配利润。基金主要是指机关、事业单位某些特定用途的资金，如事业发展基金，集体福利基金、后备基金等。资本、基金的增减都会引起单位资金的变化，会计机构、会计人员必须及时办理会计手续，进行核算。

（5）收入、支出、费用、成本的计算。①收入：对于企业或营利性组织，收入是指它们在销售商品、提供劳务及他人使用本单位资产等日常经济活动中所形成的经济利益的总流入；对机关、事业单位来讲是指经费的拨入。②支出：是企业生产经营过程中为获得另一项资产、为清偿所发生的资产的流出。③费用：对企业及营利性组织而言，是在生产和销售商品、提供劳务等日常经济活动中产生的各种耗费，对机关事业单位来讲，是经费的支出。④成本：是指企业及其他营利性组织的对象化了的费用，即以产品为对象计算分配的费用。收入、费用、成本是单位资金运动的直接表现，必须进行会计核算。

（6）财务成果的计算和处理。财务成果是单位在一定期间内经济活动的最终成果，也就是单位所得与所耗费或支出的配比，二者相抵后的差额，有的表现为盈余，有的则表现为亏损。财务成果是反映经营成果的最终要素，对它的计算和处理涉及有关方面的经济利益，因此，必须及时进行会计核算。

（7）其他需要办理会计手续、进行会计核算的事项。指除了前六项内容以外还需进行会计核算的内容。前六项内容基本涵盖了会计核算的主要内容，但由于会计环境纷繁复杂，经济活动及会计业务的发展日新月异，有可能产生一些新的会计核算内容，如企业的终止清算，破产清算等业务核算，也是会计核算不可缺少的内容。

2. 会计核算的形式

各单位因规模大小、经济业务和管理要求的不同，在选用会计核算形式时自然不能强求一致，根据具体登记会计总分类账的依据和方式的不同，会计核算形式不同。会计核算形式也称“会计核算组织程序”或“账务处理程序”，它是指在会计循环中，会计主体采用的会计凭证、会计账簿、会计报表的种类和格式与记账程序有机结合的方法和步骤。会计核算形式包含五种：记账凭证核算形式、科目汇总表核算形式、多栏式日记账核算形式、汇总记账凭证核算形式、日记总账核算形式。各单位的规模大小、经济业务和管理要求不同，在选用会计核算形式时，企业可根据实际情况确定。

3. 会计核算形式的异同点

（1）会计核算形式的不同点。主要区别登记总分类账的依据和方法不同；登记总分类账的方法有两大类：直接登记和汇总登记。①直接登记是以记账凭证为依据直接登记总分类账的方法。记账凭证会计核算形式和日记总账会计核算形式就是属于这一类。②汇总登记是要求定期对记账凭证以一定的方式进行汇总，依据汇总后的资料登记总分类账，这样在一定程度上简化了登记总分类账的工作。科目汇总表会计核算形式和汇总记账凭证会计核算形式则属于这一类。

（2）会计核算形式的共同点。①将同类经济业务的原始凭证汇总编制成汇总原始凭证；②根据原始凭证或汇总原始凭证编制记账凭证；③根据记账凭证中的收款凭证和付款凭证，登记现金日记账和银行存款日记账；④根据原始凭证、汇总原始凭证和记账凭证，登记有关的明细分类账；⑤定期将日记账和明细分类账同分类账进行核对；⑥定期根据总分类账和明细分类账编制会计报表。

第二节 会计核算组织程序及会计准则体系

一、会计核算组织程序的定义、形式、意义、原则及种类

1. 会计核算组织程序的定义和形式

（1）会计核算组织程序定义。会计核算组织程序又叫会计核算组织形式或财务处理程序、会计核算形式。是指在会计核算中，账簿组织、记账程序和会计报表有机结合的形式。账簿组织是指会计凭证和账簿的种类、格式及账簿之间的相互关系；记账程序是指从填制审核会计凭证、登记各种账簿，直到编制财务报告的整个会计处理程序。会计报表要符合经营管理的要求，为报表使用者提供用以进行管理和决策所需的会计信息，管理和决策的要求决定会计报表的种类和项目。

（2）会计核算组织程序的作用。体现在三个方面：①可以使会计数据的处理过程有条不紊地进行，确保会计分录正确、完整，会计信息相关、可靠。②可以减少不必要的会计核算环节和手续，节约人力、物力和财力，提高会计工作效率。③对会计核算工作的分工协作、责任划分，充分发挥会计工作的监督职能，也有重要意义。

（3）会计核算组织程序的步骤。设置会计科目和账户，复式记账，填制和审核凭证，编制财务会计报告。

（4）我国常采用的会计核算程序。包含：记账凭证核算程序、汇总记账凭证核算程序、科目汇总表核算程序和多栏式日记账核算程序等四种。此外，还有日记总账核算程序和分录日记账核算程序等。

（5）会计核算形式及会计循环。会计核算形式及会计循环如图 2-1 和图 2-2 所示。

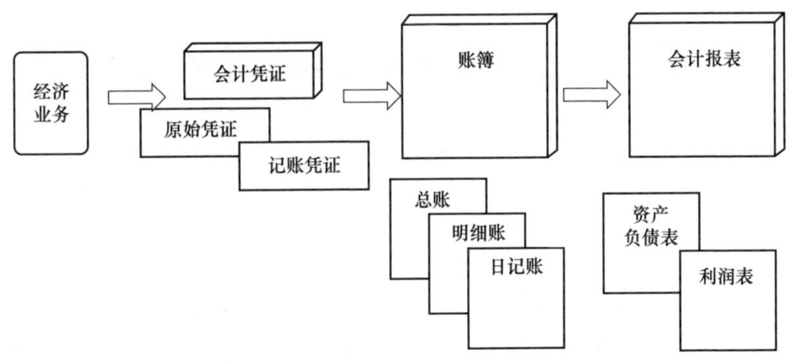

图 2-1　会计核算形式

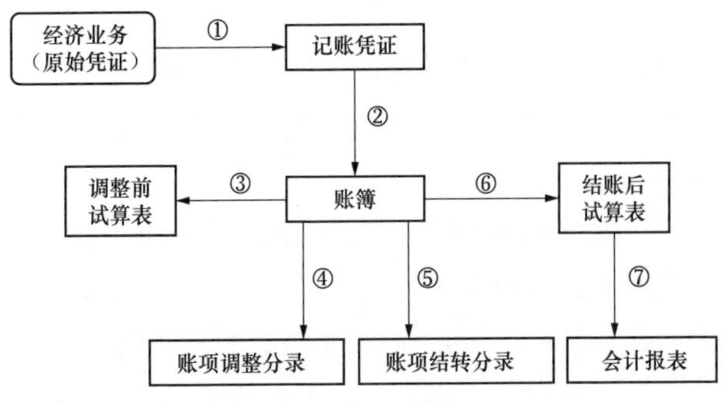

图 2-2　会计循环

（6）记账程序。①各种原始凭证和原始凭证汇总表填制收款凭证，付款凭证和转账凭证。②根据收款凭证和付款凭证登记现金日记账和银行存款日记账。③根据原始凭证、记账凭证登记明细分类账。④根据各种记账凭证逐笔登记总分类账。⑤根据科目汇总表登记总分类账。⑥月末，现金、银行存款和明细分类分别与总分类账核对。⑦根据总分类账和明细分类账编制会计报告。记账程序如图 2-3 所示。

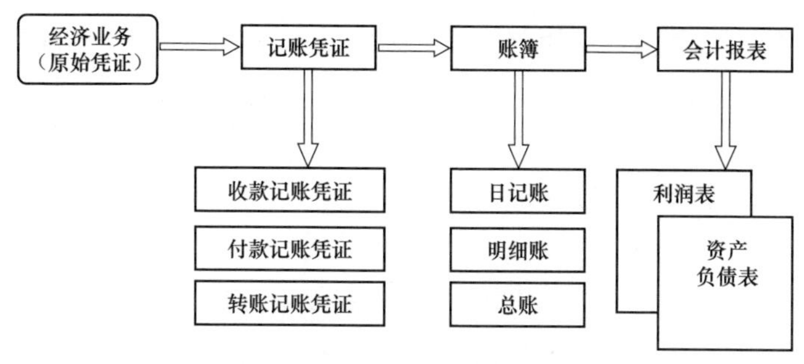

图 2-3 记账程序

2. 会计核算组织程序的意义、原则和种类

（1）会计核算组织程序的意义。会计核算组织程序包含五个方面：保证会计核算工作质量、提高会计核算工作效率、节约会计核算工作成本、发挥会计核算工作作用。

（2）设计会计核算组织程序的原则。结合实际、满足要求；保证质量、提高效率，力求简化、降低成本。根据国家统一会计核算规程及有关规定，结合本单位具体情况进行。包含三个方面：①集中统一和从实际出发相结合：国家统一制定的会计制度，对于记账方法、凭证、账簿等方面的规定必须遵照执行。结合单位规模大小、业务繁简以及生产经营管理的特点，从实际出发，在保证贯彻会计制度统一要求的前提下，选择适合本单位特点的核算形式，以提高会计工作效率。②提高会计工作质量和合理简化手续相结合：会计工作应正确处理质量和数量的关系，既不能片面追求简化而降低质量，也不应贪多求多，造成手续烦琐，在保证会计工作质量的前提下总结经验，增强会计专业素质。③会计核算与经济管理相结合：会计工作要为本单位不断改善经营管理，提高生产力水平和经济效益服务。因此，核算形式要结合本单位经营管理的需要，提供有关经济活动和财产状况的资料，便于检查经济效益和开展经济核算。

（3）会计核算组织程序的种类。包含四类：①记账凭证核算组织程序；②科目汇总表核算组织程序；③汇总记账凭证核算组织程序；④日记总账核算组织程序等。

二、记账凭证核算组织程序

1．记账凭证核算组织程序的基本内容

（1）记账凭证核算组织程序的定义。根据经济业务发生以后所填制的各种记账凭证直接的登记总分类账，并定期编制会计报表的一种财务处理程序。记账凭证组织程序是直接根据每张记账凭证逐项逐笔登记总分类账的会计核算形式。记账凭证基本程序包含六个方面：①根据原始凭证或原始凭证汇总表编制记账凭证。②根据原始凭证或原始凭证汇总表和记账凭证登记各种明细分类账。③根据收、付款记账凭证登记现金日记账和银行存款日记账。④根据各种记账凭证逐笔登记总分类账。⑤将总分类账与各明细账分类账、现金和银行存款日记账进行核对。⑥根据总分类账及有关明细账编制会计报表。

（2）记账凭证核算组织下应设的凭证和账簿。①凭证：收款凭证、付款凭证、转账凭证。②账簿：日记账（现金日记账、银行存款日记账），总分类账，明细分类账。

（3）记账凭证核算组织程序下的凭证与账簿的种类与格式，如图 2-4 所示。

（4）记账凭证核算组织程序下财务处理的基本步骤，如图 2-5 所示。

2．记账凭证核算组织程序的特点及适用范围

（1）记账凭证核算组织的特点是根据记账凭证直接逐笔地登记总分类账。由于记账凭证核算组织程序是根据记账凭证直接登记总分类账，因而容易理解、便于掌握。

（2）记账凭证核算组织程序的适用范围，这种程序适用于规

模较小、经济业务量小、凭证不多的会计主体。

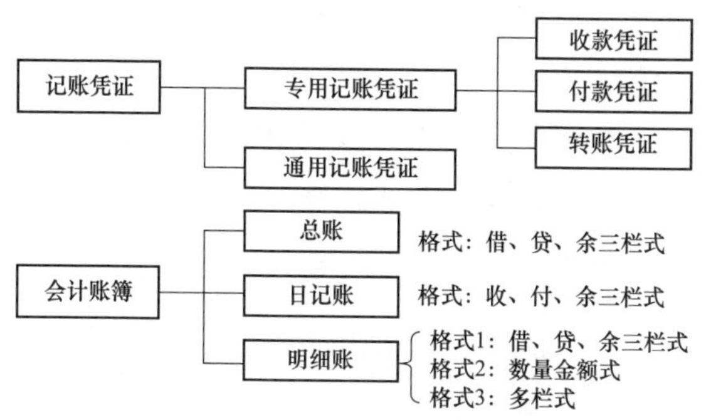

图 2-4　记账凭证核算组织程序下的凭证与账簿种类

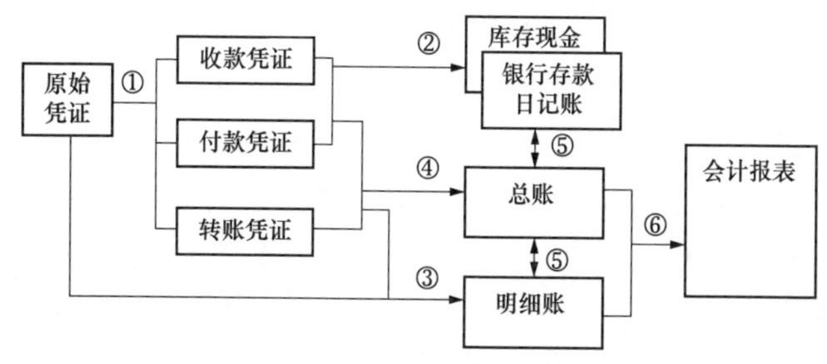

图 2-5　记账凭证核算组织程序下财务处理的基本步骤

（3）当企事业单位的业务量较大时，逐笔登记总分类账会增加登记总账的工作量。为减少登记总分类账的工作量，简化核算手续，可以设置多栏式的现金日记账和银行存款日记账，将其收入和支出栏分别按照对应科目设专栏，登记全部收、付款业务。月末，再根据多栏式现金日记账和银行存款日记账登记有关的总分类账。对于转账业务，可以根据转凭证逐笔登记总分类账。如果企业的转账业务较多，为了简化核算，除设置多栏式现金日记账和多栏式银行存款日记账外，还可设置多栏式材料采购日记账、多栏式制造成本日记账、多栏式销售日记账。月末，根据各多栏式日记账登记总分类账。不包括在多栏式日记账的转账业务，可以根据转账凭证逐笔登记总分类账。这种根据多栏式日记账登记总分类账的程序称为多栏式日记账核算组织程序。

（4）记账凭证核算组织程序的优缺点。

1）优点：记账凭证上能够清晰地反映账户之间的对应关系；总账比较详细地反映经济业务的发生情况；总账登记方法简单，易于掌握。

2）缺点：总账登记工作量过大；账页耗用多，预留账页多少难以把握。

三、汇总记账凭证会计核算组织程序

1．汇总记账凭证会计核算组织程序的定义及特点

（1）汇总记账凭证会计核算组织程序的定义。汇总记账凭证会计核算组织程序是定期将所有记账凭证汇总编制成汇总记账凭证，然后根据汇总记账凭证登记总分类账的会计核算组织程序，定期将收款凭证、付款凭证、转账凭证分别汇总填制成汇总收款凭证、汇总付款凭证、汇总转账凭证，据以登记总分类账的核算组织程序，称为汇总记账凭证会计核算组织程序。

（2）汇总记账凭证会计核算组织程序的依据。①总分类账（三栏式）；②库存现金、银行存款日记账（三栏式）；③明细账（三栏式、数据金额式、多栏式）。

（3）汇总记账凭证会计核算组织程序的特点。依据汇总收款凭证、汇总付款凭证、汇总转账凭证登记总分类账。

汇总记账凭证会计核算组织程序下的凭证与账簿种类如图 2-6 所示。

2．汇总记账凭证会计核算组织程序说明

（1）根据原始凭证或原始凭证汇总表编制收、付款凭证和转账凭证。

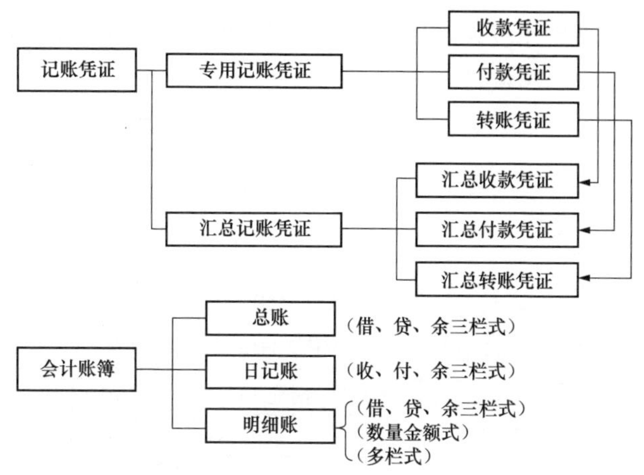

图 2-6　汇总记账凭证核算组织程序下的凭证与账簿种类

（2）根据收、付款凭证逐日、逐笔登记库存现金日记账和银行存款日记账。

（3）根据各种记账凭证、原始凭证和原始凭证汇总表登记各种明细分类账。

（4）根据各种记账凭证定期编制汇总收款凭证、汇总付款凭证、汇总转账凭证。

（5）根据汇总收款凭证、汇总付款凭证、汇总转账凭证登记总分类账。

（6）月末，按照对账要求，将总分类账与日记账、总分类账与明细分类账相互核对。

（7）月末，根据核对无误的账簿记录定期编制会计报表。

汇总记账凭证会计核算组织程序如图 2-7 所示。

3. 汇总记账凭证账务处理的优缺点及适用范围

（1）优缺点。优点是减轻了登记总分类账的工作量，便于了解账户之间的对应关系。缺点是按每一贷方科目编制汇总转账凭证，不利于会计核算的日常分工，当转账凭证较多时，编制汇总转账凭证的工作量较大。

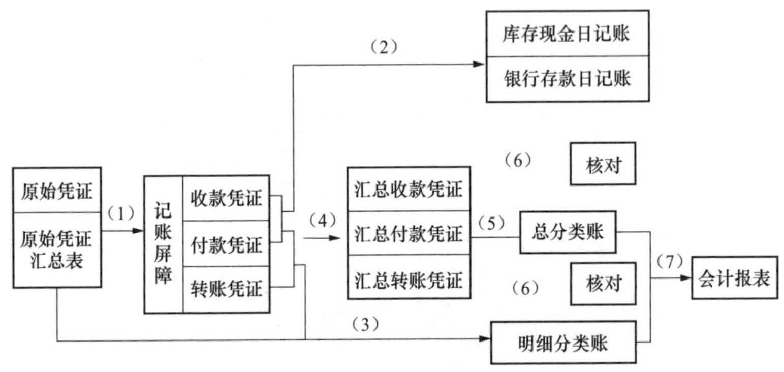

图 2-7　汇总记账凭证会计核算组织程序

（2）适用范围。适用于规模较大、经济业务较多的单位。

四、汇总记账凭证及其编制方法

汇总记账凭证分为三种：汇总收款凭证、汇总付款凭证、汇总转账凭证。具体如下：

1. 汇总收款凭证及其编制方法

（1）汇总收款凭证是根据收款凭证，如库存现金收款凭证和银行存款收款凭证，按“库存现金”或“银行存款”科目的借方分别设置，并按贷方科目加以归类汇总，定期填列一次，每月汇总编制一张。汇总收款凭证格式如图 2-8 所示。

（2）汇总收款凭证的编制方法。汇总收款凭证是按借方科目（现金科目、银行存款科目）分别设置，定期如（5 天或 10 天）将这一期间的全部现金收款凭证、银行存款收款凭证，分别按与设置科目相对应的贷方科目加以归类、汇总填列一次，每月编制一张。登记总分类账时，应根据汇总收款凭证上的合计数，记入“现金”或“银行存款”总分类账户的借方，根据汇总收款凭证上各贷方科目的合计数记入总分类账户的贷方。汇总收款凭证编制方法如图 2-9 所示。

汇总收款凭证

借方科目：　　　　年　月　　　　第　号

贷方科目	金额				总账账页	
	1～10日凭证 第　至　号	12～20日凭证 第　至　号	21～31日凭证 第　至　号	合计	借方	贷方

会计主管：　　记账：　　审核：　　填制：

图 2-8　汇总收款凭证格式

按借方科目设置

汇总收款凭证

借方科目：现金

贷方科目	金额				总账页数	
	1～10日凭证 1号～6号	11～20日凭证 7号～10号	21～30日凭证 11号～15号	合计	借方	贷方
其他应收款 其他业务收入 应收账款	180 2700 200	320	400	900 2700 200	月终合计	记入总账
合　计	3080	320	400	3800		

按贷方科目汇总

例：某企业某月1～10日发生如下现金收款业务，收款凭证上的分录为：

现收1—借：现金　150
　　　贷：其他应收款　150

现收2—借：现金　2000
　　　贷：其他应收入　2000

现收3—借：现金　300
　　　贷：其他业务收入　300

现收4—借：现金　30
　　　贷：其他应收款　30

现收5—借：现金　200
　　　贷：应收账款　200

现收6—借：现金　400
　　　贷：其他业务收入　400

图 2-9　汇总收款凭证的编制方法

2. 汇总付款凭证及其编制方法

（1）汇总付款凭证是根据现金付款凭证、银行存收款凭证定期汇总编制的汇总记账凭证。

（2）汇总付款凭证的编制方法。汇总付款凭证是按现金科目、银行存款科目的贷方分别设置，定期（如 5 天或 10 天）将这一期间内的全部现金付款凭证、银行存款付款凭证，分别按与设置科目相对应的借方科目加以归类、汇总填列一次，每月编制一张。月末时，结算出汇总付款凭证的合计数，据以登记总分类账。登记总分类账时，根据汇总付款凭证的合计数，记入“现金”“银行存款”总分类账户的贷方；根据汇总付款凭证内各借方科目的合计数记入相应总分类账户的借方。

3. 汇总转账凭证及其编制方法

（1）汇总转账凭证是根据转账凭证定期汇总编制的一种汇总记账凭证。

（2）汇总转账凭证的编制方法。汇总转账凭证，一般按照贷方科目设置，通常是按照“现金”“银行存款”以外的每一科目的贷方分别设置，定期将这一期间内的全部转账凭证，按与设置科目相对应的借方科目加以归类、汇总填列一次，每月编制一张。

4. 汇总记账凭证的基本格式要求

（1）汇总收款凭证编制格式。在编制收款凭证分录时，只能是编制一借一贷或一借多贷的凭证，不能编制一贷多借或多借多贷的凭证。

（2）汇总付款凭证格式。在编制收款凭证的分录时，分录形式只能编制一借一贷或一贷多借凭证，不能编制一借多贷的凭证。

（3）汇总转账凭证编制格式。为了避免汇总时出现重汇和漏汇，只能按一个贷方科目与一个或几个借方科目相对应来填制，不能以几个贷方科目同一个借方科目相对应来填制。

五、科目汇总表核算组织程序

（1）科目汇总表核算组织程序。科目汇总表核算组织程序又称记账凭证汇总表核算组织程序，是定期将所有记账凭证汇总编制成科目汇总表，再根据科目汇总表登记总分类账的财务处理程序。具体是：①根据各种记账凭证定期按会计科目汇总编制科目汇总表，然后根据科目汇总表登记总分类账，并定期编制会计报表的财务处理程序。②科目汇总表不对科目进行分类汇总，将所有科目的本期发生额汇总在同一张表内，据以登记总账。

（2）科目汇总表核算组织的主要内容。①根据原始凭证编制汇总原始凭证。②根据原始凭证、汇总原始凭证编制各种记账凭证。③根据收款凭证、付款凭证、按日逐项登记各种日记账。④根据各种记账凭证或原汇总记账凭证核算组织程序原始凭证、汇总原始凭证逐项登记各种明细分类账。⑤根据各种记账凭证定期归类、汇总、编制科目汇总表。⑥根据科目汇总表定期登记总分类账。⑦月末将各种日记账的期末余额和明细分类账的期末余额分别同总分类账有关的期末余额相核对。⑧月末根据总分类账的资料编制会计报表。

（3）科目汇总表核算组织程序的账簿组织。①在科目汇总表核算组织程序下，记账凭证和账簿的设置基本上同记账凭证会计核算组织程序。②记账凭证一般采用收款凭证、付款凭证、转账凭证三种形式，也可以采用通用格式的记账凭证，并同时设置科目汇总表。③应设置的账簿有现金日记账、银行存款日记账、总分类账和明细分类账，各种账簿的格式同记账凭证会计核算组织程序。

（4）科目汇总表的编制方法。①科目汇总表是根据记账凭证，按照相同的会计科目定期归类、汇总编制的表格。②科目汇总表的具体编制方法有：根据记账凭证，将相同的会计科目进行归类，定期如 3 天、5 天或 10 天等，汇总出每一个会计科目的借方发生额合计和贷方发生额合计，并填写在科目汇总表的有关栏目内；最后将全部会计科目的借方和贷方发生额分别合计，其合计数应该相等。③科目汇总表分类：按汇总内容分类，可分为全部汇总和分类汇总；按汇总次数分类，可分为一次汇总和多次汇总。

（5）科目汇总表处理程序的特点。定期将所有记账凭证汇总编制成科目汇总表，然后根据科目汇总登记总分类账。

（6）科目汇总表核算组织程序的基本程序如图 2-10 所示。

（7）科目汇总表核算组织的优缺点及适用范围。①优点：大大简化了登记分类账的手续，减少登记总分类账的工作量，提高会计核算工作效率。②缺点：不能反映科目对应关系，不便于分析经济业务的来龙去脉，不便于查对账目。③适用范围：适用于中、小型企业和单位。

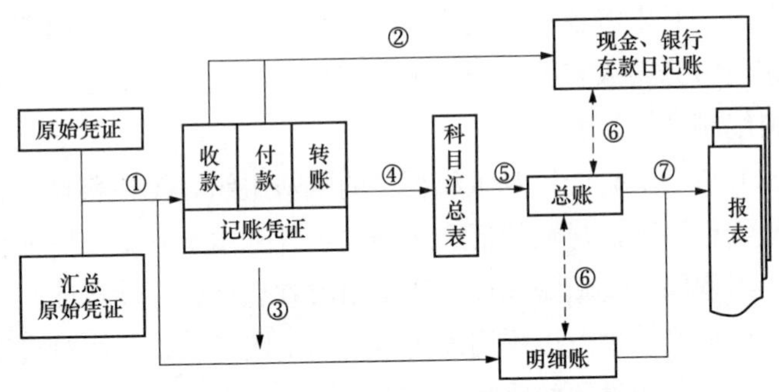

图 2-10　科目汇总表核算组织程序的基本程序

六、会计准则体系

1. 会计准则体系的构成、颁布与施行及作用

（1）会计准则体系的构成。会计准则具有严密和完整的体系。会计准则体系的构成，包含《企业会计准则》《小企业会计准则》《事业单位会计准则》和《政府会计准则——基本准则》。

（2）会计准则体系颁布与施行。

1）《企业会计准则》的颁布与施行。2006 年 2 月 15 日，财政部发布了《企业会计准则》，自 2007 年 1 月 1 日在上市公司范围内施行《企业会计准则》，并鼓励其他企业执行。2006 年以前执行的是企业会计制度。

2）《小企业会计准则》的颁布与施行。2011 年 10 月 18 日，财政部发布了《小企业会计准则》，要求符合适用条件的小企业自 2013 年 1 月 1 日起执行，并鼓励提前执行。《小企业会计准则》一般适用于在我国境内依法设立、经济规模较小的企业。

3）《事业单位会计准则》的颁布与施行。2012 年 12 月 6 日，财政部修订发布了《事业单位会计准则》，自 2013 年 1 月 1 日起在各级各类事业单位施行。该准则对我国事业单位的会计工作予以规范。事业单位会计要素包括资产、净资产、收入、支出（或费用）五类，事业单位采用收付实现制进行会计核算，部分另有规定的经济业务或事项才能采用职责发生制。

4）政府会计准则的颁布与施行。2015 年 10 月 23 日，财政部发布了《政府会计准则——基本准则》，自 2017 年 1 月 1 日起，在各级政府、各部门、各单位施行。

（3）会计准则体系的作用。会计准则是会计做账的指导性规范。

2. 会计准则体系的组成

我国的企业会计准则体系包括基本原则、具体原则、应用指南和解释公告。具体如下：

（1）基本准则。

1）主要内容。主要有财务会计报告的目标、会计基本假设、会计信息质量要求、会计要素及其确认标准、会计计量属性与运用原则和财务会计报告要求等。

2）会计进行会计核算工作必须遵守的基本要求。

3）是制定具体准则、应用指南和解释公告的依据。

4）是整个会计工作和会计准则体系的指导思想和指导原则。

（2）具体准则。具体准则是在基本准则的指导下，处理会计具体业务的规范。分别规范了存货、长期股权投资、固定资产、投资性房地产、金额工具的确认和计量等会计处理。

（3）应用指南。根据基本原则、具体准则制定的用于指导会计实务的操作性指南。

（4）解释公告。用以指导、规范会计实务在执行会计准则中出现的新问题和疑难问题。

3. 政府会计准则的组成

我国的政府会计准则由政府会计基本准则、具体准则和应用指南三部分组成。具体如下：

（1）政府会计基本准则。它是整个政府会计准则体系的概念基础和框架。内容分为六章，包括总则、政府会计信息质量要求、政府预算会计要素、政府财务会计要素、政府决算报告和财务报告、附则。

（2）具体准则。主要规定政府发生的经济业务或事项的会计处理原则，具体规定经济业务或事项引起的会计要素变动的确认、计量和报告。

（3）应用指南。主要对具体准则的实际应用作出操作性规定。

第三节　会计要素、会计分录、会计科目及会计账户

一、会计要素的定义及内容

1. 会计要素的定义及分类

（1）会计要素。会计要素是指根据交易或者事项的经济特征

所确定的财务会计对象的基本分类。会计要素是会计核算和报告的基础，会计要素对于企业、政府和组织等各个经济主体都非常重要。会计要素分为反映企业和政府财务（含事业单位）财务状况的基本要素。

（2）会计要素的分类。根据《企业会计准则——基本准则》，将会计要素划分为资产、负债、所有者权益（又称股东收益）、收入、费用和利润六大类，其中，包含反映企业财务状况和经营成果两大类。反映企业财务状况的会计要素（静态要素）分为：资产、负债、所有者权益在资产负债中列示，也称资产负债表要素；反映企业经营成果的会计要素（动态要素）分为：收入、费用、利润，在利润表中列示，也称利润表要素。内在联系：资产＝负债＋所有者权益；收入－费用＝利润；资产＋费用＝负债＋所有者权益＋收入。另外，事业单位的会计要素可以分为五大类：资产、负债、净资产、收入和支出。企业会计要素按反映财务状况和经营成果分类，如图 2-11 所示。

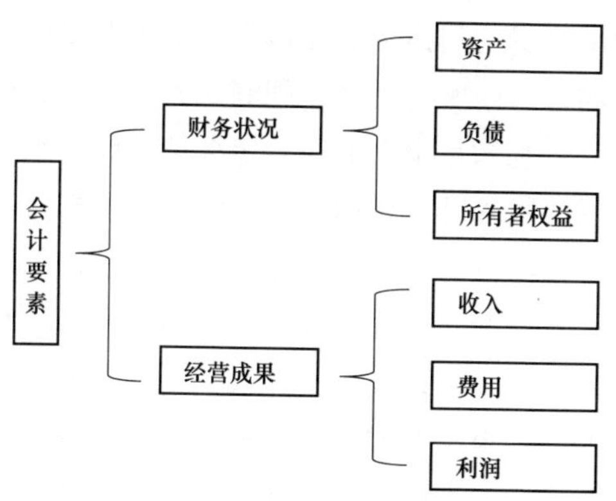

图 2-11　企业会计要素分类

2. 企业会计要素构成的含义

（1）资产。资产是指企业过去的交易或者事项形成的、由企业拥有或者控制的、预期会给企业带来经济利益的资源。资产是企业的经济来源，包括现金、存货、设备和应收款项。

（2）负债。负债是指企业的债务，包括应付账款、借款和税费。负债的本质指占用不属于企业的经济利益一段时间。即，负债是应偿付经济利益的时点与实际偿付经济利益的时点有一个时间差。

（3）所有者权益。所有者权益是指企业资产扣除负债后由所有者享有的剩余权益。公司的所有者权益又称为股东权益。公式：资产＝负债＋所有者权益（所有者投入的资本－所在者提取＋收入－费用)。负债特征包括三方面：一是，除非发生减资、清算或分派现金股利，企业不需要偿还所有者权益；二是，企业清算时，只有在清偿所有的负债后，剩余所有者权益才返还给所有者；三是，所有者凭借所有者权益能够参与企业利润的分配。

（4）收入。收入是指企业在日常活动中形成的、会导致所有者权益增加的、与所有者投入资本无关的经济利益的总流入。

（5）费用。费用是指企业在日常活动中发生的、会导致所有者权益减少的、与向所有者分配利润无关的经济利益的总流出。

（6）利润。利润是指企业在一定会计期间的经营成果；是一种收获。它反映收入减去费用、直接计入当期损益的利得减去损失后的净额。该净额的正负，将导致所有者权益的增加或减少，并评价企业经营业绩。公式：收入－费用＝利润。利润的确认主要依赖于收入和费用，以及直接计入当期损益的利得和损失的确认，其金额的确定也主要取决于收入、费用、利得、损坏金额的计量。联系公式：利润就是收入（包括利得）减去费用（包括损失）之后的净额。即：收入－费用＋利得－损失＝利润。

3. 政府财务会计要素的构成

（1）政府财务会计要素。政府财务会计要素（含行政事业会计）是会计体系的重要组成分支，它是运用会计专门方法对政府及其组成主体，包括政府所属的行政事业单位等的财务状况、运行情况（含运行成本）、现金流量、预算执行等情况进行全面核算、监督和报告。政府财务会计要素包括政府财务会计要素和政府预算会计要素。反映政府财务及行政事业单位财务状况的会计要素为五大要素：资产、负债、净资产、收入和费用（又称支出）。

（2）反映单位财务状况的公式：资产－负债＝净资产，反映运行情况的公式：收入－费用－本期盈余，本期盈余经分配后最终转入净资产，财务会计仍然实行权责发生制。

（3）政府会计要素的含义。①资产是指政府会计主体过去的经济业务或者事项形成的，由政府会计主体控制的，预期能够产生服务潜力或者带来经济利益流入的经济资源。②负债是指政府会计主体过去的经济业务或者事项形成的，预期会导致经济资源流出政府会计主体的现时义务。③净资产是指政府会计主体资产扣除负债后的净额。净资产金额取决于资产和负债的计量，净资产项目应列入资产负债表；④收入是指报告期内导致政府会计主体净资产增加的、含有服务潜力或者经济利益的经济资源的流入。⑤费用是指报告期内导致政府会计主体净资产减少的、含有服务潜力或者经济利益的经济资源的流出。

4. 政府预算会计及政府预算会计要素

（1）政府预算会计。是对政府预算资金活动过程及其结果所实施的一种管理活动，是各级财政部门和行政事业单位用来核算、反映和监督政府预算执行情况的会计。

（2）政府预算会计要素及等式。

1）政府预算会计要素。包括预算收入、预算支出、预算结余。具体如下：①预算收入：指政府会计主体在预算年度内依法取得的并纳入预算管理的现金流入。②预算支出：指政府会计主体在预算年度内依法发生并纳入预算管理的现金流出。③预算结余：指政府会计主体预算年度内预算收入扣除预算支出后的资金余额，以及历年滚存的资金余额，包括结余资金和结转资金。

2）政府预算会计要素等式：预算收入－预算支出＝预算结余。

5. 经济业务的基本类型

（1）九项经济业务的基本类型：①一项资产增加、另一项资产等额减少的经济业务；②一项资产增加、一项负债等额增加的经济业务；③一项资产增加、一项所有者权益等额增加的经济业务；④一项资产减少、一项负债等额减少的经济业务；⑤一项资产减少、一项所有者权益等额减少的经济业务；⑥一项负债增加、另一项负债等额减少的经济业务；⑦一项负债增加、一项所有者权益等额减少的经济业务；⑧一项所有者权益增加、一项负债等额减少的经济业务；⑨一项所有者权益增加，另一项所有者权益等额减少的经济业务。

（2）九项经济业务的基本类型归纳：①某个会计要素内部两个项目一增一减；会计等式保持恒等关系；②会计等式的左右两边的两个要素项目同时增加，会计等式保持恒等关系；③会计等式的左右两边的两个要素项目同时减少，会计等式保持恒等关系；④会计等式右边的两个要素项目一增一减，会计等式保持恒等关系。

二、会计分录及其分类

1. 会计分录的定义及作用

（1）会计分录也称“记账公式”，简称“分录”。是根据复式记账原理的要求，对每笔经济业务列出相对应的双方账户及其金额的一种记录。即是对每项经济业务事项列示其应借、应贷的账户名称（科目）及其金额的一种记录。

（2）会计分录的组成。每项会计分录主要包括记账符号、有关账户名称、摘要和金额。即，会计分录是预先确定每笔经济业务所涉及的账户名称，以及计入账户的方向和金额的一种记录。它包含三层含义：一是确定经济业务所涉及的对应账户（科目）；二是确定对应账户借贷的对应关系；三是确定各对应账户应入账的金额。

（3）会计分录的作用。会计人员在登记账户前，通过记账凭证编制会计分录，能够清楚地反映业务的归类情况，有利于保证账户记录的正确和便于事后检查。会计分录是会计记账的基础，是会计工作的核心部分，也是会计工作的基本单位。会计在进行记账时，都需要根据实际情况按照会计分录的三部分进行记录，以保证记账的准确性。

2. 会计分录基本原则和基本方法

（1）会计分录的基本规则。会计分录是会计工作的基础，是记录和归纳经济业务的重要手段。它通过明确的规则和方法，将经济业务的发生和变化以数字的形式记录下来，为财务报表的编制提供依据。会计分录的基本规则包括借贷记原则、相等原则和完整原则。具体如下：

1）借贷记的原则。借贷记的原则是会计分录的核心规则。根据这一原则，每个会计分录必须同时有借方和贷方，借贷金额必须相等。借方记录资产、费用和损失的增加，贷方记录负债、所有者权益、收入和利润的增加。通过借贷记的原则，会计分录能够准确地反映经济业务的发生的变化。

2）相等原则。相等原则是指每个会计分录上的借贷金额必须相等。这是为了保持会计方程的平衡，即：资产负债+所有者权益。相等原则保证了会计分录的准确性和可靠性，避免了错误的漏报。

3）完整原则。完整原则要求每项经济业务都必须有相应的会计分录记录。无论是小额交易还是大额交易，都需要进行会计分录。完整原则确保了会计信息的完整性和真实性，为财务报表提供了可靠的数据来源。

（2）会计分录的基本方法。包括四个方面：确定账户、确定借贷方向、确定金额和记录日期。具体如下：

1）确定账户。确定账户是会计分录的第一步。根据经济业务的性质和影响，选择相应的会计科目作为分录的账户。常见的会计科目包括现金、银行存款、应收账款、应付账款、固定资产等，确保选择正确的账户是保证会计分录准确性的前提。

2）确定借贷方向。确定借贷方向是会计分录的关键。根据经济业务的性质和影响，确定借方和贷方的方向。一般情况下，资产、费用和损失的增加记录的借方，负债、所有者权益、收入和利润的增加记录在贷方。但也有一些特殊情况需要根据具体情况确定借贷方向。

3）确定金额。确定金额是会计分录的重要步骤。根据经济业务的金额确定借贷金额，并确定借贷金额相等。金额的确定需要根据具体情况进行计算和核对，确保准确无误。

4）记录日期。记录日期是会计分录的最后一步。根据经济业务的发生日期记录分录的日期，日期的准确记录有助于后续的会计处理和查询。

（3）会计分录的编制步骤。包含四步：①分析经济业务涉及的是资产还是权益；②确定涉及哪些账户，是增加还是减少；③确定记入账户的借方、账户的贷方；④确定应借应贷账户是否正确，借贷方金额是否相等。

3. 会计分录的分类及格式

根据会计分录涉及账户的多少，会计分录划分为简单会计分录和复合会计分录，具体如下：

（1）简单会计分录是指只涉及两个账户的会计分录，只涉及一个账户借方和另一个账户贷方的会计分录，即一借一贷的会计分录。

（2）复合会计分录是指涉及两个（不包括两个）以上对应账户所组成的会计分录。一借多贷、一贷多借、多借多贷的会计分录。借贷记账法下，账户的左方称为借方，右方称为贷方。所有账户的借方和贷方按相反方向记录增加数和减少数，即一方登记增加额，另一方就登记减少额。具体哪一方登记增加，哪一方登记减少，取决于账户的性质和该账户所记录的经济内容的性质。通常情况下，资产类、成本类和费用类账户的增加记“借”方，减少记“贷方”；负债类、所有者权益类和收入类账户的增加记“贷方”，减少记“借方”。

（3）会计分录的格式。①先借后贷，借贷分行，借方在上，贷方在下。②先借后贷，借贷同行，借方在左，货方在右。方法是：①先写借方账户，后写贷方账户。借贷错开一格。例如：购进材料一批，价值 40000 元，材料已验收入库，但货款暂欠（不考虑税金）。会计分录格式如图 2-12 所示。

借：原材料　　40000
　贷：应付账款　　40000

图 2-12　会计分录格式

4. 会计分录的三要素

会计分录的三要素：账户（即对应的会计科目）、记账方向（借或贷方向）、金额。每一个会计分录都包含这三个要素，它是由会计根据交易情况以及会计原始凭证而记录的。具体如下：

（1）账户（即对应的会计科目）。账户（即对应的会计科目）是指账户的名称，在记账时，会计根据交易情况所有涉及项目归类的科目。在实际操作中，“应收款”是一个账户，“银行存款”也是一个账户，“存货”“应付款”也是一个账户等。

（2）记账方向（借贷方向）指借方或贷方。借贷方向是指在会计分录中，会计根据实际发生的交易情况，将借方和贷方分别归类到一起，以记录交易的明细。例如：在会计记账中，“应收款”是借方科目，“银行存款”是贷方科目，“存货”是借方科目，“应付款”是贷方科目；“应收票据”是借方科目，“应付票据”是贷方科目等。

在借贷记账下，账户的左方为借方，右方为贷方。所有账户的借方和贷方按相反方向记录增加数和减少数，即一方登记增加额，另一方就登记减少额。至于“借”表示增加、还是“贷”表示增加，取决于账户的性质与记录经济内容的性质。通常情况下，资产类、成本类和费用类账户的增加用“借”表示，减少用“贷”表示；负债类、所有者权益类和收入类账户的增加用“贷”表示，减少用“借”表示。

（3）金额。金额是指应记录的金额，在会计分录中，会计根据实际发生的交易，记录交易金额的数目。这里所提到的金额，可以是正数、也可以是负数，具体取决于会计根据会计原则进行记录的实际情况。例如：会计在记录“存入银行”时，需要记录具体存款金额，并且这个金额一般是正数；而在记录“支出”时，需要记录具体的支出金额，并且这个金额一般是负数。

5. 常用的会计分录

分别从实收资本及资本公积；借入款项；商品购进、销售、储存、加工及出租；材料物资、包装物、低值易耗品；货币资金及结算款项等，常用的会计分录如表 2-2 所示。

表 2-2　　常用的会计分录

一、实收资本及资本公积
（一）实收资本
1. 收到投资者投入的货币资金。借：现金（或银行存款），贷：实收资本

续表

2．收到投资人投入的房屋、机器设备等实物，按评估确认价值。借：固定资产，贷：实收资本
3．收到投资者投入无形资产等，按评估确认价值。借：无形资产等，贷：实收资本
4．将资本公积、盈余公积转增资本。借：资本公积（或盈余公积），贷：实收资本
（二）资本公积
1．捐赠公积
（1）接受捐赠的货币资金，按实际收到的捐赠款入账。借：现金（或银行存款），贷：资本公积
（2）接受捐赠的固定资产。借：固定资产（根据同类资产的市场价格或有关凭据），贷：资本公积（固定资产净值），贷：累计折旧
（3）接受捐赠的商品等，根据有关资料确定的商品等的实际进价入账（库存商品采用售价核算的，还应结转进销差价）。借：库存商品，贷：资本公积等
2．资本折算差额企业实际收到外币投资时，由于汇率变动而发生的有关资产账户与实收资本账户折合记账本位币的差额。 借：银行存款，借：固定资产，贷：实收资本，借或贷：资本公积
3．投资者缴付的出资额大于注册资本产生的差额计入资本公积。借：银行存款等，贷：实收资本，贷：资本公积
4．法定财产重估增值。借：材料物资，借：固定资产。贷：资本公积
二、借入款项
（一）短期借款
1．借入各种短期借款。借：银行存款，贷：短期借款
2．发生的短期借款利息。借：财务费用，贷：预提费用（或银行存款）
3．归还短期借款。借：短期借款，贷：银行存款
（二）长期借款
1．借入各种长期借款。借：银行存款（或在建工程、固定资产等），贷：长期借款
2．发生的长期借款利息支出，在固定资产尚未交付使用或虽已交付使用但尚未办理竣工决算之前发生的，计入固定资产的购建成本。借：在建工程（或固定资产），贷：长期借款

续表

3．长期借款的利息支出，在固定资产已办理竣工决算后发生的，计入当期损益。借：财务费用，贷：长期借款
4．归还长期借款。借：长期借款，贷：银行存款
（三）应付债券
1．按面值发行的债券，按实际收到的债券款。借：银行存款等，贷：应付债券（债券面值）
2．溢价发行的债券，收到债券款时。借：银行存款（实际收到的金额），贷：应付债券（债券面值），贷：应付债券（债券溢价）
3．折价发行的债券，收到债券款时。借：银行存款（实际收到的金额），借：应付债券（债券折价），贷：应付债券（债券面值）
4．企业按期提取应付债券利息。借：财务费用（或在建工程），贷：应付债券（应计利息）
5．溢价发行的债券，按期摊销和计算应计利息时。借：应付债券（债券溢价），借：财务费用（或在建工程）（应计利息与溢价摊销额的差额），贷：应付债券（应计利息）
6．折价发行的债券，按期摊销和计算应计利息时。借：财务费用（或在建工程）（应计利息与折价摊销额的合计数），贷：应付债券（债券折价）（应摊销的折价金额），贷：应付债券（应计利息）
7．债券到期，支付债券本息。借：应付债券（债券面值、应计利息），贷：银行存款等
三、商品购进、销售、储存、加工及出租
（一）商品购进
1．采用进价核算的商品购进
（1）购进商品验收入库，同时支付货款或开出、承兑商业汇票
1）采用支票等结算方式，借：商品采购（商品进价），借：经营费用（进货费用），贷：银行存款（全部价款），同时，借：库存商品，贷：商品采购
2）采用商业汇票结算方式。借：商品采购（商品进价），借：经营费用（进货费用），贷：银行存款（进货费用），贷：应付票据（商品进价），同时，借：库存商品，贷：商品采购
（2）购进商品，先承付货款或开出、承兑商业汇票，后验收入库

续表

1）采用支票等结算方式支付货款时，借：商品采购（商品进价），借：经营费用（进货费用），贷：银行存款（全部价款）商品验收入库时，借：库存商品（商品进价），贷：商品采购（商品进价）
2）采用商业汇票结算方式开出、承兑商业汇票时。借：商品采购（商品进价），借：经营费用（进货费用），贷：银行存款（进货费用），贷：应付票据（商品进价）商品验收入库时，借：库存商品（商品进价），贷：商品采购（商品进价）
（3）购进商品，先验收入库，后支付货款或开出、承兑商业汇票，月终时记账。库存商品（暂估进价），贷：应付账款（暂估进价）。月终尚未付款或尚未开出、承兑商业汇票的商品，下月初对上述分录用红字冲回。借：库存商品（红字），贷：应付账款（红字），付款时，分录同（1）
2．进口商品
（1）对外支付货款，按商品进价。借：商品采购贷：银行存款如支付的外汇是从调剂市场购进的外汇，应同时按进口商品应分摊的购进外汇价差增加进口商品的采购成本。借：商品采购，贷：外汇价差
（2）如以离岸价成交，对外支付运保费等，按实际金额。借：商品采购，贷：银行存款
（3）支付进口环节应交纳的各种税金。借：商品采购贷：应交税金交纳时，借：应交税金，贷：银行存款
（4）进口商品验收入库。借：库存商品，贷：商品采购
3．采用售价核算的商品购进
购进商品验收入库，同时支付货款或开出承兑商业汇票，采用支票等结算方式

6、会计分录实例

会计分录实例见表 2-3 所示。

表 2-3　　会计分录实例

实例一：销售产品一批，价款 10 万元，增值税 13000 元，经查，该笔销售业务已于前月预收货款 5 万元，余款尚未结清该批产品的制造成本为 8 万元
借：应收账款 63000 　　预收账款 50000 　贷：主营业务收入 100000 应交税费一应交增值税 13000

续表

同时结转成本 借：主营业务成本 80000 　贷：库存商品 80000
实例二：企业计提固定资产减值准备 5000
借：资产减值损失 5000 　贷：固定资产减值准备 5000
期末结转 借：本年利润 5000 　贷：资产兼职损失 5000
处置、报废固定资产时 借：固定资产减值损失 5000 　贷：固定资产清理 5000 固定资产一经减值不能转回

三、会计科目及其分类

1. 会计科目设立原则及分类

（1）会计科目。会计科目是按经济内容对会计要素的分类；是指对会计要素对象的具体内容进行分类核算的项目。为了全面、连续、系统地核算和监督经济活动所引起的各项会计要素的增减变化，就要对会计要素的具体内容按照其不同的特点和经济管理要求进行科学的分类，并事先确定分类核算的项目名称，规定其核算内容。即会计要素提供的资料比较概括，满足不了需要，故将会计要素的具体内容进一步分类，形成会计科目。

（2）会计科目的意义。①会计科目是复式记账的基础。②会计科目是编制记账凭证的基础。③会计科目为成本核算及财产清查提供了前提条件，为编制会计报表提供了方便。

（3）会计科目的设立原则。其原则主要包含全面性、合法性、相关性、清晰性、简要实用性原则。具体是：

1）全面性原则：科目的设置应能对各会计要素做全面的反

映，形成一个完整的体系，即设立会计科目应该遵循全面性原则。

2）合法性原则：合法性原则要求设置会计科目必须符合国家统一会计制度的规定，指可理解性和可比性。

3）相关性原则：相关性原则指设置的会计科目应当为提供有关各方所需要的会计信息服务，满足对外报告与对内管理的要求。

4）清晰性原则：清晰性原则要求设立的会计科目要求简单明确、字义相符、通俗易懂。

5）简要实用原则：简要实用原则要求企业在合法的前提下，设置的会计科目必须满足企业日常经营所用，实用性相当于指重要性。

（4）会计科目分类。会计科目可以按照多种标准进行分类。为掌握会计科目内容、用途和结构，分类标准为：

1）按归属的会计要素和不同分类，将会计科目分为六类：资产类科目、负债类科目、所有者权益类科目、成本类科目、损益类科目和共同类。注意：有的课本没有列明共同类，因为共同类不是常用的科目。

2）按核算信息详细程度不同分类，将会计科目分为：总分类科目和明细科目。总分类科目又称一级科目或总账科目，明细分类科目又称明细科目。

3）按经济用途不同分类，将会计科目分为：盘存类科目、结算类科目、跨期摊配类科目、资本类科目、调整类科目、集合分配类科目、成本计算类科目、损益计算类科目、财务成果类科目。

（5）会计科目编号。为了便于编制会计凭证、登记账簿，查阅账目，实行会计电算化，还应在会计科目的基础上，对每个会计科目编一个固定的号码，这些号码称为会计科目编号。科目编号能清楚地表示会计科目所属类别及其在类别中的位置。

2. 会计科目分类表

会计科目分类表又称为明细表，它是企业财务管理非常重要的环节，记录了企业各种收入和支出情况，为企业管理和财务分析提供依据。会计科目按其反映的经济内容不同，可分为：资产负债科目、负债类科目、共同类科目、所有者权益类科目、成本类科目和损益类科目。每一类科目再分为若干具体科目。具体如下：

（1）资产类科目。资产类科目是对资产要素的具体内容进行分类核算的项目，按资产的流动性分为反映流动资产的科目和反映非流动资产的科目。①反映流动资产的科目主要有库存现金、银行存款、应收账款、原材料、库存商品等；②反映非流动资产的科目主要有长期股权投资、长期应收款、固定资产、在建工程、无形资产等。

（2）负债类科目。负债类科目是对负债要素的具体内容进行分类核算的项目，按负债的偿还限期长短分为反映流动负债的科目和反映非流动负债的科目。①反映流动负债的科目主要有短期借款、应收账款、应付职工薪酬、应交税费等；②反映非流动负债的科目主要有长期借款、应付债券、长期应付款等。

（3）共同类科目。共同类科目是既有资产性质又有负债性质的科目，主要有清算资金往来、货币兑换、套期工具、被套期项目等。

（4）所有者权益科目。所有者权益科目是对所有者权益要素的具体内容进行分类核算的项目，主要有实收资本（或股本）、资本公积、其他综合收益、盈余公积、本年利润、利润分配、库存股等科目。

（5）成本类科目。成本类科目是对收入、费用等要素的具体内容进行分类核算的项目，主要有生产成本、制造费用、劳务成本、研发支出等科目。

（6）损益类科目。损益类科目是对收入、费用等要素的具体内容进行分类核算的项目。其中，反映收入的科目主要有主营业收入、其他业务收入等；反映费用的科目主要有主营业务成本、其他业务成本、销售费用、管理费用、财务费用等。

会计科目分为六个大类，162 个小科目，科目明细如表 2-4 所示。

表 2-4　　会计科目明细表及常用科目适用范围

序号	编号	会计科目名称	会计科目适用范围
一	资产类		
1	1001	库存现金	
2	1002	银行存款	
3	1003	存放中央银行款项	银行专用
4	1011	存放同业	银行专用
5	1015	其他货币资金	
6	1021	结算备付金	证券专用
7	1031	存出保证金	金额共用
8	1051	拆出资金	金额共用
9	1101	交易性金融资产	
10	1111	买入返售金融资产	金融共用
11	1121	应收票据	
12	1122	应收账款	
13	1123	预付账款	
14	1131	应收股利	
15	1032	应收利息	
16	1211	应收保户储金	保险专用

续表

序号	编号	会计科目名称	会计科目适用范围
17	1221	应收代位追偿款	保险专用
18	1222	应收分保账款	保险专用
19	1223	应收分保未到期责任准备金	保险专用
20	1224	应收分保保险责任准备金	保险专用
21	1231	其他应收款	
22	1241	坏账准备	
23	1251	贴现资产	银行专用
24	1301	贷款	银行和保险共用
25	1302	贷款损失准备	银行和保险共用
26	1311	代理兑付证券	银行和保险共用
27	1321	代理业务资产	
28	1401	材料采购	
29	1402	在途物资	
30	1403	原材料	
31	1404	材料成本差异	
32	1406	库存商品	
33	1407	发出商品	
34	1410	商品进销差价	
35	1411	委托加工物资	
36	1412	包装物及低值易耗品	
37	1421	消耗性生物资产	农业专用
38	1431	周转材料	建造承包商专用
39	1441	贵金属	银行专用
40	1442	抵债资产	金融共用
41	1451	损余物资	保险专用

续表

序号	编号	会计科目名称	会计科目适用范围
42	1461	存货跌价准备	
43	1501	待摊费用	
44	1511	独立账户资产	保险专用
45	1521	持有至到期投资	
46	1522	持有至到期投资减值准备	
47	1523	可供出售金融资产	
48	1524	长期股权投资	
49	1525	长期股权投资减值准备	
50	1526	权投性房地产	
51	1531	长期应收款	
52	1541	未实现融资收益	
53	1551	存出资本保证金	保险专用
54	1601	固定资产	
55	1602	累计折旧	
56	1603	固定资产减值准备	
57	1604	在建工程	
58	1605	工程物资	
59	1606	固定资产清理	
60	1611	融资租赁资产	租赁专用
61	1612	未担保余值	租赁专用
62	1621	生产性生物资产	农业专用
63	1622	生产性生物资产累计折旧	农业专用
64	1623	公益性生物资产	农业专用
65	1631	油气资产	石油天然气开采专用
66	1632	累计折耗	石油天然气开采专用

续表

序号	编号	会计科目名称	会计科目适用范围
67	1701	无形资产	
68	1702	累计摊销	
69	1703	无形资产减值准备	
70	1711	商誉	
71	1801	长期待摊费用	
72	1811	递延所得税资产	
73	1901	待处理财产损溢	
74	2001	短期借款	
75	2002	存入保证金	金融共用
76	2003	独立账户资产	金融共用
77	2004	拆入资金	银行专用
78	2011	向中央银行借款	银行专用
79	2012	吸收存款	银行专用
80	2021	贴现负债	银行专用
81	2101	交易性金融负债	
二	负债类		
82	2111	卖出回购金融资产款	金融共用
83	2201	应付票据	
84	2202	应付账款	
85	2205	预收账款	
86	2211	应付职工薪酬	
87	2221	应付税费	
88	2231	应付股利	
89	2232	应付利息	
90	2241	其他应付款	

续表

序号	编号	会计科目名称	会计科目适用范围
91	2251	应付保户红利	保险专用
92	2261	应付分保账款	保险专用
93	2311	代理买卖证券款	证券专用
94	2312	代理承销证券款	证券和银行共用
95	2313	代理兑付证券款	证券和银行共用
96	2314	代理业务负债	
97	2401	预提费用	
98	2411	预计负债	
99	2501	递延收益	
100	2601	长期借款	
101	2602	长期债券	
102	2701	未到期责任准备金	保险专用
103	2702	保险责任准备金	保险专用
104	2711	保户储金	保险专用
105	2721	独立账户负债	保险专用
106	2801	长期应付款	
107	2802	未确认融资费用	
108	2811	专项应付款	
109	2901	递延所得税负债	
三	共同类		
110	3001	清算资金往来	银行专用
111	3002	外汇买卖	金融专用
112	3101	衍生工具	
113	3201	套期工具	
114	3202	被套期项目	

续表

序号	编号	会计科目名称	会计科目适用范围
四		所有者权益类	
115	4001	实收资本	
116	4002	资本公积	
117	4101	盈余公积	
118	4102	一般风险准备	金融共用
119	4103	本年利润	
120	4104	利润分配	
121	4201	库存股	
五		成本类	
122	5001	生产成本	
123	5101	制造费用	
124	5201	劳务成本	
125	5301	研发支出	
126	5401	工程施工	建造承包商专用
127	5402	工程结算	建造承包商专用
128	5403	机械作业	建造承包商专用
六		损益类	
129	6001	主营业务收入	
130	6011	利息收入	金融共用
131	6021	手续费收入	金融共用
132	6031	保费收入	保险专用
133	6032	分保费收入	保险专用
134	6041	租赁收入	租赁专用
135	6051	其他业务收入	
136	6061	汇兑损益	金融专用
137	6101	公允价值变动损益	

续表

序号	编号	会计科目名称	会计科目适用范围
138	6111	投资收益	
139	6201	摊回保险责任准备金	保险专用
140	6202	摊回赔付支出	保险专用
141	6203	摊回分保费用	保险专用
142	6301	营业外收入	
143	6401	主营业务成本	
144	6402	其他业务支出	
145	6405	营业税金及附加	
146	6411	利息支出	金融共用
147	6421	手续费支出	金融共用
148	6501	提取未到期责任准备金	金融共用
149	6502	提取保险责任准备金	金融共用
150	6511	赔付支出	金融共用
151	6521	保户红利支出	金融共用
152	6531	退保金	金融共用
153	6541	分出保费	金融共用
154	6542	分保费用	
155	6601	销售费用	
156	6602	管理费用	
157	6603	财务费用	
158	6604	勘探费用	
159	6701	资产减值损失	
160	6711	营业外支出	
161	6801	所得税	
162	6901	以前年度损益调整	

四、会计账户及分类

1. 会计账户概述

（1）会计账户的定义。会计账户是在会计科目分类的基础上，对经济业务进行全面、连续、系统地进行记录的工具。

（2）会计账户的功能。账户的功能在于连续、系统、完整地提供企业经济活动中各会计要素增减变动及其结果的具体信息。

（3）会计账户的结构定义、组成和格式。①账户的结构是指账户的组成及其相互关系。②账户通常由以下内容组成：账户的名称，即会计科目；日期，指所依据记账凭证中注明的日期；凭证字号，指所依据记账凭证的编号；摘要，指经济业务的简要说明；金额，指增加额、减少额和余额。③账户的结构格式如表 2-5 所示。

表 2-5　　账户的基本结构

年		凭证编号	摘要	增加额	减少额	余额
月	日					

（4）几个金额及其关系。期末余额＝期初余额＋本期增加发生额—本期减少发生额，如图 2-13 所示。

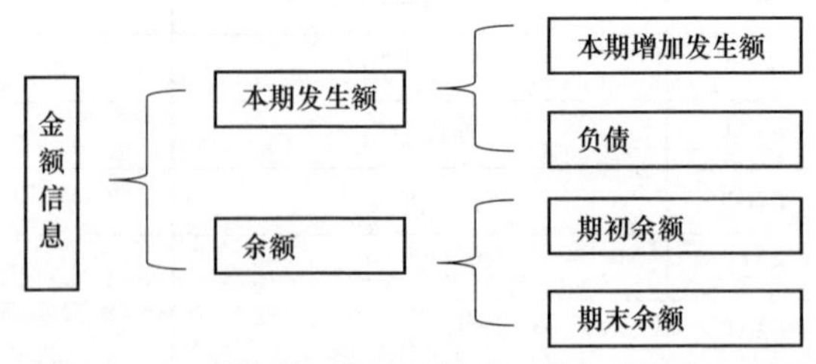

图 2-13　企业会计要素

2. 会计账户实例及其 T 型账户

（1）会计账户，如表 2-6 所示。

表 2-6　　　　会　计　账　户

××××年		凭证编号	摘要	增加额	减少额	余额
月	日					
	1	记 1	月初余额			50000
	2	记 2	收到 A 公司货款	25000	30000	75000
	5	略	支付 B 方公司材料款		10000	45000
	8	略	支付快递公司快递费		4000	35000
	15	略	支付罚款		1000	31000
	21	略	支付上个月电话费		1500	30000
	26	略	收到 C 公司货款	5000		28500
	31	略	支付××××年网费		3000	33500
	31	略	本月合计	30000	49500	30500

（2）会计账户 T 型结构，如表 2-7 所示。

表 2-7　　　　T 型 账 户

左方　　　　银行存款	右方
期初余额 50000 本期增加额 25000 5000	本期减少额 30000 10000 4000 1000
本期发生额 30000	本期发生额 49500
期末余额 30500	

3. 会计账户的分类

（1）会计账户的分类。根据分类标准，账户可根据其核算的经济内容、提供信息的详细程及其统驭关系进行分类，具体如图2-14所示。

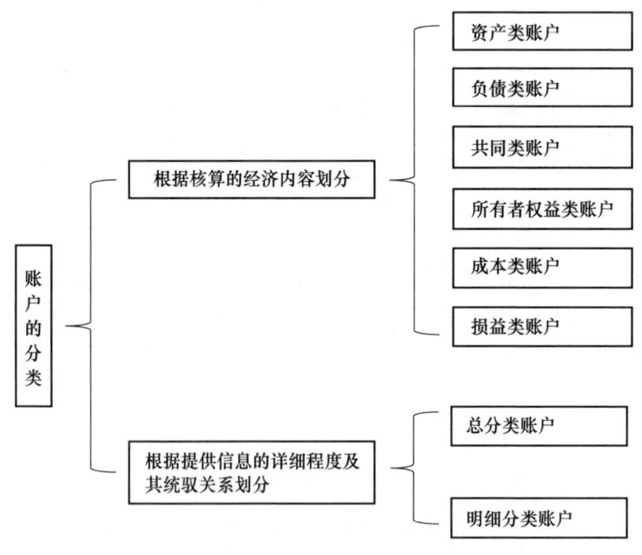

图2-14　会计账户的分类

（2）备抵账户，又称抵减账户，是指用来抵减被调整的账户余额，以确定被调整账户实有数额而设置的独立账户，即累计折旧。

五、会计对象、会计要素、会计科目、会计账户关系

1. 会计对象、会计要素、会计科目的区别

会计对象是指会计工作所要核算和监督的内容；具体来说，会计对象是指企事业单位在日常经营活动或业务活动中所表现的资金运动，即资金运动构成了会计核算与会计监督的内容。会计要素是对会计对象按经济特征所做的基本分类，是会计对象的具体化。企业会计要素的六大要素：资产、负债、所有者权益、收入、费用和利润。同样，会计科目根据反映的经济内容不

同，分为五大类：资产类、负债类、所有者权益类、成本类、损益类等科目。会计科目是对会计要素的具体内容进行分类的项目，会计科目的名称是不变的，含义也是一样的，具体到每个企业经济活动不一样，要用的会计科目也不一样，具体情况具体分析。

2. 会计账户与会计科目的关系

会计账户是根据会计科目设置的，具有一定结构和格式，会计账户是用来对会计对象的具体内容进行分类核算和监督的一种工具。会计科目与会计账户的关系。包含两个方面：

（1）会计科目与会计账户的联系。会计科目与会计账户既有联系又有区别，两者口径一致、性质相同。会计科目和会计账户都是对会计对象具体内容的分类，两者核算的内容一致，性质相同，都是体现对会计要素具体内容的分类；会计科目和会计账户都是按照相同的经济内容来设置的，会计账户的名称就是会计科目。会计科目规定的核算内容是账户应记录反映的经济内容。在实际工作中，一般对会计科目和会计账户不加区别地互相通用。

（2）会计科目与会计账户的区别。会计科目是账户的名称，是设置账户的依据，会计科目只能标明某项经济内容，不存在结构问题；会计账户是会计科目的具体运用，具有一定的结构和格式，并通过其结构反映某项经济内容的增减变动及其余额。两者的本质区别是：会计科目仅仅是账户的名称、是账户的构件，本身不存在结构，而账户有一定的格式和结构。

3. 会计要素与会计科目的区别

会计要素是对会计对象内容的基本分类，是对会计核算对象的具体化，是反映会计主体财务状况和经营成果的基本单位。会计科目是指对会计要素的具体内容进行分类核算的项目，它必须结合会计要素的特点来设置。两者有区别也有联系，我国财政部统一制定的会计科目，在分类上同各会计要素的名称是存在差异的。具体如下：

（1）根据《企业会计制度》，将企业会计要素分为六大板块：资产、负债、所有者权益、收入、费用和利润。而会计科目按其所反映的经济内容不同，分为资产类、负债类、所有者权益类、成本类、损益类五大类科目。其中，会计要素的资产、负债、所有者权益三大要素的内容与会计科目的资产类、负债类、所有者权益类的分类内容没有差别；而其他三个会计要素的划分和相应的会计科目划分有很大不同。除了名称上存在差异外，在内容上也有很大的不同。如会计要素中没有“成本”要素，而会计科目有“成本类”这一会计科目；会计要素中有“收入、费用”两大要素，而会计科目中没有“收入、费用类”会计科目，而是将二者合并划归为损益类会计科目；另外，会计要素中有“利润”要素，而会计科目中没有“利润类”会计科目这一项目。

（2）成本类会计科目，是反映成本费用和支出的，用于核算成本的发生和归集情况，提供成本相关会计信息的科目。对成本费用和支出的不同内容进行分等，可以分为生产成本、制造费用、劳务成本、研发支出和工程施工。成本类会计科目包括“制造费用”和“生产成本”等，由于前者在期末应转入后者账户的借方，因此，前者账户期末一般无余额。而后者期末余额表示尚未生产完工的正在生产的产品，企事业编制会计报表时，将“生产成本”账户的余额列入存货项目中，作为资产要素中流动资产的一部分列示于资产负债表上。

（3）所有者权益类科目，是指企业资产扣除负债后，由所有者享有的剩余权益。公司的所有者权益又称为股东权益。所有者权益是所有者对企业资产的剩余索取权，它是企业的资产扣除债权人权益后应由所有者享有的部分，即可反映所有才投入资本的保值增值情况，又体现债权人权益的理念。所有者权益产生于权益性投资行为，所有者权益滞后于债权人权益；所在者权益没有固定的偿还期限和偿还金额；所有者权益具有比债权人权益更大的风险。在所有者权益类科目中：包含了“实收资本”“资本公积”“盈余公积”“本年利润”“利润分配”会计科目，除了“实收资本”“资本公积”科目外，其他科目都和利润有关，如“盈余公积”是从利润中提取出来的，“利润分配”科目的余额反映的是企业实现净利润经过弥补亏损、提取盈余公积和向投资者分配后留存在企业的历年结存的利润。即：所有者权益类会计科目不仅包括所有者权益要素，而且包含利润要素，而会计要素中所有者权益和利润是并列的互不相容的两大会计要素，并且利润要素没有对应的利润类会计科目，这概念划分是不明确的。

（4）损益类会计科目，其会计科目包括收入类科目、费用类科目、直接计入当期利润的利得、直接计入当期利润的损失。损益类科目年末累计余额须转入“本年利润”账户，结账后账户无余额。其中：①收入类科目，包含主营业务收入、其他业务收入、投资收益、公允价值变动损益等。②费用类科目，包含主营业务成本、其他业务成本、资产减值损失、税金及附加、销售费用、管理费用、研发费用、财务费用、所得税费用等。③直接计入当期利润的利得，营业外收入、固定资产处置损益。④直接计入当期利润的损失：营业外支出、固定资产处置损益。收入类科目和费用类科目，反映的是广义的收入和费用。而《企业会计制度》中收入与费用两大要素，均是狭义上的收入和费用，仅指日常经营活动中取得的收入和发生的费用，并不包括“营业外收入”“补贴收入”等广义收入类科目所核算的收入和“营业外支出”等广义费用类科目所核算的费用。由于会计科目是指对会计要素进行分类的项目，因此，二者的界定范围本应是一致的，而这几个损益类会计科目对应的会计要素却缺位了。这种会计要素的类别名称与会计科目表上的类别名称间存在差异，使得会计要素与会计科目前后的一条线互不连贯。

（5）投资收益项目的区别。根据《企业会计制度》规定，收入是企业在销售商品、提供劳务及让渡资产使用权等日常活动中所形成的经济利益的总流入，包括主营业务收入和其他业务收入。从该定义可以看出，其内涵与外延不相符，其外延包含主营业务收入和其他业务收入，但在表示内涵的界定上却使用了“让渡资产使用权”，由于企业用资产对外债权的投资属于让渡资产使用权的行为，这样对外债权投资收入应该被包含在内，这显然又与前面对收入外延的规定相矛盾。而企业对外投资收入是通过损益表会计科目中的“投资收益”进行核算的，那么该会计科目对应的会计要素就应是收入要素。

第三章

会计档案管理体制及管理职责

第一节　会计档案管理体制与管理内容

一、会计档案管理体制、职责内容和管理要求

1. 会计档案管理体制

财政部门和国家档案局负责全国会计档案事务；各级人民政府财政部门和档案行政管理部门共同负责会计档案工作的指导、监督和检查。根据 2015 年 12 月 11 日财政部与国家档案局印发的《会计档案管理办法》（2015 年财政部、国家档案局令第 79 号）第四条：财政部和国家档案局共同主管全国会计档案工作，共同制定全国统一的会计档案工作制度，对全国会计档案工作进行监督和指导。县级以上地方人民政府部门和档案行政管理部门管理本行政区域内的会计档案工作，并对本行政区域内会计档案工作实行监督和指导。因此，会计档案工作的指导、监督和检查，由各级人民政府财政部门和档案行政管理部门共同负责。

2. 会计档案管理职责及管理制度

（1）会计档案管理职责。各单位的档案机构或者档案工作人员所属机构，负责管理本单位的会计档案。单位也可委托具备档案管理条件的机构代为管理会计档案。

（2）会计档案管理制度。各单位要加强对会计档案管理工作的领导，建立和完善会计档案的收集、立卷、整理归档、保管、查阅利用和鉴定销毁等管理制度，采取可靠的安全防护技术和措施，保证会计档案的真实、完整、可用、安全。确保每年形成的会计档案，规范整理、妥善保管、有序存放、方便查阅，严防毁损、散失和泄密。

3. 会计档案管理要求

会计机构按规定和要求定期收集需要归档的会计档案资料；对会计档案的数据和信息内容进行必要的审查核对、并整理组卷，编制会计档案目录，安排专人保管，严防丢失和损坏；对所藏会计档案实行科学管理，装具齐备，备有检索目录，存放有序，严格实行库房管理制度，不随意堆放，防止会计档案的实体散失和内容泄密；利用会计档案的手续要严格，查阅时严格执行会计档案利用工作制度；对保管期限已满的会计档案，要按照有关规定进行处置；对单位合并、撤销、解散、破产、分立的会计档案，档案管理人员有责任将档案移交或转交有关业务主管部门。

二、会计档案管理内容、程序、载体形式及管理意义

1. 会计档案管理工作内容及工作程序

会计档案管理工作内容包含：会计档案的收集、整理（分类、组卷、排序、编目）、鉴定、保管、利用、统计、移交等工作。

2. 会计档案管理工作程序

会计档案管理工作程序。包括：会计档案的收集、整理立卷归档—会计档案临时保管—会计档案移交接收—会计档案查（借）阅利用—会计档案保管—会计档案鉴定—会计档案销毁。具体如下：

（1）会计档案收集、整理立卷归档：由会计机构负责定期将应当归档的会计资料进行收集整理立卷，并编制《会计档案保管清册》。

（2）会计档案的临时保管。当年形成的会计档案，一般情况下，在会计年度终了后由会计机构临时保管 1 年，再移交档案管

理机构。特殊情况下，确需推迟移交的，经档案管理机构同意，但临时保管最长不超过 3 年。注意：出纳不得兼管会计档案保管工作。

（3）会计档案移交与接收。会计管理机构在办理会计档案移交时，由会计机构编制《会计档案移交清册》；会计档案的移交分为纸质会计档案移交和电子会计档案移交。

（4）会计档案查（借）阅利用。会计档案积极为本单位会计业务提供利用服务。会计档案“一般”不得外借，确因工作需要，根据国家有关规定必须要借出的，应当严格按规定办理借阅手续。借用单位应妥善保管和利用借入的会计档案，确保借入会计档案的安全、完整，并在规定时间内归还。

（5）会计档案保管期限。会计档案的保管期限分为永久和定期两大类，其中，定期分为 30 年和 10 年。会计档案保管时间起算点是从会计年度终了后第一天开始计算。

（6）会计档案鉴定与销毁。按照规定的程序进行鉴定与销毁，鉴定销毁程序：鉴定并形成《会计档案鉴定意见书》—鉴定结果（继续保存或销毁）—编制会计档案销毁清册—监销—会计档案销毁后处理—不得销毁的会计档案重新立卷归档。

3. 会计档案载体形式变化及保管

随着会计信息化的产生与发展，会计档案的载体由原来单纯的纸质载体，变成纸质档案载体与光盘载体或磁性介质共存。两种方式载体无论材质、性能还是保管、利用方式都截然不同。如何保管好会计档案，使会计档案在管理、利用上更为简洁和方便，使会计档案工作更上新台阶，又要保证会计档案的安全、完整，因此，会计档案的管理，不仅要做好纸质会计档案的保管，同时还要做好电子会计档案光盘介质的保管及有效提供利用。

4. 会计档案管理的意义

一个企事业单位会计档案管理是否规范，在映射其正常工作秩序、生产秩序和科研秩序等方面具有十分重要的意义；首先，完整的会计档案能将会计凭证和账簿的连续性反映出来，使单位领导决策层对历年战略、经营数据等方面情况得到有效的回顾，能够分析总结经验，对现有和未来的发展战略和具体的经营决策进行部署，避免盲目制订决策对单位造成损失。其次，妥善完整地保管会计档案，使档案管理人员能够快捷、准确地检索查找以前各时期发生的事项及其具体金额和业务细节，便于处理与相关业务单位可能产生的各种异议，做到有凭有据。

第二节　会计档案管理存在问题与对策

一、企业会计档案调阅重要性

随着社会主义市场经济的不断发展，企业在经济活动中需要查阅会计历史资料的情况越来越多，如企业改制、重组、兼并、诉讼、打击经济犯罪等都要调阅会计档案；企事业会计档案管理规范与否，将直接影响能否准确及时提供历史会计档案，从而影响企事业的经济活动，因此，会计档案管理的重要性也就愈发重要。

二、企事业会计档案管理和整理工作中常存在的问题

1. 会计档案管理工作中常存在的主要问题

（1）领导对会计档案意识不强，重视不够。会计档案是会计工作的重要组成部分，由于意识淡薄，主观意识上出现偏差，导致会计工作与会计档案管理脱节。只重视会计业务、轻视会计档案管理，没有专职的财务管理人员，而且，会计人员上岗前没有对会计档案基本知识与操作技能进行培训，缺乏会计档案管理工

作经验，对档案的基本操作不清楚，导致会计档案管理认识模糊。

（2）会计核算资料收集不全。有的单位只重视会计凭证、账簿、报表等会计核算资料，忽视了会计核算文件材料的汇集、整理、归档工作，严重影响了会计档案的齐全性和完整性。

（3）会计档案管理制度缺失。根据规定，要求各单位建立会计档案的立卷、归档、保管、查（借）阅和销毁管理制度。有些单位重视不够、有些虽有建立但制度不够完善。尤其是新建工程建设项目，会计人员经验不足，未建立管理制度。

（4）未明确会计档案归档范围。会计实务中财务人员对归档范围理解不透或业务不熟，概念不清、互相混淆，造成核算材料收集不完整，时间长了导致核算材料丢失，一旦找不到就互相推诿，难以追究丢失的责任。

（5）未及时进行整理立卷。根据规定，各单位会计档案由会计人员按照归档要求负责整理立卷、装订成册，并编制会计档案保管清册。实务中财务人员在会计年度终了后未及时收集、整理立卷，而是按照自己的时间安排整理，造成部分会计资料的损毁或遗失。

（6）借出或擅自提供查阅复制会计档案。根据规定，各企事业单位保存的会计档案不得借出，如有特殊需要，经本单位负责人批准，可以提供查阅。实务中有些财务人员缺乏保密意识，在临时保管期间随意复制会计档案，甚至借出原件，原件借出后不及时催促归档，时间久了造成会计档案丢失或主要的附件丢失，使会计档案毁损。

（7）会计核算工作不完善、不规范。设置财务档案管理人员是工作的需要，也是法律规章的需求，但实际工作中财务档案工作不完善、不规范，均由会计人员兼职，导致不按规定形成会计档案，并且，未在临时保管时间到期后一直未向档案机构移交，而是自行保管。

（8）未按规定鉴定销毁会计档案。工作中存在未达到法定的保管时限由财务人员直接销毁会计档案的现象，使一些舞弊证据被毁灭。有些单位对档案的鉴定、销毁工作不重视，有的单位会计档案只归档，不鉴定、不销毁，从而影响档案整体工作质量。

（9）未能妥善保管好未结清债权债务的原始凭证。根据规定，保管期限已满但未结清的债权债务原始凭证和涉及其他未了事项的原始凭证不得销毁。实务中存在销毁保管时限已满的会计档案关注不够，使得有未了事项的原始凭证也被销毁，给单位造成经济损失。

（10）工程建设项目会计档案未定期向档案部门移交。建设项目会计档案应定期向档案部门移交，出现擅自进行销毁或者随意堆放的情况，直至工程建设结束，有些发生遗失、有的已经毁损。

（11）纸质会计档案与电子会计档案管理不同步。采用计算机及会计软件进行会计核算的单位，未定期输出打印保存纸质会计档案。财务人员将会计数据保存光盘后，疏忽对光盘的管理，造成会计数据丢失；电算化软件升换代快未同步管理，导致会计档案无法调阅。

（12）会计档案人员综合素质不够。有些财务人员缺乏职业道德，不坚持原则、不认真执行制度，甚至违法乱纪、伪造、篡改、变换记录凭证；开虚假发票、建假账、虚列成本。造成会计核算工作不规范，导致会计信息失真，影响国家宏观决策，危害极大。

2. 会计档案整理工作中常存在的问题

（1）会计核算材料形成不规范。有些企事业单位在会计核算材料形成过程中，出现了用铅笔结账、制表等严重违规，有些会计核算材料签章遗漏，导致会计核算文件的形成不符合要求。

（2）会计档案编号不规范、排列不规范。有些会计人员不清楚会计档案如何建立分类方案，如何编制会计档案的类目号或分类号、案卷号、档号，不清楚进入库房的排列原则，导致会计档案的保管不规范而无从查找，给会计档案的检索和利用带来不便。

（3）会计档案与会计文书档案混淆不清。会计人员对会计档案材料和会计文书档案材料界限混淆不清，会计文书档案材料是否应收集、收范围集概念不清，导致会计核算文件材料的收集不完整、会计文书档案遗漏归档的情况。

（4）有些会计档案重要支撑文件未关联。在企业日常业务中，有些企业在归档时将合同、报告等单独从凭证后抽出来装订，但又不清楚将这些归档的合同与会计凭证关联，结果造成对会计档案检查时相关联的文件材料查找起来困难。

（5）凭证与凭证附件脱离造成会计档案不完整。有的会计人员只做凭证，遗漏了凭证附件的整理，未将一些重要的原始凭证，如合同的支付凭证、供应商开具的收据、委托付款函等一起装订，造成会计档案的不完整、证据链缺失，一旦发生诉讼，找不到关键证据。

（6）会计档案立卷不规范。会计凭证装订后未贴封条或没有加盖骑缝章，会计凭证装订封面项目信息填写不全；会计档案编目处于混乱状态，会计凭证、会计账簿、会计报表等混乱放置，活页账簿没按统一标准填写封面，会计报表各月份分散存放。

（7）会计档案移交保管不规范。会计档案移交时，交接双方没有按册清点、没有移交清单，没有按照会计年度和类别分开保管，导致查找起来困难，对于到期作废的会计档案不及时进行鉴定销毁，造成会计档案积累过多、无处存放，给档案部门保管工作带来麻烦。

（8）会计档案保管不规范。有些领导不清楚“会计档案管理办法”规定，要求会计人员自行保存会计档案；有些单位虽有专职档案人员但因无管理经验未按年度接收会计档案；或因档案库房柜架不足而将会计档案随意堆放在，造成会计档案遗失或失去了保密性。

（9）会计档案检索查询困难。档案机构接收会计档案后，未建立会计档案数据库，管理不规范；实务中档案机构不清楚对会计档案的管理职责，未建立会计档案数据库，随着时间推移，由于数量越来越大，导致管理混乱，需要查询或利用时不能检索。

三、完善会计档案管理工作的对策

（1）统一思想、提高认识、加强领导。提高会计档案管理重要性的认识、规范管理。从现在做起，领导带头学习有关会计档案的法规性文件，提高对会计档案工作重要性的认识，转变观念，把会计档案工作列入议事日程，确保会计档案走上法治轨道。

（2）完善会计档案管理规章制度。首先建章立制，使单位会计档案规范化，认真学习《会计档案管理办法》并层层落实，建立“会计人员职责、会计档案保管制度、立卷归档制度、保密制度、移交制度、销毁制度”等，使会计档案工作有章可循。

（3）提高会计档案质量。加强会计人员业务培训，会计人员是会计档案整理的责任人，要明确其收集范围、规范整理标准，提高收集、整理、归档、保存、利用、保管、销毁业务工作质量，为确保会计档案的齐全、完整、准确，加强人员素质培训、提高案卷质量。

（4）定期进行鉴定销毁。定期对会计档案进行鉴定，明确鉴定销毁程序、制定相应制度或规定。档案机构应会同财务部门做好会计档案鉴定、销毁工作，对保管期限已满、暂未清结的债权债务和其他未了事项的原始凭证不得销毁，并在销毁清册内注明。

（5）同步计算机系统与会计软件版本升级。在财务会计档案查询中，由于计算机系统、会计软件、档案管理软件版本升级，导致有些会计档案光盘已经不能读出信息；故一定要同步升级、更新管理，确保原会计档案资料能有效利用。

（6）不定期地抽查会计档案保管情况。财务负责人应随时进行抽查，检查会计档案是否收集齐全、装订标准、摆放整齐、保管妥善、管理规范情况。包括档案库房的环境是否干净、是否满足八防要求，磁性储存介质是否远离磁场、光盘保存是否符合要求。

第三节　会计机构、档案机构的职责

一、会计机构的档案管理职责

（1）认真贯彻《档案法》《保密法》及《会计法》《会计档案管理办法》等规定，确保会计档案妥善保管、定期移交、存放有序、方便查阅，严防毁损、散失和泄密。

（2）明确会计档案与会计文书范围。负责会计核算材料会计凭证、会计账簿、会计报告、其他类收集归档，同时做好会计文书资料如财务计划、单位预算和重要的经济合同等收集。

（3）按规定和要求定期收集需要归档的会计核算文件，对会计核算文件的数据和信息进行必要的审查核对并整理组卷，编制会计档案案卷目录，委派专人保管，严防丢失和损坏。

（4）会计资料的保密。会计人员不得将掌握的经营意向、决策资料、规章制度、证件及会计载体等，出借、出租或复印、拷贝给任何人使用；财务专用计算机由各使用人员设置密码。

（5）财务软件使用及数据备份。对于计算机程控程序、财务软件、申报程序等必须在职权范围内操作，对于重要会计数据及时备份，备份载体由财务负责人统一保管，并随会计档案一并移交档案室。

（6）负责对会计核算材料进行科学分类，会同档案部门共同制定会计档案分类及档号结构方案，并建立会计档案收集、整理、立卷、移交归档，以及保管、查（借）阅、鉴定销毁等制度。

（7）定期对会计核算材料的监督审查核对，并做好会计核算材料的收集、整理、立卷、装订成册、编号工作，同时编制会计档案保管清册，存放有序、妥善保管、查找方便。

（8）负责做好纸质会计档案收集整理归档工作，同时做好其他载体形式的会计档案归档保管工作，即电子会计档案的收集和整理工作，确保会计档案真实有效、完整无缺，能有效利用。

（9）会计档案的临时保管。在会计年度终了后，会计档案在会计部门临时保管一年，在临时保管期间做好纸质和电子会计档案保管工作，不得随意堆放，防止散失和泄密和受损。

（10）会计档案的移交保管。会计档案临时保管一年后，编制会计档案移交清册，及时向档案部门移交，按规定清点签字，如果因工作需要延时移交时，应征得档案部门的同意。

（11）对已移交档案部门的会计档案，原则上保持原卷册的封装。个别需要拆封重新整理的，在取得档案部门同意后方可拆封整理，并重新办理会计档案移交手续。

（12）调阅档案库房的会计档案时，严格按照档案部门的规定，办理登记手续后库房利用会计档案；当外来单位需要查阅会计档案时，要求出具介绍信并陪同到档案室办理手续。

二、档案机构的会计档案职责

（1）认真贯彻《档案法》《保密法》《会计档案管理办法》规定，制定科学管理制度，装具齐备，备有目录和索引，实行规范化、系统化、标准化管理。

（2）配置适宜安全保存会计档案的专门库房，配备防盗、防火、防渍、防有害生物等八防要求的必要措施，加强档案的保护和管理；根据需要配备档案现代化管理需要的技术设备。

（3）档案管理机构人员首先拟定会计档案分类及档号结构方案，其次，负责对单位会计档案的整理立卷进行业务技术指导，并定期接收会计档案，但不参与会计档案收集整理立卷工作。

（4）妥善保管会计档案、不随意堆放，做好档案库房日常清洁工作，保持空气流通，每日两次监测会计档案库房温湿度，做好库房防潮、防火、防虫、防鼠、防盗等八防工作。

（5）严格执行会计档案的安全和保密制度，防止会计档案实体毁损、散失和内容泄密，负责财务系统软件各类数据、光盘的存档保管工作，做好会计档案安全防范和保密工作。

（6）严格执行会计档案利用工作制度。本单位人员调阅会计档案，要经过会计部门负责人同意；外单位人电调阅会计档案，要有单位介绍信，并经本单位领导人批准后方可利用。

（7）利用会计档案查（借）阅手续要严格履行。利用会计档案要严格执行填写查（借）阅记录；利用结束后要及时催还，收回时要检查会计档案未被损坏，否则承担相应责任。

（8）定期向财务部门催交各年度的会计档案，包括纸质会计档案和电子会计档案，接收时按移交清册逐项清点并签字，会计档案移交清册一式三份，归档一份、两部门各一份。

（9）对接收后的会计档案，原则上应当保持原卷册的封装。个别需要拆封重新整理的，档案管理人员不得私下拆封，应当会同会计主管人员、会计经办人员共同拆封整理，以分清责任。

（10）建立会计档案管理数据库。对每年接收的会计档案，建立相应的数据库，以及电子会计档案的光盘数据库，统计会计档案案卷数量、文件数量，实行管理规范化。

（11）定期检查会计档案保管情况，对保管期限已满的会计档案，按有关规定提出初步鉴定意见，并负责牵头组织成立会计档案鉴定小组，按程序进行会计档案的鉴定与销毁。

（12）会计档案的销毁。由鉴定小组安排档案部门和财务部门共同销毁，并在销毁清册上签名或盖章，电子会计档案的销毁还需要信息系统管部门共同派员监销。

第四章

会计保密、会计监督及会计法律责任

第一节　会计保密及会计档案密级

一、会计保密与保密原则

1. 保密与会计保密

（1）保密。保密是为了维护包括客户利益在内的公众利益而要求会计师遵守的基本纪律。保守国家机密和企业秘密，是每个公民的义务。

（2）会计保密。会计保密是会计的基本纪律，职业道德体系中的保密范围应与其职业属性相关；会计应当对因职业关系和商业关系而获知的信息予以保密，维护本单位的合法利益。

（3）财务保密原因。每个企业经营方式不同，自然内务账目都不一样，每个企业的财务涉及公司的财产。同行企业相互之间存在竞争，因此，各企业财务人员具有相应的保密义务。

2. 会计保密范围与原则

（1）会计保密范围。会计应当对其客户、拟接受的客户、受雇的工作单位、拟受雇的工作单位向其披露的涉密信息保密。保密与披露的需要：①体现职业属性的需要：会计人员不得将掌握的经营意向、决策资料、单位有关规章制度、证件及会计载体等，出借、出租或复印、拷贝给任何人使用；②实现职业目标的需要：应保密的信息如果失密，会损害企业乃至公众利益；应该披露的信息如果不透明，掩盖肆无忌惮的会计造假，导致以保密为由掩盖财务真实信息。

（2）会计保密原则。要求会计人员应当对在职业活动中获知的涉密信息予以保密。具体如下：

1）未经客户授权或法律法规允许，不得向会计师事务所以外的第三方披露其所获知的涉密信息。

2）不得利用所获知的涉密信息为自己或第三方谋取利益。

3）会计保密注意事项。①会计在社会交往中应遵循保密原则，警惕无意泄密的可能性，特别是向主要近亲属、朋友，以及关系密切的商业伙伴无意泄密的可能性；②会计未经客户授权或法律法规允许，不得向会计师事务所以外的第三方披露透露涉密信息；③不得利用所获知的涉密信息为自己或第三方牟取利益；④会计应当对其拟接受的客户或拟受雇的工作单位向其披露的涉密信息保密。在终止与客户或工作单位的关系之后，会计仍然应对在职业关系和商业关系中获知的信息保密。如果变更工作单位或获得新客户，会计可采用工作经验，但不应利用或披露以前职业活动中获知的涉密信息；⑤会计在以下情况，可披露客户的涉密信息：法律法规允许披露，并且取得客户或工作单位的授权；根据法律法规的要求，为法律诉讼、仲裁准备文件或提供证据，以及向有关监管机构报告发现的违法行为；法律法规允许的情况下，在法律诉讼、仲裁中维护自己的合法权益；接受注册会计师协会或监管机构的执业质量检查，答复其询问和调查。

二、企业财务信息保密与财务人员保密

1. 财务信息保密的内容

（1）公司重大决策的秘密事项，本单位未付诸实施的经营战略、经营意向、经营规划、经营项目、经营决策，财务安排、关系客户资料、财务会议记录，未进入市场或未公开的各类信息。

（2）保密企业单位的财务账目、财务数据、财务统计报表及财务情况说明书，统计报表、财务预决算、资产负债表、收支明细表，以及纳税申报表，银行对账单。

（3）公司有关财务的证件、印章、会计数据、公司有关财务规章制度、会计资料及其会计载体，包括计算机财务、税控装置及程序、电算化程序、备份文字数据的光盘及移动硬盘等。

（4）与财务有关的保密资料，包括单位内部购销合同、协议、意见书及可行性报告，往来单位资料、涉及单位重大经济问题的会议记录、单位财务预决算报告及各类财务报表、统计报表。

2. 财务信息保密的作用

会计档案是企事业单位的重要档案之一，其相关资料均属于保密的范畴，所有会计档案人员均定为机密或以上级别。财务人员最核心的要素是对单位的财务账目、财务数据、财务统计报表等进行保密，一旦账目泄露在外或是外流，或是被竞争对手掌握，对于企事业来说是致命的威胁，不仅影响企事业的发展、造成企事业单位非常被动的局面，甚至会被逼上绝境。

3. 财务人员日常工作保密制度

（1）密码设置。所有财务人员的电脑要设置密码，离开电脑时要锁定屏幕；财务员工的软件账号密码不得通用，不得告知其他人。

（2）公司财务报表、成本资料以及一切有关财务数据，要妥善保管，不得乱放，如因本人责任造成泄密事实的，视情节轻重给予严重警告直至除名。

（3）财务人员严守公司有关货币资金收支情况的秘密，严禁外泄。业务报表在发送给阅读人时要进行加密。注意采用加密软件，文件离开了企业的电脑就无法打开。

（4）有人套话要严词拒绝。单位或一些外人可能知道本企业的大致经营情况，但是为了知道准确情况，会向财务人员套话；

作为财务人员，不能直接回答这类问题、要严词拒绝。

（5）财务部垃圾要注意。单位财务部的废纸，这些废纸里含有很多信息，财务部所有的废纸都不得乱丢掉，要专门收集起来，使用碎纸机或火烧等方式销毁。

（6）财务部的门锁。财务部办公室的门锁要有专人保管；凭证柜、文件柜、保险柜等要上锁，并且有专人保管钥匙。保险柜上有密码显示，要贴上纸张掩盖每次输入密码时显示的密码。

（7）离职人员要求。财务人员离职时要注意立即停用财务软件账号，企业 OA 等信息平台账号。

（8）数据分权限发送。财务数据一定要分权限查阅和发送。本单位员工可以阅读什么会计数据，要进行分层分类的权限设置，对于超过权限的设置要经过特殊审批才行。

（9）对有关部门来公司对账、查账或询问有关财务情况，要及时报告财务负责人或经理，自觉维护公司的合法权益；桌子上的单据、电脑上的表单等要注意收起来。

（10）财务经理的保密工作。在系统数据授权、员工数据权限管理、财务部防范意识的培训、日常保密工作的要求方面，财务经理一定要管理到位。

三、国家秘密与企业秘密

1. 国家秘密

（1）涉密与不涉密档案。档案分为涉密与未涉密两大类，卷内文件的密级应填写卷内文件的最高密级，无密级不填写。

（2）国家档案秘密。保守国家秘密是中国公民的基本义务之一，《中华人民共和国保守国家秘密法》（简称《保密法》）对有关的问题作了规定。国家秘密是指关系国家的安全和利益，依照法定程序确定，在一定时间内，只限一定范围的人员知悉的事项。国家档案涉密事项种类包括国家秘密和企业密码。

2. 国家秘密的密级

国家秘密事项的密级一经确定，就要在秘密载体上做出明显的标志，标志方法应按《国家秘密定密管理暂行规定》执行。国家秘密的密级分为绝密、机密、秘密三个等级；密级含义如下：

（1）绝密。绝密是最重要的国家秘密，是指涉及的内容在一定的时期内不得对外披露的，只能为相关的极少数人所知，如果泄露将会给国家的安全和利益造成特别严重的损害。

（2）机密。机密是重要的国家秘密，是指涉及的内容在一定的时期内只能为相关的少数人所知，如果泄露将会给国家的安全和利益造成严重的损害。

（3）秘密。秘密是一般的国家秘密，是指涉及的内容在一定时间内不能为众多人所知，如果泄露将会给国家的安全和利益造成一定的损害。

3. 企事业单位秘密的密级

密级分为商业秘密、技术秘密、工作秘密。密级含义如下：

（1）商业秘密。商业秘密是指不为公众所知悉、能为权利人带来经济利益，具有实用性并经权利人采取保密措施的技术信息和经营信息。商业秘密是企业的财产权利，它关乎企业的竞争力，对企业的发展至关重要。

（2）技术秘密。技术秘密是指凭借经验或技能产生的，在工业化生产中适用的技术情报、数据或知识，包括产品配方、工艺流程、技术秘诀、设计、图纸（含草图）、试验数据和记录、计算机程序等，而且这些技术信息尚未获得专利等其他知识产权法的保护。

（3）工作秘密。工作秘密一般标识为内部事项或内部资料。同一案卷中若涉及不同密级文件，应按照涉密最高文件的密级填写。

4. 企事业单位商业秘密和技术秘密的区别

（1）商业秘密。商业秘密是一种特殊的知识产权。根据《中华人民共和国刑法》（简称《刑法》）第219条规定：所谓商业秘密，是指不为公众所知悉，能为权利人带来经济利益，具有实用性并经权利人采取保密措施的技术信息和经营信息。商业秘密的“不为公众所知悉”，即只要不是在本行业内众所周知的普通信息，能够与普通信息保持最低的秘密或新颖限度的差异的信息，都构成商业秘密。

（2）技术秘密。技术秘密是专利或者一些其他技术性的秘密，以专利为例。专利是一项发明创造，即发明、实用新型或外观设计向国家专利局提出专利申请，经依法审查合格后，向专利申请人授予的在规定的时间内对该项发明创造享有的专有权。

5. 国家秘密与商业秘密的区别

国家秘密和商业秘密虽都属于秘密的范畴，但二者属于不同的层次，其主要区别是：国家秘密是一种公权，而商业秘密是一种私权。主要体现在以下几个方面：

（1）国家秘密关系国家的安全和利益，体现和代表一般的或国家的意志；而商业秘密则仅关系权利人的经济利益和竞争优势，体现和代表个别的或权利人的意志。

（2）国家秘密涉及国家的政治、军事、外交、国民经济与社会发展、科学技术、国家安全、刑事司法等重大领域，而商业秘密则涉及科研、生产、经营相关的技术信息和经营信息。

（3）国家秘密的权利主体是国家并且只限于国家，而商业秘密的权利主体是权利人，这种人既可以是自然人，也可以法人。

（4）国家秘密的确定，必须由国家的权力部门和保密工作部门依照法定程序进行，而商业秘密的确定仅仅是权利人的个人行为。

（5）国家秘密具有绝对的排他性和不可转让性。一个事项一旦被确定为国家秘密，只有国家才具有对其使用和处理的权利。而商业秘密的权利人有权向任何愿意得到该秘密的人转让。《中华人民共和国保守国家秘密法》第二条，国家秘密是关系国家安全和利益，依照法定程序确定，在一定时间内只限一定范围的人员知悉的事项。

四、会计信息数据的密级

1. 单位的财务机密及财务人员履行的密级程序

（1）单位财务机密。单位财务是本单位的权利和利益，在一定时间内只限于一定范围的人员知悉的事项，每一位员工或财务人员都有保秘密的义务。财务机密的范围包括但不限于：公司财务状况、经营状况、经营意向、决策资料、财务安排、财务会计记录，财务部收款、付款、存款、现金流量、工程利润上缴、费用支出、员工工资福利及其奖金情况，会计凭证、账簿、报表、财务会计报告等会计资料。未经单位领导同意，财务人员不得将其掌握的财务机密透漏给其他任何人知晓。凡违反规定者，视其情节轻重，给予相应的经济处分或追究其赔偿责任或法律责任。

（2）财务人员履行的密级程序。财务人员对内对外提供会计数据时，要根据密级履行程序。具体是：

1）单位客户名单、单位与客户的交易数据，成本数据为绝密资料，不得向任何内外单位部门提供，因特殊情况要提供的，需书面请示财务总监。

2）网上银行密码、支票汇票密码为绝密信息，各使用人员必须严格保密，不得泄露给任何人。

3）单位战略发展规划，并购、投资意向为绝密信息，不得对外提供。

4）供应商信息，单位与供应商的交易数据，职工薪酬数据为机密数据，如需对内、对外提供，均需要书面请示财务总监。

5）财务部保管的技术合同、技术研发协议、设备试制合同、材料设备采购方式、采购价、采购渠道，采购合同、招投标价格、招标预算、工程决算、投标书等为秘密文件，各岗位人员只能在自己的工作权限内使用上述文件，没有对外提供的权利。因特殊情况要提供的，需书面请示财务总监。

6）其他财务数据、文件资料归为秘密级的，要根据单位内部人员，索要目的、岗位职责、所在部门的职能，酌情提供，无法判断时要请示领导，并要求对方控制数据的使用范围；对外部单位索要的数据，需请示财务总监批准后方可提供。

2. 会计数据信息文档的保密

对保存于电脑中的电子格式文档，要分密级管理，机密以上的级的数据要设置 Word 或 Excel 打开密码。财务人员对于重要的文字数据必须及时备份，备份文字数据的光盘、移动硬盘等各种载体，由财务主管领导会同高层领导指定专人统一负责保管，并定期将经过整理后的会计光盘向档案部门移交。备份会计档案光盘移交档案部门，档案部门要作为绝密档案保管。

五、会计档案密级设置方法

1. 会计档案密级

根据国家保密工作的规定，遵循“内外有别”，既便利工作又确保秘密的原则，会计档案密级的划分严格按照有关标准执行，各单位根据会计档案业务类型自行制定相应的密级标准。财务人员对内外提供的文件材料在办理完毕后，涉密文件通常在文件标题的左上角端注明密级。会计人员在提供会计数据时，要根据密级履行相应的程序。

2. 会计档案的保密等级

会计档案的保密等级分为四级：未涉密（内部公开）、秘密、机密、绝密，含义如下：

（1）未涉密（内部公开）：指单位一般性财务文件，未涉及保密，但是，在一定时期内只限于内部有关人员使用的所有财务资料。

（2）秘密：指单位较为重要的文件，涉及内容在一定时期内不能为众人所知，泄露将给企业生产经营造成一定影响和损失的财务资料。

（3）机密：指单位的重要文件，涉及内容在一定时期内只能为相关少数所知，如果泄露将给企业的生产经营造成严重影响和损失的财务资料。如公司注册及相关文件等。

（4）绝密：指单位非常重要的秘密，涉及内容在一定时期内不对外披露，只能为相关的极少数人所知，如果泄露将给企业的生产经营造成重大影响和损失的财务资料。如财务分析报告、工资分配方案，涉及项目成本、利润的报告或论证材料等。

3. 会计档案密级标识方法

各单位根据会计档案的业务类型自行设定密级。档案管理系统内部密级为：未涉密（公开）、秘密、机密和绝密，密级采用对应的标识为：00、01、02、03 进行表示，具体方法如表 4-1 所示。

表 4-1　　会计档案的业务类型密级设置

一级类目		二级类目		业务类型		密级及标识		备注
标识	名称	标识	名称	标识	名称	密级	标识	
KU	会计档案	A	01 凭证类	KUA1	记账凭证	公开	00	
				KUA3	记账凭证附件	公开	00	
				KUA4	销售单据	公开	00	
				KUA5	内部领用提货单	公开	00	
		B	02 账簿账册类	KUB1	总分类账	机密	02	
				KUB2	明细分类账	机密	02	
		C	03 会计报表类	KUC1	月度、季度、半年报告	机密	02	
				KUC2	年度财务报告	机密	02	

续表

一级类目		二级类目		业务类型		密级及标识		备注
标识	名称	标识	名称	标识	名称	密级	标识	
KU	会计档案	D	04 工商税务资料类	KUD1	工商资料	秘密	01	
				KUD2	抵扣联	公开	00	
				KUD3	退货折让	公开	00	
				KUD4	税务资料办理	秘密	01	
				KUD5	纳税申报表	秘密	01	
				KUD6	存银联	公开	00	
				KUD7	开具增值税专用发票	公开	00	
KU	会计档案	E	05 审计报告及专项报告	KUE1	年度审计报告	机密	02	
				KUE2	专项审计报告	机密	02	
				KUE3	验资报告	机密	02	
				KUE4	资产评估报告	机密	02	
				KUE5	工程结算审核报告	机密	02	
		F	06 供应商对账/结算类	KUF1	合同类	机密	02	
				KUF2	供应商对账单	机密	02	
				KUF3	结算清单（结算书）	机密	02	
				KUF4	退货确认书	秘密	01	
				KUF5	收货单	公开	00	
				KUF6	验收单	公开	00	
				KUF7	确认函	秘密	01	
				KUF8	授权委托书	秘密	01	
		G	07 电子账册及主数据类	KUG1	年度电子账册备份	机密	02	
				KUG2	供应商档案	秘密	01	
				KUG3	价格文件	秘密	01	
				KUG4	招商销售方案	秘密	01	
				KUG5	采购询价资料	秘密	01	
				KUG6	会员资料	秘密	01	

续表

<table>
<tr><th colspan="2">一级类目</th><th colspan="2">二级类目</th><th colspan="2">业务类型</th><th colspan="2">密级及标识</th><th rowspan="2">备注</th></tr>
<tr><th>标识</th><th>名称</th><th>标识</th><th>名称</th><th>标识</th><th>名称</th><th>密级</th><th>标识</th></tr>
<tr><td rowspan="13">KU</td><td rowspan="13">会计档案</td><td rowspan="3">H</td><td rowspan="3">08 辅助台账类</td><td>KUH1</td><td>银行对账单</td><td>秘密</td><td>01</td><td></td></tr>
<tr><td>KUH2</td><td>银行余额调节表</td><td>机密</td><td>02</td><td></td></tr>
<tr><td>KUH3</td><td>银行开户/销户</td><td>机密</td><td>02</td><td></td></tr>
<tr><td rowspan="9">J</td><td rowspan="9">09 辅助台账类</td><td>KUJ1</td><td>各类台账</td><td>公开</td><td>00</td><td></td></tr>
<tr><td>KUJ2</td><td>集团内部公司对账表</td><td>公开</td><td>00</td><td></td></tr>
<tr><td>KUJ3</td><td>集团内部公司转账通知单</td><td>公开</td><td>00</td><td></td></tr>
<tr><td>KUJ4</td><td>集团内部公司转账协议</td><td>公开</td><td>00</td><td></td></tr>
<tr><td>KUJ5</td><td>固定资产盘点</td><td>公开</td><td>00</td><td></td></tr>
<tr><td>KUJ6</td><td>现金盘点表</td><td>公开</td><td>00</td><td></td></tr>
<tr><td>KUJ7</td><td>财务档案清册</td><td>公开</td><td>00</td><td></td></tr>
<tr><td>KUJ8</td><td>内部公司代结费用确认函</td><td>公开</td><td>00</td><td></td></tr>
<tr><td>KUJ9</td><td>各类签收件及交接清单</td><td>公开</td><td>00</td><td></td></tr>
<tr><td>L</td><td>10 历年预决算管理类</td><td>KUL1</td><td>财务预决算报表</td><td>绝密</td><td>03</td><td></td></tr>
</table>

第二节 会计监督体系及会计法律制度

一、会计监督及监督体系

1. 会计监督含义及特点

（1）会计监督及其目的、监督方式。

1）会计监督。会计监督是指对企业的财务活动进行监督和管理，以确保企业的财务活动合法、合规、真实、准确。会计监督包括财务报表编制、财务处理、资金管理等方面。会计监督职能是指利用会计核算所提供的经济信息对企事业单位的经济活动进行的控制和指导。一是通过价值指标进行；二是对企业进行全过程监督，即事前、事中、事后；三是监督依据包含合法性监督、合理性监督。

2）会计监督目的。会计监督目的是保护投资者利益、维护社会公众利益、促进经济发展。

3）会计监督方式。包括财务审计、内部审计、外部审计。①财务监督是指由独立的会计师事务所对公司的财务报表进行审核，以确定其真实性和准确性；②内部审计是指由公司内部的审计部门或人员对公司的财务报表进行审核，以确定其真实性和准确性；③外部审计是指由独立的会计师事务所对公司的财务报表进行审核，以确定其真实性和准确性。

4）会计核算与会计监督的关系。会计核算与会计监督是相辅相成、辩证统一的，会计核算是会计监督的基础，没有核算提供的各种信息，监督就没有客观的依据；会计监督又是会计核算质量的保障，只有核算没有监督，就难以保证核算提供信息的真实性和可靠性。

（2）会计监督的特点。具有三个特点：主要通过价值指标进行；对企业的经济活动的全过程进行监督，会计监督包括事前监督、事中监督和事后监督；监督依据包括真实性、合法性和合理性等方面。

（3）会计的基本职能。会计的基本职能包括进行会计核算和实施会计监督两个方面。具体如下：①会计核算贯穿于经济活动的全过程，是会计最基本的职能，也称反映职能。它指会计以货币为主要计量单位，对特定主体的经济活动进行确认、计量、记录和报告，为有关各方提供会计信息。②会计监督职能也称控制职能，是指对特定主体经济活动和相关会计核算的合法性、合理性进行审查，即以一定标准和要求利用会计所提供的信息对各单位的经济活动进行有效的指导、控制和调节，以达到预期的目的。

2. 会计监督体系及其内容

（1）会计监督体系。会计监督体系是指由若干具有履行会计监督职能的组织相互联系、相互依赖、相互制约而构成的一个有机整体。包括：单位内部会计监督、政府监督和社会监督三个部分。①单位内部会计监督：本质上是一种内部控制制度，是内部管理制度的重要组成部分，是我国会计监督体系的基础。②政府监督：是政府主管部门（或授权国家审计机构）与其他相关管理部门组织实施的监督行为。③社会监督：企业管理部门、董事会或其他相关者委托社会中介组织机构（会计师事务所、审计事务所）实施的监督行为。

（2）会计监督体系的内容。根据《会计法》和其他有关会计法规的规定，会计人员进行会计监督的对象和内容是本单位的经济活动。具体内容包括：①对会计凭证、会计账簿和会计报表等会计资料进行监督，以保证会计资料的真实、准确、完整、合法。②对各种财产和资金进行监督，以保证财产、资金的安全完整与合理使用。③对财务收支进行监督，以保证财务收支符合财务制度的规定。④对经济合同、经济计划及其他重要经营管理活动进行监督，以保证经济管理活动的科学、合理。⑤对成本费用进行监督，以保证用尽可能少的投入，获得尽可能多的产出。⑥对利润的实现与分配进行监督，以保证按时上缴税金、进行利润分配等。

3. 会计监督形式及监督原则

我国会计监督是单位内部监督和外部监督，外部监督分为社会监督和国家监督（政府监督）“三位一体”的会计监督体系。

（1）企事业单位内部会计监督。单位内部会计监督由企事业内部会计机构、会计人员以及企业经营管理者、内部审计机构和人员等对企业的会计工作、会计资料及其所反映的经济活动、经营成果等各方面进行核算监督和制度监督。如企业内部审计就是内部监督，简单地说，单位内部会计监督是指会计机构、会计人员依照法律的规定，通过会计手段对经济活动的合法性、合理性和有效性进行的一种监督。要求各单位应当建立健全本单位内部会计监督制度。具体如下：

1）单位内部会计监督制度及原则、方法和目标。

a．内部控制监督主体与对象。监督主体是指各单位的会计机构、会计人员；内部监督对象是指本单位的经济活动。

b．内部控制监督原则。企业、事业单位建立与实施内部控制，应当遵循的原则：全面性原则、重要性原则、制衡性原则、适应性原则。此外，企业还应遵循成本效益原则。①全面性原则：内部控制应当贯穿决策、执行和监督全过程，覆盖企业及其所属单位的各种业务和事项。②重要性原则：内部控制应当在全面控制的基础上，关注重要业务事项和高风险领域。③制衡性原则：内部控制应当在治理结构、机构设置及权责分配、业务流程等方面形成相互制约、相互监督，同时兼顾运营效率。行政事业单位内部控制应当在单位内部的部门管理、职责分工和业务流程等方面形成相互制约和相互监督。④适应性原则：内部控制应当与企业经营规模、业务范围、竞争状况和风险水平等相适应，并随着情况的变化及时加以调整。行政事业单位内部控制应当符合国家有关规定和单位的实际情况，并随着外部环境的变化、单位经济活动的调整和管理要求的提高，不断修订和完善。⑤成本效益原则：内部控制应当权衡实施成本与预期效益，以适当的成本实现有效控制。

c．企事业内部监督控制措施或控制方法。一般包括：不相容职务分离控制、授权审批控制、会计系统控制、财产保护控制、预算控制、运营分析控制和绩效考评控制。行政事业单位内部控制措施或者控制方法一般包括：不相容岗位分离控制、内部授权审批控制、归口管理、预算控制、财产保护控制、会计控制、单据控制、信息内部公开等。

d. 企事业单位内部控制及其目标。对于企业而言，内部控制是指由企业董事会、监事会、经理层和全体员工实施的，旨在实现控制目标的过程。对行政事业单位而言，内部控制是指单位为实现控制目标，通过制定制度、实施措施和执行程序，对经济活动的风险进行防范和管控。企业内部控制的目标主要包括：合理保证企业经营管理合法合规、资产安全、财务报告及相关信息真实完整，提高经营效率和效果，促进企业实现发展战略。行政事业单位内部控制的目标主要包括：合理保证单位经济活动合法合规、资产安全和使用有效、财务信息真实完整，有效防范舞弊和预防腐败，提高公共服务的效率的效果。

e. 内部控制的责任人。对企业而言，董事会负责内部控制的建立健全和有效实施。监事会对董事会建立与实施内部控制进行监督；经理层负责组织领导企业内部控制的日常运行。对于行政事业单位而言，单位负责人对本单位内部控制的建立健全和有效实施负责。

f. 内部控制的内容。内部控制是一个单位为了实现其经营目标，保护资产的安全完整，保证会计信息资料的正确可靠，确保经营方针的贯彻执行，保证经营活动的经济性、效率性和效果性而在单位内部采取的自我调整、约束、规划、评价和控制的一系列方法、手段与措施的总称。对企业而言，内部控制的内容包括五要素：内部环境、风险评估、控制活动、信息与沟通、内部监督。①内部环境：内部环境是企业实施内部控制的基础，包括治理结构、机构设置及权责分配、内部审计、人力资源政策、企业文化等；②风险评估：风险评估是企业及时识别、系统分析经营活动中与实现内部控制目标相关的风险，合理确定风险应对策略；③控制活动：控制活动是企业根据评估结果，采用相应的控制措施，将风险控制在可承受度之内；④信息与沟通：信息与沟通是企业及时、准确地收集、传递与内部控制相关的信息，确保信息在企业内部、企业与外部之间进行有效沟通；⑤内部监督：内部监督是企业对内部控制建立与实施情况进行监督检查，评价内部控制的有效性，发现内部控制缺陷，应当及时加以改进。

2）内部监督制度的基本要求。①会计事项相关人员的职责权限应当明确；②对经济业务事项的决策和执行程序应当明确；③财产清查的范围、期限和组织程序应当明确；④对会计资料定期进行内部审计的办法和程序应当明确。

3）内部审计。①内部审计定义及其内容：内部审计是指单位内部的一种独立客观的监督和评价活动，它通过单位内部独立的审计机构和审计人员审查和评价本部门、本单位财务收支等经营活动，以及内部控制的适当性、合法性和有效性来促进单位目标的实现。内部审计的内容是一个不断发展变化的范畴，主要包括：财务审计、经营审计、经济责任审计、管理审计和风险管理等。②内部审计的特点与作用：内部审计的审计机构和审计人员都设在本单位内部，审计的内容更侧重于经营过程是否有效、各项制度是否得到遵守与执行。审计结果的客观性和公正性较低，并且以建议性意见为主。内部审计在单位会计监督中的作用：预防保护作用、服务促进作用和评价鉴证作用。

（2）社会监督与公众监督。

1）社会监督及其类型。社会监督又称为审计监督，是指民间审计监督。会计工作的社会监督是指由注册会计师及其所在的会计师事务所依法对委托单位的经济活动进行审计、鉴证的一种外部监督。社会监督还包括公众监督，它是以注册会计师为主体社会监督，主要是指社会中介机构，如注册会计师及其所在的会计师事务所等中介机构，依法对委托单位的经济活动进行审计，并据实做出客观评价的一种监督形式。如出具审计报告，发表审计意见等属于社会监督。社会监督包括了法定监督和非法定监督两种类型，法定监督主要是由注册会计师依法实施的监督，监督目标由审计准则来设定；非法定监督的典型表现是群众监督，社会公众有监督权利，但无监督义务。如：注册会计师和会计师事务所对单位经济活动进行的审计，属于社会监督。

2）公众监督的检举权利。任何单位和个人对违反《会计法》和国家统一的会计制度规定的行为有权检举，也属于社会监督的范畴。如个人检举会计违法行为，属于社会监督。

3）注册会计师审计与内部审计。注册会计师审计与内部审计既有联系又有区别。①注册会计师审计与内部审计的联系（三点）：都是现代审计体系的重要组成部分；都关注内部控制的健全性和有效性；注册会计师审计可能涉及对内部审计成果的利用等。②注册会计师审计与内部审计的区别（四点）：审计独立性不同；审计方式不同；审计职责和作用不同；接受审计的自愿程度不同。

注册会计师的业务范围：注册会计师执行业务应当加入会计师事务所，不得以个人名义承接业务。注册会计师可以承办审计业务、会计咨询和会计服务业务。注册会计师承办业务由其所在的会计师事务所统一受理并与委托人签订委托合同。会计师事务所对本所注册会计师承办的业务，承担民事责任。①审计业务：注册会计师及其所在的会计师事务所依法承办下列审计业务：审查企业财务报告，出具审计报告；验证企业资本，出具验资报告；办理企业合并、分立、清算事宜中的审计业务，出具有关报告；法律、行政法规规定的其他审计业务。②会计咨询与会计服务：

会计咨询与会计服务包括：设计会计制度；担任会计顾问，提供会计、财务、税务和其他经济管理咨询；代理纳税申报；代理记账；办理投资评估、资产评估和项目可行性研究中的有关业务；代理申请工商注册登记，协助拟订合同、章程和其他业务文件；培训会计、审计和财务管理人员；审核企业前景财务资料。

（3）国家监督。国家监督又称为政府监督，会计工作政府监督主要是指政府部门代表国家对单位和单位相关人员的会计行为实施的监督检查，以及对发现的违法会计行为实施的行政处罚。财政部门是《会计法》的执法主体，是会计工作的政府监督实体主体。如：财政部门对各单位的会计工作进行监督检查，是属于会计工作政府监督行为，或审计署的审计。政府监督包含两部分：

1）政府监督主体及监督范围。①监督主体：财政部门是会计工作政府监督的执法实施主体。②监督范围。除财政部门外，审计、税务、人民银行、证券监管、保险监管等部门依照有关法律、行政法规规定的职责和权限，可以对有关单位的会计资料实施监督检查。

2）政府监督主要检查内容。政府监督是地方政府财务部门会计监督检查。主要检查内容如下：

a．对单位是否依法设置会计账簿的检查。各单位设置会计账簿是否规范，是否符合法律、法规和国家统一的会计制度的要求；各单位会计账簿的设置是否符合唯一的原则，是否存在账外设账行为；各单位是否存在设置虚假会计账簿的行为等。

b．对单位会计资料真实性和完整性的检查。各单位的会计凭证、会计账簿、会计报告和其他会计资料是否真实、完整，主要检查几个方面：①各单位对所发生的经济业务事项是否及时办理会计手续，进行会计核算；②各单位的会计核算资料（会计凭证、会计账簿、会计报告）是否与实际发生的经济业务事项相符，是否做到账实相符、账证相符、账账相符、账表相符；③各单位提供的会计报告是否符合相关法律、行政法规和国家统一会计制度的规定等；④其他会计核算资料是否真实、完整；⑤使用的会计软件及其生成的会计资料是否符合法律、行政法规、会计部门规章和地方性会计法规的规定等。

c．对单位会计核算情况的检查。各单位的会计核算是否符合《会计法》和国家统一会计制度的规定，包括各单位的会计核算的内容是否真实、完整；所采用的会计年度、记账本位币、会计处理方法、会计记录文字等是否符合法律、行政法规和国家统一会计制度的规定；各单位对资产、负债、所有者权益、收入、支出、费用、成本、计量、记录和报告是否符合国家统一会计制度的规定；各单位会计档案保管是否符合法定要求等。

d．单位会计人员从业资格证和任职资格的检查。对从业资格和任职资格的检查，包括各单位从事会计工作的人员是否取得了会计从业资格证书并接受财政部门的管理；会计机构负责人的任职资格是否符合条件等。

e．对会计师事务所出具的审计报告的程序和内容的检查。国务院财政部门和省、自治区、直辖市人民政府财政部门，依法对注册会计师、会计师事务所和注册会计师协会进行监督、指导；财政部门对会计师事务所出具审计报告的程序和内容进行监督。

二、会计法律法规制度

会计法律法规制度是指国家权力机关和行政机关制定的，用以调整会计关系的各种法律、法规、规章和规范性文件的总称。会计法律法规制度是调整会计关系的法律规范。会计关系是指会计机构和会计人员在办理会计事务过程中以及国家在管理会计工作过程中发生的各种经济关系。法规是指国务院、地方人大及其常委会、民族自治机关和经济特区人大制定的规范性文件。

我国会计法律制度基本形成了以《会计法》为主体的比较完整的会计法规体系，包括：会计法律、会计行政法规、会计部门规章和地方性法规。具体如下：

（1）会计法律。会计法律是指由全国人民代表大会及其常务委员会经过一定立法程序制定的有关会计工作的法律；它是调整我国经济生活中会计关系的法律总规范，我国目前有两部会计法律，分别为《会计法》和《注册会计师法》。①《会计法》：它是会计法律制度中层次最高的法律规范，是制定其他会计法规的依据，也是指导会计工作的最高准则。它是 1999 年由全国人大常委会修订并通过的，其立法宗旨是规范会计行为，保证会计资料真实、完整，加强经济管理和财务管理，提高经济效益，维护社会市场经济秩序。②《注册会计师法》：它是规范注册会计师及其行为规范的最高准则。1993 年 10 月 31 日，第八届全国人大常委会第四次会议审议通过，于 1994 年 1 月 1 日开始施行。

（2）会计行政法规。它是指由国务院制定并发布或者由国务院有关部门拟定并经国务院批准发布的，用于调整经济生活中某些方面会计关系的法律规范。会计行政法规的制定依据是《会计法》，会计行政法规包含国务院发布的《总会计师条例》《企业财务报告条例》等属于会计行政法规。

（3）会计部门规章。它是指国家主管会计工作的行政部门，即财政部门以及其他相关部委根据法律和国务院的行政法规、决定、命令，在本部门的权限范围内制定的，调整会计工作中某些方面内容的国家统一的会计准则制度和规范性文件，包括国家统一的会计核算制度、会计监督制度、会计机构和会计管理制度等。

（4）地方性法规。地方性会计法规是指由省、自治区、直辖市人民代表大会或常务委员会，在与宪法、会计法律、会计行政法规和国家统一的会计准则制度不相抵触的前提下，根据本地区情况制定发一布的，关于会计核算、会计监督、会计机构和会计人员以及会计工作管理的规范性文件。

在会计法律体系中，法律效力是依次减弱的，我国会计法律制度体系如表 4-2 所示。

表 4-2　　会计法律制度体系

序号	内容	制定机关	主要表现形式
1	会计法律	国家权力机关—全国人民代表大会及其常委会	《中华人民共和国会计法》
			《中华人民共和国注册会计师法》
2	会计行政法规	国务院制定或者国务院有关部门拟定，经国务院批准发布	《企业财务会计报告条例》
			《总会计师条例》等
3	会计部门规章	国家财政机关—国务院财政部	《企业会计准则——基本准则》
			《财政部门实施会计监督办法》
			《企业会计制度》
			《会计基础工作规范》
			《会计从业资格管理办法》
			《会计档案管理办法》
			《代理记账管理办法》等
4	地方性会计法规	省、自治区、直辖市人民代表大会或常务委员会	《天津市会计从业资格管理实施办法》
			《贵州省实施（中华人民共和国会计法）的办法》
			《浙江省会计从业资格管理实施办法》

第三节　会计违法行为及会计法律责任

一、会计违法行为及应当承担的法律责任

1. 违反会计制度规定应承担法律责任的违法行为

根据《会计法》相关违法行为：不依法设置会计账簿的，私设会计账簿的，未按照规定保管会计资料，致使会计资料毁损、灭失的，隐匿或者故意销毁依法应当保存的会计凭证、会计账簿、财务报告等，均系违法行为，主要如下：

（1）不依法设置会计账簿的违法行为。是指依法应当设置会计账簿的单位和个人，违反《会计法》和国家统一的会计制度的规定，应当设置而不设置会计账簿，或者未按规定的种类、形式及要求设置会计账簿、或设置虚假会计账簿、或设置多套账簿的行为。

（2）私设会计账簿的违法行为。依法应当建立会计账簿的单位和个人，违反法律、行政法规的规定，在法定有会计账簿之外，另外私自设置会计账簿的行为，就是常说的“账外账”或“二本账”。

（3）未按照规定填制、取得原始凭证或者填制、取得的原始凭证不符合规定的违法行为。根据《会计法》和国家统一的会计制度的规定，办理经济业务事项，须取得或填制原始凭证并及时送交会计机构。

（4）以未经审核的会计凭证为依据登记会计账簿或者登记会计账簿不符合规定的行为。根据《会计法》和国家统一的会计制度的规定，会计人员应当根据审核无误的会计凭证登记会计账簿，并将会计凭证日期、编号、业务内容摘要、金额等事项逐项记入账内，并在登记完成后，由记账人员在记账凭证上签名或盖章。

（5）随意变更会计处理方法的行为。按照《会计法》和国家统一的会计制度的规定，不得随意变更会计处理方法。

（6）向不同的会计资料使用者提供的会计报告编制依据不一致的行为。会计报告应当根据登记完整、核对无误的会计账簿记录和其他有关会计资料编制，使用的计量方法、确认原则、统计标准应当一致。不得向不同的会计资料使用者提供编制依据不一致的会计报告。

（7）未按照规定使用会计记录文字或者记账本位币的行为。根据《会计法》的规定，会计记录文字应使用中文；在民族自治地方，可以同时使用当地通用的民族文字；在我国境内的外商投资企业、外国企业和其他外国组织则可同时使用一种外国文字。

（8）未按照规定保管会计资料，致使会计资料毁损、灭失的行为。根据《会计法》规定，各单位对会计凭证、会计账簿、会计报告和其他会计资料应当建立档案，妥善保管。

（9）未按照规定建立并实施单位内部会计监督制度，或者拒绝依法实施监督，或者不如实提供有关会计资料及有关情况的行为。根据《会计法》的规定，各单位应当建立健全本单位内部监督制度，并且符合法定要求。

（10）任用会计人员不符合《会计法》规定的行为。根据《会计法》的规定，从事会计工作的人员必须取得会计从业资格证书。

（11）《会计法》中关于“直接负责的主管人员”和“其他直接责任人员”。“直接负责的主管人员”是指在单位实施违法行为的过程中起领导、组织、决策作用的单位负责人，他可以是单位一把手，也可以是单位其他负责人，关键是要看谁在实施违法行为的过程中起领导、组织、决策作用。“其他直接责任人员”是指在单位实施违法行为的过程中直接参与实施违法行为的工作人员，一般包括会计人员、会计机构负责人和其他参与实施违法行为的工作人员。

（12）《会计法》中行政责任的实施主体和承担主体。行政责任的实施主体是指有权对违法的单位和个人实施行政处罚或行政处分的机关或单位，《会计法》第 42 条规定的行政责任的实施主体为县级以上人民政府财政部门、单位或者有关单位。所谓有关单位，是指按照干部管理权限对违法的国家工作人员进行行政处分的单位，例如上级单位、行政监察部门等。行政责任的承担主体是指承担行政责任的公民、法人或者其他组织，第 42 规定的行政责任的承担主体为单位、直接负责的主管人员和其他责任人员。

2. 违反会计制度规定的行为应承担的法律责任

法律责任是指违反法律规定的行为应当承担的法律后果；法律责任的形式有五种。根据《会计法》规定各种违法行为应当承担的法律责任如表 4-3 所示。

表 4-3　　会计法律责任

法律责任	内　容
责令限期改正	要求违法行为人在一定期限内停止违法行为并恢复到合法状态
罚款	由县级以上人民政府财政部门责令限期改正，可以对单位并处 3000 元以上 5 万元以下的罚款
给予行政处分	由其所在单位或者其上级单位或者行政监察部门给予警告、记过、记大过、降级、降职、撤职、留察看和开除等行政处分
吊销会计从业资格证书	会计工作人员有上述所列行为之一，情节严重的，由县级以上人民政府财政部门吊销会计从业资格证书
依法追究刑事责任	行为人为了偷逃税款、骗取出口退税、贪污、挪用公款等目的，从事了上述行为，造成了严重的后果，按照《刑法》的有关规定，构成犯罪的，应当依法分别定罪和量刑

3. 会计档案被遗失毁损或故意销毁的法律责任

（1）会计档案材料丢失、毁损，应由会计或者负责会计档案的管理员承担责任。根据《会计法》规定，各单位加强会计档案工作的领导，建立会计档案的立卷、归档、保管、查阅和销毁等管理制度，保证会计档案妥善保管、有序存放、方便查阅、严防损毁、散失和涉密。会计档案遇到遗失损毁时应立即呈报主管，经调查认为档案管理人员无怠慢、疏忽解除责任，而是因为一些不可抗力因素，如被盗、失窃等导致会计资料和财务凭证的遗失或毁损，要及时采取有效的补救措施。若是因会计资料员或档案管理人员失职造成会计档案遗失或损毁的，会计资料员或档案管理人员应承担赔偿责任。

根据《会计法》第 42 条：未按照规定保管会计资料，导致会计资料毁损、灭失的，由县级以上人民政府财政部门责令限期改正，同时有权对单位并处以三千元以上五万元以下的罚款；对其直接负责的主管人员和其他直接责任人员，可以处二千元以上二万元以下的罚款，属于国家工作人员的，还应当由其所在单位或有关单位依法给予行政处分。

（2）构成隐匿、故意销毁会计凭证、会计账簿、财务会计报告罪的，处五年以下有期徒刑或者拘役，并处或者单处二万以上二十万以下罚金。如果单位犯罪的，对单位判处罚金，并对其直接负责的主管人员和其他直接责任人员，依照前款的规定处罚。

法律依据：根据《刑法》第 162 条之一，隐匿或者故意销毁依法应当保存的会计凭证、会计账簿、财务会计报告，情节严重的，处五年以下有期徒刑或者拘役，并处或者单处二万以上二十万以下罚金。单位犯罪的，对单位判处罚金，并对其直接负责的主管人员和其他直接责任人员，依照前款的规定处罚。

4. 伪造、变造会计凭证、会计账簿，编制虚假财务报告的法律责任

（1）行政责任：伪造、变造会计凭证、会计账簿或者编制虚假会计报告，情节较轻、社会危害不大，根据刑法的有关规定，尚不构成犯罪的，应当承担相应的行政责任，具体如下：

1）通报：由县级以上人民政府财政部门采取通报的方式对违法行为人予以批评、公告，并通过一定媒介在一定的范围公布。

2）罚款：县级以上人民政府财政部门视违法行为情节轻重，在予以通报的同时，可以对单位并处五千元以上十万元以下的罚款，对其直接负责的主管人员和其他责任人员，可以处三千元以上五万以下的罚款。

3）行政处分：对上述所列违法行为直接负责的主管人员和其他责任人员中的国家工作人员，应当由其所在单位或者其上级单位或者行政监察部门给予撤职、留用察看直至开除的行政处分。

4）吊销会计从业资格证书：对违法行为中的会计人员由县级以上人民政府财政部门吊销会计从业资格证书。

（2）刑事责任：对于伪造、变造会计凭证、会计账簿，编制虚假财务报告的行为，我国刑法明确为犯罪的，主要有：

1）纳税人采取伪造、变造账簿、记账凭证，在账簿上多列或者不列、少列收入等手段，不缴或者少缴应纳税款，偷税数额占应纳税额的百分之十以上不满百分之三十，并且偷税数额在一万元以上不满十万元的，或者因偷税被税务机关给予二次行政处罚又偷税的，处三年以下有期徒刑或者拘役，并处偷税数额一倍以上五倍以下的罚金；偷税数额占应纳税额的百分之三十以上并且偷税数额在十万元以上的，处三年以上七年以下有期徒刑，并处偷税数额一倍以上五倍以下罚金。扣缴义务采取前述手段，不缴或者少缴已扣、已收税款，数额占应缴税额的百分之十以上，

并且数额在一万以上的，依照前述规定处罚。对多次犯有上述行为，未经处理的，按照累计数额计算。

2）公司向股东和社会公众提供虚假的或者隐瞒重要事实的财务会计报告，严重损害股东或者其他人利益的，对其直接负责的主管人员和其他直接责任人员，处三年以下有期徒刑或者拘役，并处或者单处二万元以上二十万元以下罚金。

3）承担资产评估、验资、验证、会计、审计、法律服务等职责的中介组织的人员故意提供虚假证明文件（包括虚假的财务会计报告），情节严重的，处五年以下有期徒刑或者拘役，并处罚金。上述人员，索取他人财物或者非法收受他人财物，犯本罪的，处五年以上十年以下有期徒刑，并处罚金。

此外，如果行为人，为虚报注册资本、虚假出资、抽逃出资、贪污、挪用公款、侵占企业财产、私分国有企业资产、私分罚没财物，实施伪造、变造会计凭证、会计账簿、编制虚假财务报告的行为，应当按照刑法的有关规定分别定罪、处罚。

5. 其他会计违法行为的法律责任

（1）隐匿或故意销毁依法应保存的会计资料的法律责任。隐匿或者故意销毁依法应保存的会计凭证、会计账簿、会计报告，构成犯罪的，依法追究刑事责任。尚不构成犯罪的，由县级以上人民政府财政部门予以通报，同时可以对单位并处五千元以下十万元以下的罚款；对其直接负责的主管人员和其他直接责任人员，可以处三千元以上五万元以下的罚款；属于国家工作人员的，还应当由其所在单位或者有关单位依法给予撤职直到至开除的行政处分；对其中的会计人员，由县级以上人民政府财政部门吊销会计从业资格证书。

（2）授意、指使、强令会计机构、会计人员及其他人授意、指使、强令会计机构、会计人员及其他人员伪造、变造会计凭证、会计账簿，编制虚假会计报告或者隐匿、故意销毁依法应当保存的会计凭证、会计账簿、会计报告的法律责任。按照《会计法》的规定予以处罚：罚款，由县级以上人民政府财政部门可以视违法行为的情节轻重，对违法行为人处以五千以上五万以下的处罚；行政处分，应当由其所在单位或者其上级单位或者行政监察部门给予降级、撤职或者开除的行政处分。

（3）单位负责人对会计人员实行打击报复的法律责任，根据《刑法》的规定，对犯打击报复会计人员罪的，处 3 年以下有期徒刑或者拘役。对受打击报复的会计人员的补救措施有以下两点：恢复其名誉；恢复原有职位、级别。

6. 违反《会计档案管理办法》由谁处罚

对违反《会计档案管理办法》规定的单位和个人，由县级以上人民政府财政部门、档案行政管理部门依据《会计法》《档案法》等法律法规处理处罚。

二、会计法律责任

会计法律责任是指会计法律关系中的会计人员因违反会计法律规定的行为所应承担的具有强制性的法律后果，是对违法者违法行为的制裁，为避免会计人员法律责任形成的主观原因，在此总结规避责任的措施，强化会计人员的会计法律意识，完善会计相关的法律制度，确保会计工作高效、有序完成。根据会计人员违法的法律后果可以把法律责任分为三大类：行政责任、刑事责任和民事责任；行政责任是主要形式，刑事责任是严重惩罚形式，民事责任是赔偿形式。

1. 行政法律责任

行政法律责任是指行政法律主体即单位或个人，因违反行政法的规定的违法行为应承担的法律责任。《会计法》把违反行政法律规范的行政责任分为行政处分和行政处罚两种方式。

（1）行政处分。行政处分是指国家工作人员因违反行政法律规范，所应承担的一种行政法律责任，是行政机关对国家工作人员故意或者过失侵犯行政相对人的合法权益所实施的法律制裁。对于违法的国家工作人员主要由其所在单位或者有关单位依法给予：警告、记过、记大过、降级、撤职和开除等行政处分。

（2）行政处罚。指行政机关或其他行政主体，依法定职权和程序对违反行政法规但尚未构成犯罪的相对人，给予行政制裁的具体行政行为。行政处罚的方式有：罚款、责令限期改正、吊销会计从业资格证书。行政处罚应遵守规定：①遵守“一事不再罚”的基本原则：行政主体对当事人的同一个违法行为，不得给予两次以上同类（罚款）的行政处罚；②由违法行为发生地的县级以上地方人民政府，具有行政处罚权的行政机关实施；③当事人主动消除或减轻违法行为的危害后果，应当依法从轻或者减轻行政处罚。违法行为轻微并及时纠正，没有造成危害后果的，不予以行政处罚；④在作出处罚决定前，应告知当事人相关事项和有权陈述和申辩；⑤行政处罚决定依法作出后，当事人应在行政处罚决定的期限内予以履行。

（3）行政处罚与行政处分的联系与区别。①行政处罚与行政处分的联系（三点）：同属具体行政行为、同为惩戒措施、都是对自己的违法行为所承担的法律责任；②行政处罚与行政处分的区别（五点）：制裁的原因不同、制裁的对象不同、制裁的来源和根据不同、制裁的范围和形式不同、行为的属性及效力不同。

2. 刑事法律责任

（1）刑事责任。刑事责任是指行为人因其犯罪行为所应当承担的法律责任；是由司法机关代表国家所确定的否定性法律后果。一般来说，刑事责任具有很大的威慑力和强制性，只适用危害公共安全和社会秩序的犯罪行为。对于违反《会计法》规范行为情节严重者，须追究其刑事责任，并根据我国刑事诉讼法的相关规定来执行。

（2）我国刑法规定的刑事责任。我国《刑法》规定，刑事责任分为主刑和附加刑两种。主刑分为管制、拘役、有期徒刑、无期徒刑、死刑。附加刑分为罚金、剥夺政治权利、没收财产；对于外国人，也可以独立或附加适用驱逐出境。

（3）刑事责任与行政责任的区别（三点）：追究的违法行为不同、追究责任的机关不同、承担法律责任的后果不同。

3. 民事法律责任

民事法律责任是指由于违反民事法律、违约或者由于民法规定所承担的一种法律责任。会计责任中民事责任比较常见，随着我国证券市场的建立和完善、法律法规的健全与加强、公众法律意识及其对会计师的社会期望的提高，会计所面临的风险与承担的法律责任呈上升趋势。会计人员的失误已不再仅仅强调其行政和刑事责任，而是加大了追究民事责任。由于会计信息在现代经济生活中的重要性，提供信息一方违反会计法规的行为，可能给对方造成巨大的经济损失，因此要求其承担赔偿责任；在我国随着会计法律关系性质的多元化，民事责任也正成为会计法律责任的一种重要形式。

三、会计行政法律责任的形成原因

1. 主观方面原因

（1）会计人员对相应的法律知识的缺乏或误解。有较多的会计人员对其基本职责、业务规范和法律责任等知识贫乏，对法律本身的理解和熟悉程度不够。大部分会计人员认为会计法律法规没有用处，只是迫于考试需求才会简单看看，考试过后就抛于脑后，认为在会计工作中只要做好“分内之事”即可，认为自身所承担的法律责任相对较小，出了问题有领导负责，会计人员出现为了保住饭碗迫于压力屈服于老板，为其制假、作假、偷税漏税、提供失真信息，甚至出现会计人员贪污挪用公款、严重违法犯罪的现象。

（2）会计人员对其会计行为负责的认识存在偏差。会计人员的基本职能在于核算和监督，实际上，许多会计人员都误认为只要他们在会计业务上不出纰漏，保证在业务范围的行为不出问题，就是一个尽职尽责的会计人员，而忽视了其作为单位内部会计监督主体的作用，再者，会计人员都归属单位负责人管理，因此要使会计人员公正依法行使内部监督职权有点强人所难，一些会计人员为了自身的利益，一心想和单位负责人搞好关系，不惜放弃其法律职责，使得单位内部会计监督成为一纸空文。

（3）单位负责人对自身要承担的会计法律责任认识不充分。《会计法》明确规定："单位负责人对本单位会计工作和会计资料的真实性、完整性负责"。部分企事业单位负责人把自己定位在最高决策者的位置，未能充分认识到自身在本单位会计工作中的职责，主观地认为，只要对本单位的重大决策负全面责任，而对本属于领导工作范畴的一些事项疏忽管理，忽视了单位的财务工作；还有很多负责人不懂会计，使企业的财务制度、财务决策未能得到及时的监督和考核，未能建立一套有效的内部控制制度去约束会计行为，导致内部会计制度不健全、不规范，使得单位内部控制制度形同虚设。因此，单位负责人端正态度，认识自己在法律责任上是首要的责任承担主体，认真做好会计工作的领导，以及应建立的会计制度和会计人员的考核工作。

2. 客观方面原因

（1）会计监督体系和监督机制不健全。会计监督是会计工作中的一项重要职能，有效发挥会计监督职能，不仅可以维护经济纪律和社会秩序，还可以健全会计基础工作，建立规范的会计工作秩序。目前有的单位内部监督机制形同虚设，同时，国家监督和社会监督监管不到位。因此，如何把单位内部监督、国家监督、社会监督三者有效地结合起来，是会计监督制度中迫切需要重视和解决的问题。

（2）会计违法行为的界定不明确。根据《会计法》第 43 条规定：伪造、变造会计凭证、会计账簿、编制虚假财务会计报告，构成犯罪的，依法追究刑事责任。第 45 条规定：授意、指使、强令会计机构、会计人员及其他人员伪造、变造会计凭证、会计账簿，编制虚假财务会计报告或隐匿、故意销毁应当保存的会计凭证、会计账簿、财务会计报告，构成犯罪的，依法追究刑事责任。

第五章

会计文书档案及会计档案归档范围

第一节　会计文书档案归档范围与依据

一、以文书档案归档的财务管理文件

1. 会计档案工作中常存在的问题

各单位财务会计管理活动中形成的会计文件材料，或财会部门经办的有关财务会计工作的方针、政策、制度、预算、调资定级、工作计划、工作总结、报告以及来往文函等管理性文件属于会计文书档案，不属于会计档案的归档范围，应作为文书档案整理归档。注意事项：财务经费申请报告、财务活动分析、会计工作总结报告、上级或审计部门形成的文件材料，常常容易忽略管理、出现漏归的情况，该部分会计文件材料应于次年 1 月前，收集齐全移交档案部门整理归档；这部分会计文件材料不属于会计档案，而是以文书档案归档保存。

2. 会计文书档案归档范围

根据《机关文件材料归档范围和文书档案保管期限规定》（国家档案局 8 号令），结合各单位财务部门工作实际，会计文书文件材料的归档范围主要如下：

（1）反映财政部门主要职能活动和历史面貌的，对财政工作、国家建设、社会经济的发展以及历史研究具有利用价值的文件材料。

（2）财政工作活动中形成的在维护国家、集体和民生权益等方面具有凭证价值的文件材料。

（3）财政部门需要贯彻执行的上级机关、同级机关的文件材料，下级机关报送的重要文件材料。

（4）其他对财政部门工作具有参考价值的文件材料。

以上四个方面的内容是从宏观上提出了对会计文书文件归档范围的总体要求，在具体实施时，还应全面分析和鉴别财务文书文件材料的现实作用和历史作用，突出财务部门的业务特点，涵盖各个内设机构所履行的工作职责所形成的、应归档的会计文件材料，准确界定会计文书文件材料的归档范围与保管期限。

3. 会计文书档案归档依据和内容

（1）会计文书档案归档依据。根据《机关文件材料归档范围和文书档案保管期限规定》（2006 年 12 月 18 日，国家档案局 8 号令），《企业文件材料归档范围和保管期限规定》（2012 年 12 月 17 日，国家档案局第 10 号令），会计部门形成的文件材料，如预算、计划、制度等文件材料不是实际发生的经济业务，不属于会计档案的归档内容，应按单位的财务文书文件材料收集，移交档案部门整理归档。

（2）会计文书档案归档内容。①财务管理工作的方针、政策、法规文件。②财务管理制度、规定、办法、总结。③财务管理工作的规划、计划、报告、通知、各种补贴标准。④财务工作的请示、批复。⑤固定资产的核定、结算。⑥固定资产的新增、报废、减免、返还、调拨文件材料，含清产核资、设备保险。⑦专项资金的提取、分配，包括更改、大修、科技资金、福利、奖励基金等。⑧生产财务和成本核算文件，包含财务收支计划、经济分析、增收节支、利润、年度财务决算等。⑨资产管理、价格管理、会计管理文件。⑩企业单位税务登记、缴纳、减免、返还等文件。

⑪企事业单位经营盈亏情况报告、报表（含重要、一般）。⑫企业财务预算、决算报告，如年度预算方案。⑬机关财务预算、年度和年度以上财务计划。⑭基建项目财务结算报告、银行对建设单位决算报告及批复文件。⑮税收，包含财政、税收、物价大检查、能源交通建设基金、预算调节基金、教育基金等。⑯价格管理，电价、热价、煤运加价等。⑰债券、国库券的认购。⑱控购及费用开支及收费标准，含养路费、过桥费等。⑲财务审计，包含财务审计综合报告，财务管理。⑳审计工作的方案、通知、规定、计划、总结等。㉑专项审计的通知、报告、结论、决定、证明材料，各类专项审计应分开立卷，概、预算审计入工程档案。㉒下级报送备案的审计文件材料。㉓统计、报表等。

二、会计档案与会计文书档案区别

（1）会计档案与文书档案产生领域不同。会计档案材料产生于各独立核算单位的生产经营资金活动或预算资金活动领域；会计文书档案材料产生于行政管理领域，是各单位党务、政务活动、专业管理或经营管理领域。

（2）会计档案与文书档案的形式和内在联系不同。会计档案主要以凭证、账簿、报表、其他类四种类别形式出现，会计核算材料是一个有机的整体，具有密不可分的内在联系；文书档案较多地以公文形式出现，具有相对独立性。

（3）会计档案与文书档案的立卷方式不同。会计档案主要以时间、形式特征进行整理“立卷”；文书档案则按年度结合问题（或机构），以“件”为单位分类整理归档。

（4）会计档案与文书档案的归档职责不同。会计档案由会计机构负责收集整理立卷，会计部门形成的会计文书材料由会计部门收集齐全后，移交给本单位档案部门负责整理立卷归档。

（5）会计档案与文书档案立卷时间和归档时间不同。①立卷时间：会计档案按“日清月结年决算”的会计程序整理立卷，会计凭证月终记账完就整理立卷；而文书档案则通常在次年第二季度前完成整理立卷。②归档时间：会计档案应在会计年度终了后，由会计机构立卷后果临时保存一年，期满后再移交档案机构统一保管。而会计文书档案可随办随归，但最晚于次年第二季度前完成上一年度的文书文件的整理归档。

三、会计文书档案保管期限

文书档案保管期限均为永久、定期（30、10 年）两类，具体是：

（1）永久保管的会计文书文件材料。①会议文件材料：财务会计工作、重要的财政工作文件材料；②有关财政管理的政策、法规、规章制度、办法、规划、方案、实施意见、财政体制文件等；③有关财政业务文件材料：如年度财政总预算、部门预算等；④有关政务、综合文件材料：上级机关领导检查、视察财政工作形成的领导讲话、指示、题词、部署文件等。

（2）30 年保管的会计文书文件材料。上级机关制发的属于本单位主管业务的文件材料，如代上级机关起草并采用的重要法规性文件、专项业务文件的最终稿，财政法治建设方面的文件材料，预算执行情况分析，银行账户开设、变更、撤销合并的批复及年检，国债发行、兑付的通知、公告，债券、国库券的认购。采购招标工作，项目评审、项目竣工验收、交叉检查文件等。

（3）10 年保存的会计文书材料。会计部门的会计记录、学习记录、学术论文讨论记录，会计参考材料，一般的会计文件材料、一般性的会计事务通知、讨论未通过的文件，会计部门工作总结，会计部门不重要的报告等。

第二节 会计核算文件的形成与种类

一、会计核算材料形成过程及要求

1. 会计核算资料形成要求及程序

（1）会计核算材料形成过程。各单位根据实际发生的经济业务事项进行会计核算，填制会计凭证、登记会计账簿、编制财务报告。每发生一笔经济业务，要先根据原始凭证填制记账凭证；然后再根据记账凭证，进行登记账簿；记账后可在账簿中全面、系统地反映和监督经济业务，提供全面、完整、系统的会计核算材料。

（2）会计核算材料形成要求。会计凭证、会计账簿、财务报告和其他会计资料，必须符合国家统一的会计制度的规定，任何单位不得以虚假的经济业务事项或者资料进行会计核算。使用电子计算机进行会计核算的单位，会计软件及其生成的会计凭证、会计账簿、财务报告，也必须符合国家统一的会计制度的规定。

2. 会计核算记账步骤

会计核算记账步骤为：①审核原始凭证，并根据原始凭证填制记账凭证。处理有关现金的原始凭证，处理有关银行存款的原始凭证，汇总现金银行存款借贷是否与“现金、银行存款收付报告”的现金、银行存款收支一致，处理有关应收、应付的凭证和其他非现金凭证，处理自制的原始凭证。②根据原始凭证或原始汇总表编制收款凭证、付款凭证和转账凭证。③根据收款凭证、付款凭证，登记现金日记账、银行存款日记账。④根据原始凭证或原始凭证汇总表或记账凭证登记各种明细账。⑤根据记账凭证登记每日的总账。⑥月底，将现金日记账、银行存款日记账余额及各种明确分类账余额与日记总账相应的科目余额进行核对。⑦月末，根据日记账和明细账等编制财务会计报表。⑧一个季度结束，编制财务会计季度报表。⑨半年后编制半年度财务报表，一年后编制年度财务报表。⑩根据年度会计报告编制所得税年报及其他各税种的汇算清缴自查表。⑪手工记账容易出错，工作量大，因此采用专门的财务软件进行记账；但原始凭证、记账凭证需要会计人员人工检验处理，可采用手工记账和电脑记账同步进行。⑫注意事项：有借必有贷，借贷必相等。

3. 建账准备

在建账前需要准备的会计凭证，包括原始凭证和记账凭证，原始凭证是做账的依据，而记账凭证是记录会计分录的载体。建账准备如图 5-1 所示。

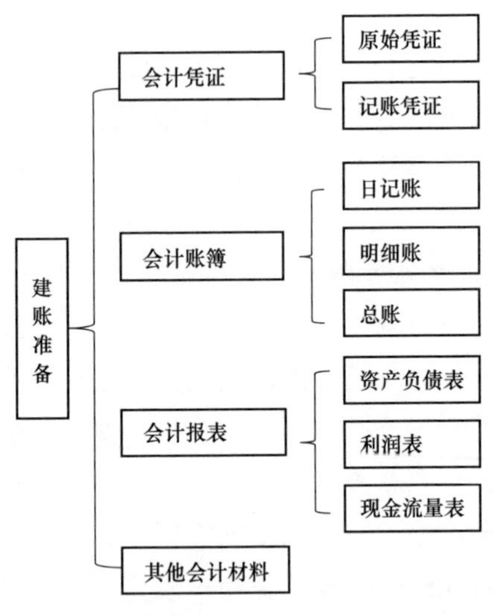

图 5-1 建账准备

4. 记账方法

记账方法是指记录经济业务的规则，通过记账方法来确定经济业务如何通过账簿反映出来。其方法有单式记账法和复式记账法两类。

（1）单式记账法。

1）单式记账法是指一项经济业务发生后，一般只在一个账户进行记录的记账方法。

2）单式记账法登记范围。①库存现金和银行存款的收付业务；②应收、应付款的结算业务；③一般不进行实物的登记。

3）单式记账法存在的问题。①单式记账法没有设置完整的账户体系；②单式记账法不能全面、系统地反映经济业务发生而引起的会计要素的增减变动及结果。③不便于检查账户记录的正确性，因为没有对应的账户供检查。

（2）复式记账法。

1）复式记账法指对每一项经济业务，都要以相等的金额在两个或两个以上相互联系的账户中同时登记一种方法。

2）复式记账法的特点。①每一项经济业务，都要在两个或两个以上相互联系的账户中同时登记。②每一项经济业务发生后，在有关账户中进行记录时，其金额必须相等。

（3）借贷记账法。

1）首先，借贷记账法是一种复式记账法的形式，对每一种经济业务都在两个或两个以上相互联系的账户中同时登记。其次，对应账户以相等的金额进行登记。第三，借贷记账法是以“借”或“贷”作为记账符号，表明经济数据增减变化的记账方向。借贷记账法实际上是借在左边，贷在右边。

2）借贷记账法的记账规则。有借必有贷，借贷必相等。①在运用借贷记账法记账时，对每项经济业务，既要记录一个（或几个）账户的借方，就必然要记录另一个（或几个）账户的贷方，即“有借必有贷”，账户的借方记录的金额必须等于账户贷方的金额，即“借贷必相等”。②所记录的账户可以是同类账户，也可以是不同类的账户，但是必须是两个记账方向，既不能都记入借方，也不能都记入贷方。③记入借方的金额必须记入贷方的金额。

3）借贷记账法的记账特点。①表明记账方向。一是，指“借”“贷”在借贷记账法上可以指明账户的记账方向（即借方或贷方）；二是，经济业务发生到底记增加还是减少，必须通过借方、贷方来表示，因此，记账方向是记录经济业务发生而引起的会计要素的增减数额。②表明指标增减。一是，“借”“贷”指明账户的记账方向的同时还表示已登记在账户中“借方”和“贷方”的数字所涉及的资金数量是增加还是减少情况。就是它能够在指明账户的记账方向的同时，登记在借方的数字就表示增加，登记在贷方的数字表示减少。二是，对于资产和费用类账户，登记在借方的数字表示增加，登记在贷方的数字表示减少。三是，对于负债、所有者权益、收入和利润类账户来讲，登记在借方的数字表示减小，登记在贷方的数字表示增加。四是，根据“资产＝负债＋所有者权益＋收入－费用”，可得：资产＋费用＝负债＋所有者权益＋收入。③表明账户性质。一是，账户性质是按照经济业务基本要求对会计要素分类的属性；二是，根据经济项目数据的增减变化，增加方与余额的方向相同；三是，记账符号可以指明账户余额的方向，在一般情况下，资产类账户的余额方向在借方；负债和所有者权益类账户的余额方向在贷方，所以记账符号可以表明账户的性质。

二、会计凭证作用及种类和内容

（一）原始凭证作用及种类和内容

1. 会计凭证定义、作用及特点

（1）原始凭证定义。原始凭证又称为单据，原始凭证是经办单位或人员在经济业务发生或完成时取得或填制的，载明业务内

容和完成情况的证明文件。如购买原材料时公账单位提供的发票、出差乘车的车票、住宿费发票等。注意事项：原始凭证能够表明经济业务已经发生或其完成情况，凡不能证明经济业务发生或其完成情况的各类单据、文件，如：购货申请单、购销合同、费用预算、银行对账单、银行存款余额调节表等，不能作为记账的原始凭证。

（2）原始凭证的作用。原始凭证是会计核算的起点和基础，是记账的原始依据，是记载经济业务的发生过程和具体内容。

（3）原始凭证的特点。依据原始凭证进行相应的账户处理，收到发票，就及时进行记账。

2. 原始凭证的内容及填制要求

（1）原始凭证的内容。由于经济业务多样化，原始凭证种类很多，其内容会有差别，但任何一张原始凭证都必须同时具备一些相同的内容，这些内容被称为原始凭证的基本内容。包括：原始凭证的名称及编号；填制原始凭证的日期（开票日期）；接受原始凭证单位的名称（抬头人）；经济业务内容摘要，经济业务的内容，包含数量、单价、金额；填制单位签章；经办单位部门或经办人员的签章；凭证附件。

（2）原始凭证的填制要求。包含六方面：内容真实、记录完整、填制及时、金额准确，不得涂改、刮擦和挖补，签名或盖章。

1）内容真实可靠。原始凭证应如实记录经济业务的完成情况，不能弄虚作假。

2）记录完整清晰。原始凭证上所有项目必须填写齐全，不得遗漏。年月日要按填制原始凭证的实际日期填写；名称要写全，不能简写；品名或用途要明确，不能含糊；有关人员的签章手续要齐全，各项目要清晰，字迹要工整规范，可用蓝、黑墨水填写，若需填制多联原始凭证，可用蓝、黑色圆珠笔书写，但要注意使各联字迹清晰可认。

3）填制及时。经济业务发生应及时填制，并按规定送交会计机构，由会计部门审核无误后据此编制记账凭证。

4）金额准确无误。①阿拉伯数字应当一个一个地写，不得连笔写，阿拉伯数字金额前面应当书写货币的币种符号。币种符号与阿拉伯数字金额之间留有空白。凡阿拉伯数字前写有币种符号的，数字后面不再写向货币单位。②所有以元为单位（其他货币种类则采用货币基本单位）的阿拉伯数字，除表示单价等情况外，一律填写到角分；无角分的，角位和分位可写“00”，或者用符号“——”；有角分的，分位应当写“0”，不得用符号“——”代替。③汉字与数字金额，如：零、壹、贰、叁、肆、伍、陆、柒、捌、玖、拾、佰、仟、万、亿等，一律用正楷字或者行书体书写，不得用 0、一、二、三、四、五、六、七、八、九、十等简化字替代，不得任意自造简化字。大写金额数字到元或者角为止的，在“元”或者“角”后应当写“整”或者“正”字；大写金额数字有分字的，分字后面不写“整”或者“正”字。④大写金额数字前未印有货币名称的，应当加填货币名称，货币名称与金额数字之间不得留有空白。⑤阿拉伯数字中间有“0”时，汉字大写金额要写“零”字，阿拉伯数字中间连续有几个“0”，汉字大写金额中只用一个“零”表示；阿拉伯金额数字元位是“0”或者数字中间连续有几个“0”、元位也是“0”，但角位不是“0”时，汉字大写金额可以只写一个“零”字，也可以不写“零”字。

5）不得涂改、挖补、刮擦。如内容有误，应由开具单位重开或按规定更正并在更正处盖公章。如金额有误，则不能更正，只能由原开具单位重开。

6）签名或盖章。对外开具原始凭证必须加盖填制单位公章；

从个人取得原始凭证，必须有填制人的签名或盖章。

3. 原始凭证的种类及适用范围

原始凭证的分类标准按来源渠道不同划分、按格式不同划分、按填制手续和内容不同划分，其分类如图5-2所示。

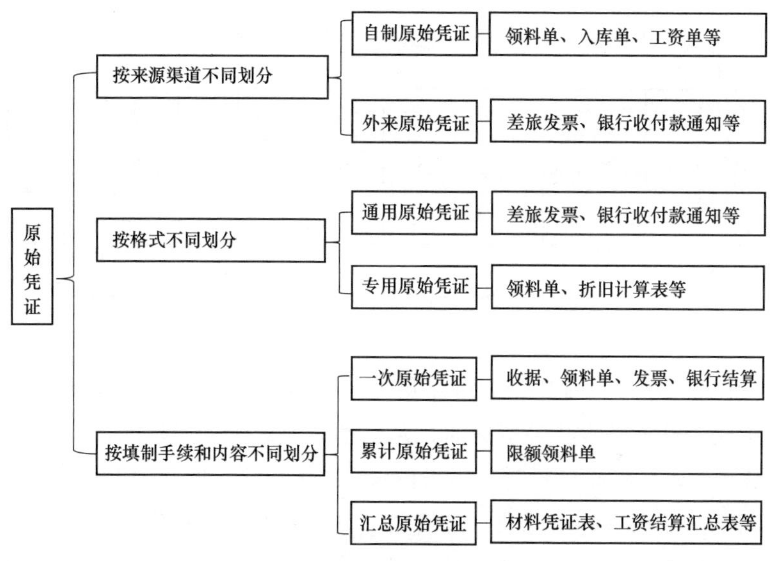

图5-2 原始凭证分类

4. 原始凭证的格式及填制

原始凭证可按来源渠道不同、格式不同、填制手续和内容不同三种标准划分。

（1）原始凭证按照来源渠道不同，分为自制原始凭证和外来原始凭证。

1）自制原始凭证。自制原始凭证是指在经济业务发生或完成时，由本单位有关部门和人员（会计或非会计）填制的原始凭证。它仅供本单位内部使用的原始凭证。自制原始凭证是指企业自制的用来记录经济业务的单据。如：领料单及收料单、产品入库单及出库单、职工借款单、工资结算单、制造费用分配表、开工单等。自制单据如表 5-1 所示。

表 5-1　　入　库　单

入库日期：2019-5-10　　入库单编号：PX20180510001　　经手人：张三

供应商：……公司　　入库金额：1000.00

物品编号	物品名称	类别	规格	单位	单价	数量	总额	所入仓库
NCmd0000	油料	半成	md	m	100	10	1000	一仓库
合计							1000	
备注								

操作员：　　盖章：

2）外来原始凭证。外来原始凭证是从外部取得的单据，是指在经济业务发生或完成时，从其他单位或个人直接取得的原始凭证。如购买原材料时从供货商取得的发货单、增值税专用发票、职工出差报销的车船票、飞机票、餐饮发票，银行代付款项的付款通知单，由收款单位开具的现金收据等。

（2）原始凭证按照格式不同，分为通用凭证和专用凭证。

1）通用凭证。通用凭证是指在全国或某一地区统一格式和使用（全国、省、行业）的原始凭证。如全国通用的发票：国家税务总局统一印制的增值税专用发票；地区使用的：如某省印制的在该省通过的医保报销发票、收据等；银行业使用：中国人民银行制作的在全国通用的银行转账结算凭证。注意：一般外来原始凭证都是通用凭证，如对方的收款收据。

2）专用凭证。专用凭证是指各单位根据其自身特点规定其格式和使用方法，且仅限于本单位内部使用（证明自身业务）的原始凭证。如：借款单、领料单、差旅费报销单、折旧计算表、工资费用分配表等。

（3）原始凭证按照填制手续和内容不同，分为一次凭证、累计凭证、汇总凭证。

1）一次凭证。一次凭证又称一次原始凭证，是指一次性填制完成的，只记录一项经济业务或同时记录若干项同类性质相同的经济业务的凭证，并且仅一次有效的原始凭证，如：收据、收料单、领料单、发票、银行结算凭证、报销凭证等。外来原始凭证都是一次原始凭证。

2）累计凭证。累计凭证又称累计原始凭证，指在一定时期内多次累计记录发生的同类型经济业务且多次有效的原始凭证。其特点是在一张凭证内可以连续登记相同性质的经济业务，随时结出累计数及结余数，并按照企业内部规定的费用限额进行费用的控制，期末按照实际发生额来记账。具有代表性的累计凭证是限额领料单。限额领料单格式如表 5-2 所示。

表 5-2　　限额领料单

材料名称及规格	计量单位	领用限额	实际领用	单价	金额
A 材料	kg	50		10 元	10000 元
日期	领用				限额结余
	请领数量	实发数量	发料签单	领用签章	
5 月 1 日	10	10	张三	李四	40
5 月 3 日	15	15	张三	李四	25
5 月 10 日	10	10	张三	李四	15
5 月 18 日	10	10	张三	李四	5
5 月 20 日	5	5	张三	李四	0

3）汇总凭证。汇总凭证又称汇总原始凭证，是指将一段时

期内发生的相同的经济业务汇总的凭证，汇总原始凭证对同类型的经济业务进行了合并，从而可以有效地简化记账的工作量。它是反映相同经济业务的多张原始凭证汇总编制而成。如发出材料凭证表、工资结算汇总表、差旅费报销单。注意事项：该凭证内能将同类型的经济业务汇总，不能汇总两类或两类以上的经济业务。汇总凭证的作用是合并同类项、简化记账工作。汇总原始凭证既可以简化会计核算工作，又便于进行经济业务的分析比较，如表 5-3 所示。

表 5-3　　材料凭证汇总表

项目	甲材料		乙材料		丙材料		金额合计
A 材料	数量（kg）	金额（元）	数量（kg）	金额（元）	数量（kg）	金额（元）	
生产 A 产品耗用	1000	6000	600	1200	2000	16000	23200
生产 B 产品耗用	1000	6000	300	600	1000	8000	14600
小计	2000	12000	900	1800	3000	24000	37800
车间一般耗用	500	3000	100	200	100	800	3800
合计	2500	15000	1000	2100	3100	24800	41600
制表（签单）：				复核（签章）：			

5. 原始凭证的审核、审核处理及保管要求

（1）原始凭证审核。收到原始凭证后应对其进行审核，审核内容包含：真实性、合法性、合理性、完整性、正确性、及时性。

1）真实性。包含四方面：①经济业务的双方当事单位和当事人必须是真实的。②经济业务发生的时间、地点和填制凭证的日期必须是真实的。③经济业务的内容必须是真实的。④经济业务的实物量和价值量必须是真实的。如果是自制的原始凭证，必须由经办部门人员签名或盖章。另外，如是通用原始凭证还需审

核本身是否真实、以防假冒。

2）合法性。审核所发生的经济业务是否符合国家有关规定的要求，是否有违反国家财经制度的现象合法性要求。包括三方面：①不真实的原始凭证，如假发票、假收据、假车票等均是不合法的；②虽真实但制度不允许报销的原始凭证也是不合法的；如个人因私购买物品、外出旅游而用公款报销等；③虽能报销，但超过规定比例和限额的部分也是不合法的；如员工出差超标准乘坐公交工具、住宾馆、超标准开支医药费等。

3）合理性。审核原始凭证所记录的经济业务是否符合企业生产经营活动的需要、是否符合有关的计划和预算等，审核所发生的经济业务是否厉行节约、反对浪费、有利于提高经济效益的原则；例如是否使用预算结余购买不需要的物品等情况。

4）完整性。审核凭证的各项基本要素是否齐全，是否有漏项情况，日期是否完整，数字是否清晰，文字是否工整，有关人员签章是否齐全，凭证联次是否正确等，对于真实、合法、合理但内容不完整、填写错误、手续不完备，数字不准确或不清楚的凭证，应退回相关单位或人员补办或更正。

5）正确性。审核原始凭证的文字表述和数字计算必须准确无误。审核各项金额的计算和填写是否正确。包括接受原始凭证单位的名称、金额填写及计算是否正确；审核凭证的摘要和数字、数量、单价、金额、合计等是否正确、大写和小写金额是否相符。

6）及时性。收到原始凭证后，应及时传递，最好不要跨月，不可拖延时间，否则会影响时效性，从而影响原始凭证的使用，不能及时据以填制记账凭证。审核时，应当注意审查凭证的填制日期，尤其是支票、银行汇票、银行本票等这些时效性比较强的原始凭证，仔细检查其签发日期。

（2）原始凭证的审核处理。

1）合乎要求的原始凭证，及时传递并编制记账凭证入账。

2）真实、合理、合法，但是内容不完整或者填写错误的，退给有关经办人员负责将有关凭证补充完整、更正错误或重开后，再进行正常的传递及记账程序。金额错误必须重开，不得涂改，出具单位签章。

3）不真实且不合法的原始凭证，不予受理，并有责任向单位负责人报告。

（3）原始凭证的保管要求。

1）原始凭证的签章必须齐全。一是从外单位取得的原始凭证，必须盖上填制单位的财务专用章或发票专用章、业务公章、结算专用章。

2）原始凭证记录要真实、计算要准确：凭证名称与经济业务内容相符；凭证填制日期与经济业务发生日期相符。

3）一张原始凭证所列支出需要几个单位共同负担的，应将其他单位负担的部分开给对方原始凭证分割进行结算。

4）原始凭证的错误更正。

5）原始凭证不得外借，其他单位因特殊原因需要使用原始凭证时，经财务部经理批准后复制。

6）原始凭证遗失时，应取得原开具单位盖有公章的证明，并注明原凭证的编号、内容、数量和金额等，由财务经理和主管领导批准后，该证明才能代用原始凭证。如果确实无法取得证明的，应由经办人写出详细情况，经财务经理和主管领导批准后，代用原始凭证。

（二）记账凭证形成、作用、特点及种类和内容

1. 记账凭证定义、基本要素、作用、注意事项及特点

（1）记账凭证的定义。记账凭证又称记账凭单，是会计人

员根据审核无误的原始凭证或汇总原始凭证，按照经济业务事项的内容加以归类，并据以确定会计分录后所填制的会计凭证。记账凭证也称分录凭证，是按照登记账簿的要求，确定账户名称、记账方向和金额的一种记录，是登记明细分类账和总分类账的依据。

（2）记账凭证的基本要素。记账凭证的基本要素包括：记账凭证的名称；填制记账凭证的日期；记账凭证的编号；经济业务的内容摘要；经济业务所涉及的会计科目；所附原始凭证的张数制单、审核、记账、会计主管有关人员签名或盖章。

（3）记账凭证的作用。主要作用在于对原始凭证进行分类、整理，按照复式记账法的要求，运用会计科目，编制会计分录，据以登记账簿。其作用包含：①客观及时地反映经济业务的发生及完成情况。②监督企业经济活动的合法性。③加强内部经营管理责任制：常用的记账凭证有收款凭证、付款凭证、转账凭证，是分别用来记录货币资金收入事项、或货币资金支出事项和转账业务（与货币资金收支无关的业务），为便于识别，各种记账凭证一般都印刷成不同的颜色。

（4）记账凭证注意事项。在会计实务中，某些经济业务既是货币资金收入业务，又是货币资金支出业务，如现金和银行存款之间的划转业务。为了避免记账重复，这类业务一般只编制付款凭证；从银行提取现金时，编制银行存款付款凭证。

2. 记账凭证的特点及账务处理程序

（1）记账凭证的特点。记账凭证是指对发生的经济业务，先以原始凭证或原始凭证汇总表编制记账凭证，然后根据记账凭证逐笔登记总分类账户的一种会计处理程序。它是直接根据记账凭证、逐笔登记总分类账，是最基本的会计核算形式。

（2）记账凭证账务处理程序的一般步骤。①根据原始凭证编制汇总原始凭证。②根据各种原始凭证或汇总原始凭证，编制记账凭证，包括收款凭证、付款凭证和转账凭证。③根据收款凭证、付款凭证逐笔登记现金日记账和银行日记账。④根据原始凭证、汇总原始凭证和验收凭证、登记各种明细账。⑤根据记账凭证逐笔登记总分类账。⑥月终，将现金日记账、银行存款日记账的余额，以及各种明细分类账户余额合计数，分别与总分类账中有关科目的余额核对相符。⑦月终，根据核对无误的总分类账和各种明细分类账的记录，编制会计报表。记账凭证账务处理程序的一般步骤如图 5-3 所示。

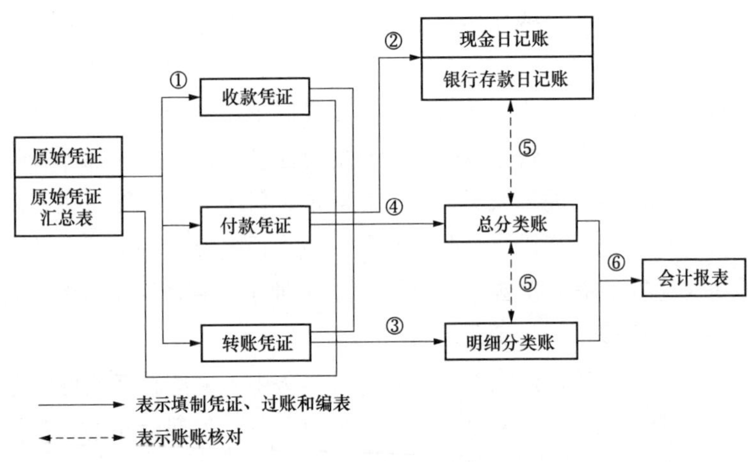

图 5-3　记账凭证账务处理程序

3. 记账凭证的基本内容及其编制要求

（1）记账凭证的基本内容。记账凭证的种类甚多，格式不一，但记账凭证必须具备的基本内容有下列九项。除应具备基本内容外，各单位可根据实际情况和管理要求适当增加内容。①填制记账凭证的单位名称。②填制记账凭证的日期。③记账凭证的名称和编号，如“收款凭证”“付款凭证”“转账凭证”或“现金凭证”

“银行凭证”和“转账凭证”，并进行连续编号。④经济业务事项的内容摘要。⑤经济业务事项所涉及的会计科目（包括一级科目、二级科目或明细科目）所确定的会计分录，及其记账方向。⑥经济业务事项的金额及其合计数。⑦记账凭证所附原始凭证的张数：记账标记所附原始凭证张数。⑧凭证的制单、记账、审核、出纳、会计主管或会计机构负责人签名或盖章。发生收款和付款业务要先审核后办理，出纳人员要在收款凭证和付款凭证上签章，以明确经济责任。⑨现金、银行凭证必须有出纳人员的签名或盖章，对已办妥的收款、付款凭证及所附的原始凭证空白处，由出纳人员要加盖“收讫”或“付讫”戳记，以免重收、重付或漏收、漏付发生。

（2）记账凭证的编制要求。记账凭证的填制要求做到内容完整、书写清楚、规范以外，还应注意以下八方面要求：

1）记账凭证的日期填写。记账凭证的日期应按编制当天的日期填写，也可根据管理需要，填写经济业务发生的日期或月末日期。①有些属于当月经济业务，如费用的分配或成本、利润的结转等调整分录和结账分录的记账凭证，需要到以后月份才能编制凭证的，应填写当月月末的日期。②报销差旅费的记账凭证填写报销当日的日期；③现金收款、付款记账凭证填写办理收、付现金的日期；④银行收款业务的记账凭证一般按财会部门收到银行进账单或银行回执的戳记日期填写；⑤当实际收到的进账单日期与银行戳记日期相隔较远，或次月初收到上月的银行收、付款凭证，按财会部门实际办理转账业务的日期填写；⑥银行付款业务的记账凭证，一般以财会部门开出银行存款付出单据的日期或承付的日期填写；⑦属于计提和分配费用等转账业务的记账凭证，应以当月最后的日期填写。

2）记账凭证编号的填写。给记账凭证编号是为了分清记账凭证处理的先后顺序，便于登记账簿和进行记账凭证与账簿记录的核对，防止会计凭证的丢失，并且方便日后查找。记账凭证的编号可以分为现金凭证、银行凭证和转账凭证三类分别进行编号；如果一笔业务需填制两张以上凭证时，可采取分数编号。

3）经济业务内容摘要的填写。经济业务的内容栏既要清楚、简明扼要，又要全面、清楚，应以说明问题为主，如购买多种物品时应写明主要物品的名称、数量、单价。写事要有过程：①银行结算凭证，要注明支票号码、去向。②送存款项，要注明现金、支票、汇票等。③遇有冲转业务，不应只写冲转，应写明冲转某年、某月、某日、某项经济业务和凭证号码，也不能只写对方科目。④要求“摘要”能够正确地、完整地反映经济活动和资金变化的来龙去脉，切忌含糊不清。

4）记账凭证编制方法。记账凭证可以根据每一张原始凭证填制，或根据若干张同类原始凭证汇总编制，也可根据原始凭证汇总表填制，但不得将不同内容和类别的原始凭证汇总填制在一张记账凭证上。

5）记账凭证编制依据。填制记账凭证必须以经过审核无误的原始凭证为依据。

6）记账凭证的附件要求。①记账凭证除了更正错账和期末结转损益不需原始凭证，其他所有记账凭证必须附有原始凭证。②如果一张原始凭证涉及几张记账凭证，应将原始凭证附在一张主要的记账凭证的后面，并在其他记账凭证上注明附有该原始凭证的记账的编号或者原始凭证复印件。

7）对已办妥的收款凭证或付款凭证及所附的原始凭证，出纳要当即加盖“收讫”或“付讫”戳记，以避免重收重付或漏收漏付发生。

8）记账凭证必须签名齐全，必须有填制、审核、记账、会计主管人员或会计机构负责人签名或者盖章。收款和付款现金凭证、银行凭证还必须有出纳人员签名或者盖章，以明确经济责任。

4. 记账凭证的种类

记账凭证的分类标准：按其适用范围，分为专用记账凭证和通用记账凭证；按填列方式，分为单式记账凭证、复式记账凭证；按是否经过汇总，分为单一记账凭证、汇总记账凭证、科目汇总凭证；按用途分类，分为分录记账凭证、汇总记账凭证、累计凭证和联合记账凭证。

（1）记账凭证按其适用范围，分为专用记账凭证和通用记账凭证：

1）专用记账凭证。专用记账凭证是指分类反映经济业务的记账凭证。这种记账凭证按其反映经济业务的内容不同，又分为收款凭证、付款凭证和转账凭证。①收款凭证。收款凭证是指用于记录现金和银行存款收款业务的记账凭证。它是根据有关现金和银行收入的原始凭证填制，其作用是登记库存现金日记账、银行存款日记账以及有关明细账和总账等账簿的依据，以及出纳人员收讫款项的依据。②付款凭证。付款凭证是指用于记录库存现金和银行存款、付款业务的记账凭证。它是根据有关现金和银行存款支付业务的原始凭证填制，作用是用于登记库存现金日记账、银行存款日记账和有关明细账和总账的依据，也是出纳人员付讫款项的依据。③转账凭证。转账凭证是指用于记录不涉及现金和银行存款业务的记账凭证。是根据有关转账业务的原始凭证填制。作用是登记有关明细账和总分类账等账簿的依据。适用于规模大、业务复杂、收付款业务多的企业。

2）通用记账凭证。通用记账凭证是指用来记录或反映所有经济业务的记账凭证。为各类经济业务共同使用，其格式与转账凭证基本相同。通用记账凭证适用于规模小、业务简单、收付款业务少的企业。在经济业务比较简单的单位，为了简化凭证可采取通用记账凭证，记录所发生的各种经济业务。企业常用的是通用记账凭证格式如表5-4所示。

表5-4　　　　　　　　通用记账凭证

出纳编号

2009年7月1日　　　　　　凭证编号__1__

摘要	结算方式	票号	借方科目		贷方科目													
			总账科目	明细科目	总账科目	明细科目	亿	千	百	十	万	千	百	十	元	角	分
取备用金	支票	9650	现金		银行存款	农行						5	0	0	0	0	0
附单据1张			合计									5	0	0	0	0	0

（2）按照会计科目分类，按记账凭证所包含的会计科目是否单一进行分类，即按填列方式分为单式记账凭证、复式记账凭证；具体如下：

1）单式记账凭证。又叫单科目记账，每一张记账凭证只填列经济业务事项所涉及的一个会计科目及其金额的记账凭证。填制方法是涉及几个会计科目就填制几张单式记账凭证。区别是简单会计分录，只涉及一个账户借方和另一个账户贷方的会计分录。

即一借一贷。单式记账凭证的优点：是反映内容单一，便于汇总计算每一会计科目发生额，便于分工记账。单式记账凭证的缺点：是制证工作量大，且不能在一张凭证上反映经济业务的全貌，内容分散、不便于查账、还容易出错，不便于检验会计分录的正确性。

2）复式记账凭证。又叫多科目凭证，将每一笔经济业务所涉及的全部科目及其发生额均在同一张记账凭证中反映的一种凭证。填制方法如收款凭证、付款凭证和转账凭证，以及通用记账凭证均为复式记账凭证。复式记账凭证的优点：可以集中反映一项经济业务的科目对应关系，便于了解有关经济业务的全貌，减少凭证数量、节约纸张等；便于全面反映了经济业务的账户对应关系，有利于检查分录的正确性。复式记账凭证的缺点：不便于汇总计算每一个会计科目的发生额，不便于分工记账。

（3）记账凭证按其是否经过汇总，分为单一记账凭证、汇总记账凭证、科目汇总凭证。具体如下：

1）单一记账凭证：是指只包括一笔经济业务的会计分录记账凭证。

2）汇总记账凭证：是根据同类记账凭证定期加以汇总而重新编制的记账凭证。目的是简化登记分类账的手续。汇总的记账凭证根据汇总方法的不同，可分为分类汇总凭证和全部汇总凭证两类。①分类汇总凭证：是根据一定期间的记账凭证，按其种类分别汇总填制的；分类汇总是根据收款凭证、付款凭证、转账凭证定期分别汇总，分类汇总编制种类有：汇总收款凭证、汇总付款凭证、汇总转账凭证。②全部汇总凭证：是根据一定期间的记账凭证全部汇总填制的。全部汇总凭证是将企业一定时期内编制的全部记账凭证汇总到一张记账凭证汇总表上。

3）科目汇总凭证：又称科目汇总表，亦称记账凭证汇总表、账户汇总表，是根据一定时期内所有的记账凭证定期加以汇总而重新编制的记账凭证，其目的是简化总分类账的登记手续。

（4）记账凭证按其用途分类，分为分录记账凭证、汇总记账凭证、累计凭证和联合记账凭证。

1）分录记账凭证：是直接根据原始凭证编制，载明会计科目、记账方向和金额的凭证。

2）汇总记账凭证：是为了减轻登记的工作量，根据记账凭证进一步汇总而编制的用来登记总账的一种记账凭证，它可进一步分为汇总记账凭证和记账凭证汇总表两种形式。

3）累计凭证：是指在一张凭证内可以连续登记相同性质的经济业务随时结出累计数及结余数，并按照费用限额进行费用控制，期末按实际发生额记账。如限额领料单、费用限额卡。

4）联合记账凭证：是指既有原始凭证或原始凭证汇总表的内容，同时又具备记账凭证内容的凭证。它是一种更为简化的保险凭证。

5. 记账凭证的编号规则、方法及注意事项

（1）记账凭证编号原因。给记账凭证编号，是为了分清记账凭证处理的先后顺序，便于登记账簿和进行记账凭证与账簿记录的核对，防止会计凭证的丢失，并且方便日后查找。记账凭证编号方法有多种，可以按现金收付、银行存款收付、转账业务三类分别进行编号，也可以按现金收入、现金支出、银行存款收入、银行存款支出和转账五类进行编号，或者将转账业务按照具体分成几类编号。企业可以根据本公司的实际情况来确认具体的编号方法和样式。

（2）记账凭证编号规则。记账凭证编号的总字编号法、三类编号法、五类编号法和分数编号法，根据不同的记账凭证采用相应的方法。

1）总字编号法：指将所有的记账凭证不分业务内容顺序编

号。总字编号法适用采用通用记账凭证格式，经济业务较少的单位。

2）三类编号法：指按照收款业务、付款业务和转账业务分别顺序编号，如收字1号、付字1号、转字1号；三类编号法适用于采用专用记账凭证的单位。

3）五类编号法：指按照现金收款、现金付款、银行存款收款、银行存款付款业务的分别顺序编号，如现收字第××号、银收字第××号、现付字第××号、银付字第××号、转字第××号。五类编号法适用于采用专用记账凭证且收款业务较多的单位。

4）在记账凭证的填制中，若一笔经济业务涉及的会计科目较多，需填置多张会计凭证的，可采用“分数编号法”，不能用“连续编号法”。一笔经济业务需要编制多张记账凭证时，采用“分数编号法”，如某项经济业务需要编制三张转账凭证，而该凭证的顺序号为7时，编号为71/3，72/3，73/3，即：七又三分之一，七又三分之二，七又三分之三，中间用转字连接。例如某企业根据一张发料凭证汇总表编制记账凭证，由于涉及项目较多，需填制两张记账凭证：转字第××1/2号和转字第××2/2号。

（3）记账凭证编号方法。①记账凭证编号方法一：将财务部门内的全部记账凭证作为一类统一编号，编为记字第**号。②记账凭证编号方法二：分别按现金凭证和银行存款收入、现金和银行存款付出以及转账业务三类进行编号，分别编为收字第**号、付字第**号、转字第**号。③记账凭证编号方法三：按现金收入、现金付出、银行存款收入、银行存款付出和转账五类进行编号，分别编为现收字第**号、现付字第**号、银收字第**号、银付字第**号、转字第**号。

（4）记账凭证编号注意事项。①当月记账凭证的编号，可在填写记账凭证当日填写，也可在月末或装订凭证时填写。记账凭证无论是统一编号还是分类编号，均按“月份”以自然数字顺序连续编号。②一张记账凭证编一个号，不得跳号和重号。③业务量大的单位，可使用“记账凭证编号单”，按照本单位记账凭证编号方法，事先在编号单上印满顺序号，编号时用一个销一个，由制证人注销，在装订凭证时将编号单附上，使记账凭证的编号和张数一目了然，方便查考。

6. 记账凭证的审核及错误更正立法

（1）记账凭证的审核内容。记账凭证的审核内容主要包括：①内容是否真实，即是否附有经过审核的原始凭证；②会计科目或会计分录是否正确；③项目填写是否齐全，即有关人员是否签章；④金额是否正确；⑤书写是否正确：是否用规定的笔墨、是否按规定进行更正等，出纳人员在办理收款或付款业务后，应在凭证上加盖“收讫”或“付讫”的戳记，以避免重收重付；⑥发现尚未登记入账的错误记账凭证，应当重新填制。

（2）记账凭证错误更正方法（见图 5-4）。

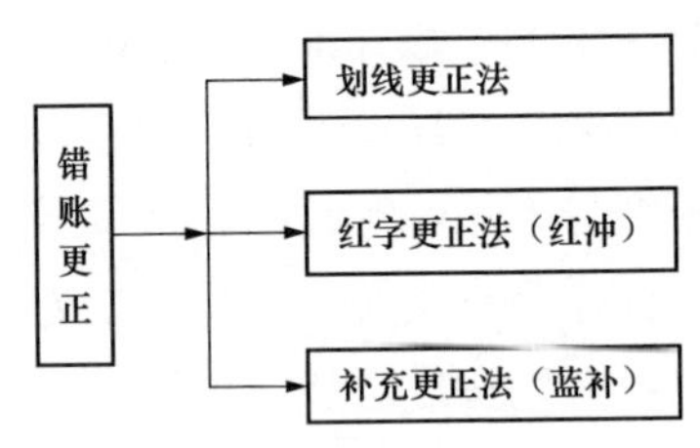

图 5-4　记账凭证更正方法

1）红字更正法。①记账凭证发现凭证会计科目错误，或所记金额大于应记金额。②红字做原错误记账凭证完全相同的凭证，并在摘要栏写明“更正凭证错误”，再用蓝字重填一张正确的记账凭证，并登记账簿。③如果科目没有错误，也可以直接将多计金额直接填制红字金额记账凭证，并在摘要栏标明“冲转凭证”。

2）补充登记法。①记账后发现记账凭证和账簿科目无错，仅所记金额小于应记金额。②按照少计金额编制一张与原记账凭证科目相同的记账凭证，以补充少计金额。

3）划线更正法。①记账后结账前发现记账凭证没错，账簿错误。②在错误文字或账字上画红线，在划线上方填写正确的文字和数字。

7. 月末会计做完账后需要检查的科目

（1）库存现金。余额是否过大，根据公司实际情况，采用几天内的零星支出，具体来判断。

（2）银行存款。账上的银行存款余额和对账单上是否一致。

（3）应收账款。需要注意有没有挂错单位，是否存在“又有预收、又有应收”的情况。

（4）存货原材料。资产类科目不能出现在贷方，有没有出现多结转。

（5）摊销费用。检查是否按期摊销，有没有出现少摊现象。

（6）固定资产。检查是否提足折旧并报废的固定资产应及时清理。

（7）累计折旧。检查是否分配正确，检查贷方发生额与制造费用和管理费用等相关科目是否相符。

（8）在建工程。工程完工投入使用是否及时转入固定资产。

（9）应付票据。检查是否有已承兑的还未进行账务处理的情况。

（10）长期待摊费用。是否有遗漏摊销的情况。

（11）应付账款。确认应付账款余额是否正确。

（12）预收账款。重点检查是否开了发票，没有冲掉预收账款。

（13）应付工资。检查申报表与账上是否一致。

（14）应交税金。有无用非应税项目，集体福利或个人消费未做进项税转出。

（15）主营业务收入。检查申报表与账上是否相同。

（16）主营业务成本：是否出现成本倒挂的现象。

（17）管理费用。是否超标，与往年相比波动异常情况。

（18）营业外支出：罚款支出，捐献支出金额等。

（19）所得税。检查是否存在未交税情况。

8. 会计凭证的传递与保管

（1）会计凭证的传递内容。

1）规定传递线路：原始凭证由填制人员—出纳人员—审核人员—记账人员进行记账凭证编制。

2）规定传递时间：会计凭证的传递要能够满足内部控制制度的要求，使传递程序合理有效，同时尽量节约传递时间，减少传递的工作量。单位应根据具体情况制定每一种凭证的传递程序和方法。

（2）会计凭证的保管。会计凭证的保管是指会计凭证记账后的整理、装订、归档和存查工作。

1）会计凭证应定期装订成册，防止散失。从外单位取得的原始凭证遗失时，应取得原签发单位盖有公章的证明，并注明原始凭证的号码、金额、内容等，由经办单位会计机构负责人、会计主管人员和单位负责人批准后，才能代作原始凭证。若确实无法取得证明的，如车票丢失，则应由当事人写明详细情况，由经办单位会计机构负责人、会计主管人员和单位负责人批准后，代用原始凭证。

2）会计凭证应加贴封条，防止抽换凭证。原始凭证不得外借，其他单位如有特殊原因确需要使用时，经本单位会计机构负责人、会计主管人员批准，可以复制。向外单位提供的原始凭证复制件，应在专设的登记簿上登记，并由提供人员和收取人员共同签名或盖章。

9. 记账凭证编制常出现的错误现象及其错误更正

（1）常见错误。

1）记账凭证基本要素不全或填写不完整。如日期不写或写错、摘要过于简单或用语不准确。

2）科目运用错误。①没有正确运用有关会计科目，发生了科目运用错误；如将应收与应付、待摊与预提、虚账户与实收户、固定资产与低值易耗品混淆。②科目内容错误。指将科目所包括的业务内容弄错；如混淆发银行支票、汇票和本票的区，将银行汇票、本票列入其他货币资金之中，将销售费用列入财务费用或管理费用之中等。③对应关系错误：指将科目借方与贷方关系列错，出现多错多贷或者其他对应关系不明的现象等。

3）附件数量和金额标记错误。记账凭证所附的原始凭证张数和内容与记账凭证不符，或者各张原始凭证所记金额和合计数与记账凭证记录金额不符。

4）记账凭证无编号或编错误。记账凭证经常涉及两份及两份发上的原始凭证，此时的编号用序号（如三份凭证时）1/3、2/3、3/3 等区分表示所附的不同的原始凭证。①无编号，是指对多份原始凭证没有按凭证顺序排队编号，使各份凭证难以辨别彼此。②编号错误，是指虽有原始凭证编号但排列的顺序混乱，难以分辨其相互关系。

5）印鉴错误。指对已入账的记账凭证未加盖有关印章，或者盖章不全，使已入账的凭证与未入账的凭证难以区分。

6）记账纠错方法不对。指有效的记账凭证与出错作废的记账凭证难以区分；记账凭证中没有记载审核等人员的签单。

（2）记账凭证的错误更正。

1）如果在填制记账凭证时发生错误，应当重新填制，不得在记账凭证上作任何修改。

2）如果已经登记入账的记账凭证发生错误可以根据不同的情况分别进行更正，具体如下：①在当年内发现填制错误时，可用红字填写一张与原内容相同的记账凭证，在摘要栏注明“注销某月某日某号凭证”字样。②如果会计科目没有错误，只是金额错误，可以将正确的数字与错误的数字之间的差额，另编写一张调整后的记账凭证，调增金额用蓝字、调减金额用红字，并在摘要栏注明“更正某年某月某日某号凭证”字样。

3）发现以前年度的记账凭证有错误的，应当用蓝字填制一张更正的记账凭证，并在摘要栏注明“更正某年某月某日某号凭证”字样及更正的原因等。

4）空行注销：记账凭证填制后如果还有空行，应该自最后一笔金额的空行处至合计数上的空行处划斜线注销，以堵塞漏洞，严格会计核算手续。

（三）汇总记账凭证的定义、种类、优缺点及适用范围

1. 汇总记账凭证定义、种类及财务处理程序的一般步骤

（1）汇总记账凭证定义及目的。

1）定义。汇总记账凭证是指将同类经济业务的记账凭证或一定时期的全部记账凭证进行汇总后编制的记账凭证。

2）汇总记账凭证目的。其目的是简化登记总分类账的手续。

（2）汇总记账凭证的种类。汇总记账凭证按反映的经济业务内容可分为：汇总收款凭证、汇总付款凭证、汇总转账凭证。因此，记账凭证宜采用收款、付款、转账三种专用格式的记账凭证。具体如下：

1）汇总收款凭证：是指依据“库存现金”和“银行存款”科目的借方分别设置的一种汇总记账凭证，其汇总了一定时期内

现金和银行存款的收款业务。

2）汇总付款凭证：是指按“库存现金”和“银行存款”科目的贷方分别设置的一种记账凭证，其汇总了一定时期内现金和银行存款的付款业务。

3）汇总转账凭证：是按照每一个贷方科目分别设置的，是用来汇总一定期间内转账业务的一种汇总记账凭证。

（3）汇总记账凭证账务处理程序的核算步骤。

1）根据原始凭证编制汇总原始凭证。

2）根据审核无误的原始凭证或汇总原始凭证，编制收款凭证、付款凭证和转账凭证，也可采用通用记账凭证。

3）根据收款凭证、付款凭证逐日逐笔登记库存现金日记账和银行存款日记账。

4）根据原始凭证、汇总原始凭证和记账凭证，登记各种明细分类账。

5）根据各种记账凭证，逐笔登记有关汇总记账凭证，包括各种汇总收款凭证、汇总付款凭证和汇总转账凭证（转账业务不多的会计主体可不填制汇总转账凭证，而直接根据转账凭证登记总分类账）。

6）根据各种汇总记账凭证登记总分类账。

7）期末，将库存现金日记账、银行存款日记账和明细分类账的余额同有关总分类账的余额都应核对相符。

8）期末，根据总分类账和明细分类账的记录，核对编制财务会计报表。其中，只有第5和第6步之外，其余与记账凭证财务处理程序相同。具体如图5-5所示。

2. 汇总记账凭证编制方法

汇总记账凭证采用汇总记账凭证财务处理程序，日常应编制“收、付、转”专用记账凭证，不采用通用记账凭证。根据各种记

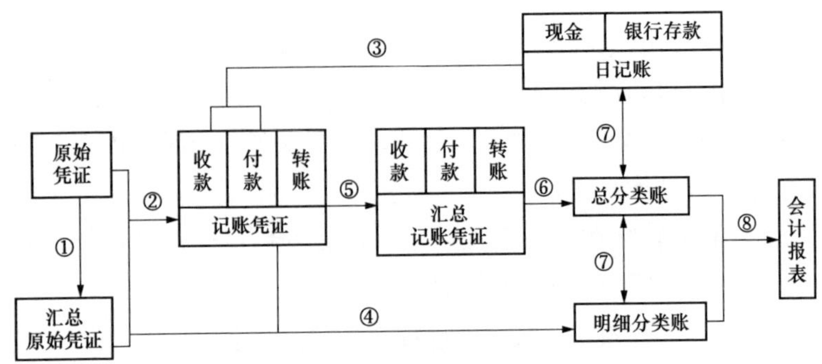

图 5-5　汇总记账凭证财务处理程序的核算步骤

账凭证编制有关汇总记账凭证，包括：汇总收款凭证、汇总付款凭证和汇总转账凭证。注意事项：①汇总记账凭证，是指对一段时间内同类记账凭证进行定期汇总而编制的记账凭证。②根据各种汇总记账凭证登记总分类账。具体如下：

（1）汇总收款凭证。

1）根据专用记账凭证的收款凭证中的借方科目“库存现金”“银行存款”科目汇总编制的。

2）按收款凭证中的贷方科目定期汇总。按企业的业务量多少，定期每 5 天、10 天或者 15 天汇总一次，每月编制一张。按与其对应的贷方科目分设专行，汇总填列。贷方科目汇总计入的合计金额数，就是库存现金或银行存款借方的金额数。如：假设本月上旬银行存款收款凭证共有三张（见图 5-6），汇总收款凭证如图 5-7、表 5-5 所示。

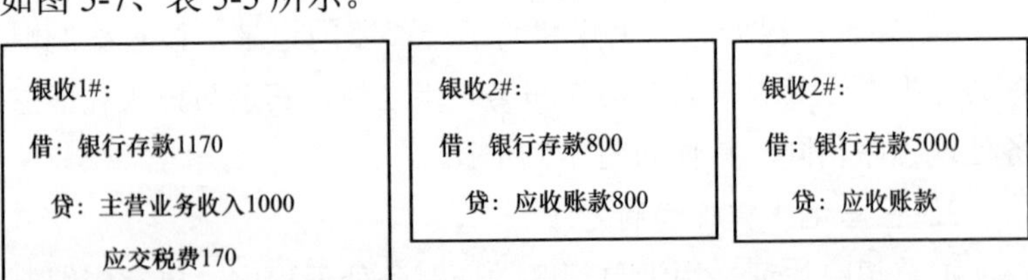

图 5-6　上旬收到银行收款存款凭证

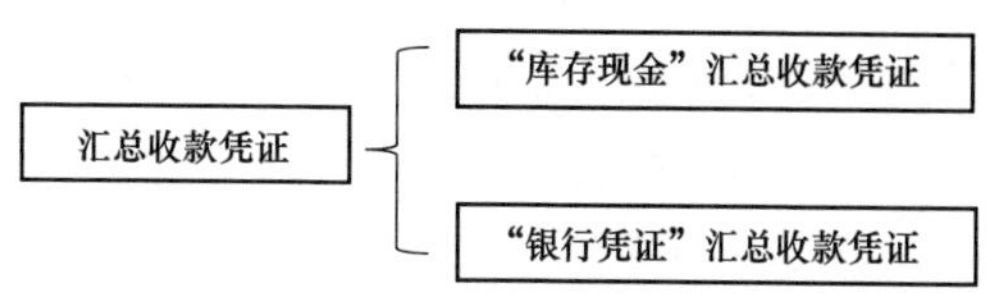

图 5-7 汇总收款凭证

表 5-5 **汇 总 收 款 凭 证**

××××年××月

借方账户：银行存款 第 1 号

贷方账户	金额				总账页数
	1～10 日收款凭证	11～20 日收款凭证	21～30 日收款凭证	合计	
主营业务收入	1000				
应收账款	5800				
应交说费	170				
合计	6970				

会计　　记账　　审核　　填制

（2）汇总付款凭证。按“库存现金”“银行存款”科目的贷方设置，按其对应的借方科目分设专行进行汇总，借方科目汇总计入合计金额数，就是库存现金或银行存款贷方金额数。

（3）汇总转账凭证。根据转账凭证中各个科目的贷方单独设置，将其对应的借方科目设置专行，汇总填列。为了便于编制汇总转账凭证，要求所有转账凭证也按一贷一借或者一贷多借的对应关系来编制。如果在一个月内某一贷方账户的转账凭证不多，可不编制汇总转账凭证，直接根据单个的转账凭证登记总分类账。格式如表 5-6 所示。

3. 汇总记账凭证的优缺点、特点及适用范围

记账凭证汇总表，亦称科目汇总表，定期根据记账凭证汇总记账凭证，再根据汇总记账凭证登记总分类账。按各个会计科目

列示其借方发生额和贷方发生额的一种汇总凭证。记账凭证汇总表中各个会计科目的借方发生额合计与贷方发生额合计应该相等，记账凭证汇总表是记账凭证汇总表核算形式下总分类账登记的依据。优缺点如下：

表 5-6　　汇总转账凭证

××××年××月

贷方账户：银行存款　　第 1 号

贷方账户	金额				总账页数
	1～10 日 收款凭证	11～20 日 收款凭证	21～30 日 收款凭证	合计	
合计					

会计　　记账　　审核　　填制

（1）汇总记账凭证的优点。减轻了登记总分类账的工作量。月终时，根据汇总记账凭证一次登记总分类账，克服了记账凭证账务处理程序登记总分类账工作量过大的缺点，减少工作量；同时，由于汇总记账凭证是按照会计科目的对应关系进行归类、汇总编制的，在总分类账中也注明了对方科目，因而在汇总记账凭证和总分类账中可清晰地反映科目之间的对应关系，便于查对和分析账目，从而克服科目汇总表账务处理程序的缺点。

（2）汇总记账凭证的缺点。①当转账凭证较多时，编制汇总转账凭证的工作量较大；②按每一贷方账户编制汇总转账凭证，不利于会计核算的日常分工。原因是编制汇总记账凭证的程序比较烦琐，按每一贷方科目编制汇总转账凭证，不利于会计核算的日常分工；当转账凭证较多时，编制汇总转账凭证的工作量较大。

（3）汇总记账凭证的特点。汇总记账凭证账务处理程序是先根据记账凭证定期编制汇总记账凭证，再根据汇总记账凭证登记总分类账。库存现金、银行存款的汇总收款凭证，应分别按照库存现金、银行存款账户的借方设置，并按其对应的贷方账户归类、汇总。库存现金、银行存款的汇总付款凭证，应分别以库存现金、银行存款账户的贷方设置，并按其对应的借方账户归类、汇总。对于库存现金、银行存款之间的相互划转业务，应以付款凭证为依据进行汇总。汇总转账凭证应按照每一账户的贷方分别设置，并按其对应的借方账户归类、汇总。汇总记账凭证应定期进行汇总，如按每5日、10日或15日汇总一次，月终一次计入总分类账。

（4）汇总记账凭证的适用范围。这种账务处理程序适用于规模较大、经济业务较多的单位。

三、会计账簿定义、作用及种类、内容和登记规则

（一）会计账簿作用、基本内容、类型及基本要素

1. 会计账簿定义、作用、意义及设置原则

（1）会计账簿定义。会计账簿简称账簿，由一定格式的账页组成的、以经过审核的会计凭证为依据，全面、系统、连续地记录各项经济业务和会计事项的簿籍。

通过编制会计凭证，可以逐笔记录企业发生的每笔经济业务，便于明确经济责任。但是，会计凭证种类繁多，缺乏系统性，难以直接反映其各个会计科目的发生额和余额，因此，填制会计凭证后还要设置和登记账簿，二者虽然都是用来记录经济业务，但是二者的作用不同，在会计核算中，对每一项经济业务，都必须取得和填制会计凭证，因而会计凭证数量多且分散，提供信息资料是零星的，为了提供系统的会计资料，各单位必须在会计凭证的基础上设置和登记会计账簿，把分散在会计凭证上的大量核算资料，加以集归类生成有用的会计信息，从而编制会计报表、进

行会计分析以及为审计提供主要依据。

（2）会计账簿的作用。设置和登记会计账簿，是会计核算的基础工作，是连接会计凭证和会计报表的中间环节，做好这项工作，对于加强经济管理具有十分重要的作用。其作用主要有四方面：

1）记载和储存会计信息。将会计凭证所记录的经济业务记入有关账簿，账簿可以全面反映会计主体在一定时间内所发生的各项资金运动，储存所需要的各项会计信息。

2）分类和汇总会计信息。账簿由不同的、相互关联的账户所构成，通过账簿记录，一方面可以分门别类地反映各项会计信息，提供一定时期内经济活动的详细情况；另一方面可以通过发生额、余额计算，提供各方面报需要的总括会计信息，反映财务状况及经营成果。

3）检查和校正会计信息。账簿记录是会计凭证信息的进一步整理。

4）编表和输出会计信息。为了反映一定日期的财务状况及一定时期的经营成果，应定期进行结账工作，进行有关账簿之间的核对，计算出本期发生额和余额，据以编制会计报表，向有关各方提供所需要的会计信息。

（3）设置账簿的意义。依法设置账簿是会计核算最基本的要求之一，是会计工作的重要环节，是如实记录和反映经济活动情况的重要前提。设置账簿的意义：账簿记载、储存会计信息；账簿分类、汇总会计信息；账簿检查、校正会计信息；账簿编报、输出会计信息；账簿提供系统、完整的会计信息；账簿为编制会计报告提供数据资料；账簿是考核经营成果、加强经济核算、分析经济活动的重要依据。

2. 会计账簿的基本内容

账簿的格式多种多样，但各种账簿的基本内容相同，包含：

（1）封面（含封底）。用来标明记账单位名称、账簿名称和所属会计年度。如总分类账、各种明细分类账、库存现金日记账、银行存款日记账、材料物资明细账、债权债务明细账等及记账单位的名称。封面起保护账页的作用，除订本账不另设封面以外，各种活页账都应另外设置封面和封底。

（2）扉页。填写“账簿启用一览表”：该表列明了账簿的相关信息。包括账簿启用、截止日期，页数、册次、记账人员、账户目录等内容。扉页主要列明会计账簿的使用信息，启用表格式如表 5-7 所示。

表 5-7　　　　账 簿 启 用 表

<table>
<tr><td colspan="12">账 簿 启 用 表</td></tr>
<tr><td colspan="3">单位名称</td><td colspan="8"></td><td>单位盖章</td></tr>
<tr><td colspan="3">账簿名称</td><td colspan="8"></td><td rowspan="7"></td></tr>
<tr><td colspan="3">账簿编号</td><td colspan="8">年 总 册 第 册</td></tr>
<tr><td colspan="3">账簿页数</td><td colspan="8"></td></tr>
<tr><td colspan="3">启用日期</td><td colspan="8"></td></tr>
<tr><td rowspan="3">经营人员</td><td colspan="3">负责人</td><td colspan="3">主办会计</td><td colspan="4">记账</td></tr>
<tr><td>职别</td><td>姓名</td><td>盖章</td><td>职别</td><td>姓名</td><td>盖章</td><td>职别</td><td>姓名</td><td colspan="2">盖章</td></tr>
<tr><td></td><td></td><td></td><td></td><td></td><td></td><td></td><td></td><td colspan="2"></td></tr>
<tr><td rowspan="6">交接记录</td><td rowspan="2">职别</td><td rowspan="2">姓名</td><td colspan="4">接管</td><td colspan="4">移交</td><td rowspan="2">印花税票粘贴处</td></tr>
<tr><td>年</td><td>月</td><td>日</td><td>盖章</td><td>年</td><td>月</td><td>日</td><td>盖章</td></tr>
<tr><td></td><td></td><td></td><td></td><td></td><td></td><td></td><td></td><td></td><td></td><td></td></tr>
<tr><td></td><td></td><td></td><td></td><td></td><td></td><td></td><td></td><td></td><td></td><td></td></tr>
<tr><td></td><td></td><td></td><td></td><td></td><td></td><td></td><td></td><td></td><td></td><td></td></tr>
<tr><td></td><td></td><td></td><td></td><td></td><td></td><td></td><td></td><td></td><td></td><td></td></tr>
</table>

（3）账页。账页是账簿用来记录经济业务的主要载体，主要内容包括：账户名称，即会计科目名称；记账日期栏，包括年、月、日；凭证种类和编号栏；摘要栏、借方与贷方金额及余额的方向、金额栏；以及页次，包括总页次和分页次等基本内容。账页的格式因账簿的用途不同而异，如总账、明细账和日记账等，账簿因反映的经济业务内容不同账页的格式不同。

3. 会计账簿的启用与登记要求

（1）会计账簿的启用。分订本账和活页账。启用会计账簿时，应当在账簿封面上写明单位名称和账簿名称，并在账簿扉页上附启用表。

1）启用订本式账簿。应当从第一页到最后一页顺序编定页数，不得跳号、缺号。一是，由于订本账簿的封皮都是印好的，只需在封面上写明账簿的名称即可；二是，填写扉页；三是，建立账户，即在总账中按照所需的会计科目的编号顺序填写科目名称及启用页码，以便于查找相关科目；四是，贴印花税票：印花税票应粘贴在账簿的右上角，完税后应划线注销。

2）使用活页式账簿。应按账户顺序编号，并须定期装订成册，装订后再按实际使用的账页顺序编定页码，另加目录以便记录以便于记录每个账户的名称和页次。

（2）会计账簿的登记要求。登记的账簿：日记账、总账、明细账。出纳负责登记日记账（包括库存日记账和银行存款日记账），会计负责登记各类总账和明细账。

1）登记会计账簿时，应当将会计凭证日期、编号、业务内容摘要、金额和其他有关资料逐项记入账内。

2）为了保持账簿记录的持久性，防止涂改，登记账簿必须使用蓝黑墨水书写，不得使用圆珠笔（银行的复写账簿除外）或者铅笔书写。

注意：以下情况可以使用红墨水记账：①按照红字冲账的记账凭证，冲销错误记录；②在不设借贷等栏的多栏式账页中，登记减少数；③在三栏账户的余额栏前，如未印明余额方向的，在余额栏内登记负数余额。

（3）会计账簿应当按照连续编号的页码顺序登记。如果发生隔页，跳行现象，应当在空页、空行处用红色墨水画“对角线注销”，或者注明“此页空白”“此行空白”字样，并由记账人员和会计机构负责人（会计主管人员）在更正处签章。

（4）结出余额。凡需要结出余额的账户，结出余额后，应当在“借或贷”栏目内注明“借”或“贷”字样，以示余额方向，对于没有余额的账户，应在“借或贷”栏目内写“平”字，并在“余额”栏“元”位处用“θ”（写 0 并用横线圈掉）表示。注意事项：库存现金日记账和银行存款日记账必须逐日结出余额。

（5）转次页，承前页。每一账页登记完毕时，应当结出本页发生额合计及余额，在该账页最末一行“摘要”栏标明“转次页”或“过次页”，并将这一金额记入到下一页第一行有关金额栏内，在该行“摘要”栏内注明“承前页”，以保持账簿记录的连续栏，便于对账和结账。如表 5-8 所示。

（6）采用规定方法更正错误不得刮擦、挖补或用褪色药水更改字迹，应采用规定的方法更正。

表 5-8　　　　现 金 日 记 账

年		证号	摘要	借方	贷方	√	余额
月	日						
			承上年			√	10000.00
1	1	1	银行提现金	1000.00	0.00	√	2000.00
1	1	2	水泵站修理费		200.00	√	1800.00

续表

年		证号	摘要	借方	贷方	√	余额
月	日						
1	2	1	管水员工资发放		100.00	√	1700.00
			本月合计	1000.00	300.00	√	1700.00
2	1	1	浇花木水费		10.00	√	1690.00
			本月合计	0.00	10.00	√	1690.00
			本年累计	1000.00	310.00	√	1690.00
			过次页			√	1690.00
3	1		承前页				
3	1	1	张三出差费报销		10.00	√	1690.00
	2	1	收入	100.00		√	1680.00
			本月合计	100.00	10.00		1680.00
			本年累计	1100.00	320.00	√	1780.00
			结转下年			√	1780.00

（二）会计账簿的种类、内容、格式及登记规则

1. 会计账簿的分类及适用范围

不同企业在建账时所需要设置的账簿是不同的，依据企业规模、经济业务的繁简程度、会计人员的多少、采用的财务处理程序等因素来确定。但是，无论何种企业，基本的账簿体系主要包括日记账、总账、明细账和其他辅助账簿。一般企业会计账簿的分类标准：一是，按用途分类；二是，按其外表形式特征分类；三是，按账页格式分类。各类会计账簿的适用范围如图 5-8 所示：

2. 会计账簿按其用途分类

账簿按其用途的不同，分为序时账簿、分类账簿和备查账簿三种。

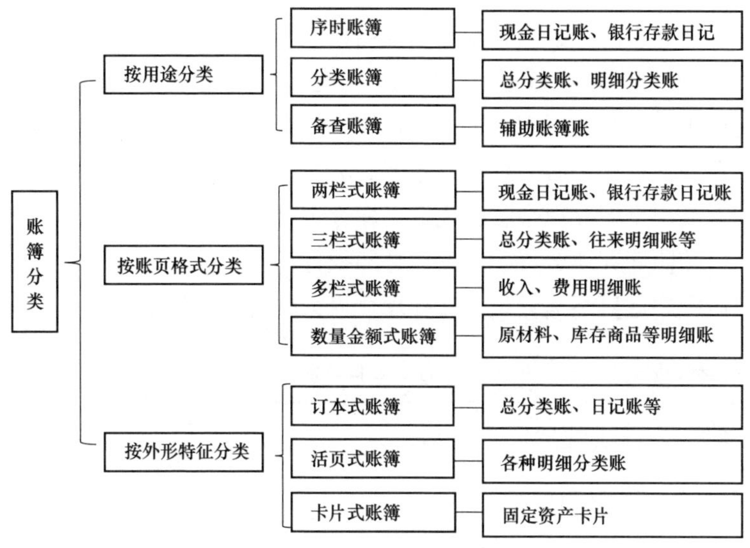

图 5-8 会计账簿的分类及适用范围

（1）序时账簿。序时账簿又称日记账，是对各项经济业务按其发生的时间先后顺序，逐日、逐笔连续登记的账簿。序时账簿是会计部门按照会计凭证号码的先后顺序进行登记的。序时账簿有两种，一种是用来登记全部经济业务发生情况的账簿，称为普通日记账；另一种是用来登记某一类经济业务发生情况的账簿，称为特种日记账。由于因经济业务的复杂性，应用较为广泛的是特种日记账。我国大多数单位只设库存现金日记账和银行存款日记账。设置日记账的作用是及时、系统、全面地反映所发生的经济业务事项及资金的增减变动和结余情况，保护财产物资和资金的安全完整，便于对账、查账。

在会计工作发展的早期，就要求必须将每天发生的经济业务逐日登记，以便记录当天业务发生的金额。库存现金日记账的银行存款日记账是企业必须具备的两种账簿，分别专门用来登记库存现金、银行存款增减变动及其结果的日记账。具体如下：

1）库存现金日记账的格式及登记方法。①库存现金日记账是用来核算和监督库存现金日常收、付和结存情况的序时账簿。主要为三栏式，必须使用订本账。②三栏式库存现金日记账由出纳人员根据库存现金收款凭证、库存现金凭证和银行存款付款凭证，按照库存现金收、付款业务和银行存款付款业务发生时间的先后顺序逐日逐笔登记。库存现金日记账的格式如表 5-9 所示。

表 5-9　　　　库存现金日记账　　　　第　页

2022 年		记账凭证		对方科目	摘要	收入（借）	支出（贷）	结余
月	日	字	号					
3	1				期初余额			1500
3	2	银付	（略）	银行存款	从银行提现	500		2000
3	2	现付	（略）	其他应收款	预支差旅费		300	1700
3	2	现付	（略）	管理费用	购买办公用品		50	1650
3	2	现收	（略）	其他应收款	交回差旅费余额	18		1668
3	2	现收	（略）	其他业务收入	出售废旧物资	20		1688
3	2				本日合计	538	350	1688

2）银行存款日记账的格式及登记方法。①银行存款日记账是用来核算和监督银行存款每日的收入、支出和结余情况的账簿。②银行存款日记账应按企业在银行开立的账户和币种分别设置，每个银行账户设置一本记账。由出纳人员根据银行存款收款凭证的有关的库存现金付款凭证（如现金存入银行业务）登记银行收入栏，根据银行存款付款凭证登记其支出栏，按时间先后顺序逐日逐笔进行登记，每日对出存款余额。③银行存款日记账的格式与库存现金日记账相同，可以采用三栏式，也可以采用多栏式。银行存款日记账格式如表 5-10 所示。

表 5-10 银行存款日记账

2022 年		记账凭证		对方科目	摘要	收入（借）	支出（贷）	结余
月	日	字	号					
3	1				期初余额			38000
3	2	现付	（略）	库存现金	存入销货款	2500		40500
3	2	银付	（略）	材料采购	材料采购款		2300	17500
3	2	银付	（略）	应交税费	支付进项税额		3910	13590
					本日合计	2500	26910	13590
3	3	银收	（略）	应收账款	收回应收款	10000		23590
3	4	银付	（略）	应付账款	偿还欠款		5000	18590

（2）分类账簿及其格式和登记。分类账簿又称分类账，是按照分类账户设置登记的账簿，即是对全部经济业务按会计要素的类别而设置的总分类账户和明细分类账户进行登记的账簿，是会计账簿的主体，也是编制财务报表的主要依据。分类账簿按其反映经济业务的详细程度，可分为总分类账和明细分类账。明细账是对总分类账的补充和具体细化，并受总分类账控制和统驭。

1）总分类账定义及格式和登记。

a．定义。总分类账简称为总账，是根据总分类账户（一级账户）开设的，用来提供总括核算资料的账簿。只要是企业涉及的会计科目都要有相应的总账科目与之对应。一般企业只需要设置一本总账，因为总账登记的通常都是一级科目，每月只需登记1～3 次即可，摘要可以写“1～10 日汇总”“本月汇总”等。另外为了登记总账的方便，在设置总账的账页时，最好按资产、负债、所有者权益、收入、费用和利润的顺序来分页，在取纸选择上也可将资产、负债、所有者权益、收入、费用和利润按不同颜色区分开来，便于登记总账的查找。

b．总分类账的格式与登记方法。总分类账是按照总分类账户分类登记以提供总括会计信息的账簿。总分账常用的格式为三栏式，设有借方、贷方和余额三个余额栏目，其格式如表 5-11 所示。

表 5-11　　总　分　类　账

会计科目：原材料　　第　页

2022 年		凭证号码	摘要	借方	贷方	借或贷	余额
月	日						
5	1		期初余额			借	50000
5	2	转 1	材料验收入库	25000		借	75000
5	2	转 2	领用材料		30000	借	45000

2）明细分类账的定义及格式和登记。

a．定义。明细分类账简称明细账，是总账下建立的明细记录；是根据有关明细分类账户设置并登记的账簿。它是根据记账凭证进行一笔一笔记录的账簿，是根据总账科目所属的明细科目设置的账簿，每一个总账科目都对应着一个或几个明细分类科目，各个账户明细账的期末余额之和应与总账的期末相等。总账的明细账登记的原始凭证依据相同，核算内容相同，两者结合起来既总括又详细地反映同一事物。

b．总账与明细分类账的关系。总账与明细分类账是统驭与从属补充的关系，二者相辅相成，互为补充。总分类账对其所属的明细分类账起着控制、统驭的作用；明细分类账对其从属的总分类账起着补充说明的作用；二者反映经济业务的程序不同，但是二者登记的原始凭证是相同的，核算的内容也是相同的。

c．明细分类账。一般采用活页式账簿、卡片式账簿。根据各种明细分类账记录经济业务的特点，明细分类账的格式常用的主要有：三栏式和多栏式。①三栏式明细分类账：三栏式账页设有借方、贷方和余额三个栏目，用以分类核算各项经济业务，提供详细核算资料的账簿，三栏式明细分类账的格式与三栏式总账的格式相同。②多栏式明细分类账：多栏式账页将属于同一个总账科目的各个明细科目合并在一张账页上进行登记，即在这种格式的账页的借方或贷方金额栏内按照明细项目设若干专栏。这种格式适用于收入、成本、费用类科目的明细核算，其格式如表 5-12 所示。

表 5-12　　　　　　制造费用明细分类账

明细科目：二车间　　　　　　　　　　　　　　　第　　页

2022 年		凭证号码	对方科目	借方					贷方	结余
月	日			职工薪酬	折旧费	机物料消耗	办公费	水电费		
5	5	（略）	分配工资	3500						3500
5	8	（略）	使用材料			500				4000
5	10	（略）	支付办公费				350			4350
5	15	（略）	支付水电费					400		4750
5	30	（略）	计提折旧		2000					6750
5	30	（略）	转入生产成本						6750	

（3）备查账簿。备查账簿又称辅助账簿，是对某些在序时账簿和分类账簿等主要账簿中未能记载或记载不全的经济业务事项进行补充登记时的账簿，对序时账簿和分类账簿起补充作用。例如：委托加工材料登记簿、应收账备查簿，应收票据备查簿，分期收款发出商品备查簿，租入固定资产备查簿、在建工程其他支出备查簿，发票备查簿等，反映企业固定资产的“租入固定资产登记簿”、委托其他企业加工商品的“委托加工物资登记簿”等。备查账簿的设置应视实际需要而定，而且没有固定格式。

3. 会计账簿按账页格式的分类

账簿按账页格式的不同分为两栏式、三栏式、多栏式账簿和数量金额式账簿。企业根据各项财产管理的需要选择账簿的格式：

（1）两栏式账簿。只设有借方和贷方两个金额基本栏目的账页所组成的账簿。适用于普通日记账，这种账面目前很少采用。普通日记账的设置与登记：普通日记账是根据原始凭证逐笔登记的，把每一笔经济业务转化为会计分录登记在账上，然后再转记入分类账中。例如某企业 2020 年 12 月发生下列经济业务，普通日记账的设置和登记，格式如表 5-13 所示。

表 5-13　　普通日记账格式　　第　页

2020 年		摘要	对应账户	分类账页数	借方金额	贷方金额
月	日					
12 月	1	收到投入资本	银行存款　实收资本	略	10000	10000
	3	从银行提取现金	现金　　银行存款		2000	2000
	10	购买运输汽车	固定资产　银行存款		60000	60000
	15	赊款服务收入	应收账款　营业收入		5000	5000
	18	收回顾客欠款	银行存款　应收账款		4000	4000

（2）三栏式账簿。设有借方、贷方和余额三个基本栏目的账页所组成的账簿。但一般不设置反映对应科目的栏次；适用于各种日记账、总分类账以及只进行金额核算的资本、债权、债务明细账。三栏式明细分类账是由会计人员根据审核无误的记账凭证或原始凭证，按经济业务发生的时间先后顺序逐日逐笔进行登记。

（3）多栏式账簿。多栏式账簿是在账簿的两个金额基本栏目借方和贷方，按照需要分设若干个专栏的账页所组成的账簿。这种账簿可以按“借方”和“贷方”分别设专栏，也可以只设“借方”或“贷方”专栏，设多少栏则根据需要确定。适用于收入、成本、费用明细账、利润和利润分配明细账。例如多栏式明细账的设置和登记：多栏式明细账的账页按有关明细科目或明细项目分项设若干个专栏，用以在同一张账页上集中反映各有关明细科目或明细项目的核算资料；按明细账登记的经济业务不同，多栏式明细账又分为借方多栏、贷方多栏和借贷方均多栏式三种格式。

注意事项：主要有三点：①现金日记账和银行存款日记账，也可采用多栏式日记账，即在收入、支出栏中设置多个会计科目。其登记方法与三栏式日记账基本相同；②出纳人员不得负责登记现金日记账和银行存款日记账之外的任何账簿，实行内部牵制；③出纳人员登记现金日记账和银行存款日记账后，应将各种收付凭证交由会计人员，据以登记总分类账及有关明细分类账。

（4）数量金额式。数量金额式账页适用于既要进行金额核算又要进行数量核算的账户，如原材料、库存商品等存货账户，其借方（收入）、贷方（发出）和余额（结存）都分别设有数量、单价和金额三个专栏。数量金额式账页提供了企业有关财产物资数量和金额收、发、存的详细资料，有助于加强财产物资的实物管理的使用监督，保证财产物资的安全完整。数量金额式账页的格式如表 5-14 所示。

表 5-14　　　　原材料明细分类账

会计科目：原材料　　　　　　　　　　　　　　　　第　页

类别：钢材　品名及规格：普通圆钢　计量单位：kg　存放地点：1 号库

2022 年		凭证号码	对方科目	收入			发出			结存		
月	日			数量	单价	金额	数量	单价	金额	数量	单价	金额
5	1		月初结存							1000	100	100000
5	2	（略）	购入	2000	100	200000				3000	100	300000
5	3	（略）	使用				500	100	50000	2500	100	250000

4. 会计账簿按其外形特征分类

各种账簿都具有一定的外表形式，按外表形式不同分为：订本式账簿、活页式账簿和卡片式账簿。

（1）订本式账簿。订本式账簿简称订本账，是指在启用前将编有顺序页码的一定数量账页装订成册的账簿。订本账适用于重要的和具有统驭性的总分类账、库存现金日记账、银行存款日记账。优点是能够避免账页散失和防止账页被抽换，保证账簿记录的比较安全；缺点是由于账页固定，不能根据记账需要随时增减，必须为每一账户预留空白账页，也不便于记账分工。

（2）活页式账簿。活页式账簿简称为活页账，是将一定数量的账页置于活页夹内，可根据记账内容的变化随时增加或减少部分账页的账簿。活页账适用于各种明细分类账。优点是便于记账分工，可根据实际需要增减账页不会造成账页的浪费，也有利于记账工作的电算化。缺点是容易造成账页的失散和抽换。

（3）卡片式账簿。卡片式账簿简称卡片账，是将一定数量的卡片式账页存放于专设的卡片箱中，可以根据需要随时增添账页的账簿。企业一般只对固定资产的核算采用卡片账形式。优点是应用灵活、便于分工，数量可多可少，可以使记录内容详细具体，还可以跨年度使用而无需更换账页，也便于分类汇总和根据管理的需要转移卡片。缺点是如果保管不善，容易散失和被抽换。

5. 总分类账与明细分类账的平行登记

（1）定义。平行登记是指对所发生的每项经济业务都要以会计凭证为依据，一方面记入有关总分类账，另一方面记入所辖明细分类账户的方法。

（2）总分类账与明细分类账的平行登记格式。如有两种原材料 A 和 B，采用总分类账与明细分类账的平行登记。一是，购入原材料 A：100 元；二是，购入原材料 B：200 元；三是，发出原材料 A：50 元。总分类账与明细分类账的平行登记的格式如表 5-15 所示。

表 5-15　　总分类账与明细分类账的平行登记

原材料总账	
借方	贷方
100	50
200	

原材料 A 明细账	
借方	贷方
100	50

原材料 B 明细账	
借方	贷方
200	

（3）总分类账与明细分类账的平行登记的要点。要点包括方向相同、期间一致、余额相等。总账本期发生额＝所属明细账本期发生额合计；总账期初余额＝所属明细账期初余额合计；总账期末余额＝所属明细账期末余额合计。具体如下：一是，登记方向相同。在总分类账户及其所辖的明细分类账户中登记同一项经济业务时，方向应当相同。即在总分类账户中记入借方，在其所辖的明细分类账户中也应记入借方；在总分类账户是记入贷方，在其所辖的明细分类账户中也应记入贷方。二是，登记期间一致。发生的经济业务，记入总分类账和所辖明细分类账户的具体时间可以有先后，但应在同一个会计期间记入总分类账和所辖明细分类账户。三是，登记的金额相等，记入总分类账户的金额必须与记入其所辖的一个或几个明细分类账户的金额合计数相等。即总数＝细数之和，包含：总账期初余额＝所属明细账期初余额合计；总账本期发生额＝所属明细账本期发生额合计；总账期末余额＝所属明细账期末余额合计。总分类账格式如表 5-16 所示，材料明细分类账格式如表 5-17 所示。

表 5-16　　　　　　　　总分类账格式

会计科目：材料

××年		凭证		摘要	借方	贷方	借或贷	余额
月	日	种类	编号					
4	1			期初余额			借	8500
	5	转	1	购进	8000		借	16500
	10	转	2	生产领用		5500	借	11000
	31			本月发生额及余额	8000	5500	借	11000

表 5-17　　　　　　　　材料明细分类账格式

材料名称：A 材料　　　　　　　　　　　　　　计量单位：kg

××年		凭证		摘要	收入			发出			余额		
月	日	种类	编号		数量	单价	金额	数量	单价	金额	数量	单价	金额
5	1			期初余额							25	97	2425
	3	转	1	购进	50	100	5000				75	99	7425
	5	转	2	生产领用				40	99	3690	35	99	3465
	31			本月发生额及余额	50	100	5000	40	99	3690	35	99	3465

6. 会计账簿的对账与结账

（1）对账。对账是对账簿记录所进行的核对，也就是核对账目。对账工作一般在记账之后结账之前，即在月末进行。对账内容一般分为账证核对、账账核对、账实核对、账表核对。

1）账证核对。账证核对是指将账簿记录与会计凭证有关内容核对的简称。保证账证核对相符，也是会计核算的基本要求。核对账簿记录与原始凭证、记账凭证的时间、凭证字号、内容、金额等是否一致，记账方向是否相符，做到账证相符。由于会计账簿是根据会计凭证等资料编制的，两者之间存在逻辑联系。因此，通过账证核对，可以检查、验证会计账簿和会计凭证的内容是否正确无误，以保证会计资料的真实、完整。

2）账账核对。账账核对是会计账簿之间相对应记录相符的简称，保证账账相符，是会计核算的基本要求。由于会计账簿之间包括总账各账户之间、总账与明细账之间、总账与日记账之间、会计机构的财产物资明细账与保管部门、使用部门的有关财产物资明细账之间等相对应的记录存在着内在联系，通过定期核对，可以检查，验证会计账簿记录的正确性，便于发现问题、纠正错误，保证会计资料的真实、完整和准确无误。

账账核对的内容主要包括：一是，总分类账簿之间的核对。按照“资产＝负债＋所有者权益”这一会计等式和“有借必有贷、借贷必相等”的记账规则，总分类账簿各账户的期初余额、本期发生额和期末余额之间存在对应的平衡关系，各账户的期末借方余额合计和贷方余额合计也存在平衡关系。通过这种等式和平衡关系，可以检查总账记录是否正确、完整。二是，总分类账与所辖明细分类账之间的核对。总分类账各账户的期末余额与其所辖各明细分类账的期末余额之和核对相符。三是，总分类账与序时账簿之间的核对。主要是指库存现金总账和银行存款总账的期末余额，与库存现金日记账和银行存款日记账的期末余额之间的核对。四是，明细分类账之间的核对。如会计机构对有关实物资产的明细账与财产物资保管部门或使用部门的明细账定期核对，以检查余额是否相符。核对方法一般是由财产物资部门或使用部门定期编制收发结存汇总表报会计机构核对。

3）账实核对。账实核对是账簿记录与实物、款项实有数核对相符的简称。保证账实相符，是会计核算的基本要求。由于会计账簿是记录实物款项使用情况的价值量反映，实物款项的增减变化情况，必须在会计账簿记录上如实记录、登记。因此，通过会计账簿记录的正确性，发现财产物资和现金管理中存在的问题，有利于查明原因，明确责任，有利于改进管理、提高效益，有利于保证会计资料真实、完整。账实核对是指各项财产物资、债权债务等账面余额与实有数额之间的核对。主要包括：库存现金日记账的账面余额与现金实际库存数逐日核对是否相符；银行存款日记账的账面余额与银行对账单余额定期核对是否相符；各项财产物资明细账的账面余额与财产物资料实有数额定期核对是否相符；有关债权债务明细账的账面余额与对方单位债权债务的账面记录是否相符。

4）账表相符。账表相符是会计账簿与会计报表有关内容核对相符的简称。保证账表相符，同样是会计核算的基本要求。由于会计报表是根据会计账簿记录及有关资料编制的，两者之间存在着相对应的关系。因此，通过检查会计报表各项目的数据与会计账簿有关数据是否一致，确保会计信息的质量。

（2）结账。结账是将账簿记录定期结算清楚的会计工作。在一定时期结束时（如月末、季末或年末），为编制财务报表，需要进行结账，具体包括月结、季结和年结。结账的内容通常包括两个方面：一是结清各种损益类账户，据以计算确定本期利润；二是结出各资产、负债和所有者权益账户的本期发生额合计和期末余额。

（3）错账的更正。账簿记录发生错误，应当采用正确、规范的方法予以更正，不得涂改、挖补、刮擦或者用药水消除字迹，不得重新抄写。错账更正的方法有：划线更正法、红字更正法、补充登记法。具体如下：

1）划线更正法。在对账前发生账簿记录有文字或数字错误，而记账凭证没有错误，应当采用划线更正法。更正时，可在错误的文字或数字上画一条红线，在红线的上方填写正确的文字或数字，并由记账人员和会计机构负责人（或会计主管人员）在更正处盖章，以明确责任。注意数字错误更正时不得只画错误数字，应将全部数字划销，并保持原有数字清晰可辨，以便审查。

2）红字更正法。适用于两种情形：一是记账后发现，记账凭证中应借、应贷会计科目有错误所引起的记账错误。更正方法是：用红字填写一张与原记账凭证完全相同的记账凭证，在摘要栏内注明“注销某月某日某号凭证”，并据以用红字登记入账，以示注销原记账凭证，然后用蓝字填写一张正确的记账凭证，并据以用蓝字登记入账。二是，记账后发现，记账凭证和账簿记录中应借、应贷会计科目无误，只是所记金额大于应记金额所引起的记账错误，只是所记金额大于金额所引起的记账错误。更正方法是：按多记的金额用红字编制一张与原记账凭证应借、应贷科目完全相同的记账凭证，在摘要栏内写明“冲销某月某日第×号记账凭证多记金额”，以冲销多记的金额，并据以用红字登记入账。

3）补充登记法。记账后，发现记账凭证的账簿记录中应借、应贷会计科目无误，只是所记金额小于应记金额时，应当采用补充登记法。更正方法是：按少记的金额用蓝字填制一张与原记账凭证应借、应贷科目完全相同的记账凭证，在摘要栏内写明“补记某月某日第×号记账凭证少记的金额”，以补充少记的金额，并据以用蓝字登记入账。

4）会计账簿的保管。会计账簿是各单位重要的经济资料，必须建立管理制度，妥善保管。

7. 汇总记账凭证财务处理程序的凭证与账簿设置

汇总记账凭证财务处理程序的凭证与账簿设置如图 5-9 所示。

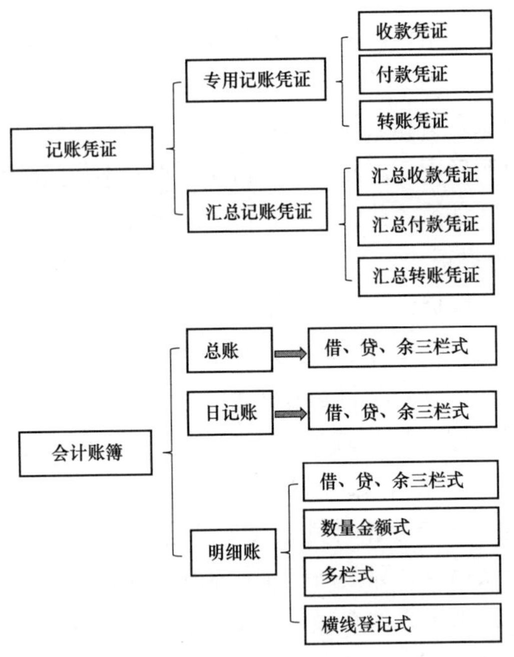

图 5-9 汇总记账凭证财务处理程序的凭证与账簿设置

四、财务报告的形成、作用及种类和内容

1. 财务报告定义及目标

(1) 财务报告的定义。财务报告也称会计报告，是指企业对外提供的、反映单位某一特定日期的财务状况和某一会计期间的经营成果、现金流量等会计信息的一种书面文件。财务报告是提供决策信息的媒介和渠道、是沟通的桥梁和纽带。财务报告包括财务报表和其他应当在财务报告中披露的相关信息和资料。

注意事项：财务报告包含几层含义：①财务报告应当是对外报告，其服务对象主要是投资者、债权人等外部信息使用者。但是，专门为了内部管理需要的、具有特定目的的报告，不属于财务报告。②财务报告应当综合反映企业生产经营状况，包括某一时点的财务状况和某一时期的经营成果与现金流量等信息，以勾勒出企业的整体和全貌。③财务报告必须形成一个系统的文件，不应是零星的或者不完整的信息。④财务报告使用者包含单位领导层、投资者、债权人、政府及其有关部门（如税务）、社会公众。

（2）财务报告的目标。①向财务报告使用者提供与企业财务状况经营成果和现金流量等有关的会计信息；②反映企业管理层受托责任履行情况（受托责任）；③有助于财务报告使用者作出经济决策（决策相关）。其中，满足投资者的信息需要是首要出发点。

2. 财务报告的作用、组成及编制要求

（1）财务报告的作用。财务报告的作用是为利益相关者提供信息资料，主要体现四个方面：一是，为企业的投资者的潜在投资者进行投资决策提供信息；二是，为企业债权人进行信贷决策提供信息；三是，为政府有关部门对企业进行检查和监督提供信息；四是，为企业管理当局的员工加强企业经营管理提供信息。

（2）财务报告的组成。根据《企业会计准则第30号——财务报表列报》和《企业财务会计报告条例》规定，财务报告由基本财务报表和财务报表的表外信息（附注、附表等）组成。财务报告是会计核算的基本方法之一。

（3）编制财务报告的原因。企业虽然对发生的会计事项按照核算要求进行了确认、计量、记录，填制审核会计凭证，并分类登记到会计账簿，形成相应分类会计信息。但是，会计账簿上记录的信息仍然是分散的，不能系统、直观、概括地提供信息。必须定期对账簿资料做进一步的加工，编制财务报告，全面、综合地提供企业的相关信息，供利益相关决策使用。

（4）编制财务报告的要求。为了使财务报告最大限度地满足信息使用者的需要，实现编制财务报告的基本目的，充分发挥会计信息的作用，企业在编制财务报告时应符合以下要求：数字真实、内容完整、编报及时，便于理解。

3. 财务报表的定义、组成及其分类

（1）财务报表的定义。根据《企业会计准则第30号——财务报表列报》规定，企业财务报表是特定会计主体对企业某一特定日期财务状况和某一会计期间的经营成果、和现金流量的结构性表述。财务报表是财务报告的核心内容。

（2）财务报表的组成。财务报表中报表本身及其附注构成。附录是财务报表的组成部分。一套完整的财务报表至少应当包含资产负债表、利润表、现金流量表、所有者权益（或股东权益）变动表及附注（如图5-10所示）。即：至少应当包括“四表一注”等部分。小企业编制财务可以不包含现金流量表。其中：资产负债表、利润表、现金流量表、所有者权益（或股东权益）变动表属于基本财务报表。附注是对基本财务报表信息的进一步说明、补充或解释。注意，反映企业经营成果的报表是利润表。上市公司企业还应根据证券监督管理机构有关的规定真实、准确、完整，及时地披露相关信息。随着政府综合会计改革的逐步深入，行政事业单位的财务报告也将越来越健全、丰富、完整。行政事业单

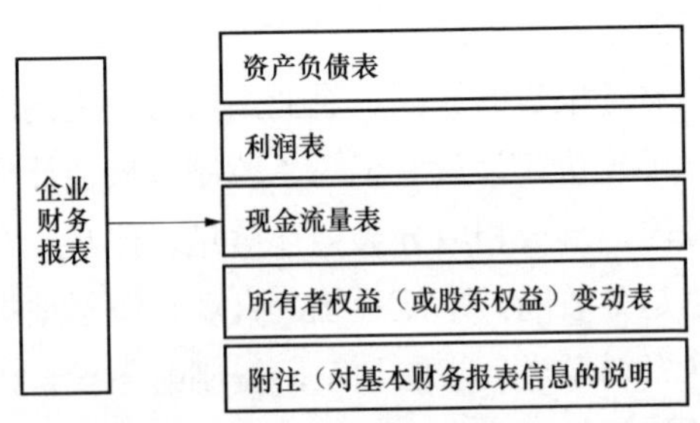

图5-10　企业财务报表的构成

位的财务会计报告包括资产负债表、收入费用表、现金流量表、附注以及决算报告等。

（3）财务报表的分类。根据分类标准，按反映的经济内容不同划分；按资金运行的不同划分；按编报的时间不同划分；按会计主体的不同划分；按报送对象的不同划分。企业财务报表的分类如图 5-11 所示。

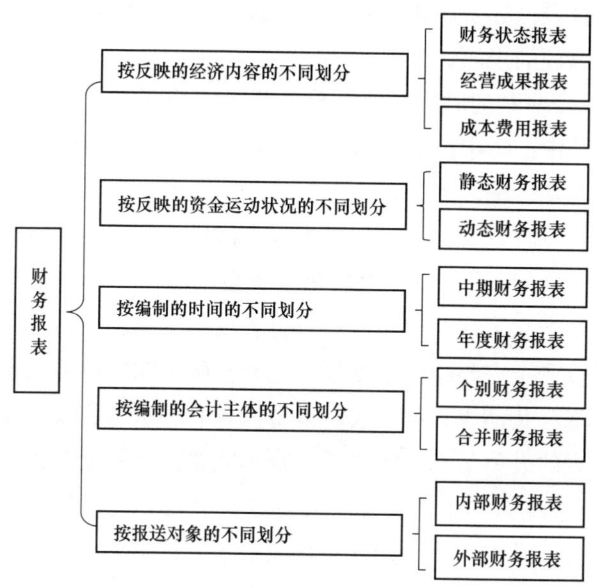

图 5-11 企业财务报表的分类

1）按反映的经济内容不同划分，分为财务状态报表、经营成果报表、成本费用报表。其中：①财务状况报表：总括反映企业财务状况及其变动情况，包括资产负债表、现金流量表和所有者权益变动表。②经营成果报表：总括反映企业一定期间的经营成果，主要包括利润表。③成本费用报表：总括反映企业生产经营过程中有关成本费用的形成情况，主要包括制造费用表、期间费用表和单位产品成本表等。

2）按反映的资金运动状况不同划分，分为动态报表和静态报表。其中：①动态报表是指反映企业一定时期内资金循环，即资金耗费和资金回收的报表，如利润表、现金流量表、所有者权益变动表等。利润表是反映企业一定时期内经营成果的报表。②静态报表是指反映特定时点的财务状况，企业资产、负债和所有者权益的报表；如资产负债表，它是反映资产负债表企业资产总额和权益总额的报表。

3）按编制的时间不同划分，分为中期财务报表和年度财务报表。其中：①中期财务报表：是以短于一个完整会计年度的报告期间为基础编制的报表，包括月报、季报、半年报等。月报简明扼要，反映及时；季报和半年报在信息详细程度方面，介于月报和年报之间。中期财务报表至少应当包括资产负债表、利润表、现金流量表和附注，即不包含所有者权益变动表。②年度财务报表：是以一个完整会计年度报告期为基础编制的财务报表，一般包括：资产负债表、利润表、现金流量表、所有者权益变动表和财务报表的表外信息。年报要求揭示完整，反映全面。

4）按编制的报的主体不同划分，分为个别财务报表和合并财务报表。其中：①个别财务报表：各会计主体在日常会计核算的基础上，对账簿记录进行加工而编制的财务报表。它主要用以反映企业自身的财务状况、经营成果和现金流量情况。②合并财务报表：是以母公司和所属子公司组成的企业集团为会计主体，根据母公司和子公司组成的个别财务报表，由母公司编制综合反映企业集团财务状况、经营成果和现金流量的财务报表。

5）按报送的对象不同划分，分为内部财务报表和外部财务报表。其中：①内部财务报表：是为适应企业内部管理需要而编制的、不对外公开的财务报表，内部财务报表内容及格式不受企业会计准则的限制；如成本费用报表。②外部财务报表：是为企业投资者、债权人、政府部门和社会公众等外部信息使用者提供的财务报表。一般受企业会计准则和有关法规约束，如资产负债表、利润表、现金流量表、所有者权益变动表和财务报表的列报信息等。

4. 财务报表的列报的基本要求

（1）依据各项会计准则确认和计量的结果编报财务报表。注意：对于企业采用了不恰当的会计政策，不得通过在附注中披露等其他形式予以更正，而应当对交易和事项进行正确的确认和计量。

（2）列报基础。持续经营是会计核算的前提，是会计确认、计量及编制财务报表的基础。财务报表列报中规定的财务报表是以持续经营为基础编制的。注意事项：企业处于非持续经营状态时，应当采用其他基础编制财务报表，如破产企业的资产应当采用可变现净值计量，负债应当按照其预计的结算金额计量等，并在附注中声明财务报表未以持续经营为基础列报，披露未以持续经营为基础的原因以及财务报表的编制基础。

（3）重要性和项目列报。财务报表的某个项目若省略或错报会影响使用者据此作出决策时，该项目具有重要性。重要性是判决项目是否单独列报的重要标准。

（4）列报的一致性。可比性是会计信息质量的一项重要质量要求，财务报表项目的列报也应当在各个会计期间保持一致，不得随意变更，这一要求不仅针对财务报表中的项目名称，还包括财务报表项目的分类、排列顺序等方面。注意事项：在以下规定特殊情况，财务报表项目的列报是可能改变的：①会计准则要求的改变；②企业经营业务的性质发生重大变化或对企业经营影响较大的交易或事项发生后，变更财务报表项目的列报能够提供更可靠、更相关的会计信息。

（5）财务报表项目金额间的相互抵消。财务报表项目应当以总额列报，资产和负债、收入和费用、直接计入当期利润的利得和损失项目的金额不能相互抵消，即不得以净额列报，但企业会计准则另有规定的除外，因为如果相互抵消，所提供的信息就不完整，信息的可比性大为降低。注意事项：①在以下三种情况不属于抵销，可以以净额列示：资产或负债项目按扣除备抵项目的净额列示，不属于抵销；非日常活动产生的利得和损失应当以同一交易形成的收入扣减相关费用后果的净额列示，不属于抵销；一组类似交易形成的利得和损失以净额列示的，不属于抵销。②企业会计准则规定，财务报表项目应当以总额列报，财务报表中的资产项目和负债项目的金额、收入项目和费用项目的金额、直接计入当期利润的利得项目的损失项目的金额不得相互抵消，但其他会计准则另有规定的除外。

（6）财务报表表首的列报要求。财务报表有表首、正表两部分，其中，在表首部分企业应概括地说明基本信息：①编报企业名称；②资产负债表应当列示资产负债表日，利润表、现金流量表、所有者权益变动表应当列示涵盖的会计期间；③货币名称和单位，按照我国《企业会计准则》规定，企业应当以人民币作为记账本币列报，并标明金额单位；④财务报表是合并财务报表的，应当予以说明。

（7）报告期间。企业至少应当编制年度财务报表。根据《会计法》规定，会计年度自公历 1 月 1 日至 12 月 31 日止。

5. 财务各类报表的定义及内容和作用

（1）资产负债表。

1）资产负债表是反映企业在某一特定日期的财务状况的报表，主要反映资产、负债和所有者权益三方面的内容。以“资产

＝负债＋所有者权益”这一等式为依据。

资产负债表由两部分组成，第一部分：资产类，企业资产按其“流动性”（即把资产转换成现金所需要的时间）大小顺序排列，分为流动资产和非流动资产列示。第二部分是负债类，它们按债务必须支付的时间顺序排列，分为流动负债和非流动负债列示。

a．流动资产。满足下列条件之一的，归类为流动资产：①预计在一个正常营业周期中变现、出售或耗用。主要包括存货、应收账款等。②主要为交易目的而持有。③预计在资产负债表日起一年内（含一年）变现。④自资产负债表日一年内，交换其他资产或清偿负债的能力不受限制的现金或现金等价物。

b．非流动资产。流动资产以外的资产应当归类为非流动资产，并应按其性质分类列示。

c．流动负债。债满足下列条件之一的，归档为流动负债：①预计在一个正常营业周期中清偿；②主要为交易目的而持有；③自资产负债表日起一年内（含一年）到期应予以清偿。④企业无权自主地将清偿推迟至资产负债日后一年以上。

d．非流动负债。流动负债以外的负债应当归类为非流动负债。在判断负债的流动性时需注意四点：①对于在资产负债表日起一年内到期的负债，企业预计能够自主地将清偿义务展期至资产负债表日后一年以上的（含一年），应当归类为非流动负债；②不能自主地将清偿义务展期的，即使在资产负债表日后、财务报告批准报出日前签订了重新安排清偿计划协议，该项负债仍应归类为流动负债。③企业在资产负债表日或之前违反了长期借款协议，导致贷款人可随时要求清偿的负债，应当归类为流动负债。④贷款人在资产负债表日或之前同意提供在资产负债表日后一年以上（含一年）的宽限期，企业能够在此期限内改正违约行为，且贷款人不能要求随时清偿，该项负债应当归类为非流动负债。⑤资产负债表中的所有者权益：资产负债表中所有者权益至少应当单独列示反映下列信息的项目：实收资本（或股本）、其他权益工具、专项储备、资本公积、盈余公积和未分配利润。其中，专项储备项目是2019年新增项目，反映高危行业按国家规定提取的安全生产费的期末账面价值。

2）资产负债表的作用。①资产负债表能够反映企业在某一特定日期所拥有的各种资源总量及其分布情况，可以分析企业的资产构成，以便及时进行调整；②资产负债表可以提供某一日期总额及其结构，表明企业未来需要用多少资产或劳务清偿债务以及清偿时间；③资产负债表能够反映企业的某一特定日期企业所有者的构成情况，可以判断资本保值、增值的情况，以及对负债的保障程度。

3）资产负债表的格式。①资产负债表主要有报告式和账户式两种格式。我国企业资产负债表目前使用账户式。②账户式资产负债表分为左右两方。左方是资产：按照资产流动性大小排列；右方是负债和所有者权益项目，按照求偿权顺序排列。

（2）利润表。

1）利润表是反映企业的一定会计期间经营成果的报表，按照一定的分类标准和顺序，将企业一定的会计期间和各种收入、费用支出和直接计入当期利润的利得的损失进行适当分类、排列而成，以“利润＝收入-费用”会计等式为依据。

2）利润表的内容。①营业收入，由主营业务收入和其他业务收入组成；②营业利润：营业收入减去营业成本、税金及附加、销售费用、管理费用、研发费用、财务费用、资产减值损失、信用减值损失，加上其他收益、投资收益、净敞口套期收益、公允价值变动收益、资产处置收益、即为营业利润；③利润总额：营业利润加上营业外收入，减去营业外支出，即为利润总额；④净利润，利润总额减去所得税费用，即为净利润；⑤其他综合收益和税后净额；⑥综合收益总额，净利润加上其他综合收益净额，即为综合收益总额；⑦每股收益，包括基本每股收益和稀释每股收益两项指标。

3）利润表的作用。①利润表能反映企业在一定期间的收入实现和费用耗费情况，以及获得利润或发生亏损的数额，表明企业投入与产出之间的关系；②通过利润表提供的不同时期的比较数字，可以分析判断企业损益发展变化的趋势，预测企业未来的盈利能力；③通过利润表可以考核企业经营成果以及利润计划的执行情况，分析企业利润增减变化原因。

4）利润表的格式。利润表主要有多步式和单步式两种格式，企业的利润表多采用多步式。计算公式如下：①营业利润：营业收入－营业成本－税金及附加－销售费用－管理费用－研发费用－财务费用－资产减值损失－信用减值损失＋投资收益＋公允价值变动收益；②利润总额：利润总额＝营业利润＋营业外收入－营业外支出；③净利润：净利润＝利润总额－所得税费用。

（3）现金流量表。

1）现金流量表是反映企业一定会计期间现金和现金等价物流入和流出的财务报表。现金流量表是按照收付实现制原则编制的。现金等价物是指企业持有的期限短、流动性强、易于转换为已知金额的现金、价值变动风险小的交易性金额资产。作为现金等价物的短期投资必须同时满足以下四个条件：期限短；流动性强；易于转换，为已知金额的现金；价值变动风险小。

注意事项：不产生现金流量的情形为企业从银行提取现金，将库存现金存入银行，用现金购买现金等价物，将现金等价物出售取得现金。

2）现金流量表的内容（有流入对应有流出）。一是，经营活动产生的现金流量。主要包括：销售商品、提供劳务收到的现金；收到的税费返还；收到其他与经营活动有关的现金，包括企业实际收到的政府补贴，无论是与资产活动相关、还是与收益相关，均列在该项目下；购买商品、接受劳务支付的现金；支付给职工以及为职工支付的现金；支付和各项税费；支付其他与经营活动有关的现金。二是，投资活动产生的现金流量。主要包括（固定资产、子公司）：收回投资收到的现金；取得投资收益收到的现金；处置固定资产、无形资产和其他长期资产收回的现金净额；处置子公司及其他营业单位收到的现金净额；收到其他与投资活动有关的现金；购建固定资产、无形资产和其他长期资产支付的现金；投资支付的现金；取得子公司及其他营业单位支付的现金净额。支付其他与投资活动有关的现金。三是，筹集活动产生的现金流量。主要包括：吸收投资收到的现金；取得借款收到的现金；收到其他与筹资活动有关的现金；偿还债务支付的现金；分配股利、利润或偿付利息支付的现金；支付其他与筹资活动有关的现金。

3）现金流量表的作用。现金流量表主要能够向各类报表使用者提供以下儿方面的会计信息：①现金及现金等价物流入、流出以及净流量的信息；②企业获取现金及现金等价物的能力。③企业当期获取现金的主要来源和当期现金的使用去向。

4）现金流量表的格式。现金流量表应当按照经营活动、投资活动和筹集活动的现金流量分类分项列示。①经营活动：指企业投资活动和筹资在活动以外的所有交易和事项。②投资活动：指企业长期资产的构建和不包括在现金等价物范围内的投资及其处置活动。③筹资活动：是指导致企业资本及债务规模和构成发生变化的活动。如表 5-18 所示。

表 5-18　　现金流量表的流入与流出

方向	经营活动	投资活动	筹集活动
流入	1. 销售商品、提供劳务收到现金	1. 收回投资收到我现金	1. 吸收投资收到的现金
	2. 收到的税费返还	2. 取得投资收益收到的现金	2. 取得借款收到的现金
	3. 收到其他与经营活动有关的现金	3. 处置固定资产无形资产和其他长期资产收回的现金净额	3. 收到的其他与筹集活动有关的现金
		4. 处置子公司及其他营业单位收到的现金净额	
		5. 收到其他与投资活动有关的现金	
流出	1. 购买商品、接受劳务支付的现金	1. 购建固定资产、无形资产和其他长期资产支付的现金	1. 偿还债务支付和现金
	2. 支付给职工以及为职工支付的现金	2. 投资支付的现金	2. 分配股利、利润或偿付利息支付的现金
	3. 支付的各项税费	3. 取得子公司及其他营业单位支付的现金净额	3. 支付其他与筹集活动有关的现金
	4 支付的其他与经营活动有关的现金	4. 支付的其他与投资活动有关的现金	

（4）所有者权益变动表。

1）所有者权益是指企业资产扣除负债后由所有者享有的剩余权益。所有者权益的来源包括所有者投入的资本（包括实收资本和资本公积）、其他综合收益、留存收益（包括盈余公积和未分配利润）等。所有者权益变动表是反映构成所有者权益（股东权益）的各组成部分当期的增减变动情况的会计报表。

2）所有者权益变动表的内容。综合收益的与所有者（或股东）的资本交易导致的所有者权益的变动，应当分别列示。由三部分组成：一是，所有者权益总量的增减变动；二是，所有者权益增减变动的重要结构性信息；三是，直接计入所有者的利得和损失。所有者权益变动表至少应当单独列示反映的信息项目包括：①净利润；②直接计入所有者的利得和损失项目及其总额；③会计政策变更和差错更正的累积影响金额；④所有者投入资本和向所有者分配利润等；⑤按照规定提取的盈余公积；⑥实收资本或股本、资本公积、盈余公积、未分配利润的期初和期末余额及其调节情况。其中，反映“直接计入所有者的利得和损失”项目即为其他综合收益项目。

3）所有者权益变动表的作用。全面反映了企业的股东权益在年度内增减变化情况，便于会计信息使用者深入分析企业股东权益的增减变化情况，并进而对企业的资本保值增值情况作出正确判断，从而提供对决策有用的信息。所有者权益变动表各项目均需填列“本年金额”和“上年金额”两栏。

五、其他会计资料及其作用

1. 其他会计资料范围

其他会计资料主要指银行存款余额调节表、银行对账单、纳税申报表、其他会计核算材料；会计档案移交清册、会计档案保管清册、会计档案销毁清册、会计档案鉴定意见书等。

2. 其他会计资料作用

（1）银行存款余额调节表：是单位内部编制用于核对单位账目与银行账目差异，检查两者之间是否存在差异的常用表格。

（2）银行对账单：是银行客观记录单位资金流转情况的记录单，是银行和单位之间对资金流转情况进行核对和确认的凭证，也是证实单位业务往来的记录。

（3）纳税申报表：是纳税人依据税务部门指定的格式填写的，用以按照税法规定的期限和内容完成纳税申报程序的相关表格，是单位进行税款申报和会计核算的重要原始凭据。

（4）会计档案保管清册、会计档案移交清册、会计档案销毁清册，是记录会计档案保管、移交、销毁情况的重要资料。

（5）会计档案鉴定意见书：是单位开展会计档案鉴定过程中形成的，具有永久保存价值的重要资料。

（6）其他具有保存价值的会计资料，如现金盘点表、支票盘点表、固定资产表、财务印章保管登记表等。

第三节　会计档案归档范围与归档要求

一、会计档案归档范围

1. 会计档案的建档要求

会计档案是为记录和保存会计信息的文件系统。会计档案是指财务核算文件，包含会计凭证、会计账簿、会计报告、其他会计核算资料，根据《会计法》规定，各单位对会计凭证、会计账簿、财务报告和其他会计资料，应建立相应的档案，妥善保管。会计档案的完整性是保证会计管理的关键，以及影响企业对外财务报告信息真实性、准确性的重要因素。企业在建立和维护会计档案时，应当做到完整、准确、有效，保证会计信息真实可靠、及时有效。

2. 会计凭证

（1）会计凭证。会计凭证是指一个单位全年所发生的财务上的所有凭证。会计凭证是各单位经费收支的原始记录，是明确经济责任的书面证据。这种类型的会计记录具有严格的时间特征和时序性，它是按照时间顺序逐日产生，并按月结算的。

（2）会计凭证归档范围。包括原始凭证、记账凭证、汇总凭证、其他会计凭证。其中：①原始凭证，包含自制原始凭证、外来原始凭证、原始凭证汇总表。②记账凭证，包含收款凭证、付款凭证、转账凭证。③汇总凭证，也称原始汇总表。如：发出材料的汇总表、工资结算表、差旅费报销单等。④其他会计凭证。另外：涉及外事和对私改造的会计凭证、财务总预算会计凭证、报销凭证、完税凭证、缴库和退库凭证、结算凭证及其他会计凭证等，统一归在“凭证”类。

3. 会计账簿

（1）会计账簿是单位在全年中所发生的财务上的各种账簿。会计账簿是由一定格式、相互联结的账页组成的，以经济审核的会计凭证为依据，全面、连续、系统地记录和反映各项经济业务事项的簿籍。

（2）会计账簿的归档范围。包括总账、明细账、日记账、固定资产卡片及其他辅助性账簿。其中：①总账是指总分类账簿；②明细账，包含分户账或登记簿；③日记账，包含现金日记账、银行存款日记账、分类明细账、住房公积金明细账；税收日记账（总账）和税收票证分类出纳账；④固定资产卡片账；⑤辅助账簿，包含辅助登记备查账簿、外事账簿等其他会计账簿。

4. 财务报告

（1）财务报告是指企事业单位在一定时间内经济活动成果和财务收支状况的总结性报告文件。

1）企业单位财务报告。企业单位财务报告是反映企业财务状况和经营成果的书面文件，它由资产负债表、利润表、现金流量表、所有者权益（或股东权益）变动表、附表由会计报表附注和财务情况说明书组成。企业财务会计人员编制财务报告的目的是向企业现有的股东以及其他在企业享有利润分红的投资者，潜在的外部投资者、企业债权人、政府部门及其他机构等信息使用者提供企业的财务状况、经营成果和现金流量信息，以利于正确地进行经济决策。

2）事业单位财务报告。事业单位财务报告是反映事业单位财务状况和收支情况的书面文件，是财政部门和上级单位了解情况、掌握政策、指导单位预算执行工作的重要的资料，也是编制下年度单位财务收支计划的基础。它由资产负债表、收入支出表、附表及会计报表附注和收支情况说明书等组成。

（2）财务报告归档范围。包括：①月度、季度报告，半年度会计报告；②年度财务报告（决算）；财务报告类包括会计报表、附表、附注及文字说明，其他会计报表等。

5. 其他会计资料归档范围包括

其他会计资料归档范围包括：①银行存款余额调节表、银行对账单；②纳税申报表；③清产核资材料；④工资汇总表；⑤会计档案保管清册；⑥会计档案移交清册；⑦会计档案销毁清册、会计档案鉴定意见书；⑧审计、保险、税务、电子核算会计软件等其他具有保存价值的会计资料。

6. 财会软件形成的电子会计档案

财会软件形成的会计档案指存储会计档案数据和程序文件的光盘、磁盘及其他存储介质，会计软件管理系统开发运行中编制的各种文档以及其他会计资料。如电子核算会计软件使用说明书也是会计核算有关的资料，也是属于其他类会计档案保存。

二、会计档案归档要求

1. 一般会计档案归档要求

（1）一般会计档案。一般会计档案是指纸质会计档案，归档内容见表 5-19。

（2）每年形成的会计档案，在会计年度终了后，由财务部门安排专人负责会计资料的收集、整理、装订成册和管理工作。

表 5-19　　　　一般会计档案归档内容要求

分类	具 体 内 容
会计凭证	原始凭证、记账凭证、汇总凭证、其他会计凭证
会计账簿	总账、明细账、日记账、固定资产卡片、辅助账簿、其他会计账簿
财务会计报告	月度、季度、半年度、年度会计报告，包含会计报表、附表、附注及文字说明，其他财务报告
其他	银行存款余额调节表、银行对账单、纳税申报表、其他会计核算资料，会计档案移交清册、会计档案保管清册、会计档案销毁清册、会计档案鉴定意见书及其他具有保存价值的会计资料

注：各单位财务预算、计划、制度等文件材料不属于会计档案，系文书档案范畴。

（3）归档的会计档案，务必真实、齐全、完整、准确。每年定期将归档范围内的会计资料收集齐全完整，整理、立卷归档。

（4）归档的会计档案，各类的规格基本一致，折叠整齐，装订牢固。

（5）装订应注意调节成册的厚薄，以便于保管和查阅，每册封面要书写工整、编号清楚、加盖经办人印章。

2. 电子会计档案归档要求

（1）电子会计档案。满足安全、可靠条件且“非需永久保存或有重要价值”的会计档案，“可仅以电子形式保存”。单位从“外部”接收的电子会计资料还需附有符合《电子签名法》规定的“电子签名”。

（2）电子会计档案归档要求。根据《会计档案管理办法》，在会计档案的范围、保管、移交、销毁等方面对电子会计档案进行了规定，主要包括：①《会计档案管理办法》肯定了电子会计档案的法律效力，电子会计凭证的获取、报销、入账、归档、保管等均可实现电子化管理。②《会计档案管理办法》允许符合条件的会计凭证、账簿等会计资料，不再打印纸质归档保存，这个规定将节约大量纸质会计资料的打印、传递、整理成本以及归档后的保管成本。③将电子会计档案纳入了会计档案的范围，规定会计档案包括通过计算机等电子设备形成、传输和存储的电子会计档案。④规定满足一定条件时单位内部生成和外部接收的电子会计资料可仅以电子形式归档保存。⑤要求电子会计档案移交时将电子会计档案及其元数据一并移交，且文件格式应当符合国家档案管理的有关规定；特殊格式的电子会计档案应当与其读取平台一并移交。⑥要求电子会计档案的销毁由单位档案管理机构、会计管理机构和信息系统管理机构共同派员监销。

第六章

会计档案立卷分类方法及档号结构

第一节　会计档案立卷归档与案卷组织

一、会计档案的立卷归档

1. 会计档案立卷归档定义及原则

（1）会计档案立卷归档。立卷是将归档文件按一定特征分门别类地组成档案的基本保管单位——案卷；包括文件材料的组合、卷内文件的排列、拟订案卷标题和装订等。会计档案立卷归档就是财务人员把本单位会计核算材料按照一定的方法、步骤，根据具体的业务规范要求，将零乱的会计核算材料通过系统整理后使之规范化，定期移交档案部门，进行科学管理，并积极向外界提供利用。

（2）会计档案立卷原则。会计档案是以核算单位为独立机构进行立卷归档，各核算单位形成的会计档案不混淆整理立卷。根据《会计档案管理办法》要求，各单位每年形成的会计档案，由会计机构按独立核算机构进行归档，负责整理立卷、装订成册。

2. 会计档案立卷归档时间

（1）会计档案立卷时间。当年形成的会计档案，在年终会计决算工作结束后进行立卷，并编制会计档案保管清册；在会计年度终了后，会计档案可暂由会计机构保管一年；期满后由会计机构编制移交清册，移交本单位档案机构统一保管；未设立档案机构的，应当在会计机构内部指定专人保管。

（2）会计档案归档时间。会计档案一般于次年 1 月底前向档案部门移交前一个会计年度的会计档案，例如：2023 年 1 月底前向档案机构移交 2021 年度的会计档案，由档案部门实行集中统一管理。

（3）建设项目会计档案归档时间。对于新建水电水利工程、新能源电站等各类工程建设项目，应逐年进行会计档案进行立卷归档，不能拖延至工程建设结束后再整理立卷，并在会计年度终了后，由会计机构保管一年；期满后由会计机构编制移交清册，移交本单位档案机构统一保管。

二、会计档案立卷归档职责及要求

1. 会计档案立卷归档职责

会计档案的立卷归档工作由本单位财务机构人员独立完成，本单位档案机构人员负责对本单位会计档案的整理分类方案、档号结构、会计档案编目的规范性进行业务指导，并对会计档案的移交进行监督、检查、接收，但是，档案人员不得介入会计档案的立卷归档工作。

对于撤销、合并单位和建设项目工程完工后的会计档案，由本单位会计机构人员整理立卷，并编制会计档案移交清册，随同会计档案一并移交给指定的单位，并按规定办理交接手续。

2. 会计人员和档案人员工作职责

首先，要有高度的责任心，学习和掌握会计档案专业基础知识，当年形成的会计档案要按月整理，并在次年 1 月底前全部完成整理立卷工作，不能拖延。其次，会计部门和经办人必须按期将应归档的会计核算资料及时整理立卷，不得自行封包保存。三是，档案部门人员，应定期监督、检查、指导会计档案的整理立卷工作，按时接收，不得推脱和拒绝。四是，会计人员将收集的会计文书文件移交档案部门，由档案部门整理立卷归档。

三、会计档案案卷的组织

1. 组卷前会计档案价值鉴定标准

首先，确定会计独立核算单位，明确经管对象，该项工作由各单位档案部门会同财务部门共同确定。其次，各类会计核算材料，在立卷前应检查会计核算材料的收集是否齐全、完整，签章手续完备。三是，会计核算材料的形成载体和书写印制规格，应符合会计档案归档保管要求。四是，根据《会计档案管理办法》的规定，结合本单位实际情况，制定各单位会计档案保管期限表，明确本单位会计核算材料归档范围，以及会计档案价值鉴定处置的分工与程序。五是，组卷鉴定，就是在会计核算材料整理立卷时，按照不同的核算文件内容及保存价值分别进行装订。

2. 会计档案组卷方式及要求

（1）组卷含义。组卷是将相同问题或相同类型的会计核算材料，按照一定的时间、特征组织在一起。会计核算材料的组卷是按照其形成规律和有机联系，区分不同的类型、类别、内容的会计档案、保管期限，将会计核算文件材料组成保管单位，形成案卷的过程。

（2）会计档案立卷方式。会计档案以“卷”为单位整理，“卷”是会计档案整理的基本保管单位，一个案卷内可以存放一册或两册会计核算材料，但一册会计核算材料必须装订在一起。

（3）会计档案立卷要求。区分会计凭证、会计账簿、会计报告、其他会计资料四种类别的会计核算材料，按年度、种类、内容、保管期限划分，分别组织案卷。会计档案案卷组织，原则上一本为一册，一卷可以装一册或两册，一卷一盒，一卷对应一个档号。

（4）会计档案案卷与卷内文件排列。会计档案案卷宜按系统、成套性特点进行案卷排列；卷内文件材料排列指在各类别下，按文件材料形成的自然规律和时间先后顺序排列。

3. 会计档案案卷整理标准

会计档案案卷整理标准采用“三统一”，即分类标准统一、档案形式统一、管理要求统一，分门别类组织案卷，具体如下：

（1）会计档案分类标准统一。指将会计核算文件统一分成四大类：会计凭证、会计账簿、会计报告、其他会计资料，进而确定分类方案。

（2）会计档案形成统一。指会计档案案卷编目表的编制统一，如档案封面、卷内目录、备考表，档案夹或档案盒、档案存放柜和档案存放排列方法统一，方案一经确定不能修改。

（3）会计档案管理要求统一。指建立会计档案保管清册、移交清册、查（借）阅清册、销毁清册的要求和格式要统一；会计档案根据分类方案整理立卷，分类方案制定后统一确定案卷编号方案，如采用大流水或小流水，建立会计档案目录，按根据分类方案排列入库上架。

4. 会计档案案卷组织

（1）会计档案的组卷单位。以“册”为案卷整理单位，册是指一本装订好的会计凭证、会计账簿、财务报告或其他类会计资料。如会计凭证由会计部门人员根据档案类别、内容的厚度，按凭证流水号的顺序装订；会计账簿、财务报告、其他会计资料，按会计科目、类型、日期等装订成册。

（2）会计档案的册数。指一个月内同一类型会计凭证或其他会计档案类型，形成装订本的数量。如：2019 年会计转账凭证共计 40 册。

（3）会计档案的册次。指同一类型会计凭证或其他会计档案形式下档案的册次；如月转账凭证共计有 30 册，本册所在流水号为 15，其册次为 15。

5. 会计档案组卷方法

（1）会计凭证组卷。会计凭证应折叠整齐，每月装订成一册或数册，一般每册厚度在 1.5～2cm，一个案卷可以存放一册或两册。

（2）会计账簿组卷。订本式账簿应保持原貌，一本会计账簿作为一个案卷，活页账根据账簿种类组卷。

（3）财务报告组卷。月报、季报表可根据张数多少装订一卷或数卷，一般，一个月或一个季度为一卷，也可几个月为一卷。会计报告与会计年度报告分开组卷；年终决算报表要单独装订。

（4）其他类会计资料组卷。按年度结合会计核算材料的种类、厚度组卷。具体为：一年的银行存款余额调节表、银行对账单位分开组卷，会计档案移交清册、会计档案保管清册分别组卷，根据同类材料的数量多少组成一卷或几卷；不同种类的会计资料不混合组卷；一次销毁工作的销毁清册为一卷；一次鉴定工作的鉴定意见书作为一卷；各年的电子会计档案根据光盘内容、数量组卷，通常一张光盘为一卷。

第二节　会计档案分类方法与案卷号编制

一、会计档案分类原则及会计档案类别

1．会计档案分类原则及方法

（1）会计档案分类原则。分类是档案管理的核心工作，做好分类工作可以大大提高工作效率。分类是依据一定的标准，按照档案来源、时间、内容和形式特征的不同对档案进行有层次的区分并形成相应的体系。分类原则如下：

1）分类方案要长期适用。分类方案要考虑保持分类的连续性、系统性，确保会计档案分类方案、编号方法能够长期使用，便于会计档案的保管与利用。

2）分类方案按核算机构制定。当同一个单位内部有不同核

算机构的，首先按核算机构层次单独分开整理；其次应考虑按各机构核算材料的分类规则相同。

3）分类方案确定原则。会计档案分类方法有几种，同一核算单位的会计档案，根据本单位的实际情况，选择一种适合自身单位的分类方案，分类方案选定后作为本单位分类依据，确定后不得再改动。

（2）会计档案分类方法。分类方案是以会计档案产生与使用的普遍性、内容与程序的连续性和所含成分的稳定性等特点为基础，按其自然形成规律，会计档案分类为：大类（又称门类）、属类、小类三级，其中，各类核算文件可在小类后再增加小类；如会计凭证可增加下级类目（小类）。方法：一是大类设置，会计档案大类或门类设为 KU；二是属类设置，设为四大类：凭证类、账簿类、报告类（报表类）、其他类；三是小类设置，如通常将凭证分为三个小类：1 为付款凭证、2 为收款凭证、3 为转收凭证。为适应会计凭证的多样性、复杂性，当会计凭证较多的单位，可将凭证分为五个小类：1 为现金凭证，2 为银行凭证、3 转账凭证、4 为运使费凭证、5 为资金清算凭证，如果会计核算材料量大时，还可以再按月分开，即增加“月”的小类号。一般企事业单位分为三级类目即大类、属类、小类三级即可满足要求。

2. 会计档案的类别

根据《会计档案管理办法》的规定，会计档案总体分为四个类别，分别是：会计凭证类、会计账簿类、财务报告类、其他类。

二、会计档案分类法设定与案卷流水号编制

1. “年度—类别”分类法及案卷流水号编制

以会计核算组织机构为标准，对会计核算文件进行分类整理立卷。常用的会计档案分类方法有“年度—类别”分类法、“类别—年度”分类法、“年度—组织机构—类别”分类法、“年度—类

型—类别”分类法等，具体方法如下：

（1）“年度—类别”分类法。“年度—类别”分类法简称为“年度”分类法。首先，把会计核算材料将按“会计年度”分开；其次，在同一个会计年度内，再按会计核算材料的“类别”分成四个属类：凭证（设置为1）、账簿（设置为2）、报告（设置为3）、其他类（设置为4）；三是，在每一个类别下再按核算材料小类编制顺序号。分类如图6-1所示。

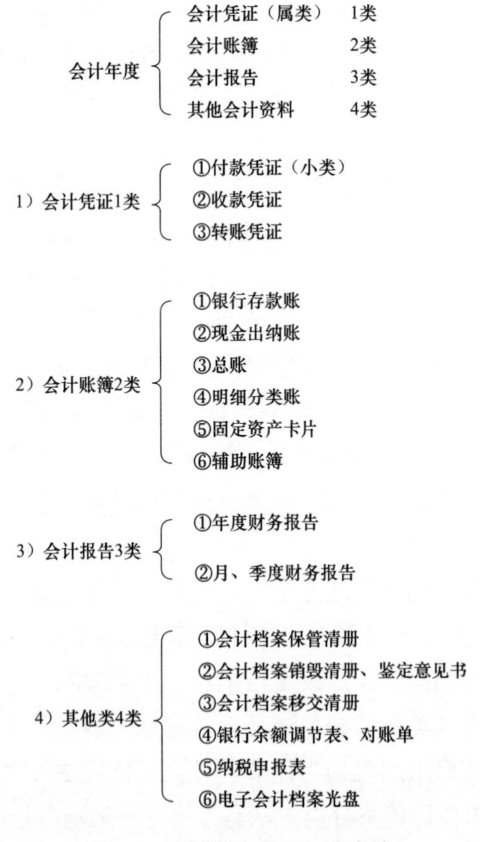

图6-1 “年度—类别”分类法

（2）案卷流水号编制方法。案卷号是指会计核算材料在整理过程中案卷排列的顺序号。“年度分类法”案卷号的编制有两种方法，编制案卷小流号方法、编制案卷大流水号方法，具体如下：

1）编制案卷小流水号方法。会计档案按“年度—类别”分类时，同一年度会计档案常采用编制案卷小流水号。首先，按“会计年度”分开；其次，再按核算材料“类别”分为四个属类：凭证、账簿、报告、其他类；三是，各类别下分别编制形成一个小流水号。也就是说，同一年的会计档案形成四个案卷流水号。如2018年会计档案，采用“年度—类别”分类后，编制案卷小流水号方法如表6-1所示。

表6-1　“年度—类别”分类法案卷小流水号排列方法表

<table>
<tr><th>年度</th><th>类别（属类）</th><th>题名（小类）</th><th>保管期限</th><th>案卷号</th></tr>
<tr><td rowspan="14">2018</td><td rowspan="3">1. 会计凭证（PZ）</td><td>1）收款凭证</td><td>30年</td><td>001～005</td></tr>
<tr><td>2）付款凭证</td><td>30年</td><td>006～010</td></tr>
<tr><td>3）转账凭证</td><td>30年</td><td>011～015</td></tr>
<tr><td rowspan="6">2. 会计账簿（ZB）</td><td>1）银行存款账</td><td>30年</td><td>001～005</td></tr>
<tr><td>2）现金出纳账</td><td>30年</td><td>006～010</td></tr>
<tr><td>3）总账</td><td>30年</td><td>011～015</td></tr>
<tr><td>4）明细分类账</td><td>30年</td><td>016～020</td></tr>
<tr><td>5）固定资产卡片</td><td>30年</td><td>021～025</td></tr>
<tr><td>6）辅助账簿</td><td>30年</td><td>026～030</td></tr>
<tr><td rowspan="2">3. 财务报告（BG）</td><td>1）年度财务报告（决算）</td><td>永久</td><td>001～005</td></tr>
<tr><td>2）月、季度财务报告</td><td>10年</td><td>006～010</td></tr>
<tr><td rowspan="3">4. 其他类（QT）</td><td>1）档案保管清册</td><td>永久</td><td>001～004</td></tr>
<tr><td>2）档案销毁清册、鉴定意见书</td><td>永久</td><td>005～006</td></tr>
<tr><td>3）档案移交清册</td><td>永久</td><td>007～010</td></tr>
</table>

续表

年度	类别（属类）	题名（小类）	保管期限	案卷号
2018	4．其他类（QT）	4）银行余额调节表、对账单	30 年	011～015
		5）纳税申报表	30 年	016～020
		6）电子会计档案光盘	30 年	021～025

2）编制案卷大流水号方法。会计档案按“年度—类别”分类时，各年度会计档案分开，以每一个“会计年度”为单位，四个属类统编一个案卷大流水号。首先，将每一年的会计档案分成四个属类，凭证、账簿、报告、其他；其次，各类别的会计档案，每年的第一类凭证开始从 001 编号，按会计凭证、会计账簿、会计报告、其他类会计资料的顺序编制一个流水号。第一类编制完成后续编第二类、第三类、第四类的案卷续编，直至一个会计年度的 4 个属类的案卷号编制结束。也就是说，同一个会计年度的会计档案编制一个案卷流水号；下一年的会计档案又是以第一类从 001 开始编制案卷号。如 2018 年形成的凭证、账簿、报告、其他类，案卷号凭证开始从顺序“001”开始编写流水号，接下来是账簿、报告、其他类，一类编完再续另一类别的案卷，直至 4 个大类连续排序编制完成；2019 年度的以此类推，以凭证为 001 卷开始，第一类完成续编第二类、第三类、第四类，各类之间案卷序号连续，一个会计年度编制一个案卷流水号。2020 年度的又以此类推，以凭证从“001”开始编制，每年形成一个案卷流水号。案卷大流水号编制方法如表 6-2 所示。

表 6-2　“年度—类别”分类法案卷大流水号排列方法表

年度	类别（属类）	题名（小类）	保管期限	案卷号
2018	1．会计凭证	1）收款凭证	30 年	001～005
		2）付款凭证	30 年	006～010

续表

年度	类别（属类）	题名（小类）	保管期限	案卷号
2018	1. 会计凭证	3）转账凭证	30 年	011～015
	2. 会计账簿	1）银行存款账	30 年	016～020
		2）现金出纳账	30 年	021～025
		3）总账	30 年	026～030
		4）明细分类账	30 年	031～040
		5）固定资产卡片	30 年	041～050
		6）辅助账簿	30 年	051～060
	3. 财务报告	1）年度财务报告（决算）	永久	061～065
		2）月、季度财务报告	10 年	066～070
	4. 其他会计文件	1）档案保管清册	永久	071～075
		2）档案销毁清册、鉴定意见书	永久	076～080
		3）档案移交清册	永久	081～085
		4）银行余额调节表、对账单	30 年	086～090
		5）纳税申报表	30 年	095～100
		6）电子会计档案光盘	30 年	101～105
2019	1. 会计凭证	凭证类别下的各类凭证材料		001～015
	2. 会计账簿	账簿类别下的各类文件材料		016～060
	3. 财务报告	报告类别下的各类文件材料		061～070
	4. 其他会计文件	其他类别下的各类文件材料		071～105

（3）“年度”分类法的优缺点。

1）优点：①分类方法简便、容易掌握，便于按年度查找和利用会计档案。②便于按年度查卷与统计各类别会计档案的数量；③可以充分地利用档案库房和装具。

2）缺点：由于每年度会计档案有四个属类，各类会计档案的档案盒外形不一致，案卷排列在一起不够美观，会计档案上架后出现高低错落、大小不一致的情况而不美观。

（4）“年度”分类法适用范围。适用于一般企事业单位会计档案、普通机关、单位预算会计档案的分类。如大型机关、企事业单位、金融单位、总预算单位等。特点是简便易行，分类与保管统一，方便查找利用和销毁。

（5）“年度”分类法注意事项。会计档案按“年度”分类法分类时，案卷号编制通常采用“编小流水号”方法，每年度会计档案按“属类”形成四个类别的会计档案案卷流水编号；每年会形成四本会计档案目录。

2. “类别一年度”分类法及案卷流水号编制

（1）“类别—年度”分类法。“类别—年度”分类法简称为“类别”分类法。这种分类方法是在同一个类别下按年度分类。首先，按“类别”分为四个属类：凭证（设置为 1）、账簿（设置为 2）、报告（设置为 3）、其他类（设置为 4）；其次，在同一属类下再按“年度”分开；在同一个年度下，按各类文件的时间先后顺序排列。如图 6-2 所示。

（2）案卷流水号编制方法。当会计档案分类方案采用“类别”分类法进行分类时，案卷号通常采用编制大流水号的方法排列。首先，将同一年的会计档案按“类别”分开，“同一属类”下，再按年度分开，将“历年的会计档案同属类的统编为一个流水号”。即：每个会计年度的“同一属类”的会计档案编号时，接续上年的相应属类的案卷流水号后续编连续的流水号，就是说，对同一属类别的会计档案按各年度连续累计统编流水号，即编制跨年度流水号、不因年度而截断；四个属类的会计档案分别形成 1 个跨年度案卷流水号，分别形成四个类别的案卷流水号。如：会计凭证类别下再按：2017 年、2018 年、2019 年……，以同一类别为准各年度通编一个流水号，每年续上一年的流水号，不因年度而截断；案卷流水号编制方法如表 6-3 所示。

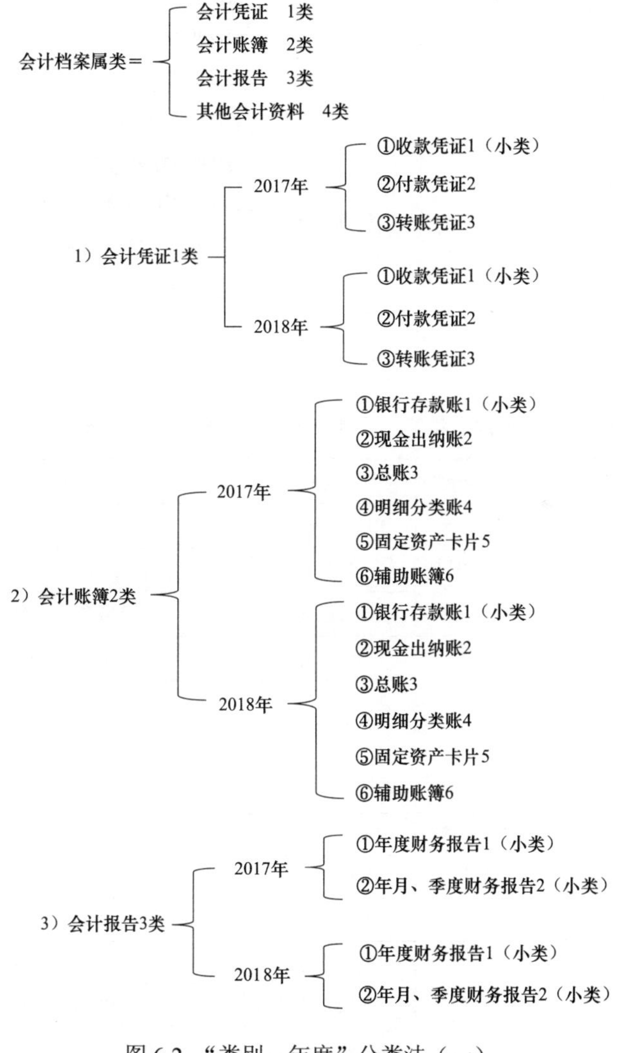

图 6-2 “类别—年度”分类法（一）

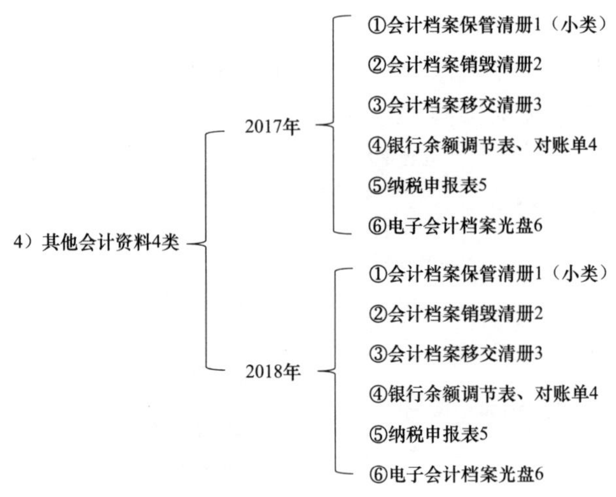

图 6-2 “类别—年度”分类法（二）

表 6-3 “类别—年度”分类法案卷流水号排列方法表

序号	类别（属类）	年度	题名（小类）	保管期限	案卷号
1	会计凭证	2017	1）收款凭证	30 年	001～005
			2）付款凭证	30 年	006～010
			3）转账凭证	30 年	011～015
		2018	1）收款凭证	30 年	016～020
			2）付款凭证	30 年	021～025
			3）转账凭证	30 年	026～030
		2019	……		031……
2	会计账簿	2017	1）银行存款账	30 年	001～005
			2）现金出纳账	30 年	006～010
			3）总账	30 年	011～015
			4）明细分类账	30 年	016～020
			5）固定资产卡片	30 年	021～025
			6）辅助账簿	30 年	026～030

续表

序号	类别（属类）	年度	题名（小类）	保管期限	案卷号
2	会计账簿	2018	1）银行存款账	30年	031～035
			2）现金出纳账	30年	036～040
			3）总账	30年	041～045
			4）明细分类账	30年	046～050
			5）固定资产卡片	30年	056～070
			6）辅助账簿	30年	071～080
		2019	……		081……
3	财务报告	2017	1）年度财务报告（决算）	永久	001～005
			2）月、季度财务报告	10年	006～010
		2018	1）年度财务报告（决算）	永久	011～015
			2）月、季度财务报告	10年	016～020
		……	……		021……
4	其他会计文件	2017	1）档案保管清册	永久	001～005
			2）档案移销毁清册	永久	006～010
			3）档案移交清册	永久	011～015
			4）银行余额调节表	永久	016～020
			5）银行对账单	30年	021～025
			6）电子会计档案光盘	10年	026～030
		2018	1）档案保管清册	10年	031～035
			2）档案移销毁清册	永久	036～040
			3）档案移交清册	永久	041～045
			4）银行余额调节表	永久	046～050
			5）银行对账单	永久	056～070
			6）电子会计档案光盘	30年	071～080
		2019	……		081……

（3）“类别—年度”分类法的优缺点。

1）优点：①同一个“属类”的会计档案集中排列，保持了会计档案“类别”集中排列的连续性，便于按类别查找会计档案，②按“类别”集中排列，每个属类的会计档案排列外形统一、美观、整齐。

2）缺点：不便于按年度查找和利用会计档案，同一年度的会计档案分散排列在各个类别中，排列时要预留空间。

（4）“类别”分类法适用范围。会计档案“类别—年度”分类法适用于每年形成的会计档案的数量较多的大中型企事业单位。

3. “年度—组织机构—类别”分类法

（1）“年度—组织机构—类别”分类法。这种分类方法，首先，将单位会计核算文件按“会计年度”分开；其次，再把同一会计年度内，按单位内部设置机构“各组织机构”分开，如：组织机构 1（如会计处）、组织机构 2（如预算处）等；三是，在单位各组织机构下，再按核算文件的“类别”分为四个属类：凭证（设置为 1）、账簿（设置为 2）、报告（设置为 3）、其他类（设置为 4）；四是，把各个属类的会计档案组成保管单位，按顺序编制案卷大流水号。如图 6-3 所示。

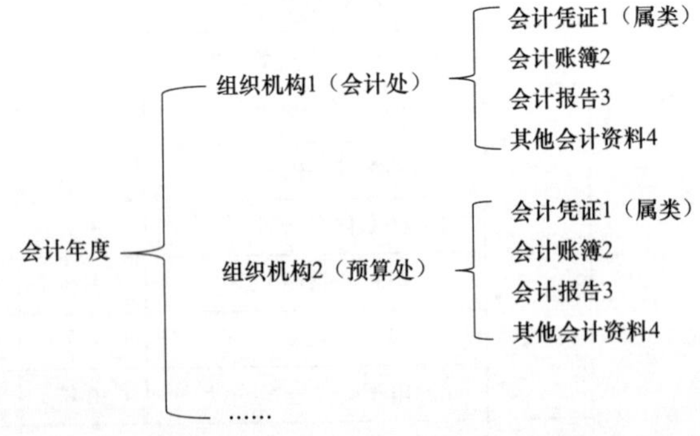

图 6-3 “年度—组织机构—类别”分类法

（2）案卷流水号编制方法。该分类法案卷排列常采取案卷大流水号方法编制，把同一个年度、按同一个组织机构下的四个属类的会计档案（凭证、账簿、报告、其他类）统编一个案卷流水号，一年编一个案卷流水号。就是说，各个会计年度在各组织机构下，从“001”开始统一编制案卷大流水号。首先，按会计年度分开；其次，在同一年下，按本单位的各会计组织机构分开，如：分为组织机构1—会计处，组织机构2—预算处；三是，在同一个组织机构如预算处下，分为四个属类：凭证1、账簿2、报告3、其他类4；四是，对每个属类会计档案进行分别编号，第一个属类凭证从“001”编号完成后，续编第二个属类，直至四个属类结束。例如：2017年会计档案，在同一组织机构（如预算处）下，分成四个属类：凭证、账簿、报告、其他类，第一类别凭证从“001”开始连续编制，第一类编制完成接续账簿第二类编制，依次类推，直到四类结束。2018年的四个属类会计档案的案卷号，又从“001”开始编制一个流水号，一类完成又接续编制另一类，依此类推。

（3）“年度—组织机构—类别”分类法的优缺点。

1）优点：①分类方法简便、容易掌握。②便于按年度查找和利用会计档案，可以充分地利用档案库房的装具。

2）缺点：由于每年的会计档案有四个属类，各类档案的外形不同，案卷的排列不够美观，上架后会出现高低错落大小不一。

（4）适用范围。“年度—组织机构—类别”分类法适用于各级总预算会计单位，如财政部门。另外：财政机关会计档案分类方法还有：“类型—年度—组织机构”或“组织机构—类型—年度”分类法。

4. “年度—会计类型—类别”分类法

（1）“年度—会计类型—类别”分类法。这种分类法是指单位如税务机关的会计类型有两种以上的单位时，如税收计划、税收会计、经费会计、税收统计等。首先，采取按年度分开；其次，在同一年度下，按“会计类型”分开，如：单位税收部门的税收计划、税收会计、经费会计、税收会计等会计类型；三是，在同一会计类型下分为四个属类：凭证、账簿、报告、其他类；四是，在同一属类的类别下，按时间先后顺序排列组卷；五是，在各属类下，还可继续分核算材料的小类；六是，当会计核算材料量大时，在小类后还可再按“月”继续分小类。通常情况下，单位会计档案如税务机关会计档案在各会计类型下再分类到属类即可满足要求。如图 6-4 所示。

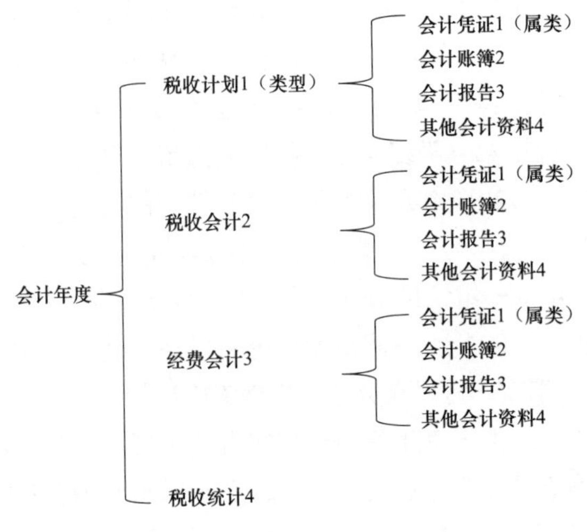

图 6-4 “年度—会计类型—类别”分类法

（2）案卷流水号编制方法。首先，按会计年度分开；其次，在同一个会计年度下，其次，按会计类型进行分类，会计类型为：税收计划、税收会计、经费会计、税收统计等，三是，在每一会计类型下分为四个属类：凭证、账簿、报告、其他；四是，在同一个会计类型下对各属类的会计档案编制案卷流水号；第一个属类编制完成，再续编第二个属类，直至四个属类的会计案卷排列编制完成；即采取每一个会计类型通编一个案卷大流水号方法，按照文件类别先后排列顺序逐级进行，如税务部门属下有四个会计类型就编制四个案卷流水号，即每年按四种类型就编制四本案卷目录。

（3）适用范围。“年度—会计类型—类别”分类法适用于多种会计类型的机关单位，主要适用于财务、税务、银行等单位。如适用于专业性强的各级税务机关的税收会计档案的分类。

5. “类型一年度一组织机构”分类法

“类型—年度—组织机构”分类法是立档单位内部有几种会计类型时，如税务部门的会计类型为：税收计划、税收会计、经费会计、税收统计等。这种分类方法，首先，会计档案按单位机构类型分开，税收计划、税收会计、经费会计、税收统计；其次，在同一个机构类型下，再按各会计年度分开；三是，在每个会计年度下，再按本单位下的组织机构分开，如会计处 1、预算处 2；四是，在每一个组织机构下（如会计处 1、预算处 2）下都分成四个属类：凭证、账簿、报告、其他类。本方法适用于本单位会计类型和会计机构多的情况，如财政机关。

6. “组织机构一类型一年度”分类法

“组织机构—类型—年度”分类法。首先，是按照立档单位的内部组织机构分开，如会计处 1、预算处 2；其次，把全宗内各组织机构下（会计处、预算处）的会计档案分成各类型，如税收计划、税收会计、经费会计、税收统计等；三是，按会计年度分开；四是，在每年每个会计类型下，再分为四个属类：凭证、账簿、报告、其他类；五是，如果会计核算文件量大，可在每个属类下，再分小类。本方法适用于本单位会计机构多的情况，如财政机关。

注：当组织机构在两个以上，会计类型也有两种以上的单位，

如税务机关，应考虑组织机构下结合会计类型分类，在会计类型下，再分属类，如果核算文件量大，还可再分小类。

三、会计档案分类方法的选用

1. 会计档案分类方法选择原则和方法

（1）分类方案确定原则。在分类方案选择时，选择什么样的分类方案，会计部门需要会同档案部门，共同决定。根据本单位实际，考虑最佳分类方案，一旦方案确定下来，就不能轻易变动，要保持一贯性，便于保管和利用。

（2）企事业单位常用分类方案。企事业单位会计档案分类方法通常采用两种："年度—类别"分类法，或"类别—年度"分类法等，各企事业单位结合本单位会计工作实际，选择其中一种分类方法。分类方法确定后，按凭证、账簿、报告、其他分开，结合时间、数量、分别组成若干个保管单位。

2. 电力企业或电力工程建设项目企业会计档案常用分类方法

在上述分类方法中，企事业单位通常采用的是按第一种方法分类，电力企业或电力工程建设项目常按"年度—类别"分类法对会计档案分类整理立卷，各属类的案卷顺序排列常采用"案卷小流水号"编制，即各属类分别编制一个流水号，一年形成四个类别案卷流水号，即每年形成 4 本会计档案目录；也可采用编制大流水号的办法，每年形成一个会计档案的案卷流水号，即每年形成 1 本会计档案目录。

3. 其他行业会计档案分类方法选择

（1）预算会计。一般预算会计单位，优先推荐"类别—年度"分类法进行分类。

（2）财政机关。适宜采用"年度—组织机构—类别"分类法。

（3）银行、税务单位。适宜采用"年度—组织机构—类别"分类法，也可采用"类型—年度—组织机构"分类法、"组织机构

—类型—年度”分类法。

（4）大中型企事业单位。通常选择“年度—类别”分类法或“类别—年度”分类法，可根据实际情况，选择其中一种会计档案分类方法。

第三节 会计档案立卷程序与立卷方法

一、会计档案的立卷程序

立卷是指在会计档案分类方案确定后，按凭证、账簿、报告及其他类分开，结合时间、数量分别组成若干个保管单位。程序如下：

（1）收集清理。每年将单位的会计核算文件收集齐全后进行清理，不能留有零散材料。

（2）排列。指将会计核算文件按类别分为四类后，再按各类别核算文件材料的时间先后顺序排列。

（3）确定分类方案。收集清理完毕后，会同单位档案部门共同确定会计档案共同设定分类方案。

（4）编号。指目录号或分类号、案卷号，进一步确定档号。首先，根据分类方案确定类目号或分类号；其次，在同一分类级别，再按时间顺序编制案卷流水号，进而确定每卷会计档案的档号。

（5）编页。凭证原则上不要求重新编写页号，但有附件时要统计和填写附件张数，加上凭证页数即可。订本账利用原页码、不重新编页；会计报告（表）、活页账、卡片账均需编页。

（6）装订。会计凭证通常采用包角式装订法，订本账保持原装订，财务报告（表）、活账簿及卡片账、其他类会计资料，系A4纸幅面大小的文件材料按三孔一线法装订。

（7）装盒。按类别将会计档案分别装入相应标准的各类会计档案盒。

（8）编制目录。按规定编制目录一式二份，一份目录随档案存放；另一份目录按类别装订成册，各年度四个类别的目录分别装订，暂时较少的，可以先装订在一起；不能随意丢放和遗失。

（9）填写档案封面和卷盒、卷脊。按规定要求填写各类会计档案盒的封面、卷盒、脊背的有关项目。

（10）临时保管与移交档案机构入库上架。将立卷好的会计档案由会计部门临时保管一年，期满后移交档案部门入库上架长期保管。

二、会计凭证立卷方法及质量要求

1. 会计凭证立卷原则及方法

（1）凭证立卷原则。会计凭证的形成是“日清月结”，因此，凭证要求按“月”整理立卷。每月装订一次，不同月份产生的凭证不要混合组卷在一起；一册凭证作为一个保管单位，将各种记账凭证连同所附的原始凭证一起按时间顺序整理排列，并编写页号，所附的原始凭证可以不编号，但应折叠整齐附后。每个月的凭证合订成一册或数册。会计人员在完成报账手续后，将各种记账凭证连同所附的原始凭证、汇总表，按照记账时间的先后顺序装订成册组卷。

（2）凭证立卷方法。按记账凭证连同所附的原始凭证、汇总表，按照记账凭证时间的先后顺序组卷，每本为一卷。根据凭证数量的多少组合为若干卷，按照“多则分、少则合”的案卷组合方法，一般厚度按 1.5～2cm 为宜，根据凭证数量多少，考虑按日、上旬、中旬、下旬、或按月组合成若干卷。规模较大的企事业单位可以对收款凭证、付款凭证、转账凭证分别整理立卷。

（3）特殊原始凭证的立卷。对于一些不便随同记账凭证一起装订的原始凭证，如涉及外事原始凭证、工资名册、房地产、经济合同、人员工资关系转移、工资调整改革，提级、定级和人员处理，数额较大的开支和固定资产的凭证等，应当抽出单独整理装订保管，但要在原始记账凭证上注明抽出凭证的名称、数量及去向，并由立卷人签字。

2. 会计凭证案卷质量要求

（1）按记账凭证的凭证编号顺序排列，防止漏号、颠倒。

（2）记账凭证所附的各种原始凭证，如收据、发票等要折叠粘贴整齐、规范。

（3）拆除金属物、折叠整齐，采用线绳或塑料铆钉装订，凭证的厚度一般为1.5～2cm为宜，最多不宜超过3cm。

（4）装订完成后，要进行密封处理，在装订线上贴封签，并在封签处加盖财务专用章和立卷人的印章，以示责任人。

（5）填写凭证封面，凭证采用专用封面，要求填写凭证封面和脊背项目齐全、规范清楚，留出档号填写的位置。

三、会计账簿立卷方法及质量要求

1. 会计账簿立卷原则及方法

（1）会计账簿立卷原则。会计账簿按“年度”立卷，在会计年度完结时进行，会计账簿在年终结账、决算后整理立卷。跨年度使用的固定资产账可在使用结束年立卷。会计账簿组卷时要注意按账簿的形成特点，区分会计年度，并把不同名称种类的会计账簿分开组卷。

（2）账簿立卷方法。会计账簿分为订本式、活页式、卡片式三种，订本账按照账簿种类、名称和归档要求稍加整理即为一个案卷。活页式或卡片式的账页，应去除空白页后对已用记账页编写页号组成案卷。立卷时严格按照账簿的种类分开组卷，同一年度内会计账簿按账簿种类（日记账、总账、明细账）组卷，一本为一卷。

（3）账簿立卷要求。订本账应保持原来的面貌，不用重新编写页号；活页账撤出空白页后编写页号装订成册，按照归档要求，每卷册均要加装封面、卷内目录、备考表；卡片账与活页账方法相同。

2. 账簿质量要求

（1）各类账簿的扉页，反映了账簿的启用和交接的使用状况，归档前应按要求将启用交接表逐项填写清楚。

（2）对于订本式账簿，整理立卷应保留原有面貌，不要拆除空白页；由于订本账簿内原有连续页码故不需重新编页；账簿封面要增加贴上不干胶的标签，并逐项填写规范。

（3）对于活页式账簿，在会计年度结束后将空白页撤出，并编制页号装订成册，进行密封装订并在密封处加盖经办人员或财务专用章，账簿封面要逐项填写规范。

四、会计报告立卷方法及质量要求

1. 会计报告立卷原则及方法

（1）报告立卷原则。会计报告按“年度”立卷，立卷时要区分不同的保管期限。即年度报表要与季度、月份报表分开立卷，不同年度的财务报告不能混杂组卷。立卷时应将本机关与下属单位的报表分开立卷。月报表、季报表可根据文件材料的多少分开或合并整理立卷，当会计报表多时，还可按报表名称或其反映的地区或行业立卷。

（2）会计报告立卷方法。会计报告组卷时，首先，按形成的会计年度组卷，财务报告是由会计报表及其附注和财务情况说明书组成，组卷时不要分开；其次，会计报告组卷时要注意区分不同的保管期限，如年度财务报告的保管期限是永久，月度、季度的财务报告是 10 年保存，因此分开组卷。

（3）会计报告立卷要求。按照归档要求，会计报告要编制卷内目录、备考表，并增加卷内封面，并与会计报告一起装订。

2. 会计报告案卷质量要求

（1）会计报告（表）组成案卷后，要去除金属物并编制页码。

（2）案卷要填写卷内文件目录和备考表，并加内封面。

（3）会计报告中会计报表的封面栏目，要有单位会计机构负责人或主管会计的签名或盖章，设置总会计师的单位，还须由总会计师签名或盖章。

（4）增加的案卷内封面，其各项目要填写规范、整齐。

五、其他类会计档案立卷方法及质量要求

1. 其他类会计档案立卷内容与要求

（1）其他类会计档案立卷时间。其他类会计核算材料，通常按年形成，故按“年度”整理立卷。

（2）其他类会计档案立卷原则。根据内容立卷，对不同内容的其他类材料分开组卷；如银行余额调节表、银行对账单是两种用途不同的会计核算材料，要注意分开组卷。会计档案移交清册、档案保管清册、销毁清册，每一个清册为一个保管单位，编一个案卷号。

（3）其他类会计档案立卷要求。采用计算机进行会计核算的单位，应当保存打印出的纸质会计档案，整理方法不变。

2. 其他类会计档案案卷质量要求

（1）其他类会计文件按会计年度组卷，一年可立一卷或数卷。

（2）卷内按时间顺序排列、编制页码，按内封面、卷内目录、文件材料、备考表、封底的顺序整理装订。

（3）其他类会计文件应增加封面，卷内目录、备考表一起装订。

第四节 会计核算文件收集、整理与装订

一、会计文件的收集与整理

1. 会计文件材料的收集

（1）收集要求与职责。每年形成的会计文件，分为两大部分：一是会计文书材料；二是会计核算材料。每年在会计年度终了后都要及时对会计文件材料进行收集，要求归档文件完整齐全、有头有尾。收集职责是本单位会计部门，具体如下：

1）会计核算材料收集。由会计机构按归档范围收集，分为会计凭证、会计账簿、会计报告（财务报告）、其他会计资料四个类别进行收集。实行会计电算化的单位注意收集存储在会计软件做账形成的会计数据、程序文件以及其他会计核算资料。同时将其输出打印成相应的纸质会计核算文件，并有财务主管的签字。

2）会计类文书材料收集。由会计机构、档案机构共同收集。会计文书材料包括：经费预算、财务计划、调资定级、财务制度，财务政策管理材料等。如年（季）度成本计划、利润计划、月度财务收支计划、经济活动分析报告、工资计算表、经济合同等收集后移交本单位档案部门整理归档。

（2）会计文件收集时间。单位当月或当年形成的会计核算材料于次月或次年初进行收集整理立卷归档；当年形成的会计文书材料，在次年 3 月底前完成上一年会计文书材料的收集移交。

2. 会计核算文件材料的整理

（1）整理含义。会计核算文件的整理是按照一定的方法和程序，将零散的和需要进一步条理化的核算文件，通过科学的分类、组合、排列、立卷、装订、编目、装盒，使之有序化的过程。整理首先要依据科学的分类，分类方案是整理的前提，整理是会计

档案管理的核心内容，是保管和利用会计档案的前提。

（2）整理步骤。收集—确定分类方案—审查核算文件的完整性和准确性—发现问题及时纠正补充—分年度—核算文件分类（凭证、账簿、报表、其他）—排列编号—加盖档号章—著录。

（3）整理时间。当月形成的会计档案于次月的月初进行整理。每年形成的会计档案，在会计年度终了后，于次年的1月底前由会计机构完成收集整理立卷，并编制会计档案保管清册。

（4）整理原则。

1）以“卷”整理。会计档案以“卷”为保管单位，遵循会核算材料的形成规律及其本身固有的特点，保持卷内核算文件的有机联系和案卷的成套、系统，便于会计档案的保管和利用。

2）跨年度会计核算文件。同一全宗会计档案按“年度”分开整理，不应跨年度，对跨年度的决算报表等可放入结算年度里。

3）会计档案分类方案。分类方法很多，会计核算文件整理前先要会同档案部门共同设定分类方案。

4）检查完整性。会计核算材料的收集要完整齐全，有头有尾。对打印输出的核算文件，需要财务主管签字。

5）整理注意事项。严禁将不同类别的会计档案混装在一起；严禁将不同保管期限的会计档案整理混装在一册。

（5）整理要求。

1）会计核算文件收集要齐全、签章完备、整理规范，装订标准、填写清晰、名称与内容相符。

2）按“月”装订会计凭证；按“季度”装订会计报表；按“年”装订会计账簿与总账、现金日记账、银行存款日记账。

3）统一规格。记账凭证、账簿、报表册；其封面、目录、档案盒等要统一确定各类的规格。

（6）会计核算文件排列。会计档案材料整理后按卷号顺序进行系统排列，排列方法与分类方案挂钩。

（7）其他介质会计核算材料整理。保存会计档案的光盘、磁盘、微缩胶片等介质，按会计档案的年度、类别进行分类、编号，标识标签并加装介质封套、注明档号，著录保管清册后按年度排列存放。

二、会计档案凭证的整理与装订

1. 会计凭证归档整理

（1）会计凭证的整理。每“月”一次，按凭证种类分类整理、按序排列，按凭证汇总日期归集确定装订的册数。将各种报销单据、现金凭证、银行转账凭证、成本核算凭证、职工工资凭证、资产凭证等都归入会计凭证范围，如果凭证数量多时需要分类整理立卷归档。

（2）会计凭证的特点。凭证具有严格的时间特征，凭证是逐日产生并按月结算，故应按“月”整理。根据每月凭证产生的数量多少，根据凭证汇总日期归集，按记账顺序装订成册的本数，厚度一般以 1.5～2.0cm 为宜，每本厚度基本相同，保证装订牢固、美观大方。

（3）凭证档案编号。指编制凭证档案的档号，将各种记账凭证按记账编号顺序排列组卷，每一册凭证作为一个保管单位，即每一卷编一个案卷流水号，一般以三位数 001 或四位数 0001 进行编号。

（4）凭证的编页。会计凭证不编页号，以记账凭证号为页号。所附原始凭证可不编写页号，但应折叠整齐并加上凭证张数，即对有凭证的附件时要统计和填写附件张数。

（5）会计凭证的入盒。按顺序装入会计凭证档案盒，一盒可装一册或两册，装满一盒后再装下一盒。

（6）确定凭证的保管期限。根据《会计档案管理办法》的规定，会计凭证的保管期限统一为 30 年。

（7）会计凭证封面及凭证盒封面、盒脊的填写。凭证封面、盒脊需注明单位名称、年度、月份和起止日期、凭证种类、起止号码。首先，填写会计凭证的封面，其次填写凭证盒封面及盒脊，凭证封面各记事栏是事后查账和查证有关事项的最基础的索引和凭证；三是，填好卷脊上的项目，卷脊上一般应写上：×年×月凭证和案卷号。

（8）建立会计档案数据库和检索工具。根据会计档案的档号建立数据库，先编制会计档案案卷级和文件级目录，导入档案管理软件系统，便于会计档案的保管与检索利用。

2. 原始凭证粘贴规则

（1）粘贴凭证票据。各种原始票据按经济内容项目分类，如办公用品费、电话费、差旅费、招待费等，按其类别分别把同类项目的原始凭证粘贴在一起，附在其所属的记账凭证的后面。

（2）在空白的报销单上将原始凭证按照小票在下、大票在上的要求，从右至左呈阶梯状依次粘贴。

（3）将已经填写完毕的正式报销单，粘贴在已经贴好原始凭证的空白报销单上。

（4）注意事项。①正式报销单与空白报销单是按照格式印制的，格式要求完全相同，但用于不同地方；②从右至左呈阶梯状地依次均匀粘贴，超大凭证要折叠；③只需要粘牢原始凭证的左侧部分；④把褶皱的凭证全面推开、压平；⑤尺寸太小的凭证，可在记账凭证面积内分开均匀粘贴；如汽车票可按照上、中、下（二行或三行）或右、中、左（二列或三列）的方式复式粘贴，不要累压粘贴；⑥粘贴超大凭证：对于大的纸张或附件要折叠成同记账凭证的大小，并且要避开装订线，以便翻阅时保持数字完整；⑦发票抵扣联要单独交给相关会计人员；⑧发票的盖章必须为“发票专用章”，盖章且须清新；⑨费用报销单应该在经办人签字之后交部门负责人、财务审核，要由总经理审批之后到财务部办理报销手续。

3. 会计凭证整理方法

（1）凭证整理排序。会计人员在完成报账手续后，将各种记账凭证连同所附的原始凭证、原始凭证汇总表，按照记账的先后顺序整理。整理顺序：科目汇总表、记账凭证、原始凭证汇总表、原始凭证。其中，原始凭证必须附在所属记账凭证后面；若有原始凭证汇总表，则原始凭证必须附在原始凭证汇总表后面。因凭证是按业务发生的顺序，编制凭证记账，它与登记在总账的号码相同，如果凭证量大，则将收、付、转各类凭证分别编写序号。凭证整理排列顺序：首先，把科目汇总表和收入支出月报表放在最前面；其次，排列现金银行存款两个科目之间往来的凭证；三是，排列销售收入或者别的收入凭证按收/付/转的顺序；四是，将税金/工资/福利费等凭证各个科目按照收/付/转顺序排列；五是，各种费用凭证结转、成本结转的凭证；六是，排列利润结转。凭证按“月”以记账凭证排列装订，装订好的凭证“按年分月”的顺序排列，妥善保管。

（2）检查凭证的日期、编号是否齐全。凭证分类整理，按顺序排列，检查按顺序排列、日数、编号是否齐全。凭证分为收款凭证、付款凭证、转账凭证，记账凭证采取统一编号，将多种记账凭证按照编号排列，每月为一个编号单位，每月从“1”号起编号到月末止，凭证编号在记账凭证的右上角。

（3）确定凭证册数。整理时按凭证汇总日期归集，根据当月形成凭证数量的多少确定凭证装订的本数。根据凭证数量，确定按每月一册、或每月上、下两册、或按每月上旬、中旬、下旬汇总成三册。首先把记账凭证打印出来，其次按记账凭证顺序号排序。如某月有100张凭证可做两册装订，先根据1～50号凭证，统计各会计科目发生额，把科目汇总表打印好，统计附件张数。

（4）剔除金属物并规范折叠。剔除凭证中的大头针、订书针、回形针等金属物；将各种大小的原始凭证，按记账凭证大小折叠整齐，且避开装订线，以便翻阅，保持数字完整；在凭证的最后，加上一张与记账凭证大小一致的空白纸。

（5）整理检查记账凭证顺序号及附件。首先，检查记账凭证顺序号是否连号，检查记账凭证日期、记账凭证的齐全性，是否缺页、漏编，发现缺号要查明原因；其次，检查记账凭证的附件是否漏缺，如领料单、入库单、工资单、奖金发放单是否随附齐全。剔除不属于不必要归档的资料，补充遗漏的、必不可少的原始凭证。

（6）检查记账凭证有关人员签章是否齐全。记账凭证上有关人员，如财务主管、复核、记账、制单等，印章是否齐全。

4. 会计凭证整理组卷时特殊情况处理

（1）注意凭证装订时，要将科目汇总表及T形账户表装订进去，这样便于快速查找某笔凭证。

（2）如果所形成的凭证过多，把不同类型的会计凭证分类整理、排列顺序，如收款凭证、付款凭证、转账凭证分开整理装订。

（3）如果单位小且产生的凭证极少时，记账凭证也可以按年度为一个顺序编号。将对应的原始凭证、记账凭证、凭证封面等资料按顺序完整排列，厚度要均匀。

（4）对于一些不便随同记账凭证一同装订的原始凭证，如工资结算表、领料单、涉外凭证、工资名册凭证等，应当抽出单独装订。但是，在原来记账凭证单上要注明所抽出的凭证的名目、数量和去向，即在有关的记账凭证和原始凭证上相互注明日期和编号、种类，同时在记账凭证上注明“附件另订”和原始凭证编号，并由整理人签名。

（5）其他种类的会计凭证：如送款单、付款委托书、缴款书、医疗报销单等，根据会计制度的要求，按照时间顺序编写页号并装订成册。另编目录单独登记保管的，应在有关的记账凭证和原始凭证上相互注明日期和编号。

5. 会计凭证的装订要求、原则及装订方式

（1）凭证装订要求。装订采用热熔铆或棉线，在左上角打上二个孔或三个孔，实行二孔一线或三孔一线打结，结扣是活的，并放在凭证封皮里面，装订时尽可能缩小所占位置。使记账凭证及其附件保持尽可能大的显露面，以便于事后查阅。

（2）凭证装订原则。凭证不得跨月装订，原则上以一张记账凭证汇总表为一册，当分开装订两册以上时采用“分数号”编号；如记账凭证较少，也可将两张或三张记账凭证汇总表的记账凭证合并装订一册，但不得跨月装订。

（3）凭证装订方式与材料。①凭证装订方式：一是左上角包角式（二孔或三孔）装订法；二是左侧式（二孔）装订法。②凭证装订材料：会计凭证装订材料采用热熔铆管或使用棉线绳装订。

6. 凭证包角式装订步骤

（1）装订前准备。①凭证纸及工具：凭证封面和封底裁开，包角纸、凭证盒、装订机、热铆管或棉线、票夹、胶棒等。②包角纸使用：将包角纸沿着虚线撕开，取一份使用。③固定凭证纸、封面、包角纸位置：取出凭证并整齐叠好，将凭证封面、封底放在凭证材料最前和最后。④通常采用包角式二孔装订法。

（2）包角式铆管装订方法。①凭证两孔位置确定：在凭证左上角画一等腰三角形确定两孔，位置如图 6-5（a）所示。②凭证左上边侧不平整的用一个三角纸垫着，保持整体平行；三角纸提前用废纸剪好；并摆放包角纸在封面前如图 6-5（b）所示。③凭

证打孔：打开装订机电源并调整位置，在确定的两个小圆圈处打孔。二孔或三孔装订如图 6-5（c）所示。④将铆管放入孔内，将辅助针插进热缩管并确保穿透热缩管热压为 3～4s，使铆管固定凭证，折叠包角纸如图 6-5（d）所示。

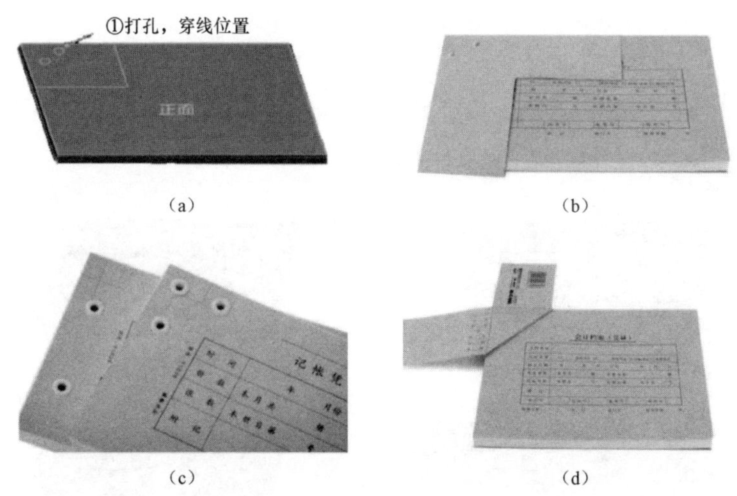

图 6-5 包角式铆管装订方法

（a）两孔位置确定；（b）包角纸摆放；（c）打孔后包角纸线纸折叠；（d）热熔管装订方式

（3）包角式线绳装订步骤。

1）确定两个孔标识。包角纸沿虚线剪开，包角纸摆放在凭证封面前即按图摆放，并在凭证左上角确定两孔位置，其中，右方上角为 1 孔，左方下角为 2 孔。

2）将线穿好，从凭证背面 1 眼中穿入，然后从凭证 2 眼中穿出，然后在凭证左边绕到正面，再从凭证正面 2 眼中穿入。

3）从凭证背面 1 眼中穿出，从凭证正面上边中绕到凭证背面。在凭证背面与后面存在的线交叉穿插打结固定，剪掉多余线头。

4）包角纸折叠步骤。①包角纸沿着向左上角方向折叠。②从凭证的反面，包角纸的反面用胶棒粘贴。③折叠包角纸，将包角沿着虚线往上折，反面用胶棒粘贴，正反面的包角纸均折叠为三角形。如图 6-6（a)、（b）所示。

5）装订好的凭证，如图 6-6（c）所示。

6）折叠并盖章。折叠好的包角纸，在包角纸与凭证封面的连接处盖上会计部门的公章，如图 6-6（d）所示。

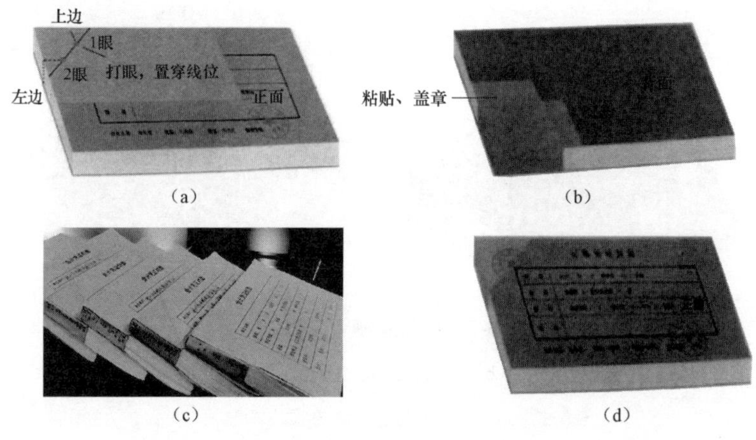

（a）（b）（c）（d）

图 6-6　包角式线绳装订步骤

（a）包角纸折叠；（b）包角纸的背面；（c）凭证装订好情况；（d）包角纸处盖章

（4）凭证装订后的注意事项。①每本凭证封面上填写好凭证种类、起止号码、凭证张数、会计主管人员和装订人员签章。②在封面编写档号，按档号顺序入柜，并要在显露处标明凭证种类编号，以便于事后查阅。③会计凭证在装订好后，在封面与包角的接封处，加盖财务专用章和立卷人的印章，以示负责。同时说明该卷册未被其他任何人拆开，以防抽换、舞弊。④对于不便随同记账凭证一起装订或保管价值明显不同的原始凭证，如涉及外事，工资名称、房地产、经济合同、人员工资关系转移、工资调整改革、提级、定级、人员处理、数额较大有开支和固定资产的凭证等，应当单独装订保管，但应地原记账凭证上注明抽出凭证的名称、数量及去向，并由立卷人签章。

三、会计账簿的整理与装订

1. 账簿归档的整理步骤

（1）会计账簿的整理。按“年”整理，一本组成一卷。在年末，各种账簿在结转下年建立新账后，都要把旧账的账簿，统一按账簿种类整理组卷；各种会计账簿年度结账后，除跨年度的账簿外，其他账簿应及时整理立卷。活页账应按页码顺序统一编号加具封面后装订成本。账簿包括总账、明细账、现金日记账、银行存款日记账、固定资产卡片账和各种辅助账等都归入会计账簿。

（2）会计账簿分类整理。账簿一般都有固定格式和明确分类，立卷时要严格按照账簿的种类整理，一本账簿为一卷；会计账簿按其形成特点将不同种类的账簿分别整理组卷，组卷前要检查核对账簿页数是否齐全，序号排列是否连续。

（3）会计账簿整理组卷与排列。按形成的账簿，一本账簿为一卷，是指一册会计账簿为一个保管单位，并加盖档号章。组卷时按账簿的自然规律依时间先后顺序排列，并将档号填写在每册账簿的右上角。注意：每年会计账簿的排列规律必须保持一致。

（4）会计账簿编写页号。订本账不编页号、采用原有的页号，不必拆去空白页。活页账和卡片账以每册为单位，对有效的页面在右上角用铅笔编写页码。

（5）会计账簿案卷号编制。在同一个分类下。按照时间顺序编制年度流水号，以每册编写一个案卷号，会计账簿用三位或四位阿拉伯数字编制流水案卷号。

（6）会计账簿档案盒的盒面，加盖单位公章并填写盒脊项目。

（7）保管期限，会计账簿保管期限均为 30 年。

（8）会计账簿整理注意事项。检查账簿扉页填写是否齐全；固定账簿不能拆除空白页，但应在案卷备考表中详细记明使用账页和空白账页的页数；活页账簿应将空白页抽出，在账页右上方重新编写页号，并加封面和封底。

（9）编制检索工具。对账簿著录案卷、文件级目录并建立数据库，利用档案管理软件生成内封面、案卷目录、卷内目录、备考表等。

2. 会计账簿整理时间及要求

（1）会计账簿整理时间。按“年”整理，会计账簿在年度终了结账后，除跨年度使用的账簿外，其他账簿应及时整理立卷。对各种账簿包括仓库物资的材料、产成品或商品的明细分类账，在结转后下年建立新账后，要把旧账送交会计机构集中统一整理。

（2）会计账簿整理要求。①将财务系统内分类明细账、项目账或总账按规范格式调整账页、按科目连接打印，根据实际情况归类整理；②账簿装订前检查账页是否齐全，序号是否连续，按会计账簿封面、账簿启用表、账户目录、账簿文件、账簿封底排列装订。

3. 会计账簿整理方法

（1）会计账簿整理方法。会计账簿分为订本账、活页账和卡片账，原则上保持原有账簿基础，一本账作为一个保管单位。账簿在启用时，要在第一页前面填写“经管人员一览表”和“账户目录”。

1）订本式账簿整理。订本式账簿简称订本账，指页数固定不能抽出的死页账簿。包括现金日记账、银行日记账等。整理时首先按账簿启用表的使用页数核对各个账户是否相符、账页数是否齐全、序号排列是否连续，未用完的空白账页不得抽出、保持原装完整无缺，但一般在记录账页的最后一行的上下分别画一根红线，以示结束。此外，还要在会计档案备考表中详细注明已使用账页的页数和空白页数。

2）活页式账簿整理。活页式账簿简称活页账，是页数可以抽出的账簿。包括明细账、内部往来账、固定资产分户账，以及从会计软件打印出的账簿。整理时，保留已使用过的账页，将账页数填写齐全，去除空白页、撤掉账夹，与同年同类账页的其他科目所属明细账合并为一卷。用牛皮纸做封面、封底、装订成册。在本账的封面上填写账目种类、编写档号、会计主管人员和整理装订人或经办人签章。

3）卡片式账簿整理。卡片式账簿简称卡片账，是将一定数量的卡片式账页存放于专设的卡片箱中，账页可根据需要随时增添的账簿，卡片账的整理立卷方法与活页账一致。

（2）如果银行存款账、现金日记账按“各年”分开记录账簿，若两年记录在一个账簿上的则用完后再归档，最多两年使用一册账簿。

（3）总账、明细账与银行存款账、现金日记账的操作步骤一样。

（4）各类账簿的扉页，反映了账簿的应用、交接的使用状况，归档前按要求将账簿的启用及交接表项目逐项填写清楚。

4. 账簿的装订

（1）会计账簿装订前要求。①按账簿启用表的使用页数核对各个账户是否相符，账页数是否齐全，序号是否连续；②按会计账簿封面、账簿启用表、账户目录、按顺序排列账页、封底顺序装订。

（2）账簿装订要求。订本账保持原封装，如总账、银行日记账和现金日记账。活页账簿按会计档案案卷重新装订，具体如下：

1）活页账簿装订方式。打印成册的会计账簿装订时应附加账簿封面，用三孔一线或热熔铆管装订。

2）活页账装订要求。①保留已使用过的账页，将账页数填写齐全，去除空白页和撤掉账夹，用牛皮纸做封面、封底，装订成册；②多栏式活页账、三栏式活页账、数量金额式活页账等不得混装，应按同类业务、同类账页装订在一起；③在本账的封面上填写好账目的种类、编好卷号，会计主管人员和经办人签章。

（3）账簿装订后的注意事项。①装订后会计账簿应牢固、平整，不得有折角、缺角、错页、掉页、空白纸的现象；②会计账簿的封口要严密、封口处要加盖有关印章；③封面填写要齐全：封面填写要齐全并注明所属年度及账簿名称和编号，编号为一年一编，编号顺序为总账、现金日记账、银行存（借）款日记账、分户明细账；④账簿编制档号：统一编制档号，如现金日记账全年按顺序编制案卷号，总账、各类明细账、辅助账全年按顺序编制档号。

5. 会计资料左侧三孔一线式装订步骤

（1）会计资料左侧边式装订，采用三孔一线方式装订。

（2）先要把会计资料整理整齐，用夹子将档案夹紧，不能松散。

（3）装订前考虑会计资料与装订边的厚度均匀，装订线的位置如果太薄时，可将薄纸板裁成宽度为 2cm 左右的纸条，均匀地垫在装订线的位置，以保证装订边厚度与凭证的厚度一致。

（4）确定三孔位置。首先，在凭证封面左侧的中间位置确定一个孔；其次，在两侧中间向两边位置移动适当距离确定另外两个孔的位置，然后用铅笔画好三个孔的位置。

（5）打孔。将会计凭证用燕尾夹夹住，不容易散，在已经确定的三孔位置用打孔机钻孔。

（6）三孔一线穿线。用装订针或锥子，将装订线的中间位置，从正面中间的孔穿线过去，再将线的两头从旁边两孔穿孔到背面，在背面中间孔处交接后打死结。三孔一线背面穿线如图6-7所示。

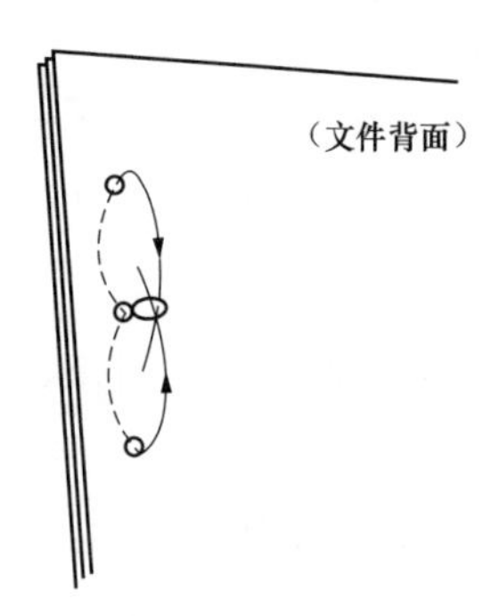

图6-7 三孔一线装订方式

（7）剪去多余的线完成案卷装订。一定要把绳子拉紧，将凭证装订牢固。

（8）在凭证封底涂抹固体胶，在装订位置将凭证封底从右向左折叠，包住凭证左侧脊背，用手掩压使其牢固地粘贴在空白纸上。

四、会计报告的整理与装订

1. 会计报告的整理

（1）会计报告的整理。按“月、季、年度”分别整理组“卷”装订财务报表。会计报表编制完成及时报送后，留存的报表按“月”装订成册；小企业可按“季”装订成册。注意按“保管期限”区分组卷，按月（季）报告、半年报，会计报表按情况整理成若干卷，年度会计报表单独整理组卷。包括：年度报告、月（季）度报告、半年报、不定期专用报告和主要财务指数快报等，都归入会计报告范围整理。会计报告排列顺序是财务分析在前、会计报表在后整理。

（2）会计报告的组卷。首先将本级与下级财务报告分开；其次将年报、半年报、季报、月报分开；三是，在整理报表时，对报表进行分析和说明的文字，是会计报表的重要组成部分，如财务情况说明、财务报告等，审批报告、批复等要与报表一同组卷归档。

（3）会计报告编页。会计报告需要编写页号，用铅笔在右上角编页。会计报表装订前要按编报目录核对是否齐全，整理报表页数，对有效页面进行编写，从“1”编写页号。

（4）会计报告保管期限。会计年报保管期限为永久，四季度报表在没有年报的情况下为永久（有单独年报时为 30 年），其他季报、月报表、半年报的保管期限为 10 年。

（5）会计报告编目表。财务报告需要编制封面、卷内目录、备考表。

（6）会计报告案卷装订。会计报告采取三孔一线法装订。

（7）会计报告编制案卷号。按时间顺序排列，采用三位或四位数阿拉伯数字编制案卷流水号，进而确定档号。

（8）会计报告编制检索工具。根据档号著录案卷文件级目录并建立数据库，使用档案管理软件编制案卷目录。

2. 会计报告整理要求

（1）会计报告整理时间。会计报表编制完成及时报送后，留存的报表按月装订成册、谨防丢失。年度报告每年的年终形成，会计报告在会计年度终了后，由主管报表人员收集、整理、装订；小型企事业单位可按季整理装订成册。会计报表在年终时，由专人统一收集，将全年财务会计报告按时间顺序整理装订成册。

（2）会计报告整理要求。年终将全部会计报告，按时间顺序整理装订成册，并著录目录，逐项填写报表名称、页数、日期等；经会计机构负责人审核签字，由经办人装盒归档。

（3）会计报告整理原则。会计报告以“卷”为保管单位。以一册（或一本）为一卷，编制一个案卷号。

（4）会计报告整理排列顺序。

1）会计报告装订前要按编制目录核对检查是否齐全，整理报告页数，防止折角，如有损坏部位应进行修补。

2）会计报告排列顺序。顺序为会计报告封面、会计报表编制说明、各种会计报告按报表的编号顺序排列（包括资产负债表、损益表、现金流量表、其他相关附表）、文字说明、会计报告封底排列。

3）财务分析报告，整理装订顺序与财务会计报告相同，其顺序为：财务分析报告封面、文字分析、图表、封底。

4）全面预算报告，整理的装订顺序与财务会计报告相同，其顺序为：全面预算报告封面、年度预算编制方案、预算编制指导书、预算表、预算编制说明，月度预算执行偏差分析报告、年度预算执行情况及年度预算报告、封底。

5）经济合同的装订与财务会计报告相同，顺序为封面、采购合同、销售合同、其他合同、封底；各类经济合同内的单位，先后排列按第一年度的顺序固定下来，新增的排在后面。

（5）在整理财务报告时应注意的问题。①财务报告中的财务情况说明书、上级主管部门审核批复意见等都与报告有密切关系，是财务报告的重要组成部分，不能与财务报告分开整理立卷，以保持其内容之间的联系与完整；②决算审核意见书、审计报告等应分别附在该期财务报告后一起立卷。各级财政机关的报表可以按照报表的名称，以及报表所反映的地区、行业等进行整理立卷。

3. 会计报告的装订步骤

会计报告内加装卷皮封面、卷内目录、卷内备考表一起装订。

（1）会计报告装订前拆除金属物，对破损的材料进行修补；没有装订线的归档材料，需要加边条。

（2）会计报告排列顺序。按照案卷封面、卷内目录、会计报告含附注及说明部分、备考表的顺序排列装订。

（3）会计报告装订方式。根据保管期限不同，选择采用三孔一线或热熔铆管装订。永久保管的会计报告采用三孔一线装订，定期保管的会计报告可采用热熔铆管装订。

五、其他类会计档案的整理与装订

1. 其他类会计核算材料的整理

（1）其他类会计核算材料整理时间。每年度终了后，对其他类会计核算文件整理归档。

（2）其他类会计资料整理内容。银行存款余额调节表、银行对账单、纳税申报表等，分别按同一类的时间先后顺序分开整理、排列组卷。会计档案三个清册（保管清册、移交清册、销毁清册）、销毁意见书，其他会计资料等。

（3）其他类会计核算材料整理方法。对其他类会计核算材料的整理与会计报告整理方法一致。

（4）其他类会计核算材料的装订。采用内加档案封面、卷内目录、备考表后一起装订，装订顺序按第一年排列的先后顺序固定下来，新增的排在后面，以便查阅。

（5）其他类会计档案保管期限。银行存款余额调节表，银行对账单、纳税申报表，其他会计文件的保管期限为 10 年，移交清册保管期限为 30 年，保管清册、销毁、销毁意见书为永久保管。

（6）其他类会计档案装订形式。永久保存的其他类会计文件，采用三孔一线方式装订。30 年保管期限的可采用热熔铆管装订，10 年保管期限的会计文件可采用不锈钢钉装订。

2. 电子会计档案光盘刻录及整理

（1）光盘归档套数。为保证会计档案的完整性、安全性，归档的会计核算数据要求进行备份，电子会计档案光盘要求三套，一套封存保管，一套提供利用，一套异地保存。

（2）会计数据刻录。会计凭证、会计账簿、年度财务报告的数据内容应全部刻入光盘，以备存查，按“会计年度”进行刻录。

（3）光盘质量要求及整理。要求采用档案级光盘或蓝光光盘，以确保光盘保存时间。一张光盘为一卷，并编制会计档案光盘目录。

（4）光盘标签。为检索方便，整理光盘时要在光盘的盒面加贴光盘标签，并将会计档案的档号用“记号笔”填写在光盘上。

第五节　会计档案档号结构与分类设置

一、会计档案档号结构

1. 档号及其编制原则

（1）档号。档号是以数字、字符形式赋予档案实体用于体现档案特征、固定档案排列顺序的一组代码。编制档号是会计档案的核心内容，是会计核算材料转化为会计档案的重要标志。会计档案是企事业单位档案的重要组成部分，其档号应纳入本单位档案的整个编号体系，会计档案归档前由会计部门与档案部门共同确定会计档案分类方案及档号结构。

（2）会计档案档号编制原则。会计档案档号编制按分类方案和排列顺序确定。档号编制应遵循五个原则：唯一性、合理性、稳定性、扩充性、简单性原则。具体如下：

1）唯一性原则。指档案馆（室）内档号应指代单一，不同编号对象应赋予不同代码，一个代码只表示一个编号对象。

2）合理性原则。档号结构必须与馆藏档案的整理分类体系相适应。

3）稳定性原则。档号结构一经确定，一般不得随意改变。

4）扩充性原则。档号必须留有适当的递增容量，以便适应不断扩充档案的需要。

5）简单性原则。档号结构力求简短明了，以便减少代码差错，节省储存空间，提高处理效率。

2. 档号及分类的编制方法

（1）档案门类（大类）代码编制方法。档案门类是档案分类的一级类目。通常采用 2 位大写汉语拼音字母标识档案门类代码，如企事业机关档案门类代码标识为：文书“WS”、科技“KJ”、人事“RS”、会计“KU”、专业“ZY”、照片“ZP”、录音“LX”、录像“LX”、业务数据“SJ”、公务电子邮件“YJ”、网页信息“WY”、社交媒体“MT”、实物档案“SW”等。注意：在同一个档案馆（室）内或同一个全宗内，不应有重复的档案门类代码。

（2）档案档号中分类的二级及三级类别号的编制方法。①档号中分类的二级或三级类别号的设置应科学、简洁。根据实际情况，可以扩展至四级。②采用大写汉语拼音字母、阿拉伯数字或二者的组合编制分类的二级及三级类别号，不应有重号。

（3）档案档号结构中年度的编制方法。采用 4 位阿拉伯数字标识文件（档案）的形成年度，如 2021 表示会计年度。

（4）保管期限代码的编制方法。采用大写汉语字母与阿拉伯数字的组合标识保管期限。以代码“Y”标识永久；以代码“D”＋年限标识定期，如用 D30、D10 表示定 30 年、定 10 年。

（5）案卷号的编制方法。采用阿拉伯数字标识案卷号。根据实际案卷数量确定案卷号的位数。

3. 会计档案档号章构成及档号构成

（1）会计档案档号。按照类目号和分类号进行分类时的档案结构不同，两种情况如下：

1）会计档案按类目号分类时档号组成：全宗号＋会计档案门类或大类（KU）＋会计档案属类号（凭证、账簿、报告、其他类）＋各属类下相应小类号＋保管单位流水号（案卷号）。各属类

（凭证、账簿、报告、其他类）下可进一步设置小类。如果会计核算文件材料的量大时，还可增设“按月”再设小类，档号为：全宗号＋会计档案门类或大类（KU）＋会计档案属类号（凭证、账簿、报告、其他类）＋相应小类号（如凭证的小类收款凭证）＋月份（1～12 月）＋保管单位流水号（案卷号）。属类编号和小类编号可采用拼音字母或阿拉伯数字编制；档号各字段之间用“-”连接。

2）会计档案按分类号分类时会计档案档号组成：全宗号＋会计档案大类或门类（KU）＋分类号（凭证、账簿、报告、其他类）＋保管单位流水号（案卷号）；当考虑保管期限时可为：全宗号＋会计档案大类或门类（KU）＋保管期限＋分类号＋保管单位流水号（案卷号）。

（2）档号章格式。档号章是在整理好的会计档案上的具体体现，对整理好的会计档案加盖档号章，以确定整理成果。具体如下：

1）按照目录号进行分类的档号章。按照“目录号”对会计档案进行分类设置时，目录号由类目号和目录顺序号组成，根据分类方案设置确定类目号，而目录顺序号常常可以省略，因此，目录号常由类目号组成，故目录号又称为类目号。类目号的组成：会计档案代字（代号或代码 KU）＋属类号（四类）＋小类号，类目号随着会计档案的分类级别的设置而不同，档号组成：全宗号-目录号-案卷号。档号章如图 6-8 所示。

2）按照分类号进行分类的档号章。按照“分类号”对会计档案进行分类设置时，分类号由企事业单位根据本单位档案管理情况统一规划设置。档号组成：“全宗号-分类号-案卷号”。档号章格式结构如图 6-9 所示。

（3）会计档案档号章的加盖。

1）档号章位置。档号可直接打印在会计档案内封面的左上角；当会计档案没有内封面时，在会计核算文件材料的右上角加盖档号章。

全宗号	目录号	案卷号

2×8

3×15

图 6-8 按目录号分类的档号章格式（单位：cm）

全宗号	分类号	案卷号

2×8

3×15

图 6-9 按分类号分类的档号章格式（单位：cm）

2）档号章泥油颜色。档号章使用红色印泥油。

3）档号章字段填写。档号章字段填写使用阿拉伯数字，档号填写时要与会计档案的案卷上标示的档号保持一致。

4）档号章填写要求。填写档号章内容时应采用碳素墨水，耐久性好的签字笔，禁止使用圆珠笔、铅笔、纯蓝墨水等书写材料。

4. 档号组成分析

当会计档案的档号由全宗号-目录号-案卷号组成时，档号各字段信息的含义如下：

（1）全宗号定义及全宗号的编制。

1）全宗号是指一个独立机关、组织或个人在社会活动中形成的档案有机整体；全宗号代表一个独立的立档单位。全宗号是唯一的档案管理机构代码，通常是地方档案馆给立档单位编制的代号；当一个单位向地方档案馆移交档案时，档案馆根据相关规则，为可能进馆或已进馆的单位分配的编号，用于区分各立档单位的编码。

2）全宗号的编制。全宗号一般是由当地档案行政机关统一规划编制给定立档单位的代号。通常，地方档案馆未接收该单位档案时未予以编制全宗号。但是，企事业单位为便于属下管理的各立档单位的日常管理和查询，根据本单位各门类档案管理的统筹规划安排，自行编制属下单位档案代码的全宗号，此后该单位不论哪一种类别的档案都使用这一全宗号。如果单位规模不大，可不设置采用全宗号。

（2）目录号定义及其编制。

1）目录号是以全宗为单位，著录案卷的题名及其分类特征而设置的，体现分类设置的类目编号和案卷的排列次序编排而成的档案目录号；也就是说，目录号由分类设置与目录顺序号组成。首先，表示档案的分类设置，是根据会计档案的分类方案确定；其次，表示本卷会计档案在某“本”会计档案案卷目录中，案卷所在的案卷顺序。但是，目录顺序号可以省略。

2）目录号编制方法。填写全宗内案卷的分类设置编号，在同一个全宗内不允许出现重复的类目设置编号。首先，确定相应的类别特征代码；其次，编制分类设置编号。也就是说，目录号是在分类方案下的最后一级类目进行的分类编号。第三，可进一步确定案卷的目录顺序号；因此，目录号由会计档案的分类设置与目录顺序号共同组成。但是，为简化工作，案卷目录的顺序号常常不采用，因此，目录号就表示会计档案的分类设置，故目录号又称为类目设置或类目号。

3）目录顺序号编制方法。目录顺序号的含义是表示案卷目录的顺序号，指在同一分类设置的最低一级类目下，案卷目录号最多从 001 开始编制到 999 号；当案卷目录号达到 999 时，重新申请一个目录顺序号，再从 1 开始编制。如果一个核算单位的会计档案共形成三本档案目录册，第一本目录册为第 1 号，第二本目录册为第 2 号，第三本目录册为第 3 号，如果每本目录册编号都从 1 开始到 999，说明该单位共保存了会计档案 3×999=2 997

卷。

例如：会计档案分会计凭证、会计账簿、财务报告和其他类，当档案数量较多时，每年各自编一本案卷目录，目录顺序号分别都是 1，每个属类别的目录断开后再编第 2 本目录顺序，会计凭证数量较多的，可每年编一本目录，目录顺序号就有了 1、2、3……。当会计档案数量较少时，可若干年编制一个目录顺序流水号；如数量较少的，可 2 年或 3 年编制一本目录，断开后再编第二本目录顺序号，依次类推，目录顺序号就有了 1、2……，目录顺序号就顺下去了。

5. 会计档案采用目录号进行分类设置

（1）采用目录号的分类设置方法。当采用目录号进行分类设置时，会计档案的分类级别设置称为分类设置，分类设置由类目号表示；分类设置的类目号由“会计档案代字（代号或代码 KU）＋属类号＋小类号”组成，根据会计档案的分类级别设置“类目”，如设置三级类目的方法：一级类目是会计档案代号或代码（KU）。二级类目是属类号，设备为凭证（设置为 1）、账簿（设置为 2）、报告（设置为 3）、其他类（设置为 4）。三级类目是小类编号，根据会计年度，可在二级类目前或后加入年度；三级类目的分类设置如表 6-4 所示。

表 6-4　　企事业单位会计档案的分类方案

一级类目	二级类目（属类）	三级类目（小类）	分类设置（属类＋小类）
会计档案（KU）	1. 凭证	1. 收款凭证	1＋1 表示收款凭证
		2. 付款凭证	1＋2 表示付款凭证
		3. 转账凭证	1＋3 表示转账凭证
	2. 账簿	1. 现金日记账	2＋1 表示账簿类的日记账
		2. 银行存款账	2＋2 表示账簿类银行存款账

续表

一级类目	二级类目（属类）	三级类目（小类）	分类设置（属类＋小类）
会计档案（KU）	2．账簿	3．总账	2＋3 表示账簿类的总账
		4．明细账	2＋4 表示账簿类明细账
		5．固定资产卡片	2＋5 表示账簿类固定资产卡片
	3．财务报告	1．年度财务报告（决算）	3＋1 表示报告类的年报
		2．月、季度财务报告	3＋2 表示报告类的月、季报
	4．其他类	1．会计档案保管清册	4＋1 表示其他类的保管清册
		2．会计档案销毁清册、鉴定意见书	4＋2 表示其他类的销毁清册
		3．会计档案移交清册	4＋3 表示其他类的移交清册
		4．银行余额调节表、对账单	4＋4 表示银行余额调节表、对账单
		5．纳税申报表	4＋5 表示纳税申报表
		6．表示会计档案电子光盘	4＋6 表示电子会计档案光盘

（2）会计档案的分类设置原则。

1）会计档案大类或门类的设置。大类或门类的作用是区分会计档案、文书档案、科技档案、实物档案等，常用采用首拼字母表示；如采用 KU 表示会计档案、WS 或 W 表示文书档案等。

2）会计档案属类的设置。会计档案类别一般采用数字表示，如会计档案四个属类的设置用阿拉伯数字表示；如 1 是凭证、2 是账簿、3 是报告、4 是其他；也可采用字母 J 及后面阿拉伯数字表示，如凭证为 J1、账簿为 J2、报告为 J3、其他类为 J4。

3）会计档案小类设置。在会计档案每个属类的类别下设置小类，小类一般采用阿拉伯数字表示。方法如下：

a．会计凭证。属类凭证下的小类分为三类，表示：收款凭证为 1.1 或 J1.1，付款凭证为 1.2 或 J1.2，转账凭证为 1.3 或 J1.3。

b．会计账簿。属类账簿下的小类分为五类，表示：现金日记账为 2.1 或 J2.1，银行存款账簿为 2.2 或 J2.2，总账为 2.3 或 J2.3，明细账为 2.4 或 J2.4，J2.5 为固定资产卡片等。

c．会计报告（报表）。属类报告下分为两个小类，表示：年度财务报告为 3.1 或 J3.1，月报、季报为 3.2 或 J3.2。

d．会计其他类。属类其他下分为六个小类，表示：会计档案保管清册为 4.1 或 J4.1，会计档案销毁清册或鉴定意见书为 4.2 或 J4.1，会计档案移交清册为 4.3 或 J4.3，银行余额调节表及银行对账单为 4.4 或 J4.4，纳税申报表为 4.5 或 J4.5，会计电子档案光盘为 4.6 或 J4.6 等。

4）会计档案小类的设置方法。通常把会计凭证设置为收款凭证、付款凭证、转账凭证。当单位凭证种类多、数量大时可细化设置，为适应凭证多样性、复杂性特点，也可将凭证分为五小类：1—现金凭证；2—银行凭证；3—转账凭证；4—运使费凭证；5—资金清算凭证。当凭证数量大时还可按“月”分开，增设下级小类的类目级别。就是在小类后再增加设置小类，会计档案按照大类或门类、属类、小类……的程序设置，小类设置方法是采用在属类后，再增加一位阿拉数字表示，但一般情况下设置到属类下一级小类即可；当在属类下的小类后如果继续分，再按“月”设置小类：J1.1.2，J1 表示会计凭证类，J1.1 表示收款凭证，J1.1.2 表示第 2 月的收款凭证。如 J2.1.2，J2 表示会计账簿，1 表示现金日记账，2 表示第 2 月的现金日记账。

二、会计档案采用目录号分类的档案结构

1. 会计档案采用目录号分类的档号编制

（1）会计档案档号编制。档号是根据分类方案设置，随着分类方案设置而不同，因此档案整理前要会同档案部门首先确定分

类方案。分类方案要根据单位规模、会计档案数量等因素拟订，分类方案的制定要考虑使用的连续性、合理性、系统性。首先，会计部门要会同档案部门，根据本单位档案结构布置情况共同确定会计档案的分类方案；其次，根据分类方案进行目录号或分类号的设置；三是，确定案卷流水号编制方法；四是，确定会计档案档号结构。

（2）会计档案的分类设置。设定分类方案后进行分类设置，进而确定目录号；目录号由“会计档案大类或门类代字（代号或代码 KU）＋属类编号＋小类编号”组成，分类设置又称为类目设置，类目设置由分类的层次确定。

2. 按“年度—类别”分类法分类时的类目设置、档号结构与案卷编号

（1）按“年度—类别”分类法进行分类时的类目设置、档号结构与案卷编号方法一。

1）类目设置。按“年度—类别”分类法时，类目设置为：会计档案大类或门类编码 KU.年度＋属类编号（凭证、账簿、报告、其他类）．小类编号，或会计档案大类或门类编码（KU）＋年度＋属类编号（凭证、账簿、报告、其他类）＋小类编号。其中“门类编码（KU）＋年度＋属类编号＋小类编码”称为目录号。

2）按“年度—类别”分类法分类时的档号结构。按“年度—类别”分类法时，档号组成：全宗号＋会计代码 KU＋年度＋属类编号（凭证、账簿、报告、其他类）．小类编号＋案卷号，或全宗号＋会计代码 KU＋年度＋属类编号（凭证、账簿、报告、其他类）.小类编号＋案卷号＋保管期限。档号各字段用“-”连接起来。按“年度—类别”分类法分类时会计档案的档号结构如图 6-10 所示。

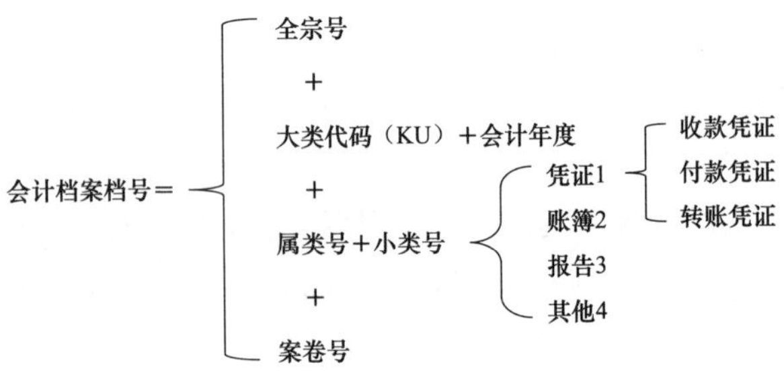

图 6-10　按“年度—类别”分类法分类时会计档案的档号结构（方法一）

3）按“年度—类别”分类法分类时的案卷编号方法。按“年度—类别”分类法分类时，案卷可采用编制大流水号或小流水号的方法，但通常编制案卷小流水号，即在一个会计年度下，按“四个属类”分别按顺序排列编制流水号，也就是说，一年编制四个案卷流水号，即一年会计档案编制四本会计目录。也可以采用编大流水号方法，一个会计年度的会计档案编一个流水号，即一个会计年度编制一本会计档案目录。

例如：2018 年会计账簿总账的档号为：X099-KU.2018-2.3-15，X099-KU2018-2.3-15，或 X099-KU-2018-2.3-15。其中 X099 表示单位全宗号，KU2018、KU.2018、KU-2018 表示会计档案门类代码和会计年度 2018 年，2 表示账簿属类分类号，2.3 中的 3 表示账簿属类下小类为总账的小类编号，15 表示案卷流水号。其中：KU.2018-2.3、KU2018-2.3、KU-2018-2.3 称为目录号。

（2）按“年度—类别”分类法进行分类时的类目设置、档号结构与案卷编号的方法二。当大型企事业，每年形成的会计档案数量很多时，可采用编制“目录顺序号”方法。会计档案属类分为四类：凭证（设置为 J1）、账簿（设置为 J2）、报告（设置为 J3）、其他类（设置为 J4）；会计档案的档号组成为：全宗号＋会计档案代字 KU＋年度＋属类编号。小类编号＋目录顺序号＋案卷号。

其中："会计档案代KU＋年度＋属类编号。小类编号＋目录顺序号"统称为目录号。

例如：X099-KU-2019-J2.4-1-20或X099-KU-2019.J2.4-1-20，其中X099表示单位全宗号，KU表示会计档案大类，2019表示会计年度，J2表示会计账簿属类编号，J2.4中的4表示明细分类账的小类编号，1表示目录顺序号，为该会计档案的第一本目录，20表示第一本档案目录号下的案卷号，即第一本会计档案目录中的第20卷；其中，KU-2019.J2.4-1称为目录号。或：X099-KU-2019.J4.4-1-20，X099表示单位全宗号，KU表示会计档案门类，2019表示年度，J4.4中第一个4表示其他类，第二个4表示属类为其他类下的银行调节表的小类编号，1表示会计档案目录顺序号，即第一本目录，20表示第一本目录号下的案卷号。其中：KU-2019.J4.4-1称为目录号。

（3）按"年度—类别"分类法进行分类时的类目设置、档号结构与案卷编号方法三。当大型企事业，每年形成的会计档案数量很多时，可采取在小类号下增设按"月"编制方法。会计档案类别为四个属类：凭证（设置为J1）账簿（设置为J2)、报告（设置为J3)、其他类（设置为J4)；会计档案的档号组成：全宗号＋会计档案代码KU＋年度＋属类编号.小类编号.月＋案卷号，或全宗号＋会计档案代码 KU＋年度.月＋属类编号.小类编号＋案卷号。其中："会计档案KU＋年度＋属类编号.小类编号.月"或："会计档案KU＋年度.月＋属类编号.小类编号"称为目录号，又称类目号。

例如：X099-KU-2020-J1.1.2-3，或X099-KU-J1.1.2.2020-3，其中X099表示单位全宗号，KU表示会计档案大类，2020表示年度，J1为凭证属类编号：J1.1第二个1为凭证下收款凭证小类号、J1.1.2中的2表示2月份收款凭证小类号；J1.1.2.2020中的

2020表示会计年度，档号中最后一段3表示会计档案案卷顺序号，其中，KU-2020-J1.1.2或KU-J1.1.2.2020表示会计档案2020年2月凭证属类的收款凭证，把KU-2020-J1.1.2或J1.1.2.2020称为目录号，又称为类目号。

3. 按“类别一年度”分类法分类时的分类设置、档号结构与案卷编号

（1）按“类别—年度”分类法进行分类时的类目设置、档号结构与案卷编号方法一。“类别”分类法，会计档案大类编码设为（KU），首先，按会计档案的类别分为四个属类：凭证（设置为1）账簿（设置为2）、报告（设置为3）、其他类（设置为4）：其次，按会计年度整理。

1）按“类别—年度”分类法进行分类的类目设置。类目设置为：会计档案大类或门类编码（KU）＋属类编号（1、2、3、4）.年度＋小类编码＋年度，或大类或门类编码（KU）＋属类编号（J1、J2、J3、J4）.小类编码＋年度；其中，类目设置又称为目录号，也称类目号。

2）按“类别—年度”分类法的档号结构。按“类别—年度”分类时的档号组成为：全宗号＋会计档案大类KU＋属类编号.年度＋小类编号＋案卷号，或全宗号＋会计档案KU＋属类编号.小类编号＋年度＋案卷号。按“类别—年度”分类法分类时会计档案的档号结构如图6-11所示。

3）按“类别—年度”分类法进行分类时案卷编号方法。会计核算文件属类为：凭证（设置为1）、账簿（设置为2）、报告（设置为3）、其他（设置为4），在同一属类下再按年度分开后再按各小类的顺序排列编号，在各小类编号下编案卷流水号；一个属类编一个流水号，各个会计年度统编，不因年度而间断，就是指按属类的“类别”编制跨年度的案卷流水号。

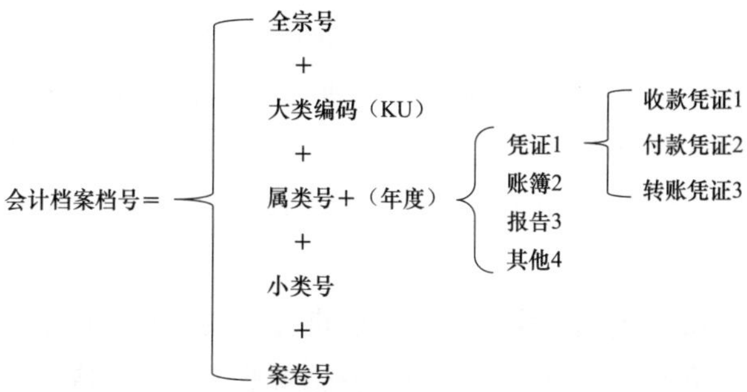

图 6-11 按“类别—年度”分类法分类时会计档案的档号结构（方法二）

例如：2020 年明细账的档号为 X099-KU-2.2020-4-16，其中 X099 表示单位全宗号，KU 表示会计档案大类，2 表示账簿属类，2020 表示会计年度，4 表示账簿属类下明细分类账的小类编号，16 表示案卷流水号，其中，KU-2.2020-4 称为目录号。或如 X099-KU-4.4-2020-15，4.4 表示 2020 年的其他类属类下的银行对账单，其中，KU-4.4-2020 称为目录号，最后一段 15 是案卷流水号，表示 2020 年其他类属类下会计档案的银行对账单是第 15 卷。

（2）按“类别—年度”分类法进行分类时的类目设置、档号结构与案卷编号的方法二。当大型企事业，每年形成的会计档案数量很多时，可采用编制“目录顺序号”方法。会计档案类别为四个属类：凭证（设置为 J1）账簿（设置为 J2）、报告（设置为 J3）、其他类（设置为 J4）；档案组成为：全宗号＋会计档案代码 KU＋属类编号.年度.小类编号＋目录顺序号＋案卷号；或全宗号＋会计档案代码 KU＋属类编号.小类编号.年度＋目录顺序号＋案卷号。其中：“会计档案代码 KU＋属类编号.小类编号.年度＋目录顺序号”或“会计档案代码 KU＋属类编号.年度.小类编号＋目录顺序号”称为目录号。

例如：2020 年明细账的档号 X099-KU-J2.2020.4-1-20，其中 X099 表示单位全宗号，KU 表示是会计档案大类，J2 表示是账簿属类编号、2020 表示会计年度、4 表示账簿属类 J2 下的明细分类账小类编号，1 表示目录顺序号，即为第 1 本目录，20 表示第 1 本目录顺序号中第 20 卷案卷流水号，其中，KU-J2.2020.4-1 称为目录号。档号也可为 X099-KU-J2.4.2020-1-20，其中：KU-J2.4.2020-1 称为目录号。

（3）按“类别—年度”分类法进行分类时的类目设置、档号结构与案卷编号的方法三。当大型企事业，每年形成的会计档案数量很多时，可采用在小类号后，再增加按“月”编制的方法。会计档案类别为四个属类：凭证（设置为 J1）账簿（设置为 J2）、报告（设置为 J3）、其他类（设置为 J4）；档号组成为：全宗号＋会计档案代码 KU＋属类编号.小类编号.月＋年度＋案卷号。其中：“会计档案代码＋属类编号.小类编号＋年度.月”称为目录号，又称为类目号。

例如：X099-KU-J2.4.11-2018-20，其中，X099 表示单位全宗号，KU 表示会计档案大类，J2 表示账簿属类、4 表示账簿属类下明细账的小类编号、J2.4.11 中的 11 表示月份为 11 月。2018 表示年度，最后一段 20 表示案卷号。其中 KU-J2.4.11-2018 表示 2018 年 11 月会计档案的明细账，KU-J2.4.11-2018 称为目录号。

（4）按“类别—年度”分类法进行分类时的类目设置、档号结构与案卷编号的方法四。当大型企事业，每年形成的会计档案数量很多时，可采用在小类号后，再增加编制按“月”的小类号办法。并且，再增加会计档案目录顺序号。会计档案的四个属类：凭证（设置为 J1）、账簿（设置为 J2）、报告（设置为 J3）、其他类（设置为 J4）；档号组成为：全宗号＋会计档案 KU＋属类编号.小类编号.月＋年度＋目录顺序号＋案卷号。或：全宗号＋会计档案代码 KU＋属类编号.年度.小类编号.月＋目录顺序号＋案卷号。或：全宗号＋会计档案代码 KU＋属类编号.年度＋小类编号.月＋

年度＋目录顺序号＋案卷号。其中，会计档案代码 KU＋属类编号.小类编号.月＋年度＋目录顺序号、或会计档案代码 KU＋属类编号.年度.小类编号.月＋目录顺序号、或会计档案代码 KU＋属类编号.年度＋小类编号.月＋目录顺序号称为类目设置，又称为目录号。

例如：X099-KU-J2.3.10-2021-2-20，其中，X099 表示单位全宗号，KU 表示会计档案大类，J2 表示会计账簿属类，J2.3 表示属类账簿下总账的小类编号，J2.3.10 表示 10 月份账簿属类的总账，2021 表示年度，年度后面的 2 表示目录顺序号，表示是第二本目录。最后一段 20 是案卷号。其中，KU-J2.3.10-2021-2 称为目录号。或如：X099-J4.2021.4.12-1-20，X099 表示全宗号，J4.2021 表示 2021 年属类为其他类 4；J4.2021.4 表示 2021 年其他类 4 银行调节表 4，J4.2021.4.12 表示 2021 年 12 月份的其他类的银行调节表；1 表示目录顺序号，J4.2021.4.12-1 表示会计档案 2021 年 12 月属类为其他类 4 的银行调节表在第一本目录；最后一段 20 表示案卷号。其中，把 KU-J4.4.12-2021-1 称为目录号，又称为类目号。或如档号 X099-KU-J2.2021-4.12-3-20，KU-J2.2021-4.12-3 表示会计档案 2021 年 12 月会计档案账簿属类 2 下的明细账 4 在第三本目录；其中，KU-J2.2021-4.12-3 称为类目设置，又称目录号。

4. 按“年度—组织机构—类别”分类法的类目设置、档号结构与案卷编号方法

（1）按“年度—组织机构—类别”分类法进行分类时的类目设置、档号结构与案卷编号方法一。首先，把同一个会计年度的档案按单位下的组织机构分开，然后，在同一个组织机构下，再按会计档案的属类分成四个类别。这是当某单位内部组织机构为两个以上时，如设置组织机构 1 为会计处、单位内部组织机构 2

为预算处……；各组织机构下，会计档案分为四个属类：凭证（设置为 J1）账簿（设置为 J2）、报告（设置为 J3）、其他类（设置为 J4）。类目设置、档号结构与案卷编号如下：

1）按“年度—组织机构—类别”分类法分类时的类目设置。当具有两个以上的组织机构时，类目设置为：会计档案代码 KU＋年度＋组织机构 1＋属类编号（1、2、3、4）＋小类编号；在会计核算文件不多时，尽量减少小类级别的设置，也可不设小类级，仅到属类为止，类目设置为：会计档案代码 KU＋年度＋组织机构 1＋属类编号（1、2、3、4）；其中：会计档案代码 KU＋年度＋组织机构 1＋属类编号（1、2、3、4）＋小类编号；或会计档案代码 KU＋年度＋组织机构 1＋属类编号（1、2、3、4）称为类目设置，又称为目录号。

2）按“年度—组织机构—类别”分类法分类时的档号结构。当单位具有两个以上的组织机构时，先对组织机构进行编号，如：会计处为 1、预算处为 2……。会计档案档号组成为：全宗号＋会计档案代码 KU＋年度＋组织机构 1＋属类编号（1、2、3、4）＋小类编号＋案卷号，或全宗号＋会计档案代码 KU＋年度＋组织机构 1＋属类编号（1、2、3、4）＋案卷号；如果考虑保管期限时，档号组成为：全宗号＋会计档案代码 KU＋年度＋组织机构 1＋属类编号（1、2、3、4）＋保管期限＋案卷号。按“年度—组织机构—类别”分类法分类时会计档案的档号结构如图 6-12 所示。

3）按“年度—组织机构—类别”分类法分类时的案卷号编制。当具有两个以上的组织机构时，通常采用在各组织机构下的会计档案编制案卷大流水号，按照分类方法排列逐级编制，同一会计年度同一个组织下第一个属类编号完成后，续编第二类，直到四个属类编号结束。即同一会计年度同一组织机构（如会计处

1）的四个属类的会计档案统编制一个案卷大流水号。

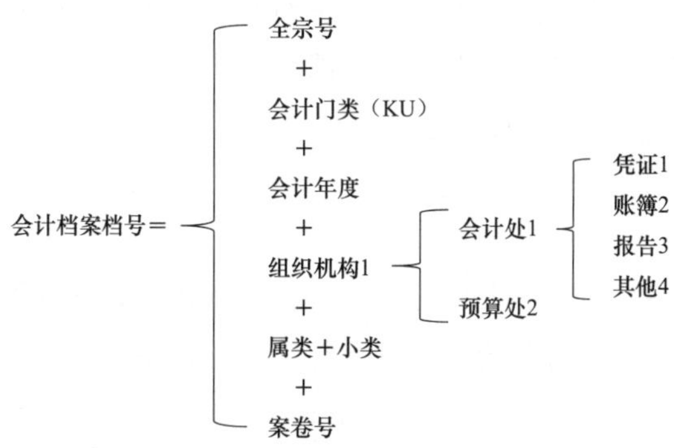

图 6-12　按“年度—组织机构—类别”分类法分类时会计档案的档号结构（方法一）

例如：X099-KU-2020-2-2.3-20，其中，X099 表示单位全宗号，KU 为会计档案；2020 表示年度，2 表示全宗 X099 下的组织机构预算处，2.3 表示属类为账簿下的总账，20 表示案卷流水号；其中：2020-2-2.3 称为目录号。当不设小类时，或为 X099-2020-1-2-20，表示全宗 X099 下 2020 年度组织机构会计处的凭证在第 20 卷。

（2）按“年度—组织机构—类别”分类法进行分类时的类目设置、档号结构与案卷编号方法二。如单位内部组织机构 1 为会计处、单位内部组织机构 2 为预算处，会计档案类别分为四个属类：凭证（设置为 J1）账簿（设置为 J2）、报告（设置为 J3）、其他类（设置为 J4）；设置小类号后，如果各组织机构核算文件材料较多时，可在会计档案属类下小类后，再按月增设分类级别小类号。

1）按“年度—组织机构—类别”分类法进行分类时的类目设置。当单位具有两个以上的会计组织时，类目设置为：会计档案代码 KU＋年度＋组织机构 1＋属类编号＋小类编号.小类编号（月）或会计档案代码 KU＋年度＋组织机构 1＋属类编号.小类编号.小类编号（月）；其中，会计档案代码 KU＋年度＋组织机构 1＋属类编号＋小类编号.小类编号（月），或会计档案代码 KU＋年度＋组织机构 1＋属类编号.小类编号.小类编号（月）称为目录号。

2）按“年度—组织机构—类别”分类法进行分类时的档号结构。当单位具有两个以上的会计组织时，根据类目设置，档号组成为：全宗号＋会计档案代码 KU＋年度＋组织机构＋属类编号＋小类编号.小类编号（月）＋案卷号；或全宗号＋会计档案代码 KU＋全宗号＋年度＋组织机构 1＋属类编号.小类编号.小类编号（月）＋案卷号，当进一步考虑保管期限时，档号组成为：会计档案代码 KU＋年度＋组织机构 1＋属类编号＋小类编号.小类编号（月）＋保管期限＋案卷号，或会计档案代码 KU＋年度＋组织机构 1＋属类编号.小类编号.小类编号（月）＋保管期限＋案卷号，其档号结构如图 6-13 所示。

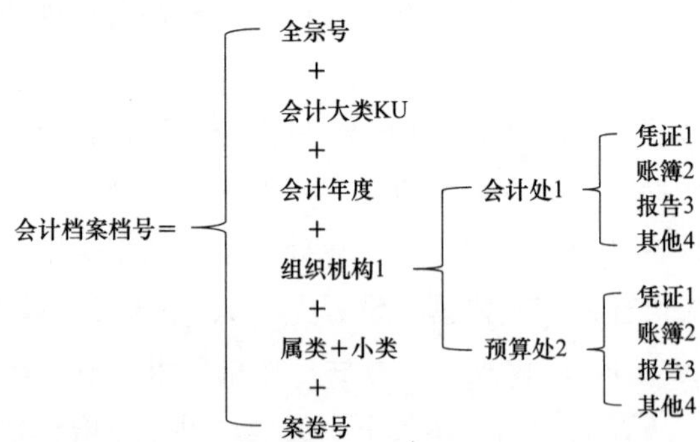

图 6-13　按“年度—组织机构—类别”分类法分类时会计档案的档号结构（方法二）

3）按“年度—组织机构—类别”分类法进行分类时的案卷号编制。当单位具有两个以上的会计组织时，通常采用在各组织机构下编制案卷大流水号，按照分类方法排列逐级编制，即同一会计年度同一个组织下第一个属类编号完成后，续编第二类，直到四个属类编号结束，即会计档案统编制一个案卷大流水号。

例如：X099-2020-2-2.3.1-20，其中，X099 表示单位全宗号，2020 表示年度，2 表示预算处，2.3 中的 3 表示属类账簿下的总账小类号，2.3.1 表示属类账簿 2 号下的总账小类号 3 是 2020 年 1 月份的，最后一段 20 表示案卷流水号；其中，2020-2.3.1 称为目录号。

5. 按“年度—会计类型—类别”分类法分类时的类目设置、档案结构与案卷编号

（1）当单位的会计类型有两个以上，会计档案分类时的分类设置、档号结构与案卷编号的方法一。当单位的会计类型有两个以上，如税收计划、税收会计、经费会计、预算会计等时，会计档案类目设置、档号结构、案卷编号方法：

1）按“年度—会计类型—类别”分类法进行分类时的类目设置。当单位具有两个以上的会计组织时，类目设置为：会计档案大类或门类（KU）＋年度＋会计类型（1、2、3、4）＋属类编号（1、2、3、4）；当单位会计档案的数量多时可增加设小类级别：大类（KU）年度＋会计类型＋属类编号.小类编号；类目设置又称为目录号。

2）按“年度—会计类型—类别”分类法进行分类时的档号结构。单位具有两个以上会计类型时，按“年度—会计类型—类别”分类时，在同一会计年度下，首先对会计类型进行编号：1 为税收计划、2 为税收会计、3 为经费会计、4 为预算会计；其次，再对各会计类型下的属类进行编号设置：1 或 J1 为凭证、2 或 J2 为账簿、3 或 J3 为报告，4 或 J4 为其他类。档号组成为：全宗号＋

会计档案大类或门类（KU）＋会计类型（如税收会计 1）＋会计档案属类（1、2、3、4）＋小类号（现金凭证）＋案卷号。如果考虑保管期限，档号组成为：档号组成为：全宗号＋会计档案大类或门类（KU）＋会计类型（如税收会计 1）＋会计档案属类（1、2、3、4）＋小类号（现金凭证）＋保管期限＋案卷号。档号结构如图 6-14 所示。

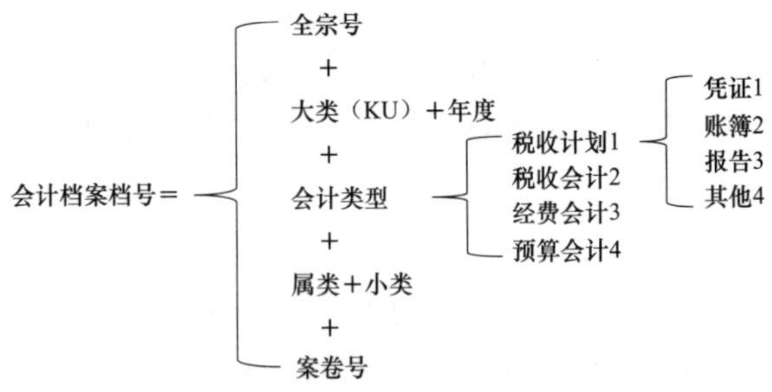

图 6-14 按“年度—会计类型—类别”分类法分类时会计档案的档号结构（方法一）

3）按“年度—会计类型—类别”分类法进行分类时的案卷号编制。当单位具有两个以上会计类型时，按单位会计类型分类下，如 1 为税收计划、2 为税收会计、3 为经费会计、4 为预算会计；再按“属类”分类编号，在各属类下编制小类号，再编制案卷号。即同一年度，同一个会计类型下，四个属类的会计档案编一个案卷大流水号，一个属类编制完成再续接另一个属类的案卷号，直至四个属类编制完成，在各会计类型下各自形成一个案卷大流水号。

例如：X099-KU-2020-3-1-1-10，或 X099-KU-2020-3-1.1-10，其中，X099 表示单位全宗号，KU 表示会计大类，2020 表示会计年度，3 表示经费会计类型，1 表示凭证属类，1-1 或 1.1 中第二个 1 表示凭证属类下的收款凭证小类编号，最后一段 10 表示案卷号。其中，KU-2020-3-1-1 或 KU-2020-3-1.1 称为目录号。

（2）当行政事业单位的会计类型有两个以上时，分类时的类目设置、档号结构与案卷编号方法二。当会计类型有两个以上时，如税收计划、税收会计、经费会计、预算会计等，类目设置可采用以下“首字的中文字”来表示类目设置。如档号：X099-KU-2020-预.凭.0-1-10，其中：X099 表示单位全宗号，KU 表示会计档案大类，2020 表示会计年度，预表示会计类型为预算会计，凭表示凭证属类证，0 表示凭证的属类收款凭证，1 表示目录顺序号，即第一本目录，10 表示该分类下第一本目录的案卷号；类目设置方法如表 6-5 所示。

表 6-5　　行政事业单位会计档案的分类方案表

一级类目	二级类目	三级类目	四级类目	类目设置
会计档案（KU）	预算会计（预）	凭证类	0．收款凭证	预.凭.0
			1．付款凭证	预.凭.1
			2．转账凭证	预.凭.2
		账簿类	0．现金日记账	预.簿.0
			1．银行存款账	预.簿.1
			2．总账	预.簿.2
			3．明细账	预.簿.3
			4．固定资产卡片	预.簿.4
		报告类	0．年度财务报告（决算）	预.报.0
			1．月、季度财务报告	预.簿.1
		其他类	0．会计移交清册	预.其.0
			1．会计档案保管清册	预.其.1
			2．会计档案销毁清册	预.其.2
			3．银行余额调节表、对账单	预.其.3
			4．电子会计档案光盘	预.其.4

续表

一级类目	二级类目	三级类目	四级类目	类目设置
会计档案（KU）	税收会计（税）	凭证类	0．收款凭证	税.凭.0
			1．付款凭证	税.凭.1
			2．转账凭证	税.凭.2
		账簿类	0．现金日记账	税.簿.0
			1．银行存款账	税.簿.1
			2．总账	税.簿.2
			3．明细账	税.簿.3
			4．固定资产卡片	税.簿.4
		报告类	0．年度财务报告（决算）	税.报.0
			1．月、季度财务报告	税.簿.1
		其他类	0．会计移交清册	税.其.0
			1．会计档案保管清册	税.其.1
			2．会计档案销毁清册	税.其.2
			3．银行余额调节表、对账单	税.其.3
			4．电子会计档案光盘	税.其.4
		……		

说明：分类设定，如 KU—代表档案门类：会计档案；预—代表会计档案类型：预算会计；凭—代表类别：凭证，簿—代表类别账簿；报—代表类别报告，其—代表类别其他类；凭证后的 1—代表会计凭证属类文件名称，如预.凭.0 表示预算会计中的收款凭证。

三、采用分类号进行分类设置的档号结构

1. 采用设置分类号的档案编号

（1）分类号是指单位档案分类序列中类别顺序号。单位档案先按照文书档案、科技档案、会计档案等几大门类分开，会计档案的分类号即为所在门类的分类号下，为其所在属类的类别和小

类设置的代号。

（2）采用设置分类号的优点。分类号是指单位档案分类序列中的类别顺序号。为了简化档案分类，减少工作量，通常采取设置“会计档案分类号”的方法，也就是根据会计核算文件的类别设置相应的分类号。采用分类号进行分类，可不用再编制目录号，使会计档案的分类更为简单、直观、容易掌握，档号结构更为简洁、明了。

（3）档案编号原则及格式。采用分类号进行分类时，档案编号是按照会计档案的分类方案逐级形成的，会计档案的档号组成：全宗号＋年度＋分类号＋案卷号；如：SYS1-2020-4330-001。或者：全宗号＋分类号＋年度＋案卷号，如：SYS1-4330-2020-001。分类号是由各单位根据实际情况自行拟定。

2. 按“年度—类别”分类法的分类号及档号结构

会计档案的档号结构与分类方案相关联，设置分类号的单位，档号结构通常有以下几种情况：

（1）按“年度—类别”分类法进行分类时分类号的设置。

1）在同一会计年度下，某企业会计档案的分类方案用四级分类号表示。其中，第一级分类：4 表示会计文件，一级类目会计文件包含会计文书文件材料和会计核算文件材料两大类别；第二级分类：二级类目 43 是会计核算文件，即会计档案；第三级分类：三级类目表示会计档案的四个属类：会计凭证（设置为 1）、账簿（设置为 2）、报告（设置为 3）、其他类（设置为 4）；第四级分类：四级类目是各属类下的小类，即核算文件名称或内容设置从 0～9 自然数，分类号的设置如表 6-6 所示。

2）在同一会计年度下，当企业具有两种类型以上的会计档案时，表示会计档案分类方案的分类号设为四级类目。第一级类目：是会计档案大类（以区别文书档案等）；第二级类目：指会计类型，如预算会计（设为 0）、税收会计（设为 1）、经费会计（设为 2）等；第三级类目：指会计核算材料属类编号，设置凭证为 1、账簿为 2、报告为 3、其他类为 4；第四级类目：指各类别下的会计核算文件名称或内容的小类编号，分类号的设置四级类目含义如表 6-7 所示。

表 6-6　企业单位采用“年度—类别”分类时分类号设置方法

<table>
<tr><th>一级类目（大类）</th><th>二级类目（类别）</th><th>三级类目（属类）</th><th>四级类目（小类）</th><th>分类号</th></tr>
<tr><td rowspan="14">会计文件（4）</td><td rowspan="14">会计核算文件（43）</td><td rowspan="3">1. 凭证类</td><td>0. 收款凭证</td><td>4310</td></tr>
<tr><td>1. 付款凭证</td><td>4311</td></tr>
<tr><td>2. 转账凭证</td><td>4312</td></tr>
<tr><td rowspan="5">2. 账簿类</td><td>0. 现金日记账</td><td>4320</td></tr>
<tr><td>1. 银行存款账</td><td>4321</td></tr>
<tr><td>2. 总账</td><td>4322</td></tr>
<tr><td>3. 明细账</td><td>4323</td></tr>
<tr><td>4. 固定资产卡片</td><td>4324</td></tr>
<tr><td rowspan="2">3. 报告类</td><td>0. 年度财务报告（决算）</td><td>4330</td></tr>
<tr><td>1. 月、季度财务报告</td><td>4331</td></tr>
<tr><td rowspan="4">4. 其他类</td><td>0. 会计移交清册</td><td>4340</td></tr>
<tr><td>1. 会计档案保管清册</td><td>4341</td></tr>
<tr><td>2. 会计档案销毁清册</td><td>4342</td></tr>
<tr><td>3. 银行余额调节表、对账单</td><td>4343</td></tr>
</table>

说明：分类号设定，如 4310，43—代表档案门类：会计档案；1—代表会计档案类别：凭证；0—代表凭证内的名称收款凭证。

表 6-7 事业单位采用“年度—类别”分类时分类号设置方法

一级类目（大类）	二级类目（会计类型）	三级类目（属类）	四级类目（小类）	分类号
会计档案（4）	预算会计（0）	1．凭证类	0．收款凭证	4010
			1．付款凭证	4011
			2．转账凭证	4012
		2．账簿类	0．现金日记账	4020
			1．银行存款账	4021
			2．总账	4022
			3．明细账	4023
			4．固定资产卡片	4024
		3．报告类	0．年度财务报告（决算）	4030
			1．月、季度财务报告	4031
		4．其他类	0．会计移交清册	4040
			1．会计档案保管清册	4041
			2．会计档案销毁清册	4042
			3．银行余额调节表、对账单	4043
	税收会计（1）	1．凭证类	0．收款凭证	4110
			1．付款凭证	4111
			2．转账凭证	4112
		2．账簿类	0．现金日记账	4120
			1．银行存款账	4121
			2．总账	4122
			3．明细账	4123
			4．固定资产卡片	4124
		3．报告类	0．年度财务报告（决算）	4130
			1．月、季度财务报告	4131

续表

一级类目（大类）	二级类目（会计类型）	三级类目（属类）	四级类目（小类）	分类号
会计档案（4）	税收会计（1）	4．其他类	0．会计移交清册	4141
			1．会计档案保管清册	4141
			2．会计档案销毁清册	4142
			3．银行余额调节表、对账单	4143
	经费会计（2）	1．凭证类	同上	方法同上
		2．账簿类		
		3．报告类		
		4．其他类		

说明：分类号设定，如4010，4—代表档案大类：会计档案；0—代表会计档案类型：预算会计；1—代表类别凭证；0—代表凭证的属类名称是收款凭证。

（2）按“年度—类别”分类法进行分类时的档号结构。

1）按“年度—类别”分类法分类时，档号组成为：全宗号—年度—分类号—案卷号。例如：SYS1-2020-4330-005。其中：SYS1表示电力企业或某建设项目全宗号，2020 表示会计年度，4330表示会计报告属类下小类是年报的分类号，005 表示案卷号。

2）当考虑标注保管期限时，档号组成为：全宗号-年度-分类号-保管期限-案卷号。例如：SYS1-2020-4310-D30-001。其中：SYS1 表示电力企业全宗号、2020 表示会计年度，4310 为会计凭证属类下小类是收款凭证的分类号，D30 表示会计凭证的保管期限为 30 年，001 表示案卷号是第 1 卷。

3．采用“类别—年度”分类法分类时的分类号设置与档号结构

（1）“类别—年度”分类法进行分类时的分类号设置。当会计档案按“类别—年度”分类法进行分类时，通常将会计核算文件分为四级类目。其中，第一级类目：4 为会计文件大类，会计

文件其中包含会计文书文件材料和会计核算文件材料两大类别；第二级类目：43 表示会计核算文件，即会计档案；第三级类目：指会计核算文件各属类的分类号：凭证（设置为 1）、账簿（设置为 2）、报告（设置为 3）、其他类（设置为 4），第四级类目：指会计档案各属类的类别下的小类的分类号；如：4310 为会计凭证下的收款凭证。注意，按会计年度分别整理归档。如：2017 年、2018 年……，分类号的设置如表 6-8 所示。

表 6-8 企事业单位采用“类别—年度”分类时分类号设置方法

<table>
<tr><th>一级类目（大类）</th><th>二级类目（类别）</th><th>三级类目（属类）</th><th>四级类目（小类）</th><th>年度</th><th>分类号</th></tr>
<tr><td rowspan="17">会计文件（4）</td><td rowspan="17">会计核算文件（43）</td><td rowspan="7">1. 凭证类</td><td>0. 收款凭证</td><td rowspan="3">2017</td><td>4310</td></tr>
<tr><td>1. 付款凭证</td><td>4311</td></tr>
<tr><td>2. 转账凭证</td><td>4312</td></tr>
<tr><td>0. 收款凭证</td><td rowspan="3">2018</td><td>4310</td></tr>
<tr><td>1. 付款凭证</td><td>4311</td></tr>
<tr><td>2. 转账凭证</td><td>4312</td></tr>
<tr><td>……</td><td>……</td><td></td></tr>
<tr><td rowspan="10">2. 账簿类</td><td>0. 现金日记账</td><td rowspan="6">2017</td><td>4320</td></tr>
<tr><td>1. 银行存款账</td><td>4321</td></tr>
<tr><td>2. 总账</td><td>4322</td></tr>
<tr><td>3. 明细账</td><td>4323</td></tr>
<tr><td>4. 固定资产卡片</td><td>4324</td></tr>
<tr><td>5. 辅助账簿</td><td>4325</td></tr>
<tr><td>0. 现金日记账</td><td rowspan="4">2018</td><td>4320</td></tr>
<tr><td>1. 银行存款账</td><td>4321</td></tr>
<tr><td>2. 总账</td><td>4322</td></tr>
<tr><td>3. 明细账</td><td>4323</td></tr>
</table>

续表

<table>
<tr><th>一级类目（大类）</th><th>二级类目（类别）</th><th>三级类目（属类）</th><th>四级类目（小类）</th><th>年度</th><th>分类号</th></tr>
<tr><td rowspan="20">会计文件（4）</td><td rowspan="19">会计核算文件（43）</td><td rowspan="3">2．账簿类</td><td>4．固定资产卡片</td><td rowspan="2">2018</td><td>4324</td></tr>
<tr><td>5．辅助账簿</td><td>4325</td></tr>
<tr><td>……</td><td>……</td><td></td></tr>
<tr><td rowspan="5">3．财务报告类</td><td>0．年度财务报告（决算）</td><td rowspan="2">2017</td><td>4330</td></tr>
<tr><td>1．月、季度财务报告</td><td>4331</td></tr>
<tr><td>0．年度财务报告（决算）</td><td rowspan="2">2018</td><td>4330</td></tr>
<tr><td>1．月、季度财务报告</td><td>4331</td></tr>
<tr><td>……</td><td></td><td></td></tr>
<tr><td rowspan="12">4．其他类</td><td>0．会计档案保管清册</td><td rowspan="6">2017</td><td>4340</td></tr>
<tr><td>1．会计档案销毁清册</td><td>4341</td></tr>
<tr><td>2．会计档案移交清册</td><td>4342</td></tr>
<tr><td>3．银行余额调节表、对账单</td><td>4343</td></tr>
<tr><td>4．纳税申报表</td><td>4344</td></tr>
<tr><td>5．电子会计档案光盘</td><td>4345</td></tr>
<tr><td>0．会计档案保管清册</td><td rowspan="6">2018</td><td>4340</td></tr>
<tr><td>1．会计档案销毁清册</td><td>4341</td></tr>
<tr><td>2．会计档案移交清册</td><td>4342</td></tr>
<tr><td>3．银行余额调节表、对账单</td><td>4343</td></tr>
<tr><td>4．纳税申报表</td><td>4344</td></tr>
<tr><td>5．电子会计档案光盘</td><td>4345</td></tr>
<tr><td></td><td></td><td>……</td><td>……</td><td></td></tr>
</table>

（2）按“类别—年度”分类法进行分类时的档号结构。

1）按“类别—年度”分类法进行分类时，各年度会计档案的整理方法。首先，按“属类的类别”设置分类号整理组卷；其次，按年度分类，各年度的会计档案按顺序排列。档号结构为：全宗号—分类号—年度—案卷号。

例如：SYS1-4311-2021-050。其中：SYS1 表示为表示电力企业或某新能源电站企业全宗号，4311 表示会计凭证属类别下小类付款凭证的分类号，2021 表示会计年度，050 为会计凭证的案卷号第 50 卷。

2）按“类别—年度”分类法进行分类时，首先，将各年度会计档案按“属类的类别”设置分类号整理组卷；其次，按年度分类，各年度的会计档案顺序排列。三是，当考虑标注保管期限时，在档号结构中加入保管期限字段时，档号组成为：全宗号＋分类号＋年度＋保管期限＋案卷号。例如：SYS1-4310-2021-D30-050。其中，SYS1 表示电力新能源企业全宗号，4310 表示会计凭证属类的类别下的小类为收款凭证的分类号，2021 表示会计年度，D30 表示会计凭证的保管期限是 30 年，050 表示会计凭证案卷号是第 50 卷。

（3）案卷号的编制。按“类别—年度”法进行分类时，案卷编号通常采用“大流水号”的办法编制，每年度各类别的案卷流水号续上年的续编，编制跨年度的案卷流水号。

4. 建设项目未设定全宗号时会计档案的档号结构

当企业未设置全宗号时，可用项目代号替代。工程建设项目未设定全宗号的单位，可用建设工程项目档案中的“项目代号”替代全宗号；采用按“年度—类别”分类时，档号组成如下：

（1）档号组成。当建设项目未设置全宗号的单位，可用建设工程项目档案的“项目代号”代替，档号结构为：项目代号—年度—分类号—案卷号。例如：0400-2021-4310-001。项目代号 0400 表示电力企业或建设工程项目代号，2021 表示会计年度，4310

表示会计凭证属类下的小类收款凭证分类号，001 表示会计凭证的案卷号是第 1 卷。

（2）考虑保管期限时的档号组成。当单位未设定全宗号时可用项目代号代替，当考虑保管期限时档号结构为：项目代号＋年度＋分类号＋保管期限＋案卷号。例如：0400-2021-4311-D30-001。项目代号 0400 表示电力建设工程项目档案中的项目代号，2021 表示会计年度，4311 表示会计凭证属类下付款凭证小类的分类号，D30 表示凭证的保管期限，001 表示案卷号是第 1 卷。

四、电力企业会计档案分类设置与档号结构

1. 电力企业会计档案分类设置

电力企业会计档案根据通常采用按“年度—类别”分类法进行分类时，根据《电力工业企业档案分类表》（0～5 大类）结合本单位实际确定分类号。首先，一级类目 4 为会计文件类，其中会计文件包含会计文书文件材料和会计核算文件材料；其次，二级类目 43 为会计核算文件材料；三是，会计核算文件即会计档案分为四个属类：凭证（设置为 1）、账簿（设置为 2）、报告（设置为 3）、其他（设置为 4）；四是，结合电力企业或工程建设项目实际，当各类别下的核算文件材料数量不多，故不再考虑设置各属类下小类分类号的设置；分类号只设置到三级类目，即只分类到属类的分类号，不再设置小类分类号，使会计档案的分类更为简洁。对于凭证的属类，如收款凭证、付款凭证、转账凭证等均为凭证属类的分类号，按同一属类下记账凭证编号顺序排列组卷，以案卷顺序号区分各属类的名称或内容。各属类会计档案分类号的设置如表 6-9 年所示。

2. 电力企业工程项目或新能源项目会计档案档号结构与案卷号

（1）档号组成。采用按“年度—类别”分类法进行分类时，

档号组成为：全宗号—年度—分类号—案卷号，案卷号通常采用3位或4位阿拉伯数字表示。结构结构如图6-15所示。

表6-9 电力企业采用“年度—类别”分类时分类号设置方法

一级类目（大类）	二级类目（类别）	三级类目（属类）	分类号	备注
会计文件（4）	会计核算文件（43）	会计凭证1	431	包含收款、付款凭证、转账凭证等
		会计账簿2	432	包含现金日记账、银行存款账、总账、明细账、固定资产卡片
		会计报告3	433	包含年报、月报和季报
		其他类会计档案4	434	包含会计档案保管、销毁及鉴定意见书、移交清册，银行对账单、余额调节表、电子档案光盘

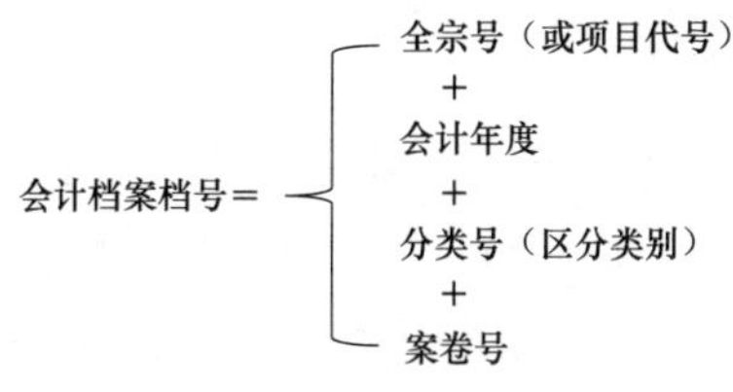

图6-15 按“年度—类别”分类法分类时会计档案档号结构

（2）当考虑保管期限时会计档案的档号组成：全宗号—年度—分类号—保管期限—案卷号，案卷号通常采用3位或4位阿拉伯数字表示。会计档案档号结构如图6-16所示。

3. 会计档案的档号字段项目组成说明

（1）全宗号。企事业单位可根据集团或上级企业档案机构统筹规划安排确定的各立档单位全宗号。如根据某电力企业统一安排，云南华电昆明禄劝撒永山250MW复合型光伏项目全宗号为SYS1。当为民营企业时可统筹安排确定，如果单位规模不大或上级单位未统筹规划设置全宗号时，没有全宗号的单位可采用项目代号替代。

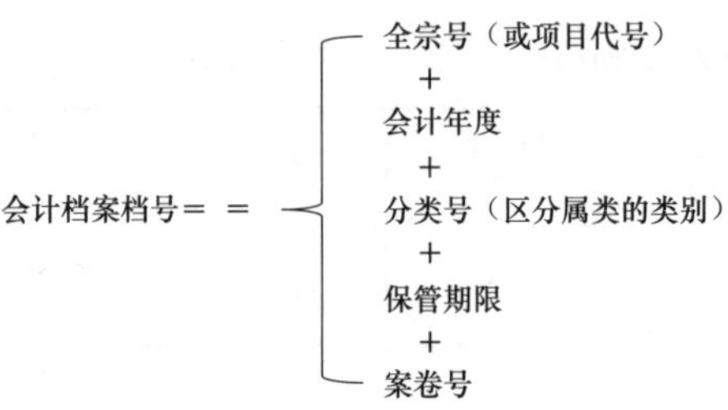

图 6-16　按“年度—类别”分类法分类考虑保管期限时会计档案档号结构

（2）项目代号。项目代号是科技档案或项目档案的组成部分，表示工程建设项目的代号，根据各集团或上级企业档案机构管理统一确定；项目代号又称目录代号或目录号，表示档案管理中企事业单位的代号。

（3）年度。年度是指会计文件的形成年度，“年度”采用 4 位阿拉伯数字标注，如“2020”，后面不跟中文字“年”。

（4）分类号。各企事业根据会计档案的种类自行设置的分类号。电力建设项目会计档案分类号是根据《电力工业企业档案分类表》（0～5 大类）的规定，结合实际情况，确定会计档案四个类别的分类号。

（5）保管期限。根据《会计档案管理办法》的规定，会计档案的保管期限分为永久（Y）、定期 D 两类，定期分为 D30 年、D10 年两类。

（6）案卷号。案卷号指会计档案在同一类别或同一分类号下的案卷排列流水号，根据会计文件材料的数量确定用 3 位或 4 阿拉伯数字标识，不足 3 位或 4 位的以 0 补足，如：001 或 0001。

4. 采用分类号表示会计档案分类的优缺点

（1）采取分类号进行分类的优点。

1）采用分类号进行会计档案的分类，简化了分类，大大减轻了会计档案整理工作量，使分类方案简单清晰。

2）方便档案机构建立会计档案数据库，便于保管、查找和利用。

3）方便与其他门类的档案分类方案接轨，其余门类的档案，如科技档案、文书档案等，均是采用分类号进行档案的分类，会计档案也可采用同样方法，比采用目录号进行分类更为简洁、方便。

4）方便会计档案的排架，会计档案按分类号进入库房排列上架保管，使会计档案保管方法简单明了。

（2）采取分类号进行分类的缺点。经过实际使用，采用分类号对会计档案进行分类整理，使会计档案管理水平得以较大地提高，未发现任何缺点，因此，各行各业的会计档案也可采用此方法。

5. 采用分类号进行分类的会计档案案卷排列

（1）按照“年度—类别”分类法的案卷排列。会计档案先将不同年度的会计档案分开，同一年度的会计档案按属类形式“凭证—账簿—财务报告—其他类”的顺序排列入库。优点是便于按年度查询会计档案；由于凭证、账簿、报告的外形尺寸不同；缺点是这种方法排列不够美观。适用于企事业单位或档案数量较多的单位。

（2）按照“类别—年度”分类法的案卷排列。会计档案按凭证、账簿、财务报告、其他类四类分开，按各属类的类别的会计档案排列入库，再按各年度时间先后顺序排列。优点是便于按属类查询档案，会计档案的排列美观；缺点是不宜查找同一年的会计档案。这种排列方法适用于一般单位。

（3）财务部门的会计档案，先按年度，然后按组织机构，最后按会计档案属类形式排列。

（4）会计档案类型较多的银行、税务机关等单位，可采用先按年度，然后按会计类型，最后按属类形式（名称）的方法排列。

第七章

会计档案编目及入库排架

第一节　会计档案编目规则及编目要求

一、会计档案编目及数据库建立

1. 会计档案编目

（1）档案编目。编目以一定形式揭示和介绍档案内容与形式特征的工作。档案编目是指对档案信息进行组织、著录、标引、制作目录。编目是档案管理的一项重要内容，实质就是把档案实体整理的成果固定化。档案编目包括编制页码、卷内文件目录、备考表、案卷封面，以及编制案卷目录等，以固定整理工作成果，为档案保管提供方便，其成果也是检索档案的基本工具。

（2）会计档案编目。会计档案编目是指会计核算材料页号的编写、著录卷内目录、封面、备考表，拟写案卷题名，以固定档案整理工作的成果，为档案保管提供方便，并编制案卷目录，再汇编成会计档案的保管清册，又是查找利用会计档案的工具。

2. 会计档案数据库建立

（1）编目方法。档案目录是管理会计档案的核心工作，随着网络信息化的发展，档案部门采用档案管理系统软件对会计档案进行管理，建立会计档案数据库，不仅利用档案管理软件进行档案编目表的编制，同时便于对会计档案管理、检索与提供利用。

（2）档案软件系统生成编目表。根据会计档案整理情况，编制会计档案的档号，著录会计档案文件级和案卷级目录，导入会计档案管理系统，再利用会计档案管理系统软件自动生成会计档案编目表：案卷目录、封面、卷内目录、备考表等，大大减轻了档案编目工作量，极大地提高了会计人员的工作效率。

二、页号编制原则与编目要求

1．页号编制原则

会计档案是否需要编制页号，根据各类别会计核算材料情况不同，会计档案编制页号要求：以“卷”为单位编制页码，每卷会计档案都从“1”开始，以核算文件材料有效内容的页面编写页号；正面编写在右上角，反面编写在左上角，有页号的不再另编页号；页号编写工具可采用签字笔或铅笔。

2．会计档案页号和编目要求及方法

根据会计档案的类别不同，编页的要求不同，具体如下：

（1）会计凭证编页及编目要求。

1）会计凭证编页。会计凭证原则上不重新编写页号，以记账凭证的编号为依据，按记账编号顺序排列。对于会计凭证附件，要求统计和填写附件张数，届时加上凭证张数即可，原始凭证不编页号。

2）会计凭证编目要求。会计凭证采用专用封面，会计凭证可不必编制卷内目录和备考表，但是，需要编制会计凭证案卷目录。

（2）会计账簿编页及编目要求。

1）会计账簿的页号编写，分订本账和活页账要求不同：

a．订本账页号编制：订本式账簿一般在使用前已经印制好的页号，故不必另外编写页号。

b．活页式、卡片账的页号编制：在年度终结账后，应拆除硬封面，抽出空白页，编写页号。

c．利用会计管理软件系统形成的会计账簿，需要将其打印出来并对账簿重新编制页号。

2）会计账簿的编目要求。会计账簿均需要加装卷内目录和备考表，其中，卷内目录要按会计科目著录，一般著录到国家规定的一级科目。

a．订本账应编制标签：订本账不装订，直接装盒，但是要附上卷内目录和备考表。为了便于对订本账的管理，在会计账簿的硬封皮上加贴不干胶标签，直观地反映了案卷的具体情况，标签充当账簿封面的作用。标签内容包括单位名称、案卷题名、保管期限、全宗号、分类号或目录号、案卷号、档号。

b．活页账和卡片账编目表：活页账和卡片账均应编制卷内目录和备考表，每卷账簿要加装内封面，与会计核算材料一起采用三孔一线方式装订。

（3）会计报告编页及编目要求。

1）会计报告编页。会计报告需编制页号，按照财务报告排列的先后顺序，依次对每卷财务报告编制页号；卷内文件凡载有信息的正、反面均应编写页号，页号从自然数“1”开始编制。

2）会计报告编目表要求。会计报告均需要编制卷内目录和备考表，根据《会计档案案卷格式》（DA/T 39—2008），对会计报告的内封面没有提出具体要求，但是，为了便于对会计报告的管理，建议增加案卷封面，再将封面与卷内文件材料一起采用三孔一线装订。在实际工作中，企事业单位常常采取增加会计报告内封面的办法进行管理。

（4）其他类会计核算文件的编页及编目要求。

1）其他类会计核算文件编页。其他类会计核算文件，页号编制方法与财务报告相同，以“卷”为单位编制页号，凡有内容的页面均需编制页号，正面在右上角、背面在左上角，以自然数“1”开始编写。

2）其他类会计文件编目要求。其他类会计档案，需要编制卷内目录、备考表，同时增加编制会计档案内封面。

三、会计档案案卷题名的拟写

1. 案卷题名拟写要求

案卷题名必须简洁、准确地揭示卷内文件材料的内容，应准确概括出本盒会计档案形成单位（责任者）、时间、会计类型、会计类别和会计核算文件名称。拟写案卷题名要注意完整性和准确性，要求结构完整、文字简洁。案卷题名是查找和利用会计档案的重要检索标识。

2. 案卷题名三要素

案卷题名要体现三要素、缺一不可，三要素指：单位名称（责任者）、会计年度或时间、会计核算材料种类或内容。具体如下：

（1）会计凭证的案卷题名。除三要素外，还应写明月份；如……省……单位 2020 年 1 月会计凭证。

（2）会计账簿的案卷题名。案卷题名要注明本册案卷的责任者、时间、会计类型、会计文件名称等要素；时间写明年份，如……市……单位 2020 年度预算会计明细账。

（3）会计报告的案卷题名。由于会计报告的格式、要求、用途比较专一、严格，并且全国标准统一，因此，会计报告的案卷题名比较规范，财务报告的案卷题名应写明年份和月份；如……省……局 2020 年度……部门会计决算报告。

第二节　会计档案案卷目录编制

一、会计档案案卷目录作用及编制方法

1. 会计档案案卷目录及其作用

（1）案卷目录是指登记档案案卷的目录，是以每一案卷为单

位，它将每卷档案的案卷题名和案卷封面的内容、完整准确地进行著录的目录。

（2）会计档案案卷目录的作用。案卷目录是会计档案保管清册、移交清册的主要内容，案卷目录是管理会计档案和提供利用的基本检索工具。会计档案整理立卷完成后，根据案卷目录编制保管清册；会计档案在会计机构临时保管一年后，再依据案卷目录编制会计档案移交清册，并向档案部门移交。

（3）案卷目录的编制。会计核算材料收集齐全后，进行了分类整理、立卷、编号、装订、排列后，就必须编制会计档案案卷目录。

2. 检索工具及其编制

（1）档案检索。档案检索是指对档案信息进行存储和档案利用查找，档案检索是开展档案利用工作的基本手段。

（2）会计档案检索工具编制。首先，编制会计档案的案卷文件级目录；其次，建立会计档案数据库。利用档案数据库系统进行会计档案检索管理，同时编制会计档案案卷目录、封面、卷内目录、备考表编目表。会计档案检索类型分为凭证、账簿、报告、其他类四个属类，每年对各类别的会计档案分别编制检索工具。

3. 会计档案案卷目录的编制方法

案卷目录根据单位会计档案分类方案，按年代先后顺序编制；案卷目录是按核算单位分开、按类别分别装订；案卷目录编制方法有三种，各单位根据本单位实际情况选择其中的一种。

（1）统编法。将单位按各会计年度形成的所有会计档案，按“年”统一编制一本会计档案案卷目录。

（2）分类编制法。将单位形成的所有会计档案，按会计档案的不同机构、不同会计类型、不同属类，分别编制会计档案案卷目录。

（3）保管期限编制法。将单位形成的会计档案，按不同保管期限分别编制案卷目录。该方法基本不再采用。

二、案卷目录纸张要求及项目内容

1. 纸张要求及信息栏目内容

（1）纸质尺寸及质量要求。采用国际标准 70g 或 80g 以上 A4 纸制作。

（2）案卷目录项目。包括全宗名称、会计年度、全宗号、案卷号、档号、类别、案卷题名、起止时间、保管期限、卷内张数、备注等。

2. 案卷目录项目的填写方法

（1）全宗名称及全宗号。全宗名称及全宗号指立档单位名称及立档单位的代号。

（2）会计年度。会计年度指在会计工作中，规定以一年作为核算经营活动或预算执行活动的起止期间，从 1 月 1 日至 12 月 31 日。

（3）案卷号。案卷号指会计档案同一类别的最低一级分类下案卷排列的顺序号，案卷号从 001 或 0001 开始编号，盒封面填写本盒内会计档案的案卷号或案卷起止号，案卷起号和止号之间用“～”隔开。

（4）档号。档号由全宗号、类目号或分类号、案卷号组成；根据会计凭证盒或会计档案盒上的档号填写。

（5）类别。填写该卷会计档案所属的类别的名称，如会计凭证、会计账簿、会计报告、其他类会计资料。

（6）案卷题名。案卷题名指本卷会计档案的案卷题名，与会计档案案卷封面上的案卷题名相同。应准确概括本盒会计档案的形成单位、时间、内容、类别。如某省某局财务部 2020 年现金日记账。

（7）起止时间。填写该卷会计档案年度的起止月份，即该卷会计档案的最开始启用和最后终止使用的年月时间，年月用 6 位阿拉伯数字分两行填写，月不足 2 位的在前面补 0，如 202001 至 202012，表示 2020 年 1 月至 12 月。

（8）保管期限。保管期限分为永久、30 年、10 年。保管期限封面与会计凭证盒、会计档案盒上填写的保管期限相同，可用“Y、D30、D10”表示。

（9）已保管期限。已保管期限指会计档案自立卷形成至移交归档后时，已保管的期限。

（10）凭证起讫号。填写记账凭证编号的起讫号。

（11）卷内张数。填写本卷会计档案材料的总张数，指会计凭证总张数、账簿账页总数、财务报告的总页数，根据该卷档案的具体张数填写。会计凭证卷内张数包含记账凭证数和附件张数的总和。

（12）备注。备注指用来说明个别案卷的某些特殊情况的记录。

三、案卷目录适用范围及格式

1. 案卷目录适用范围及注意事项

（1）适用范围及其编制职责。会计档案按类别填写案卷目录，类别包括凭证、账簿、报告、其他类四个属类。案卷目录是由会计机构整理立卷会计档案的经办人负责编制。

（2）案卷目录注意事项。首先，在完成了档案实体分类、排列、编号的前提下编制案卷目录；其次，案卷目录可采用电子表格手动编制形成，也可通过建立数据库后由档案管理软件自动生成。

2. 案卷目录格式

（1）会计档案案卷目录封面：四个属类案卷目录封面格式如

表 7-1。

（2）会计凭证案卷目录格式如表 7-2 所示。

（3）会计账簿案卷目录格式如表 7-3 所示。

（4）会计报告案卷目录格式如表 7-4 所示。

（5）其他类会计资料案卷目录格式如表 7-5 所示。

表 7-1　　　　会计档案案卷目录封面

会计档案案卷目录封面

全宗名称：________________

年　　度：________________

类　　别：________________

目 录 号：________________

保管期限：________________

会计部门立卷人签字：	会计部门负责人签字：	档案保管人：
日期：	日期：	日期：

表 7-2

会计档案案卷目录（凭证）

全宗名称：　　　　　　　　　　　　　　　　　　会计年度：2017

序号	档号	类别	案卷题名	保管期限		已保管期限	所属年度		记账凭证起讫号	卷内张数	附件张数	立卷人	存放位置	备注
				时限	起止时间		年	月						
1	SYS1-430-001	PZ	……公司 2017 年度 1 月会计凭证	30	201801～204801	1	2017	1	1～50	90	60	×××	会计室 A1 柜	
2	SYS1-430-002	PZ	……公司 2017 年度 1 月会计凭证	30	201801～204801	1	2017	1	51～90	110	70	×××	会计室 A1 柜	
3	SYS1-430-003	PZ	……公司 2017 年度 2 月会计凭证	30	201801～204801	1	2017	2	91～130	90	50	×××	会计室 A1 柜	
	……													

表 7-3　　会计档案案卷目录（账簿）

全宗名称：　　会计年度：2017

序号	档号	类别	案卷题名	保管期限		已保管期限	所属年度		册数	卷内页数	立卷人	存放位置	备注
				时限	起止时间		年	月					
1	SYS1-431-001	ZB	……公司2017年度1月现金日记账、银行存款账、对账单	30	201801～204801	1	2017	1	2	1～205	×××	会计室A2柜	
2	SYS1-431-002	ZB	……公司2017年度2月现金日记账、银行存款账、对账单	30	201801～204801	1	2017	2	3	1～208	×××	会计室A2柜	
3	SYS1-431-003	ZB	……公司2017年度3月现金日记账、银行存款账、对账单	30	201801～204801	1	2017	3	2	1～230	×××	会计室A2柜	
	……												

表 7-4　　会计档案案卷目录（报告）

全宗名称　　　　会计年度：2017

序号	档号	类别	案卷题名	保管期限		已保管期限	所属年度		季	册数	卷内张数	立卷人	存放位置	备注
				时限	起止时间		年	月						
1	SYS1-432-001	BG	……公司 2017 年 1 月度会计月报	10	201801～202801	1	2017	1		3	300	×××	会计室 A3 柜	
2	SYS1-432-002	BG	……公司 2017 年度 1 季度会计季报	10	201801～202801	1	2017	1～3	1	1	250	×××	会计室 A3 柜	
3	SYS1-432-003	BG	……公司 2017 年会计年报	永久	201801～永久	1	2017	1		1	100	×××	会计室 A3 柜	
	……													

表 7-5　　会计档案案卷目录（其他）

全宗名称：　　　　会计年度：2017

序号	档号	类别	案卷题名	保管期限		已保管期限	所属年度		册数	卷内张数	立卷人	存放位置	备注
				时限	起止时间		年	月					
1	SYS1-433-001	QT	……公司 2017 年度 1 月银行调节表、银行对账单	10	201801～202801	1	2017	1	2	200	×××	会计室 A4 柜	
2	SYS1-433-002	QT	……公司 2017 年度 1 月档案移交清册	10	201801～202801	1	2017	1	1	50	×××	会计室 A4 柜	
3	SYS1-433-003	QT	……公司 2017 年度 1 月会计档案光盘	永久	201801～永久	1	2017	1	3	2	×××	会计室 A4 柜	
	……												

第三节 会计档案卷内目录编制

一、会计档案卷内目录内容及填写

1. 卷内目录及其内容

（1）卷内目录是登记卷内每份文件材料标题及其信息的目录，卷内目录是以“件”为单位进行会计核算材料的著录。

（2）文件材料著录要求。卷内文件材料要遵循文件形成的自然规律和时间的先后顺序排列后，文件题名照实著录。

（3）纸张尺寸及质量要求。要求 70g 或 80g、A4 白纸。

（4）卷内目录著录项目。包括序号、责任者、文号、题名、日期、页号、备注。

2. 会计档案卷内目录填写

（1）档号。档号与类目号或分类号相关，对于不同类型的档案有不同的类目号或分类号，进而确定相应的档号。

（2）案卷题名。填写本卷会计档案的案卷题名，应准确概括本盒会计档案的形成单位、时间、内容、类别。

（3）顺序号。以卷内文件材料排列顺序先后填写序号，也就是卷内文件材料的“件号”。

（4）责任者。填写对会计档案内容负有责任的单位和个人，即会计核算文件材料形成的单位名称。

（5）文号。填写相关卷内文件材料制发机关的发文字号或文件编号。

（6）文件题名。文件题名指文件标题，一般应照实著录，没有标题或标题不规范的，可自拟标题，外加中括号“[ ]”号。会计档案文件标题拟写三要素：责任者、时间、会计核算材料名称；如某电力企业 2017 年现金日记账。

（7）日期。填写会计核算材料的形成时间，以8位阿拉伯数字标注年月日，如20170619。

（8）页号。填写本卷内文件材料所在之页的起编码号，但最后一份文件必须填写起止页号；也可填写每份文件的起始页号。

（9）备注。在需要说明情况的文件材料栏内打“*”号，并将需说明的情况填写在备考表中。

二、会计档案卷内目录适用范围及格式

（1）卷内目录适用范围。除会计凭证不加卷内目录外，其余三类会计档案（账簿、报告、其他类会计档案）的卷册均需编制卷内目录。

（2）卷内目录格式。采用A4纸，著录内容一般为14行，如表7-6所示。

表7-6　　会计档案卷内目录

档　号：

案卷题名：

序号	责任者	文号	题名	日期	页号	备注
1						
2						
3						
4						
5						
6						
7						
8						
9						
10						
11						

续表

序号	责任者	文号	题名	日期	页号	备注
12						
13						
14						

第四节 会计档案卷内备考表编制

一、会计档案卷内备考表内容及填写

1. 卷内备考表的项目内容

（1）备考表规格及质量要求。采用 70g 或 80g 的 A4 白纸。

（2）备考表作用。备考表是记录本卷归档档案类型的件数、页数；同时对会计档案归档后保管和利用过程中出现情况的记录。

（3）备考表的项目。本卷会计核算文件类型的件数、页数、档号等，以及案卷中文件的缺损、补充及移出等需要说明的情况；立卷人、检查人、立卷时间、检查时间。

2. 会计档案卷内备考表项目填写

（1）档号。填写本卷会计档案的档号，档号与类目号或分类号相关，对于不同类型会计档案有不同的类目号或分类号，进而确定档号。

（2）说明。反映本卷会计档案情况，填写本卷会计档案的类别、件数、页数。如会计账簿类别，件数、页数。

（3）立卷人。由会计机构负责整理立卷者签名。

（4）检查人。由会计机构负责案卷质量审查者签名。

（5）立卷时间。填写会计档案完成立卷的年月日。

（6）检查时间。填写审查会计档案案卷质量的年月日。

（7）其他要说明的问题。填写组卷、保管或利用过程中发生的情况，没有可不填。如鉴定后卷内核算文件的变更情况、保管情况，字迹状况、载体状况；以及档案归档后提供利用过程中，对案卷中会计档案文件的缺损、修改补充、移出、销毁等情况，由本单位档案管理人员填写并签名，标注时间；没有可不填。

二、会计档案卷内备考表适用范围及格式

（1）卷内备考表适用范围。除会计凭证的卷册不加备考表外，其余三类会计档案的案卷均按需编制备考表；如账簿包含订本账、活页式、卡片账簿，报告、其他类会计档案的案卷应加入备考表。

（2）会计档案卷内备考表格式如表7-7所示。

表7-7　　会计档案卷内备考表格式

档号：

互见号：（填写设置的光盘档号） 说明：本卷内保管__会计报告__类会计核算文件材料__4__件，共计__25__页。 其他要说明的问题： 填写介绍会计账簿、报告、其他类等文件材料保管情况，以及会计文件缺损、修改补充、移出、销毁情况等。 立　卷　人：________ 立卷日期：________ 检　查　人：________ 检查日期：________

第五节 会计凭证封面及盒面盒脊编制

一、会计凭证封面的编制

1. 凭证封面规格及填写项目

（1）封面尺寸规格。采用长×宽为299mm×212mm（竖版）或212mm×150mm（横版），封底尺寸同封面。格式如图7-1、图7-2所示。

（2）凭证封面、封底制成材料。宜采用80～100g牛皮纸制作。

（3）凭证封面信息。包括档号、单位名称、会计凭证名称、起止时间、册数、册次、记账凭证起止号、记账凭证数、附件数、会计凭证总数、会计主管、装订人、装订时间、备注等。

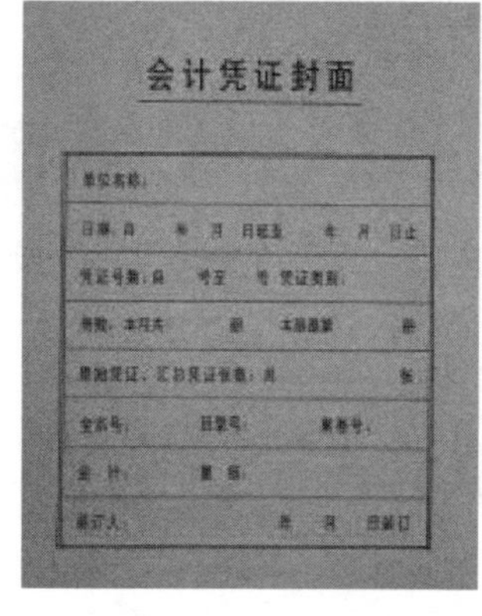
会计凭证封面

图7-1 凭证封面（竖版）

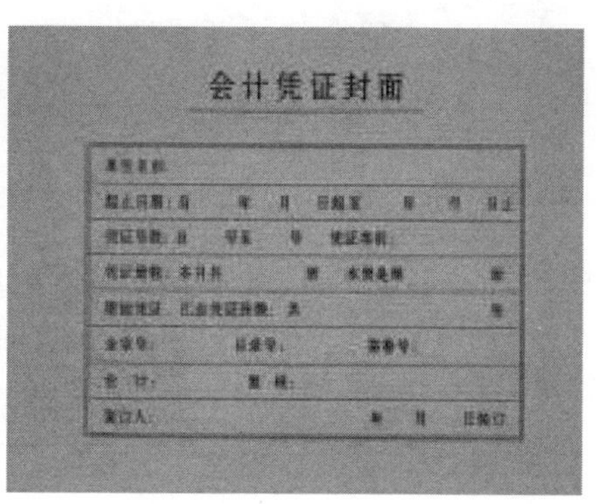
会计凭证封面

图7-2 凭证封面（横版）

2. 凭证封面项目信息填写

（1）档号。填写本卷会计凭证的档号，档号与类目号或分类号相关，对于不同会计凭证设置不同类目号或分类号时，具有相应的档号。

（2）单位名称。填写形成会计档案的单位名称必须用全称或通用简称；如电力企业……公司，不得简称为本公司。

（3）凭证名称。填写能够反映会计凭证种类、用途或内容的名称，如：收款凭证、付款凭证、转账凭证，或者：基建会计凭证、工会会计凭证、预算外会计凭证等。

（4）起止时间。填写本册会计凭证的最早和最晚形成的时间，即填写本册会计凭证的起止年月日。

（5）册数。填写本月的会计凭证的册数。

（6）册次。填写本册会计凭证的序号。

（7）记账凭证起讫号。填写本册记账凭证的起号和止号。

（8）记账凭证数。填写本册记账凭证的张数。

（9）附件数。填写本册会计凭证的附件张数，如原始发票等总数，在凭证封面上附件张数处填写，如果没有可不填。

（10）本册会计凭证张数。本册会计凭证张数指卷内张数，填写本册会计凭证的所有合计张数；包含记账凭证数与附件张数的和。

（11）会计主管。填写单位内部负责会计工作机构的负责人。

（12）装订人。填写负责该本会计凭证装订的人员姓名。

（13）装订时间。填写该本卷会计凭证装订结束的时间。

（14）备注。填写本册会计凭证需要说明的事项，没有说明可不填。

二、会计凭证盒面的填写

1. 凭证盒规格及项目内容

（1）会计凭证盒的作用。凭证盒是保管会计凭证的装具，会计凭证盒略大于装订好的凭证。

（2）凭证盒规格。会计凭证装盒的规格采用长×宽×厚。竖版：310mm×220mm×（20～60）mm；横版：305mm×120mm×（20～60）mm，凭证盒脊厚度可根据需要为20mm、30mm、40mm、50mm、60mm。盒子的脊背装有塑膜，用于插入会计凭证卡片。会计卡片上印有会计凭证、类别、年、月、日、卷号、保管期限等，根据盒内所放凭证的信息填写。会计凭证盒分为竖版和横版两种格式如图7-3、图7-4所示。

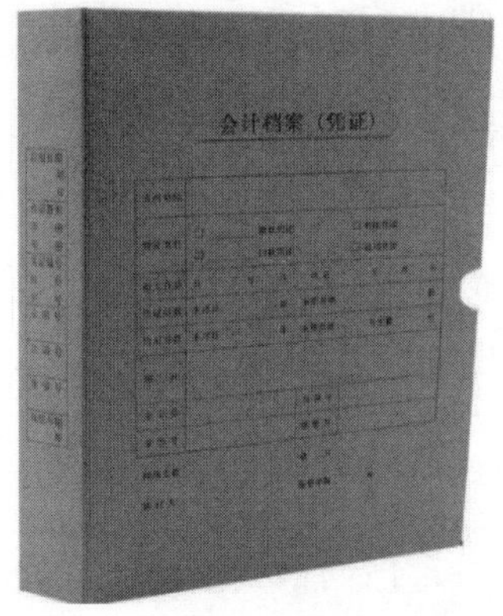

图7-3 会计凭证盒（竖版）

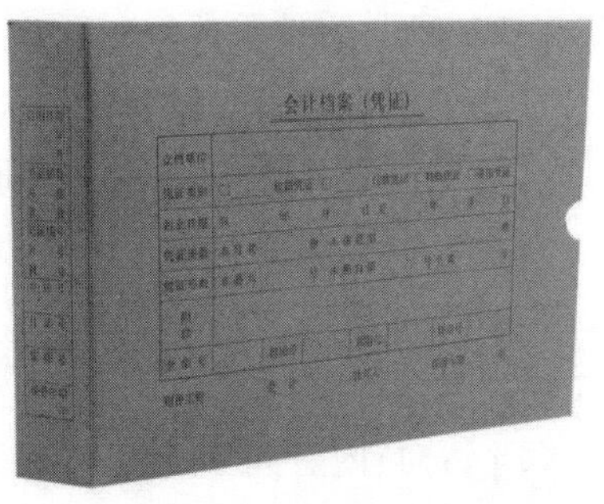

图7-4 会计凭证盒（横版）

（3）会计凭证盒信息。包含单位名称、凭证名称、起止时间、册数、册次、记账凭证起止号、记账凭证数、附件数、会计凭证总数、起止时间，归档时间、会计主管、装订人、装订时间、备注等，立卷人、保管期限、全宗号、目录号、案卷号。

2. 凭证盒面项目的填写

（1）档号。填写本卷会计档案的档号，档号与类目号或分类号相关，对于不同凭证设置不同分类号时，具有相应的档号。

（2）单位名称。填写形成会计档案的单位全宗名称，必须用全称或通用简称。

（3）凭证名称。填写能够反映会计用途或内容的名称，如：收款会计凭证、付款会计凭证等。

（4）起止时间。填写本册会计凭证的起止年月日。

（5）册数。填写本月的会计凭证册数。

（6）册次。填写本册会计凭证的序号。

（7）记账凭证起止号。填写本册记账凭证的起号和止号。

（8）记账凭证数。填写本册记账凭证的张数。

（9）附件数。填写会计凭证的附件张数。

（10）本册会计凭证。填写本册会计凭证的所有合计张数，即记账凭证数与附件张数的和。

（11）会计主管。填写单位内部会计机构负责人。

（12）装订人。填写负责本册会计凭证装订人员姓名。

（13）装订时间。填写本册会计凭证装订结束的时间。

（14）备注。填写本册会计凭证需要说明的事项；没有可不填。

（15）归档时间。填写本公司财务部门向档案部门移交的年月日。

（16）立卷人。填写整理本册会计凭证立卷人员姓名。

（17）保管期限。根据财政部和国家档案局 2015 年颁布的 79 号令《会计档案保管期限表》，会计档案的保管期限分为永久、定期两类，定期分为 30 年、10 年两类。

（18）全宗号。填写各单位根据上级单位统一给定的全宗号，如云南华电禄劝新能源开发有限公司撒营盘项目全宗号是 SYS1。

（19）目录号。填写本卷会计档案的类目号或分类号，与会计核算文件的分类方案直接挂钩。

（20）案卷号。案卷号是会计凭证案卷的案卷编号，案卷编号是在同一个案卷目录或分类体系的最低一级类目内流水编号。

三、会计凭证盒脊项目填写及入盒

（1）会计凭证盒盒脊项目。包括全宗号、目录号或分类号、案卷号、年度、月份、册数、册次、保管期限；盒脊项目与盒面的有关项目对应填写。

（2）会计凭证盒制成材料质量。会计凭证盒宜采用 340g 以上箱板纸制作。

（3）会计凭证的入盒。会计凭证根据装订的大小选择凭证盒，一个凭证盒可以存放一册或二册凭证档案。

第六节 会计档案盒编制

1. 会计档案盒的作用及规格

会计档案盒是用于会计账簿、财务报告、其他类会计档案的保管装具。由于会计账簿、会计报告、其他类会计文件的形成材料规格大体相似，因此，会计账簿、财务报告、其他类会计文件的装盒均采用相同的会计档案盒。

2. 会计档案盒的项目内容及质量要求

（1）会计档案盒正面信息。会计档案盒正面信息包括全宗名称、案卷题名、起止时间、卷数、页数、保管期限、全宗号、目录号、案卷号、盒号。

（2）会计档案盒脊背信息。脊背包含档号，即全宗号、目录号或分类号、案卷号。

3. 会计档案盒规格及材料要求

会计档案盒规格为长 310mm、宽 220mm，盒脊厚度根据需要设置 20～40mm。采用 700g 以上无酸纸制作。在盒盖翻口两边设有穿扣，使盒盖能紧扣信卷盒。档案盒格式如图 7-5 所示。

4. 会计档案盒正面信息填写

图 7-5　会计档案盒格式

（1）档号。填写本卷会计档案的档号，档号与类目号或分类号相关，对于不同类型的档案有不同的类目号或分类号，具有相应的档号。

（2）全宗名称。全宗名称相当于立档单位的名称，填写时和会计凭证盒正面上的单位名称一致。

（3）案卷题名。案卷题名由整理会计凭证的人员自拟。案卷题名应准确概括本卷档案的形成单位、时间、内容、类别，要求精简、明确。

（4）时间。填写形成本盒会计档案的起止年月日。

（5）卷数、张数。填写本盒内会计档案的卷数和张数。

（6）保管期限。保管期限为永久、定期两类，定期的保存时限分为 30 年和 10 年。

（7）全宗号及目录号（或分类号）。填写方法与会计凭证盒上的全宗号、目录号或分类号的要求相同。

（8）案卷号。填写本盒内会计档案的案卷号或案卷起止号，在案卷起号和止号之间用“—”隔开。

（9）盒号。盒号是同一全宗、同一目录内，按照案卷顺序号装盒排列后装入档案盒的编号。

5. 会计档案盒盒脊信息填写及档案入盒

（1）会计档案盒的盒脊信息。盒脊信息包括档号、年度、全宗号、目录号或分类号、案卷号、盒号、保管期限。年度填写本盒会计档案所属年度，其他与正面相应信息填写一致。

（2）会计档案入盒。会计账簿、会计报告、其他会计档案，装入会计档案盒的顺序，按照内封面—卷内目录—会计核算材料内容—备考表的顺序整理装订后入盒。

第七节　会计档案内封面编制

一、会计档案内封面的作用及项目

1. 增加会计档案的案卷内封面

根据《会计档案案卷格式》（DA/T 39—2008），未对会计档案的封面格式提出具体要求，但是，为了便于对会计档案管理，常增设会计档案内封面便于管理和提供利用；如报告、账簿的立卷管理，通常在会计档案整理后，增加案卷内封面。在实际工作中，各单位可以根据本单位具体情况，选择采用这种方法。

2. 会计档案内封面的作用及规格

（1）内封面作用。会计档案内封面能够较为全面地反映本卷会计档案的基本信息，揭示本卷会计档案的题名，在不打开会计档案时，能够很快了解本卷会计档案的内容，便于查阅。

（2）内封面适用范围。会计档案内封面适用于会计账簿、会计报告、其他类会计文件的整理归档，会计凭证另设内封面。

3. 会计档案封面的规格和信息

（1）会计档案内封面的规格及质量要求。采用 80～100g 的 A4 牛皮纸，内封面排列在卷内目录之前。

（2）会计档案案卷封面项目。案卷题名、全宗名称、所属年度、卷内张数、保管期限、档号，并由单位负责人、会计机构负责人、会计主管人的签名或盖章，设置总会计师的单位，还须由总会计师签名并盖章；案卷内封面排列放在卷内目录之前。

二、会计档案封面的信息填写方法及案卷要求

1. 会计档案内封面的信息

（1）案卷题名。简洁、准确地概括本卷会计档案的形成单位、时间、内容、类别；如某省某公司 2019 年度财务报告。

（2）全宗名称。全宗名称指立档单位的名称，填写和会计凭证盒正面上的单位名称要求一致。

（3）所属年度。填写形成本卷会计档案的所属年度。

（4）类别。填写本卷会计档案材料的属类，如年度财务报告。

（5）卷内张数。卷内张数指该卷会计档案的总张数。

（6）保管期限。填写该卷会计档案的保管期限，如会计账簿为 30 年。

（7）档号。填写会计档案档号；如 SYS1-2020-430-001。

（8）全宗号。填写立档单位全宗号。

（9）目录号或分类号。填写本卷会计档案目录号或分类号。

（10）案卷号。填写本卷会计核算材料的案卷号。

（11）起止日期。填写本卷内会计核算文件最早和最晚的日期。

（12）密级。填写卷内文件材料的密级，没有可不填。

（13）会计机构负责人。单位会计部门负责人名称。

（14）会计档案立卷人。填写本卷会计档案立卷人签名。

2. 内封面适用要求

（1）适用范围。会计凭证、会计账簿、财务报告、其他会计资料的整理，均需要增加内封面。订本式账簿除采用在订本式账簿壳面上增加小标签，活页账需增加档案内封面。封面上注明账簿类别和顺序，如：总分账、明细账、多栏账、余额表等。

（2）卷内排列要求。案卷组织后，按照内封面、卷内目录、会计档案内容、备考表的顺序装订成册。如：会计报告组卷后，

按照案卷封面—卷内目录—会计报告含附注及说明部分—备考表排列装订。

（3）封面装订要求。除会计凭证、订本账以外，其他会计档案均采用三孔一线方式装订，但是档案内封面的装订方法，先将会计文件、卷内目录、备考表装订完成后，再包边粘贴档案内封面，以示美观。

（4）会计档案内封面格式。会计账簿封面格式如表 7-8 所示。会计报告封面格式如表 7-9 所示。

表 7-8　　　　会计账簿封面格式

档号：SYS1-2019-4322-003

……省……电站 2019 总分类账簿

2019 年 1—12 月

全宗名称：……省……电站

内部机构名称：计划财务部　　保管期限：永久

所属年度：2019 年　　密级：秘密

类别 ：总分类账　卷内共：50 页

起止日期：20190101～20191231

会计机构负责人：签名或打印并盖章

立卷人：签名或打印

日期：2019 年 12 月 31 日

表 7-9　　会计报告封面格式

<table>
<tr><td>
档号：SYS1-2019-4330-001

（案卷题名）
某省某公司 2019 年度财务报告

全宗名称：某省某公司
内部机构名称：计划财务部　　保管期限：永久
所属年度：2019 年　　密级：秘密
类别：年度报告　卷内共：20 张
起止日期：20190101～20191231

会计机构负责人：签名或个人印章
立卷人：签名或个人印章
日期：2019 年 12 月 31 日
</td></tr>
</table>

三、会计账簿的案卷格式

（1）账簿案卷格式。会计账簿按其外形特征分为订本账、活页账、卡片账。账簿必须编制卷内目录、备考表，根据《会计档案案卷格式》（DA/T 39—2008）对会计账簿档案的封面格式没有提出具体要求，但是，为便于对会计账簿的管理，常在会计账簿前面增加内封面。

（2）会计账簿案卷格式。包括订本账和活页账。

1）订本账格式案卷格式。在订本账的原装订本上硬壳封皮正面加贴不干胶小标签，直观地反映了案卷的具体情况，小标签代替内封面。小标签的主要内容包含单位名称、案卷题名、保管期限、全宗号、分类号或目录号、案卷号、档号。案卷格式按“卷内目录—订本账—备考表”摆放于档案盒内；账簿标签格式如表7-10所示。

表 7-10　　会计账簿标签格式

单位名称：中国工商银行……省……分行 案卷题名：2019 年会计总账 保管期限：30 年 全宗号：SYS1 分类号：4330（或目录号：KU2019）案卷号：001

2）活页账或卡片账案卷格式。活页账应在去掉空白页后依次编写页号，再编制卷内目录、备考表、账簿内封面，按顺序排列“内封面—卷内目录—活页账页—备考表”后装订，内封面可在账簿装订完成后再包边用胶棒粘贴在最前面；活页账与卡片账的立卷方式相同。

第八节　会计档案的入库排架

一、入库上架排列原则与排列要求

1. 会计档案入库上架排列原则

单位档案机构接收会计机构移交来的会计档案后，会计档案案卷保存放入档案库房柜架，在档案柜架上的排列原则是“从左到右，从上至下”的顺序摆放，并进行相应的标识。

2. 会计档案入库排架要求

（1）避免频繁倒架。档案库房是集中长久保存档案的重地，会计档案整理完毕后入库上架应排列整齐有序，库位标识清楚，排架时应考虑避免频繁倒架。

（2）方便会计档案的调阅利用和归还。会计档案是逐年产生，形成的会计档案数量大，为保管好会计档案，除了必须具备一定面积的档案库房和存放会计档案的柜架外，还要合理地组织好会计档案的排放；做到既方便调阅利用，又节省库位空间、经济合理。

（3）档案库位有效利用。案卷在柜架上应保持适宜的饱和度，避免排放过度拥挤增加案卷摩擦、过松影响档案库位的有效利用。

3. 会计档案常用的排架方法

排架方法与会计档案的分类方案紧密相关，采取什么方法分类，排架也就采用相应的办法。会计档案进入档案库房的排列方法是按照会计档案的分类方案进行的，主要有四种：

（1）年度—类别排列法，简称年度排列法。

（2）类别—年度排列法，简称类别排列法。

（3）年度—组织机构—会计文件类别排列法。

（4）年度—会计类型—会计文件类别排列法。

二、会计档案的入库上架排列

会计档案的入库排列是根据分类方案来确定的。具体如下：

1. 按“年度”排列法

企事业单位会计档案采用“年度—类别”分类时，档案库房内会计档案的排列采取：按“年度—类别—保管期限”方法进行排列，首先，将会计档案按会计年度分开，其次，将同一个年度形成的会计档案，分为会计凭证、会计账簿、会计报告、其他会计资料四个属类，各类别的会计档案分开排列；三是，各类别的会计档案，按不同的保管期限从高到低排列；永久排在前面，30年排在其后，10年最后排列。此方法适用于每年产生大量会计档案的单位，如一般企事业单位、金融机构、大型企业等。

2. “类别”排列法

企事业单位会计档案采用“类别—年度”分类时，档案库房内会计档案的排列采取：按“类别—年度—保管期限”的会计档案分类连续排列，首先，会计档案按类别分为会计凭证、会计账簿、会计报告、其他类会计资料四个属类；其次，每个类别内再分别按各年先后顺序排列，年度内再区分不同科目排列；三是，在各类别下，按保管期限从高到低排列，即永久排在前面，30年排在其后，10年最后排列。案卷按类别跨年度编案卷流水号排列。一般情况下，采用跨年度编流水号的方法，其案卷号不超过千位数，即若干年后若排列到了999时就要断号，再从“1”开始编流水号，此方法常适用于会计档案数量不多的机关单位。

3. 电力工程建设项目会计档案的入库排列方法

电力建设项目、新能源建设项目会计档案排列，通常是采取“年度—类别”分类时，因此，会计档案的入库排架，也是按照“年度—分类号—保管期限”顺序排列入库上架，即各年的会计档案，首先按年度分开后，会计档案分为凭证、账簿、报告、其他类后四个属类，根据各类别的“分类号”的不同分开排列，对每一类，再按年度、月份的顺序，最后按保管期限从高到低的顺序降序排列。

第八章

会计档案临时保管及归档保管利用

第一节　会计年度与会计档案临时保管

一、会计年度

会计年度是指在会计法中的会计处理年限，会计年度是反映单位财务状况、核算经营成果的时间界限。在我国会计年度是从当年1月1日到12月31日。

二、会计档案临时保管

（1）会计档案临时保管依据。当年形成的会计档案，会计机构在工作中常需要使用。根据《会计法》规定，当年形成的会计档案，在会计年度终了后，可由会计部门临时保管一年。

（2）会计档案临时保管时限。当年形成的会计档案，由会计机构对会计档案进行收集、整理、立卷归档，并编制会计档案保管清册。一般情况下，临时保管时限为一年；特殊情况因工作需要，会计部门向档案部门提出申请延长保管时限，但单位会计机构临时保管会计档案的时限最长不超过三年。

（3）会计档案临时保管期间注意事项。会计档案临时保管期限应符合国家档案管理的有关规定，会计机构的出纳人员不得兼管会计档案，也就是说，管钱的不能管账。

三、会计档案保管清册编制

1. 会计档案保管清册编制职责

会计档案整理立卷后由会计机构编制会计档案保管清册，并对会计档案及保管清册进行临时保管。

2. 会计档案保管清册编制作用

会计档案保管清册主要包含会计档案的案卷目录。当年形成的会计档案，要及时进行会计档案的整理立卷，然后编制保管清册，其作用是便于会计部门对会计档案的立卷情况的记录与查阅。

3. 会计档案保管清册编制内容

会计档案保管清册主要记录各年会计档案形成的案卷数量，目的是对各年产生的纸质会计档案和电子会计档案，都应在保管清册中列明。会计档案保管清册按会计档案的类别和保管期限分页登记，由经办人和会计部门负责签字或盖章。

4. 会计档案保管清册封面

（1）会计档案保管清册封面格式。保管清册封面项目包含单位名称、案卷数量、会计年度、保管人、保管会计档案年度（起止时间）。会计档案保管清册封面格式如表 8-1 所示。

（2）会计档案保管清册封面填写。

1）案卷数量。案卷数量指会计年度一年形成的会计档案的案卷总数量。

2）临时保管年度。临时保管年度指临时保管会计档案的时间。

3）类别。类别指会计档案的四个属类，凭证、账簿、报告、其他。

4）起止卷号。会计档案某类别下案卷的起止卷号。

5）保管人。保管人指会计档案整理立卷及保管人。

6）部门负责人。部门负责人指会计机构部门负责人。

表 8-1　　　　　会计档案保管清册封面格式

会 计 档 案 保 管 清 册	
单位名称：	
案卷数量	会计年度
类别	起止卷号
会计档案保管人签字：	临时保管会计档案年度：
会计部门负责人签章：	

5. 会计档案保管清册案卷目录

（1）会计档案保管清册案卷目录格式。案卷目录信息包括单位名称、会计档案的档号、类别、题名、保管期限、已保管期限、所属年度、卷内张数/件数、立卷人、备注，以及入档前会计部门暂时保管的时间。保管清册案卷目录格式如表 8-2 所示。

（2）会计档案保管清册案卷目录的填写。案卷目录栏项包括内容如下：

1）序号。填写会计档案数量的顺序号。

2）单位名称。填写形成会计档案立档单位名称，应使用单位全称或规范化简称。

3）类别。填写该卷会计档案的属别（凭证、账簿、报告、其他类）。

4）档号。填写本卷会计档案的档号。

5）案卷题名。填写本盒会计档案的题名，由整理会计档案的人员自拟，案卷题名应准确概括会计档案的单位、时间、内容、类别。

表 8-2　　会计档案保管清册（案卷目录）

全宗名称：　　　　　　　　　　　　　　　　　全宗号：

<table>
<tr><th rowspan="2">序号</th><th rowspan="2">档号</th><th rowspan="2">类别</th><th rowspan="2">案卷题名</th><th colspan="2">保管期限</th><th rowspan="2">已保管期限</th><th colspan="2">所属年度</th><th rowspan="2">卷内张数</th><th rowspan="2">立卷人</th><th rowspan="2">存放位置</th><th rowspan="2">备注</th></tr>
<tr><th>时限</th><th>起止日期</th><th>年份</th><th>月份</th></tr>
<tr><td></td><td></td><td></td><td></td><td></td><td></td><td></td><td></td><td></td><td></td><td></td><td></td><td></td></tr>
<tr><td></td><td></td><td></td><td></td><td></td><td></td><td></td><td></td><td></td><td></td><td></td><td></td><td></td></tr>
<tr><td></td><td></td><td></td><td></td><td></td><td></td><td></td><td></td><td></td><td></td><td></td><td></td><td></td></tr>
<tr><td></td><td></td><td></td><td></td><td></td><td></td><td></td><td></td><td></td><td></td><td></td><td></td><td></td></tr>
<tr><td></td><td></td><td></td><td></td><td></td><td></td><td></td><td></td><td></td><td></td><td></td><td></td><td></td></tr>
<tr><td></td><td></td><td></td><td></td><td></td><td></td><td></td><td></td><td></td><td></td><td></td><td></td><td></td></tr>
</table>

6）保管期限。期限为永久、30 年、10 年，可分别填写永久、30 年、10 年或用代码“Y”“D30”“D10”标识。卷内文件保管期限不同时，应填写最长保管期限。

7）起止日期。填写本卷内保管的会计档案最早和最晚日期。

8）所属年度。填写本卷会计档案的会计年度。

9）卷内张数/件数。卷内张数/件数指会计凭证总数、账页总数或财务报告的总张数，根据该卷会计档案的具体张数填写。

10）立卷人。填写本卷会计档案的立卷人。

11）存放位置。填写保管的会计档案具体库柜号。

12）备注。填写记账凭证起止号或其他需要说明的事项，或者填写临时保管时限。若为一年可不填写，如果临时保管三年就要进行说明。

第二节　会计档案归档移交与特殊情况移交

一、会计档案的移交

1. 会计档案归档移交与接收手续

（1）归档移交方式。单位会计机构按“年度”进行会计档案的移交归档，也就是说，会计档案的归档实行“一年一移交”。

（2）移交清册编制职责。会计档案归档移交时，由会计机构经办人员编制“会计档案移交清册”，将会计档案及归档移交清册一并向档案部门移交归档，实行“集中统一保管”。未设立档案机构的，应当在会计机构内部指定专人保管，但出纳人员不得兼管会计档案。

（3）会计档案接收。档案部门接收会计档案时，要将会计档案及会计档案移交清册一起接收；会计机构移交时，档案部门根据移交清册逐卷清点接收，交接双方人员在移交清册上签字或盖章。

（4）会计档案的监交。会计档案移交时需要有监交人，监交人由会计部门及档案部门的负责人担任，移交后由监交人以及交接双方当事人在“会计档案移交清单”签字或公章。

2. 会计档案的归档移交时间与延迟移交

（1）会计档案移交归档时间。当年形成的会计档案，在会计年度终了后，可暂由单位会计管理机构临时保管一年。期满之后由会计机构编制移交清册向档案部门移交归档。也就是说，次年的1月份向档案部门移交前一年度的会计档案，财务部门经办人员须按期将应归档的会计档案移交档案部门，不得自行封包保存。

（2）会计档案的延期移交。特殊情况下，会计机构因工作需要确需推迟移交会计档案的，需经本单位档案机构同意，会计机构延迟时间最长不得超过三年。

3. 会计档案移交内容

会计档案需移交包括纸质会计档案和与电子会计档案。

（1）纸质会计档案的移交。纸质会计档案移交时应当保持会计档案的原卷封装。档案机构不得自行拆装，个别需要拆封重新整理的，档案机构应会同会计机构和经办人员共同拆封整理，以分清责任。

（2）电子会计档案移交。

1）电子会计档案移交要求。电子会计档案移交时应将电子会计档案数据刻录成光盘，应在光盘上进行档号标识，并将电子会计档案与纸质会计档案相关联，便于查找。

2）电子会计档案移交内容。①电子会计档案移交时，应当将电子会计档案及其元数据一并移交，且文件格式应当符合国家档案管理有关规定。②特殊格式的电子会计档案应当与其读取平台一并移交。③档案机构接收电子会计档案时，应当对保存电子会计档案的载体及其技术环境进行检测，对电子会计档案的“准确性、完整性、可用性、安全性”进行检测，确保电子会计档案的符合要求才能接收。

二、特殊情况下会计档案的移交

1. 单位分立概念

（1）派生分立。A 公司分立出来一个 B 公司，分立后，A 公司仍然成立，相当于 A＝A＋B。

（2）新设分立。A 公司分立后，变成 B 公司和 C 公司，分立后，A 公司不存在了，相当于 A＝B＋C。

2. 单位分立后的会计档案管理

（1）单位分立后原单位存续的。会计档案由分立后的存续方统一保管，其他方可以查阅、复制与其业务相关的会计档案。例如：派生分立，A 公司分立出来一个 B 公司，但 A 公司还存在，故分立后会计档案仍由 A 公司保管。

（2）单位分立后原单位解散的。会计档案经各方协商后由其中一方代管，如果双方都不愿意代管，按照国家档案管理的有关规定处置，找具有相关保管资质的单位代管，双方可以查阅、复制与其业务相关的会计档案。例如：新设分立，A 公司分立后，变成 B 公司和 C 公司，A 公司不存在了，会计档案经 B 公司和 C 公司协商，可由其中一方代管，如果双方都不愿意代管，可寄存到地方行政部门档案馆，每年交一定的管理费。

（3）单位分立中未结清的会计事项所涉及的会计凭证，应当单独抽出由业务相关方保存，并按照规定办理交接手续。例如：A 公司分立成 B 公司、C 公司后，单位分立后有未结清的债权债务所涉及的会计凭证，由分立中未结清的公司（如 B 公司）将其抽出单独归档保存。

（4）单位因业务移交其他单位办理所涉及的会计档案，应当由原单位保管，承接业务单位可以查阅，复制与其业务相关的会计档案。对其中未结清的会计事项所涉及的会计凭证，应当单独抽出由承接业务单位保存，并按照规定办理交接手续。

3. 单位合并概念

（1）吸收合并。大公司 A 与小公司 B 合并，合并后，大公司 A 依然存在，小公司 B 不存在，称为吸收合并；相当于 A+B=A。

（2）新设合并。A 大公司与 B 小公司合并，合并后，A 大公司和 B 小公司均不存在了，生成了一个新的 C 公司，称为新设合并；相当于 A+B=C。

4. 单位合并后的会计档案管理

（1）单位合并后原各单位仍存续的。会计档案仍由原各单位保管。如单位吸收合并，A 公司与 B 公司单位合并，其中一个公司被合并，即为吸收合并，A 公司或 B 公司仍然成立的，原两公司的会计档案仍由 A 公司或 B 公司保管。

（2）单位合并后原各单位解散。原两单位解散合并生成一个新单位，即为新设合并，原各单位的会计档案由合并后的单位统一保管。如新设合并，A 公司与 B 公司合并，生成 C 公司，原 A 公司与 B 公司均解散了，原 A 公司与 B 公司的会计档案由新成立的 C 公司统一保管。

5. 项目建设会计档案的交接

根据《会计档案管理办法》（财政部 国家档案局〔2017〕财会字第 32 号）规定，项目建设管理单位在项目建设期间形成的会计档案，需要移交给建设项目接收单位，应当在办理竣工财务决算后及时移交，并按照规定办理交接手续。

6. 单位之间会计档案的交接

（1）移交前。会计档案交接前，由移交会计档案的单位应编制会计档案移交清册，列明应当移交的会计档案名称，包括案卷题名、档号、册数、起止年度、档案编号、应保管期限和已保管期限等内容。

（2）交接时。单位之间交接会计档案时，交接双方应当按照会计档案移交清册所列内容逐项交接，交接双方单位的“经办人”具体负责交接工作，并由交接双方单位的“有关”负责人（指会计机构和档案机构负责人）负责监督。

（3）交接后。单位之间会计档案交接完毕后，交接双方经办人和监督人（监交人）应当在会计档案移交清册上签字或盖章。

（4）电子会计档案的交接。单位之间电子会计档案移交时，应将电子会计档案与其元数据一并移交，且文件格式应符合国家档案管理的有关规定。特殊格式的电子会计档案应与其读取平台一并移交。档案机构作为接收单位应对保存电子会计档案的载体及其技术环境的“准确性、完整性、可用性、安全性”进行检测，确保所接收的电子会计档案符合要求。

7. 单位因撤销、解散、破产后会计档案保管

单位因撤销、解散、破产或其他原因而终止的，在终止或办理注销登记手续之前形成的会计档案，按照国家档案管理的有关规定处置，移交地方行政档案馆继承保管。

第三节　会计档案移交手续的编制

一、会计档案移交手续及内容

1. 会计档案移交手续

（1）移交手续的编制责任。会计档案移交手续由会计机构独立完成，即移交归档会计档案时由会计机构先编制会计档案移交手续。

（2）归档移交手续。会计档案归档移交手续包含会计档案移交审批表、会计档案移交清册。移交手续按下列程序进行：编制移交清册（又称移交目录），统计并填写移交审批表；交接人员按移交清册所列项目的内容，逐项逐卷核查无误后，交接双方在移交清单上签字，交接手续一式两份，由会计部门和档案部门分别保管。

（3）会计档案的监交。会计档案的移交需要监交人，监交人由本单位会计机构和档案机构负责人担任。档案移交后，移交清册审批表由交接双方经办人以及双方监交人签字或盖章。

（4）会计档案入库上架。档案人员接收会计档案后送入档案库房妥善保管，并按照会计档案分类整理方法，对接收的会计档案入库上架规范排列，便于日后调阅。

2. 会计档案移交手续内容

（1）会计档案移交内容包括会计档案移交审批表与移交清册，移交清册置于移交审批表之后，作用是详细登记移交会计档案的案卷种类和数量。

（2）会计档案移交审批表与移交清册的作用。会计部门移交会计档案时，由会计机构根据各年度会计档案的保管清册，编制会计档案移交清册，并将移交清册汇总编制成移交审批表，也就是说，会计档案移交审批表是对移交清册内容的统计，移交审批表由会计部门和档案部门负责人签字或盖章。

（3）会计档案移交审批表项目。移交审批表项目包括年度、种类及数量、移交部门及移交人、移交时间、接收部门及接收人、监交人和监交时间、备注。移交清册审批单如表 8-3 所示。

表 8-3　　会计档案移交清册审批单

全宗名称：　　　　全宗号：

年度	会计凭证类（卷）	会计账簿类（卷）	财务报告类（卷）	其他类（卷）	光盘（盘）	备注
移交单位或部门意见： 移交人：		接收单位或部门意见： 接收人：		监交人：（会计部门和档案部门负责人签字） 监交时间：		

（4）会计档案移交清册项目。移交清册的内容主要包含会计档案的案卷目录，就是在会计档案移交审批前，先著录的各属类会计档案的案卷目录。移交清册应列明的项目有：会计档案名称、

全宗号、档号、序号、案卷题名、起止年度（起止日期）、起止件号、年度、册数、卷内张数、保管期限、备注等，如表 8-4 所示。

表 8-4　　会计档案移交清册

全宗名称：　　　　会计年度：

序号	档号	类别	案卷题名	起止日期	保管期限	已保管期限	册数	件数	卷内张数	存放位置	备注
移交人签名： 会计单位或移交部门负责人： 移交时间：　年　月　日					接收人签名： 档案单位或移交部门负责人： 接收时间：　年　月　日						

二、移交审批表及移交清册项目填写

1. 移交审批表项目填写方法

（1）全宗名称及全宗号。全宗名称指会计档案移交单位及部门名称；全宗号指会计档案立档单位的全宗号。

（2）年度。填写需要移交的会计档案所属年度，用 4 位阿拉伯数字表示会计年度。

（3）种类及数量。填写会计年度内形成的会计凭证、账簿、报告、其他类四属类会计档案的种类及案卷数量。

（4）移交部门及移交人。由单位会计部门及其会计档案管理人员签字或盖章。

（5）接收部门及接收人。由单位内档案部门或接收会计档案的有关单位管理人员、负责人签字或盖章。

（6）监交人。由监督办理接交的档案人员签名。

（7）移交时间。填写办理会计档案移交手续的年月日。

（8）备注。填写移交会计档案中需标明的情况。

2. 移交清册（案卷目录）填写方法

（1）全宗名称及全宗号。全宗名称指会计档案移交单位及部门名称；全宗号指会计档案立档单位的全宗号。

（2）序号。序号指移交的会计档案案卷在本册案卷目录的流水序号。

（3）档号。档号指具体会计档案案卷的档号。

（4）案卷题名。案卷题名指本卷会计档案案卷的具体名称。

（5）起止日期。起止日期指本卷会计档案案卷内最开始启用的时间到最后终止使用的时间，如 20190101～20191231。

（6）起止件号。该卷会计档案第一件和最后一件的文件序号。

（7）年度。填写需要移交的会计档案所属年度，用 4 位阿拉伯数字填写会计年度。

（8）册数。根据该卷会计档案的具体册数填写。

（9）卷内张数/件数。根据该卷会计档案的具体张数或件数填写。

（10）保管期限。根据会计档案封面上注明的保管期限填写。

（11）已保管期限。已保管期限指会计档形成至移交时，已保管的期限。

（12）备注。备注指用来说明个别案卷的某些特殊情况的记录。如卷内某页文件不清楚、残缺、缺页漏张等，以示查阅或鉴定时特别注意。

3. 电子会计档案移交与接收登记表的填写

电子会计档案移交与接收登记表格式如表 8-5 所示。

表 8-5　　　　电子会计档案移交与接收登记表

<table>
<tr><td>电子档案名称</td><td colspan="4"></td></tr>
<tr><td>交接工作地点</td><td colspan="4"></td></tr>
<tr><td>内容描述</td><td colspan="4"></td></tr>
<tr><td>移交电子档案数量</td><td></td><td colspan="2">移交数据量</td><td></td></tr>
<tr><td>载体起止顺序号（盘号）</td><td></td><td colspan="2">移交载体类型、规格</td><td></td></tr>
<tr><td rowspan="2">检验内容</td><td colspan="4">单位名称</td></tr>
<tr><td colspan="2">移交部门检查</td><td colspan="2">接收部门检查</td></tr>
<tr><td>准确性检验</td><td colspan="2"></td><td colspan="2"></td></tr>
<tr><td>完整性检验</td><td colspan="2"></td><td colspan="2"></td></tr>
<tr><td>可用性检验</td><td colspan="2"></td><td colspan="2"></td></tr>
<tr><td>安全性检验</td><td colspan="2"></td><td colspan="2"></td></tr>
<tr><td>载体外观检验</td><td colspan="2"></td><td colspan="2"></td></tr>
<tr><td>填表人（签名）</td><td colspan="2">日期：　年　月　日</td><td colspan="2">日期：　年　月　日</td></tr>
<tr><td>审核人（签名）</td><td colspan="2">日期：　年　月　日</td><td colspan="2">日期：　年　月　日</td></tr>
<tr><td>单位或部门（印章）</td><td colspan="2">日期：　年　月　日</td><td colspan="2">日期：　年　月　日</td></tr>
</table>

（1）电子档案名称。填写移交的电子会计档案的名称。按移交单位名称或全宗号、年度、批次等拟写的电子档案名称。

（2）交接工作地点。按移交电子档案的地点填写。

（3）内容描述。交接电子会计档案的内容、类别、数据类型、格式、交接方式、过程等说明事项。

（4）移交电子档案数量。交接档案的文件和案卷总数。

（5）移交数据量。以存储量国标为单位，精确到小数点后 3 位。

（6）载体起止顺序号。在线移交时，按载体内电子档案的存储结构组织数据内容，并标其顺序号。

（7）移交载体类型、规格。填写存储载体光盘或磁盘及型号。

（8）准确性检验。检验移交档案的内容、范围的正确性及交接前后数据的一致性，可填写检验方法。

（9）完整性检验。移交的档案和档案数据的完整性检验。

（10）可用性检验。检验电子档案的可读性等。

（11）安全性检验。对计算机、光盘、磁盘等病毒进行检测。

（12）载体外观检验。检验载体标识、有无划痕、是否清洁等。

（13）填表人及审核人。由财务机构和档案机构经办人和部门负责人签名或盖章。

第四节 会计档案保管期限

一、保管期限的划定

1. 会计档案的保管期限

根据《会计档案管理办法》第十四条，会计档案保管期限分为永久和定期两类，定期分别为10年和30年。第十五条，我国企事业单位会计档案的保管期限按照本办法执行，该办法规定的保管期限为最低保管期限。具体如下：

（1）永久。主要包括年度财务报告、决算报表，会计档案保管清册、会计档案销毁清册、会计档案鉴定意见书。用Y表示。

（2）30年。会计凭证类和会计账簿类均为30年。会计档案移交清册保管30年，用D30表示。会计账簿中固定资产卡片的保管期限，是固定资产报废清理后还需保管五年。

（3）10年。财务报告，如月度、季度、半年度财务报告保管

10年。其他类会计档案，如银行存款余额调节表、银行对账单、纳税申报表，保管10年，用D10表示。

2. 电子会计档案的保管期限

电子会计档案的保管期限与纸质会计档案保管期限一致。电子会计档案的保管期限分为永久、定期两类。定期保管期限分为10年和30年，电子会计档案保管期限采用Y、D30、D10表示。

二、保管期限的计算方法及保管期限汇总

1. 会计档案保管期限计算方法

会计档案的保管期限，是从会计年度终了后的第一天算起。各类会计核算文件的保管期限原则上应当按照《会计档案管理办法》执行，但是《会计档案管理办法》规定的保管期限为最低保管期限。永久是指会计档案须永久保存，定期是指会计档案应达到的法定时间。单位会计档案的具体名称，如有与《会计档案管理办法》中附表所列档案名称不相符的，应当比照类似档案的保管期限办理。

2. 会计档案内容与保管期限表

（1）企事业单位会计档案内容及保管期限汇总如表8-6所示。

表8-6　　企事业单位会计档案内容及保管期限汇总

保管期限		会计档案保管内容
永久		年度财务报告、会计档案保管清册、会计档案销毁清册、会计档案鉴定意见书
定期	30年	凭证、账簿（固定资产卡片除外）、会计档案移交清册
	10年	月度、季度、半年度财务报告、银行余额调节表、银行对账单、纳税申报表
特殊		固定资产卡片账在固定资产“报废清理后保管5年”

（2）企事业单位会计档案保管期限如表 8-7 所示，税收会计档案保管期限表如表 8-8 所示。

表 8-7　　企事业单位会计档案保管期限表

档案名称	保管期限	备注
会计凭证		
原始凭证	30 年	
记账凭证	30 年	
会计账簿		
总账	30 年	
明细账	30 年	
日记账	30 年	
固定资产卡片		固定资产报废清理后保管 5 年
其他辅助性账簿	30 年	
财务报告		
月度、季度、半年度财务报告	10 年	
年度财务报告	永久	
其他会计资料		
银行存款余额调节表	10 年	
银行对账单	10 年	
纳税申报表	10 年	
会计档案移交清册	30 年	
会计档案保管清册	永久	
会计档案销毁清册	永久	
会计档案鉴定意见书	永久	

表 8-8　　　　税收会计档案保管期限表

序号	档案名称	保管期限			备注
		财政总预算	企事业单位	税收会计	
一	会计凭证				
1	国家金库编送的各种报表及缴库退库凭证	10 年		10 年	
2	各收入机关编送的报表	10 年			
3	行政单位和事业单位的各种会计凭证		30 年		包括原始凭证、记账凭证和传票汇总表
4	财政总预算拨款凭证和其他会计凭证	30 年			包括拨款凭证和其他会计凭证
二	会计账簿				
5	日记账		30 年	30 年	
6	总账	30 年	30 年	30 年	
7	税收日记账（总账）			30 年	
8	明细分类、分户账或登记簿	30 年	30 年	30 年	
9	行政单位和事业单位固定资产卡片				固定资产报废清理后保管 5 年
三	财务报告				
10	政府综合财务报告	永久			下级财政、本级部门和单位报送的保管 2 年
11	部门财务报告		永久		所属单位报送的保管 2 年
12	财政总决算	永久			下级财政、本级部门和单位报送的保管 2 年
13	部门决算		永久		所属单位报送的保管 2 年

续表

序号	档案名称	保管期限			备注
		财政总预算	企事业单位	税收会计	
14	税收年报（决算）			永久	
15	国家金库年报（决算）	10年			
16	基本建设拨、贷款年报（决算）	10年			
17	行政单位和事业单位会计月、季度报表		10年		所属单位报送的保管2年
18	税收会计报表			10年	所属税务机关报送的保管2年
四	其他会计资料				
19	银行存款余额调节表	10年	10年		
20	银行对账单	10年	10年	10年	
21	会计档案移交清册	30年	30年	30年	
22	会计档案保管清册	永久	永久	永久	
23	会计档案销毁清册	永久	永久	永久	
24	会计档案鉴定意见书	永久	永久	永久	

注：税务机关的税务经费会计档案保管期限，按行政单位会计档案保管期限规定办理。

第五节　会计档案保管与利用

一、会计档案保管原则与保管条件

1. 会计档案的保管原则

（1）会计档案的保管。会计档案每年定期向档案部门移交，实行集中统一保管，会计机构或会计人员不能自行封包保存或分散保存。

（2）会计档案的保管原则。①原始凭证不得外借、已经装订成册的凭证不得抽出。②其他单位和个人经单位领导批准调阅会计凭证的，要填写会计档案调阅表，详细填写借阅会计凭证名称、调阅日期、调阅人姓名和工作单位、调阅理由、归还日期，调阅人一般不得将会计会计凭证携带外出。③如要贪污盗窃等经济犯罪案件，需要以某些原始凭证作证时，也只能复制，不得抽取。④会计档案的拆封，直接关系到会计档案的完整性与安全性。本单位的档案机构保管的会计档案，原则上应当保持原卷（宗）册的封装，不得随意拆封，个别需要拆封重新整理的，档案人员会同会计机构的经办人，共同拆封整理，以示分清责任。

（3）会计档案妥善保存。各单位档案部门对会计档案进行科学管理，妥善保存，不得随意堆放，严防散失和泄密现象的发生。

（4）行政单位督导检查。由于各单位的会计档案都归属国家所有，对会计档案保管不当的单位，各级档案行政主管部门有权进行督导和检查，但必须持相关检查文件。

（5）会计档案利用。会计档案利用仅限于查阅和复制。各单位保存的会计档案，为社会积极提供利用，值得注意的是会计档案的原件原则上不得借出，如有特殊需要，需经上级主管单位批准，并办理正规的借阅手续方可借阅，但不能拆散原卷并限期归还。

2. 会计档案保管条件

（1）会计档案室应选择在干燥防水的地方，并远离易燃品堆放地，周围应备有适应的防火器材。

（2）会计档案库房内应经常保持清洁、卫生，注意防尘，遮盖所有档案架和堵塞鼠洞，注意防火、防盗、防潮等八防要求。

（3）会计档案室内应经常用消毒药剂喷洒，经常保持清洁卫生，以防生虫。

（4）会计档案室保持通风透光，并保证留有适当的空间、通道和查阅地方，以利查阅，并防止潮湿。

（5）设置档案目录登记簿、档案借阅登记簿，严防借阅带来的毁坏、损失、散失和泄密。

（6）电子会计档案保管要注意防火、防盗、防磁等安全措施。

3. 会计档案的保管方法

（1）双重管理相互制约保管方式。会计档案的保管采取模式为双重管理、相互制约的方式。由会计部门在档案库房设置专柜管理，由档案机构人员对库房的会计档案进行统一保管，目的是档案机构人员不得私自调阅会计档案；会计人员要利用会计档案，须得到档案机构同意并登记手续后方可进入库房调阅会计档案。

（2）建立会计档案数据库。档案机构对本单位会计档案利用计算机和局域网、档案管理软件等手段建立会计档案数据库，对移交给档案部门的会计档案实行集中统一规范管理，便于查（借）阅利用检索。

（3）电子会计档案的保存。电子会计档案移交时应当将电子会计档案及其元数据一并移交，且文件格式应当符合国家档案管理的有关规定，特殊格式的电子会计档案应当与其读取平台一并移交。

二、会计档案的利用

1. 会计档案借阅利用要求

（1）会计档案利用服务主要包含会计分析利用档案、会计检查使用档案、日常查考利用档案。

（2）单位应当严格按照相关制度利用会计档案，在进行会计档案查阅、复制、借出时履行登记手续，严禁篡改和损坏。

（3）会计档案借用单位应当妥善保管和利用借入的会计档案，确保借入会计档案的安全完整，并在规定时间内归还。

2. 会计档案查（借）阅利用规定

（1）查（借）阅管理。档案人员必须清楚，会计档案原件一般不得借出，因特殊需要，经本单位负责人批准，可以提供查阅或者复制利用，严格履行审批和登记手续后方可提供利用。

（2）利用管理。本单位财务人员、审计人员只能利用与本工作相关的会计档案内容，查阅、复制、借用本单位会计档案必须提供财务会计管理部门的书面意见。

（3）外单位利用。外部审计或外单位查阅、复制已归档入库的会计档案，需要出具相关证明，如身份证、委托证明、介绍信等，还必须有本单位领导书面批示以及本单位财务主管以上负责人的陪同。

（4）利用登记。查阅或者复制会计档案，应先提出查（借）阅申请。查（借）阅申请应写明查阅的用途、档案种类、所属档案的年度、查阅时间，经部门负责人或财务总监批准，并仅在档案部门查阅。

（5）利用原则。利用会计档案的人员，严禁在会计档案上涂画、拆封和抽换、篡改。借用者应妥善保管借入的会计档案，确保安全完整并在规定时间内归还，档案部门严格履行监督职责。

（6）利用密级会计档案。需经财务总监和本单位主管领导一起签字批准并登记，利用完毕及时退回，档案人员严格执行利用登记。

（7）利用保管。利用、借阅会计档案，利用者对会计档案不得污损、损坏，违者追究责任，情节严重的要依法追究法律责任，严肃处理。

（8）电子会计档案利用。会计部门移交到档案室的财务数据备份的光盘、移动硬盘等各种载体，需要提供利用时，必须经主管领导和财务总监签字、办理登记后可借用并及时退回。

3. 会计档案的查（借）阅申请审批表及借阅登记表

（1）会计档案的查（借）阅申请审批表。档案部门保管的会计档案，会计部门、审计部门或外来机构需要查（借）阅时首先要提出申请；本单位人员利用会计档案需财务部门负责人审批；外单位人员利用会计档案，首先需要提供查阅证明文件，其次，申请表由财务负责人及单位负责人共同审批。档案管理人员见到借阅申请审批表后进行查（借）阅登记后方可提供查（借）阅；会计档案查（借）阅申请审批表如表 8-9 所示。

表 8-9　　会计档案查（借）阅申请审批表

利用部门或单位		借阅人		类别	
利用日期		利用方式	查阅□	复印□	借阅□
利用内容			会计档案年度		
利用目的			查阅地点		
财务负责人签字			单位负责人签字		
档案管理员签字			归还时间		

（2）会计档案利用登记手续。会计档案存放在档案室，档案人员应建立会计档案查（借）阅登记簿，并对利用会计档案的人员、利用目的记录清楚。会计档案查（借）阅登记簿如表 8-10 所示。

4. 我国境内所形成的会计档案出境管理

（1）会计档案出境管理。单位的会计档案及其复制件需要携带、邮寄或者传输至境外的，应当按照国家有关规定进行。

（2）会计档案出境手续。根据会计档案等级不同，由级别不同的档案行政部门审查批准，机关、团体、企事业单位、其他组织和个人的会计档案需要携带、运输或者邮寄出境的，必须经各省、自治区、直辖市人民政府档案行政管理部门审查批准。有关办理办法可参见各地档案行政管理部门主页有关行政审批事项办理方法。

表 8-10　　会计档案查（借）阅登记簿

全宗名称：　　　　　　　　　　　　　　　　　全宗号：

序号	类别	档号	案卷题名	查（借）阅人	查（借）阅时间	利用目的	单位或部门名称	电话	归还时间	备注

（3）会计档案出境管理规定。根据《中华人民共和国档案法实施办法》第十九条：各级国家档案馆馆藏的一级档案严禁出境。各级国家档案馆馆藏的二级档案需要出境的，必须经国家档案局审查批准。各级国家档案馆馆藏的三级档案、各级国家档案馆馆藏的一、二、三级档案以外的属于国家所有的档案和属于集体所有的档案、个人所有以及其他不属于国家所有的对国家和社会具有保存价值的或者应当保密的档案及其复制件，各级国家档案馆以及机关、团体、企业事业单位、其他组织和个人需要携带、运输或者邮寄出境的，必须经省、自治区、直辖市人民政府档案行政管理部门审查批准，海关凭批准文件查验放行。

第九章

会计档案鉴定及销毁

第一节　会计档案鉴定程序与方法

一、会计档案的鉴定周期与鉴定组织

1. 会计档案销毁及保管时限

（1）会计档案销毁工作。单位档案机构负责牵头组织会计档案销毁工作，并与会计机构共同派员监销。监销人在会计档案销毁前应当按照会计档案销毁清册所列内容进行清点核对，在会计档案销毁后，应当在会计档案销毁清册上签名或盖章。

（2）会计档案保管期限。会计档案保管期限从会计年度终了后第一天算起。根据《会计管理办法》第十五条，各类会计档案的保管期限原则应当按照本办法附表执行，本办法规定的会计档案保管期限为最低保管期限。单位会计档案的具体名称如有同本办法所列档案名称不相符的，应当比照类似档案的保管期限办理。另外，税务机关的税务经费会计档案保管期限，按行政单位会计档案的保管期限办理。

2. 鉴定意见提出职责及鉴定周期

（1）会计档案鉴定意见提出职责。档案机构对档案库房内保管的会计档案，当保管期限达到法定的保管期限时，由档案机构负责提出初步需鉴定意见的会计档案。档案机构会同会计机构，共同组织成立会计档案鉴定小组，对已满法定保管期限的会计档案进行鉴定，并形成会计档案鉴定意见书。

（2）会计档案鉴定周期。企事业单位应当根据实际情况，确定本单位会计档案的鉴定周期、频率。如果每年到期会计档案数量不大，且库房空间充足，可多年鉴定一次；如果每年到期的会计档案数量较大，且库房空间有限，可隔年或者每年鉴定一次。

3. 鉴定组织及鉴定标准

（1）鉴定组织。鉴定会计档案前，首先，要成立会计档案鉴定小组，会计档案鉴定工作应当由单位档案机构牵头，组织单位会计、审计、纪检监察等机构或人员共同进行审查鉴定。鉴定小组组长由单位主管领导担任，由档案机构、会计机构、审计机构、纪检监察机构等部门负责人和有关技术人员、专家任鉴定小组成员；其次，鉴定小组负责组织开展鉴定工作，负责对档案机构初步提出需鉴定的会计档案进行确认。

（2）鉴定标准。对已到保管期限的会计档案进行价值鉴定，首先，认定会计档案中是否具有“未了”事项；其次，根据会计档案保管期限，明确会计核算文件虽已达到法定的保管期限，但需鉴定其否还具有保存价值；三是，对于具有保存价值的会计档案，重新立卷整理归档。

（3）销毁清册的编制职责及内容。经过鉴定可以销毁的会计档案，由单位档案机构编制会计档案销毁清册，即销毁清册的编制职责是档案机构。销毁清册需列明会计档案名称、卷号、册数、起止日期，档案编号、应保管期限、已保管期限、销毁时间。

二、会计档案鉴定程序

1. 会计档案鉴定销毁程序

会计档案鉴定销毁工作程序为：鉴定提出—鉴定结果（销毁或重新归档）—形成鉴定意见书—编制销毁清册—监销—销毁后工作—不得销毁的抽出重新立卷归档。

2. 会计档案的鉴定方法

（1）初步鉴定。由档案部门对到期的会计档案，根据《会计档案管理办法》对会计档案保管期限作初步审查，形成“会计档案初步鉴定意见书”，同时提出鉴定销毁意见。

（2）复查鉴定。在对会计档案进行初步鉴定的基础上，由档案机构会同会计机构进行第二次鉴定，对“会计档案初步鉴定意见书”中不恰当的鉴定内容给予纠正。

（3）销毁鉴定。这是最后一次鉴定。由会计档案鉴定小组对予以销毁的会计档案再次进行严格审核，并形成“会计档案鉴定意见书”，确定是无保存价值的会计档案，做出销毁结论。

3. 鉴定意见书及编制销毁清册

（1）初步鉴定职责。单位档案机构保管会计档案，最清楚档案保管情况，因此由档案部门人员对库房内保管期限已满的会计档案提出初步鉴定意见，并组织形成鉴定委员会或鉴定小组。

（2）销毁清册编制职责。由会计档案鉴定小组形成初步的鉴定意见书，由档案机构负责编制形成会计档案销毁清册。

（3）再次审定。单位会计档案鉴定委员会（或鉴定小组）对复查鉴定销毁结论进行再次审定。审定小组成员需进行逐项逐卷阅读，根据每份文件的价值和作用，提出销毁或继续保存期限的复查鉴定意见结论后，报送上级单位会计档案鉴定委员会审核。

（4）形成正式鉴定意见书。需要销毁的会计档案，由上级单位会计机构再次审核后给出最终的销毁审核意见，并形成正式鉴定意见书。由单位负责人、档案机构负责人、会计机构负责人、档案机构和会计机构经办人，于销毁前在会计档案销毁清册上“签署意见”。

（5）鉴定书的内容要求。鉴定意见书无固定格式，主要内容包括：

1）被鉴定会计档案所属年度及保管期限、列入销毁档案的数量和主要内容、鉴定情况概括；

2）销毁或延长保管期限会计档案的主要理由；

3）编制或审定会计档案销毁清册；

4）列明单独抽出立卷或转存的会计档案清单；

5）会计档案销毁清册审批表：鉴定意见书形成后，对需要销毁的会计档案，由会计机构形成销毁清册及审批表，并给出审核意见，经单位负责人、档案部门负责人、财务部门负责人、档案部门监销人、会计部门审核人等签字认可。会计档案鉴定意见书格式如表 9-1 所示。

表 9-1　　会计档案鉴定意见书

鉴定小组名称：　　　　　　　　　　　　　　全宗号：

序号	档号	起止日期	档案类别	档案名称	档案编号（凭证编号）	册数	总册数	应保管期限	已保管期限	销毁原因	备注

档案保管员：	财务负责人意见：	财务总监意见：
单位负责人意见：	审计部意见：	分管领导意见：
监销员签名：	销毁员签名：	销毁日期：

4. 审定结果

保管期限已满的会计档案经过鉴定小组审定后形成结果如下：

（1）经鉴定仍需继续保存的会计档案，单独抽出重新立卷归档，并重新划定保管期限。

（2）对于鉴定确无保存价值的会计档案，编制销毁清册。

三、不能销毁的会计档案

1. 不得销毁的会计档案

（1）保管期满但“未结清债权债务”的会计凭证、涉及其他“未了事项”的会计凭证、“项目建设期间形成”的会计档案的不得销毁。不得销毁的会计档案，纸质会计档案应当单独抽出立卷，电子会计档案单独转存，保管到未了事项完结时为止。

（2）单独抽出立卷或转存的会计档案。经鉴定需继续保管的会计档案，纸质会计档案应单独抽出立卷，电子会计档案应转存；单独抽出立卷或转存的电子会计档案，应当在会计档案鉴定意见书、会计档案销毁清册和会计档案保管清册中列明。

2. 建设项目会计档案期满也不能销毁

根据《会计档案管理办法》规定，正在项目建设期间的建设单位的会计档案，即便其保管期限已满也不得销毁，必须妥善保管，建设管理单位所形成的会计档案均不得销毁，建设项目完成后也不能销毁，而是应向建设项目接收单位移交，进行妥善保管，并按照规定办理交接手续，移交时间是竣工财务决算完毕。

第二节　会计档案销毁程序与销毁清册编制

一、监销员组成及销毁程序

1. 销毁前不同单位会计档案监销人员

（1）企事业单位会计档案销毁前安排监销。企事业单位和组织，应当由单位档案机构和会计机构双方共同派员监销。

（2）国家机关会计档案销毁前安排监销。国家机关还应当由同级财政部门、审计部门派员监销，即由档案机构、会计机构、财政部门、审计部门四方共同派员监销。

（3）财政部门会计档案销毁前安排监销。除档案机构、档案部门外，还应当由同级审计部门派员参加监销；即由档案机构、会计机构、审计部门三方共同派员监销。

2. 不同载体形式会计档案的监销

（1）纸质会计档案的监销。企事业单位需要销毁的纸质会计档案，由档案机构和会计机构共同派员监销。

（2）电子会计档案的监销。企事业单位电子会计档案的监销，由档案机构、会计机构、信息系统管理机构共同派员监销。

二、会计档案销毁程序与销毁人员

1. 会计档案销毁程序

经鉴定可以销毁的会计档案，应当按照以下程序销毁：

（1）编制会计档案销毁清册。鉴定小组档案机构根据鉴定意见书编制“会计档案销毁清册”及“会计档案销毁清册审批表”。单位负责人对所要销毁的会计档案进行复核后，在“会计档案销毁清册审批表”上签署意见。

（2）销毁清册审批表上签署意见。在会计档案销毁前，在“会计档案销毁清册审批表”上“签署意见”。销毁的档案清册上必须有五方：单位负责人、档案管理机构负责人、会计管理机构负责人，档案机构经办人、会计机构的经办人在会计档案销毁清册上签署意见。

（3）销毁前清点核对。监销人在会计档案销毁前应当按照会计档案销毁清册所列内容进行清点核对，确认无误后，方可销毁。

（4）专人负责监销。对于销毁会计档案，一般企事业单位，应当由单位档案机构和会计机构双方共同派人监销；“监销人”在会计档案销毁清册上签名或盖章。

（5）销毁后工作。会计档案销毁后，监销人应当在会计档案销毁清册上签名或盖章，并将监销情况向单位负责人报告。不得销毁的档案重新立卷归档。

2. 会计档案销毁人员安排

（1）纸质会计档案销毁人员。一是，企事业单位档案机构负责组织会计档案销毁工作，并与会计机构共同派员监销。二是，国家机关销毁会计档案时，应由同级财政部门、审计部门派员参加监销。三是，财政部门销毁会计档案时，应当由同级审计部门派员参加监销。

（2）电子会计档案销毁人员。电子会计档案的销毁，由档案管理机构、会计管理机构和信息系统管理机构，三方共同派员监销。

3. 会计档案销毁运输

会计档案销毁时应采用安全的运输方式，途中应有单位保卫部门人员押运，如有未解密的会计档案，应按照密级文件的运输办法办理。会计档案销毁应在国家指定的销毁地点或安全的场所采用国家认定的销毁设备。监销人员应始终在现场监督销毁过程，直至被销毁的会计档案无法恢复时，方可离开。

三、会计档案销毁清册审批表及销毁清册的编制

1. 会计档案销毁清册审批表内容

会计档案销毁清册包括销毁单位名称、销毁会计档案总数、会计凭证卷数及起止年度、会计账簿卷数及起止年度、会计报告卷数及起止年度、其他核算材料及起止年度、备注，如表 9-2 所示。

2. 销毁清册审批表项目填写方法

（1）销毁单位名称。填写会计档案立档单位名称。

（2）全宗号。填写会计档案立档单位的全宗号。

（3）销毁会计档案总数。填写要销毁的会计档案总数。

（4）会计凭证卷数及起止年度。填写要销毁的会计凭证卷数

及保管时限的起止年度；起止年度指案卷内会计档案的最开始启用的时间到最后终止使用的时间。

表 9-2　　　　　会计档案销毁清册审批表

销毁单位盖章：　　　　　　　　　　　　　　　　全宗号：

<table>
<tr><td>销毁会计档案总计（卷）</td><td>会计凭证（卷）</td><td>起止年度</td><td>会计账簿（卷）</td><td>起止年度</td><td>财务报告（卷）</td><td>起止年度</td><td>其他类（卷）</td><td>起止年度</td><td>备注</td></tr>
<tr><td></td><td></td><td></td><td></td><td></td><td></td><td></td><td></td><td></td><td></td></tr>
<tr><td>销毁原因：</td><td colspan="9"></td></tr>
<tr><td colspan="3">财务部门经办人：
签字：
年　月　日</td><td colspan="4">档案部门经办人：
签字：
年　月　日</td><td colspan="3">监销人：
签字：
年　月　日</td></tr>
<tr><td colspan="3">财务部门负责意见：
签字（盖章）：
年　月　日</td><td colspan="4">档案部门负责人意见：
签字（盖章）：
年　月　日</td><td colspan="3">单位负责人意见：
签字（盖章）：
年　月　日</td></tr>
<tr><td colspan="10">说明：本表一式两份，一份档案部门保存，另一份财政部门保存。</td></tr>
</table>

（5）会计账簿卷数及起止年度。填写要销毁的会计凭证卷数及保管时限的起止年度。

（6）会计报告卷数。填写要销毁的会计报告卷数。

（7）档案册数。填写要销毁的档案册数。

（8）卷内页数。卷内页数主要指综合后凭证、账簿、财务报告的总页数。

（9）销毁原因。填写会计档案销毁原因。

（10）规定保管期限。规定保管期限指案卷封面上注明的应保管期限。

（11）实际保管期限。实际保管期限指会计档案形成至销毁时实际保管时限。

3. 会计档案销毁清册审批表签字

需要销毁的会计档案，由鉴定小组会计部门给出审核意见后，主管领导意见、档案部门、财务部门、监销人、审核人等签字认可。

4. 会计档案销毁清册封面及清册内容

销毁清册应列明拟销毁会计档案全宗名称、全宗号、类别、档号、案卷题名、所属年度、档案册数、档案页数、应保管期限、已保管期限、销毁时间、销毁原因、销毁方法等内容。销毁清册封面如表 9-3 所示、销毁清册内容如表 9-4 所示。

表 9-3　　　　会计档案销毁清册封面格式

会 计 档 案 销 毁 清 册
单位名称（盖章）：________________
单　位　性　质：________________
单　位　代　码：________________
启　用　年　限：________________

5. 销毁清册封面及清册项目填写方法

（1）单位名称及性质。填写会计档案所属单位并加盖单位公章。

（2）单位性质。填写单位属性是企业、事业或财政部门。

（3）单位代码。填写单位的代码或全宗号。

表 9-4　　　　　　　　会计档案销毁清册

全宗名称：　　　　　　　　　　　　　　　　　　全宗号：

序号	档号	类别	案卷题名	起止时间	所属年度	档案册数	档案页数	应保管期限	已保管期限	销毁时间	销毁原因	销毁方法	销毁地点	备注

（4）启用年限。填写会计档案启用时的年度。

（5）全宗名称及全宗号。全宗名称填写形成会计档案立档单位名称；全宗号填写立档单位的全宗号。

（6）类别。填写该卷会计档案的类别，如：会计凭证、会计账簿、会计报告、其他类等。

（7）档号。填写各卷会计档案的档号。

（8）案卷题名。填写会计档案案卷的具体名称。案卷题名由整理会计档案的人员自拟，案卷题名应准确概括本盒会计档案的形成单位、时间、内容、类别。

（9）所属年度。所属年度指会计档案的会计年度。

（10）档案册数、页数。填写要销毁的档案册数、页数。

（11）保管期限。填写会计档案规定的法定保存时限。

（12）实际保管期限。填写会计档案已保存的时限。

（13）销毁时间。填写销毁档案的具体时间。

（14）销毁原因。填写会计档案销毁原因。

（15）销毁方法。填写档案销毁的具体办法。

（16）销毁地点。填写会计档案销毁的地点。

附录 1　中华人民共和国档案法

（2021 年 1 月 1 日起施行）

（1987 年 9 月 5 日第六届全国人民代表大会常务委员会第二十二次会议通过；根据 1996 年 7 月 5 日第八届全国人民代表大会常务委员会第二十次会议《关于修改〈中华人民共和国档案法〉的决定》第一次修正；根据 2016 年 11 月 7 日第十二届全国人民代表大会常务委员会第二十四次会议《关于修改〈中华人民共和国对外贸易法〉等十二部法律的决定》第二次修正；2020 年 6 月 20 日第十三届全国人民代表大会常务委员会第十九次会议修订）

第一章　总　　则

第一条　为了加强档案管理，规范档案收集、整理工作，有效保护和利用档案，提高档案信息化建设水平，推进国家治理体系和治理能力现代化，为中国特色社会主义事业服务，制定本法。

第二条　从事档案收集、整理、保护、利用及其监督管理活动，适用本法。本法所称档案，是指过去和现在的机关、团体、企业事业单位和其他组织以及个人从事经济、政治、文化、社会、生态文明、军事、外事、科技等方面活动直接形成的对国家和社会具有保存价值的各种文字、图表、声像等不同形式的历史记录。

第三条　坚持中国共产党对档案工作的领导。各级人民政府应当加强档案工作，把档案事业纳入国民经济和社会发展规划，将档案事业发展经费列入政府预算，确保档案事业发展与国民经济和社会发展水平相适应。

第四条 档案工作实行统一领导、分级管理的原则，维护档案完整与安全，便于社会各方面的利用。

第五条 一切国家机关、武装力量、政党、团体、企业事业单位和公民都有保护档案的义务，享有依法利用档案的权利。

第六条 国家鼓励和支持档案科学研究和技术创新，促进科技成果在档案收集、整理、保护、利用等方面的转化和应用，推动档案科技进步。国家采取措施，加强档案宣传教育，增强全社会档案意识。国家鼓励和支持在档案领域开展国际交流与合作。

第七条 国家鼓励社会力量参与和支持档案事业的发展。对在档案收集、整理、保护、利用等方面做出突出贡献的单位和个人，按照国家有关规定给予表彰、奖励。

第二章 档案机构及其职责

第八条 国家档案主管部门主管全国的档案工作，负责全国档案事业的统筹规划和组织协调，建立统一制度，实行监督和指导。县级以上地方档案主管部门主管本行政区域内的档案工作，对本行政区域内机关、团体、企业事业单位和其他组织的档案工作实行监督和指导。乡镇人民政府应当指定人员负责管理本机关的档案，并对所属单位、基层群众性自治组织等的档案工作实行监督和指导。

第九条 机关、团体、企业事业单位和其他组织应当确定档案机构或者档案工作人员负责管理本单位的档案，并对所属单位的档案工作实行监督和指导。中央国家机关根据档案管理需要，在职责范围内指导本系统的档案业务工作。

第十条 中央和县级以上地方各级各类档案馆，是集中管理档案的文化事业机构，负责收集、整理、保管和提供利用各自分管范围内的档案。

第十一条 国家加强档案工作人才培养和队伍建设，提高档案工作人员业务素质。档案工作人员应当忠于职守，遵纪守法，具备相应的专业知识与技能，其中档案专业人员可以按照国家有关规定评定专业技术职称。

第三章 档案的管理

第十二条 按照国家规定应当形成档案的机关、团体、企业事业单位和其他组织，应当建立档案工作责任制，依法健全档案管理制度。

第十三条 直接形成的对国家和社会具有保存价值的下列材料，应当纳入归档范围：

（一）反映机关、团体组织沿革和主要职能活动的；

（二）反映国有企业事业单位主要研发、建设、生产、经营和服务活动，以及维护国有企业事业单位权益和职工权益的；

（三）反映基层群众性自治组织城乡社区治理、服务活动的；

（四）反映历史上各时期国家治理活动、经济科技发展、社会历史面貌、文化习俗、生态环境的；

（五）法律、行政法规规定应当归档的。非国有企业、社会服务机构等单位依照前款第二项所列范围保存本单位相关材料。

第十四条 应当归档的材料，按照国家有关规定定期向本单位档案机构或者档案工作人员移交，集中管理，任何个人不得拒绝归档或者据为己有。国家规定不得归档的材料，禁止擅自归档。

第十五条 机关、团体、企业事业单位和其他组织应当按照国家有关规定，定期向档案馆移交档案，档案馆不得拒绝接收。经档案馆同意，提前将档案交档案馆保管的，在国家规定的移交期限届满前，该档案所涉及政府信息公开事项仍由原制作或者保存政府信息的单位办理。移交期限届满的，涉及政府信息公开事项的档案按照档案利用规定办理。

第十六条 机关、团体、企业事业单位和其他组织发生机构变动或者撤销、合并等情形时，应当按照规定向有关单位或者档案馆移交档案。

第十七条 档案馆除按照国家有关规定接收移交的档案外，还可以通过接受捐献、购买、代存等方式收集档案。

第十八条 博物馆、图书馆、纪念馆等单位保存的文物、文献信息同时是档案的，依照有关法律、行政法规的规定，可以由上述单位自行管理。档案馆与前款所列单位应当在档案的利用方面互相协作，可以相互交换重复件、复制件或者目录，联合举办展览，共同研究、编辑出版有关史料。

第十九条 档案馆以及机关、团体、企业事业单位和其他组织的档案机构应当建立科学的管理制度，便于对档案的利用；按照国家有关规定配置适宜档案保存的库房和必要的设施、设备，确保档案的安全；采用先进技术，实现档案管理的现代化。档案馆和机关、团体、企业事业单位以及其他组织应当建立健全档案安全工作机制，加强档案安全风险管理，提高档案安全应急处置能力。

第二十条 涉及国家秘密的档案的管理和利用，密级的变更和解密，应当依照有关保守国家秘密的法律、行政法规规定办理。

第二十一条 鉴定档案保存价值的原则、保管期限的标准以及销毁档案的程序和办法，由国家档案主管部门制定。禁止篡改、损毁、伪造档案。禁止擅自销毁档案。

第二十二条 非国有企业、社会服务机构等单位和个人形成的档案，对国家和社会具有重要保存价值或者应当保密的，档案所有者应当妥善保管。对保管条件不符合要求或者存在其他原因可能导致档案严重损毁和不安全的，省级以上档案主管部门可以给予帮助，或者经协商采取指定档案馆代为保管等确保档案完整和安全的措施；必要时，可以依法收购或者征购。前款所列档案，档案所有者可以向国家档案馆寄存或者转让。严禁出卖、赠送给外国人或者外国组织。向国家捐献重要、珍贵档案的，国家档案馆应当按照国家有关规定给予奖励。

第二十三条 禁止买卖属于国家所有的档案。国有企业事业单位资产转让时，转让有关档案的具体办法，由国家档案主管部门制定。档案复制件的交换、转让，按照国家有关规定办理。

第二十四条 档案馆和机关、团体、企业事业单位以及其他组织委托档案整理、寄存、开发利用和数字化等服务的，应当与符合条件的档案服务企业签订委托协议，约定服务的范围、质量和技术标准等内容，并对受托方进行监督。受托方应当建立档案服务管理制度，遵守有关安全保密规定，确保档案的安全。

第二十五条 属于国家所有的档案和本法第二十二条规定的档案及其复制件，禁止擅自运送、邮寄、携带出境或者通过互联网传输出境。确需出境的，按照国家有关规定办理审批手续。

第二十六条 国家档案主管部门应当建立健全突发事件应对活动相关档案收集、整理、保护、利用工作机制。档案馆应当加强对突发事件应对活动相关档案的研究整理和开发利用，为突发事件应对活动提供文献参考和决策支持。

第四章　档案的利用和公布

第二十七条 县级以上各级档案馆的档案，应当自形成之日起满二十五年向社会开放。经济、教育、科技、文化等类档案，可以少于二十五年向社会开放；涉及国家安全或者重大利益以及其他到期不宜开放的档案，可以多于二十五年向社会开放。国家鼓励和支持其他档案馆向社会开放档案。档案开放的具体办法由国家档案主管部门制定，报国务院批准。

第二十八条 档案馆应当通过其网站或者其他方式定期公布开放档案的目录，不断完善利用规则，创新服务形式，强化服务功能，提高服务水平，积极为档案的利用创造条件，简化手续，提供便利。单位和个人持有合法证明，可以利用已经开放的档案。档案馆不按规定开放利用的，单位和个人可以向档案主管部门投诉，接到投诉的档案主管部门应当及时调查处理并将处理结果告知投诉人。利用档案涉及知识产权、个人信息的，应当遵守有关法律、行政法规的规定。

第二十九条 机关、团体、企业事业单位和其他组织以及公民根据经济建设、国防建设、教学科研和其他工作的需要，可以按照国家有关规定，利用档案馆未开放的档案以及有关机关、团体、企业事业单位和其他组织保存的档案。

第三十条 馆藏档案的开放审核，由档案馆会同档案形成单位或者移交单位共同负责。尚未移交进馆档案的开放审核，由档案形成单位或者保管单位负责，并在移交时附具意见。

第三十一条 向档案馆移交、捐献、寄存档案的单位和个人，可以优先利用该档案，并可以对档案中不宜向社会开放的部分提出限制利用的意见，档案馆应当予以支持，提供便利。

第三十二条 属于国家所有的档案，由国家授权的档案馆或者有关机关公布；未经档案馆或者有关机关同意，任何单位和个人无权公布。非国有企业、社会服务机构等单位和个人形成的档案，档案所有者有权公布。公布档案应当遵守有关法律、行政法规的规定，不得损害国家安全和利益，不得侵犯他人的合法权益。

第三十三条 档案馆应当根据自身条件，为国家机关制定法律、法规、政策和开展有关问题研究，提供支持和便利。档案馆应当配备研究人员，加强对档案的研究整理，有计划地组织编辑出版档案材料，在不同范围内发行。档案研究人员研究整理档案，应当遵守档案管理的规定。

第三十四条 国家鼓励档案馆开发利用馆藏档案，通过开展专题展览、公益讲座、媒体宣传等活动，进行爱国主义、集体主义、中国特色社会主义教育，传承发展中华优秀传统文化，继承革命文化，发展社会主义先进文化，增强文化自信，弘扬社会主义核心价值观。

第五章 档案信息化建设

第三十五条 各级人民政府应当将档案信息化纳入信息化发展规划，保障电子档案、传统载体档案数字化成果等档案数字资源的安全保存和有效利用。档案馆和机关、团体、企业事业单位以及其他组织应当加强档案信息化建设，并采取措施保障档案信息安全。

第三十六条 机关、团体、企业事业单位和其他组织应当积极推进电子档案管理信息系统建设，与办公自动化系统、业务系统等相互衔接。

第三十七条 电子档案应当来源可靠、程序规范、要素合规。电子档案与传统载体档案具有同等效力，可以以电子形式作为凭证使用。电子档案管理办法由国家档案主管部门会同有关部门制定。

第三十八条 国家鼓励和支持档案馆和机关、团体、企业事业单位以及其他组织推进传统载体档案数字化。已经实现数字化的，应当对档案原件妥善保管。

第三十九条 电子档案应当通过符合安全管理要求的网络或者存储介质向档案馆移交。档案馆应当对接收的电子档案进行检测，确保电子档案的真实性、完整性、可用性和安全性。档案馆可以对重要电子档案进行异地备份保管。

第四十条 档案馆负责档案数字资源的收集、保存和提供利用。有条件的档案馆应当建设数字档案馆。

第四十一条 国家推进档案信息资源共享服务平台建设，推动档案数字资源跨区域、跨部门共享利用。

第六章 监督检查

第四十二条 档案主管部门依照法律、行政法规有关档案管理的规定，可以对档案馆和机关、团体、企业事业单位以及其他组织的下列情况进行检查：

（一）档案工作责任制和管理制度落实情况；

（二）档案库房、设施、设备配置使用情况；

（三）档案工作人员管理情况；

（四）档案收集、整理、保管、提供利用等情况；

（五）档案信息化建设和信息安全保障情况；

（六）对所属单位等的档案工作监督和指导情况。

第四十三条 档案主管部门根据违法线索进行检查时，在符合安全保密要求的前提下，可以检查有关库房、设施、设备，查阅有关材料，询问有关人员，记录有关情况，有关单位和个人应当配合。

第四十四条 档案馆和机关、团体、企业事业单位以及其他组织发现本单位存在档案安全隐患的，应当及时采取补救措施，消除档案安全隐患。发生档案损毁、信息泄露等情形的，应当及时向档案主管部门报告。

第四十五条 档案主管部门发现档案馆和机关、团体、企业事业单位以及其他组织存在档案安全隐患的，应当责令限期整改，消除档案安全隐患。

第四十六条 任何单位和个人对档案违法行为，有权向档案主管部门和有关机关举报。接到举报的档案主管部门或者有关机关应当及时依法处理。

第四十七条 档案主管部门及其工作人员应当按照法定的职权和程序开展监督检查工作，做到科学、公正、严格、高效，不得利用职权牟取利益，不得泄露履职过程中知悉的国家秘密、商业秘密或者个人隐私。

第七章 法律责任

第四十八条 单位或者个人有下列行为之一，由县级以上档案主管部门、有关机关对直接负责的主管人员和其他直接责任人员依法给予处分：

（一）丢失属于国家所有的档案的；

（二）擅自提供、抄录、复制、公布属于国家所有的档案的；

（三）买卖或者非法转让属于国家所有的档案的；

（四）篡改、损毁、伪造档案或者擅自销毁档案的；

（五）将档案出卖、赠送给外国人或者外国组织的；

（六）不按规定归档或者不按期移交档案，被责令改正而拒不改正的；

（七）不按规定向社会开放、提供利用档案的；

（八）明知存在档案安全隐患而不采取补救措施，造成档案损毁、灭失，或者存在档案安全隐患被责令限期整改而逾期未整改的；

（九）发生档案安全事故后，不采取抢救措施或者隐瞒不报、拒绝调查的；

（十）档案工作人员玩忽职守，造成档案损毁、灭失的。

第四十九条 利用档案馆的档案，有本法第四十八条第一项、第二项、第四项违法行为之一的，由县级以上档案主管部门给予警告，并对单位处一万元以上十万元以下的罚款，对个人处五百元以上五千元以下的罚款。档案服务企业在服务过程中有本法第四十八条第一项、第二项、第四项违法行为之一的，由县级以上档案主管部门给予警告，并处二万元以上二十万元以下的罚款。单位或者个人有本法第四十八条第三项、第五项违法行为之一的，由县级以上档案主管部门给予警告，没收违法所得，并对单位处一万元以上十万元以下的罚款，对个人处五百元以上五千元以下的罚款；并可以依照本法第二十二条的规定征购所出卖或者赠送的档案。

第五十条 违反本法规定，擅自运送、邮寄、携带或者通过互联网传输禁止出境的档案或者其复制件出境的，由海关或者有关部门予以没收、阻断传输，并对单位处一万元以上十万元以下的罚款，对个人处五百元以上五千元以下的罚款；并将没收、阻断传输的档案或者其复制件移交档案主管部门。

第五十一条 违反本法规定，构成犯罪的，依法追究刑事责任；造成财产损失或者其他损害的，依法承担民事责任。

第八章 附　　则

第五十二条 中国人民解放军和中国人民武装警察部队的档案工作，由中央军事委员会依照本法制定管理办法。

第五十三条 本法自 2021 年 1 月 1 日起施行。

附录 2 中华人民共和国档案法实施办法

（1990 年 10 月 24 日国务院批准，1990 年 11 月 19 日国家档案局令第 1 号发布，1999 年 5 月 5 日国务院批准修改，1999 年 6 月 7 日国家档案局令第 5 号重新发布，根据 2017 年 3 月 1 日国务院令第 676 号《国务院关于修改和废止部分行政法规的决定》修正）

第一章 总 则

第一条 根据《中华人民共和国档案法》（以下简称《档案法》）的规定，制定本办法。

第二条 《档案法》第二条所称对国家和社会有保存价值的档案，属于国家所有的，由国家档案局会同国家有关部门确定具体范围；属于集体所有、个人所有以及其他不属于国家所有的，由省、自治区、直辖市人民政府档案行政管理部门征得国家档案局同意后确定具体范围。

第三条 各级国家档案馆馆藏的永久保管档案分一、二、三级管理，分级的具体标准和管理办法由国家档案局制定。

第四条 国务院各部门经国家档案局同意，省、自治区、直辖市人民政府各部门经本级人民政府档案行政管理部门同意，可以制定本系统专业档案的具体管理制度和办法。

第五条 县级以上各级人民政府应当加强对档案工作的领导，把档案事业建设列入本级国民经济和社会发展计划，建立、健全档案机构，确定必要的人员编制，统筹安排发展档案事业所需经费。

机关、团体、企业事业单位和其他组织应当加强对本单位档案工作的领导，保障档案工作依法开展。

第六条 有下列事迹之一的，由人民政府、档案行政管理部门或者本单位给予奖励：

（一）对档案的收集、整理、提供利用做出显著成绩的；

（二）对档案的保护和现代化管理做出显著成绩的；

（三）对档案学研究做出重要贡献的；

（四）将重要的或者珍贵的档案捐赠给国家的；

（五）同违反档案法律、法规的行为作斗争，表现突出的。

第二章 档案机构及其职责

第七条 国家档案局依照《档案法》第六条第一款的规定，履行下列职责：

（一）根据有关法律、行政法规和国家有关方针政策，研究、制定档案工作规章制度和具体方针政策；

（二）组织协调全国档案事业的发展，制定发展档案事业的综合规划和专项计划，并组织实施；

（三）对有关法律、法规和国家有关方针政策的实施情况进行监督检查，依法查处档案违法行为；

（四）对中央和国家机关各部门、国务院直属企业事业单位以及依照国家有关规定不属于登记范围的全国性社会团体的档案工作，中央级国家档案馆的工作，以及省、自治区、直辖市人民政府档案行政管理部门的工作，实施监督、指导；

（五）组织、指导档案理论与科学技术研究、档案宣传与档案教育、档案工作人员培训；

（六）组织、开展档案工作的国际交流活动。

第八条 县级以上地方各级人民政府档案行政管理部门依照

《档案法》第六条第二款的规定，履行下列职责：

（一）贯彻执行有关法律、法规和国家有关方针政策；

（二）制定本行政区域内的档案事业发展计划和档案工作规章制度，并组织实施；

（三）监督、指导本行政区域内的档案工作，依法查处档案违法行为；

（四）组织、指导本行政区域内档案理论与科学技术研究、档案宣传与档案教育、档案工作人员培训。

第九条 机关、团体、企业事业单位和其他组织的档案机构依照《档案法》第七条的规定，履行下列职责：

（一）贯彻执行有关法律、法规和国家有关方针政策，建立、健全本单位的档案工作规章制度；

（二）指导本单位文件、资料的形成、积累和归档工作；

（三）统一管理本单位的档案，并按照规定向有关档案馆移交档案；

（四）监督、指导所属机构的档案工作。

第十条 中央和地方各级国家档案馆，是集中保存、管理档案的文化事业机构，依照《档案法》第八条的规定，承担下列工作任务：

（一）收集和接收本馆保管范围内对国家和社会有保存价值的档案；

（二）对所保存的档案严格按照规定整理和保管；

（三）采取各种形式开发档案资源，为社会利用档案资源提供服务。

按照国家有关规定，经批准成立的其他各类档案馆，根据需要，可以承担前款规定的工作任务。

第十一条 全国档案馆的设置原则和布局方案，由国家档案局制定，报国务院批准后实施。

第三章　档案的管理

第十二条　按照国家档案局关于文件材料归档的规定，应当立卷归档的材料由单位的文书或者业务机构收集齐全，并进行整理、立卷，定期交本单位档案机构或者档案工作人员集中管理；任何人都不得据为己有或者拒绝归档。

第十三条　机关、团体、企业事业单位和其他组织，应当按照国家档案局关于档案移交的规定，定期向有关的国家档案馆移交档案。

属于中央级和省级、设区的市级国家档案馆接收范围的档案，立档单位应当自档案形成之日起满20年即向有关的国家档案馆移交；属于县级国家档案馆接收范围的档案，立档单位应当自档案形成之日起满10年即向有关的县级国家档案馆移交。

经同级档案行政管理部门检查和同意，专业性较强或者需要保密的档案，可以延长向有关档案馆移交的期限；已撤销单位的档案或者由于保管条件恶劣可能导致不安全或者严重损毁的档案，可以提前向有关档案馆移交。

第十四条　既是文物、图书资料又是档案的，档案馆可以与博物馆、图书馆、纪念馆等单位相互交换重复件、复制件或者目录，联合举办展览，共同编辑出版有关史料或者进行史料研究。

第十五条　各级国家档案馆应当对所保管的档案采取下列管理措施：

（一）建立科学的管理制度，逐步实现保管的规范化、标准化；

（二）配置适宜安全保存档案的专门库房，配备防盗、防火、防渍、防有害生物的必要设施；

（三）根据档案的不同等级，采取有效措施，加以保护和管理；

（四）根据需要和可能，配备适应档案现代化管理需要的技术设备。

机关、团体、企业事业单位和其他组织的档案保管，根据需要，参照前款规定办理。

第十六条 《档案法》第十四条所称保密档案密级的变更和解密，依照《中华人民共和国保守国家秘密法》及其实施办法的规定办理。

第十七条 属于国家所有的档案，任何组织和个人都不得出卖。

国有企业事业单位因资产转让需要转让有关档案的，按照国家有关规定办理。

各级各类档案馆以及机关、团体、企业事业单位和其他组织为了收集、交换中国散失在国外的档案、进行国际文化交流，以及适应经济建设、科学研究和科技成果推广等的需要，经国家档案局或者省、自治区、直辖市人民政府档案行政管理部门依据职权审查批准，可以向国内外的单位或者个人赠送、交换、出卖档案的复制件。

第十八条 各级国家档案馆馆藏的一级档案严禁出境。

各级国家档案馆馆藏的二级档案需要出境的，必须经国家档案局审查批准。各级国家档案馆馆藏的三级档案、各级国家档案馆馆藏的一、二、三级档案以外的属于国家所有的档案和属于集体所有、个人所有以及其他不属于国家所有的对国家和社会具有保存价值的或者应当保密的档案及其复制件，各级国家档案馆以及机关、团体、企业事业单位、其他组织和个人需要携带、运输或者邮寄出境的，必须经省、自治区、直辖市人民政府档案行政管理部门审查批准，海关凭批准文件查验放行。

第四章　档案的利用和公布

第十九条　各级国家档案馆保管的档案应当按照《档案法》的有关规定，分期分批地向社会开放，并同时公布开放档案的目录。档案开放的起始时间：

（一）中华人民共和国成立以前的档案（包括清代和清代以前的档案；民国时期的档案和革命历史档案），自本办法实施之日起向社会开放。

（二）中华人民共和国成立以来形成的档案，自形成之日起满 30 年向社会开放。

（三）经济、科学、技术、文化等类档案，可以随时向社会开放。

前款所列档案中涉及国防、外交、公安、国家安全等国家重大利益的档案，以及其他虽自形成之日起已满 30 年但档案馆认为到期仍不宜开放的档案，经上一级档案行政管理部门批准，可以延期向社会开放。

第二十条　各级各类档案馆提供社会利用的档案，应当逐步实现以缩微品代替原件。档案缩微品和其他复制形式的档案载有档案收藏单位法定代表人的签名或者印章标记的，具有与档案原件同等的效力。

第二十一条　《档案法》所称档案的利用，是指对档案的阅览、复制和摘录。

中华人民共和国公民和组织，持有介绍信或者工作证、身份证等合法证明，可以利用已开放的档案。

外国人或者外国组织利用中国已开放的档案，须经中国有关主管部门介绍以及保存该档案的档案馆同意。

机关、团体、企业事业单位和其他组织以及中国公民利用档案馆保存的未开放的档案，须经保存该档案的档案馆同意，必要时还须经有关的档案行政管理部门审查同意。

机关、团体、企业事业单位和其他组织的档案机构保存的尚未向档案馆移交的档案，其他机关、团体、企业事业单位和组织以及中国公民需要利用的，须经档案保存单位同意。

各级各类档案馆应当为社会利用档案创造便利条件。提供社会利用的档案，可以按照规定收取费用。收费标准由国家档案局会同国务院价格管理部门制定。

第二十二条 《档案法》第二十二条所称档案的公布，是指通过下列形式首次向社会公开档案的全部或者部分原文，或者档案记载的特定内容：

（一）通过报纸、刊物、图书、声像、电子等出版物发表；

（二）通过电台、电视台播放；

（三）通过公众计算机信息网络传播；

（四）在公开场合宣读、播放；

（五）出版发行档案史料、资料的全文或者摘录汇编；

（六）公开出售、散发或者张贴档案复制件；

（七）展览、公开陈列档案或者其复制件。

第二十三条 公布属于国家所有的档案，按照下列规定办理：

（一）保存在档案馆的，由档案馆公布；必要时，应当征得档案形成单位同意或者报经档案形成单位的上级主管机关同意后公布。

（二）保存在各单位档案机构的，由各该单位公布；必要时，应当报经其上级主管机关同意后公布。

（三）利用属于国家所有的档案的单位和个人，未经档案馆、档案保存单位同意或者前两项所列主管机关的授权或者批准，均无权公布档案。

属于集体所有、个人所有以及其他不属于国家所有的对国家和社会具有保存价值的档案，其所有者向社会公布时，应当遵守国家有关保密的规定，不得损害国家的、社会的、集体的和其他公民的利益。

第二十四条 各级国家档案馆对寄存档案的公布和利用，应当征得档案所有者同意。

第二十五条 利用、公布档案，不得违反国家有关知识产权保护的法律规定。

第五章 罚 则

第二十六条 有下列行为之一的，由县级以上人民政府档案行政管理部门责令限期改正；情节严重的，对直接负责的主管人员或者其他直接责任人员依法给予行政处分：

（一）将公务活动中形成的应当归档的文件、资料据为己有，拒绝交档案机构、档案工作人员归档的；

（二）拒不按照国家规定向国家档案馆移交档案的；

（三）违反国家规定擅自扩大或者缩小档案接收范围的；

（四）不按照国家规定开放档案的；

（五）明知所保存的档案面临危险而不采取措施，造成档案损失的；

（六）档案工作人员、对档案工作负有领导责任的人员玩忽职守，造成档案损失的。

第二十七条 《档案法》第二十四条第二款、第三款规定的罚款数额，根据有关档案的价值和数量，对单位为 1 万元以上 10 万元以下，对个人为 500 元以上 5000 元以下。

第二十八条 违反《档案法》和本办法，造成档案损失的，由县级以上人民政府档案行政管理部门、有关主管部门根据损失档案的价值，责令赔偿损失。

第六章 附 则

第二十九条 中国人民解放军的档案工作，根据《档案法》和本办法确定的原则管理。

第三十条 本办法自发布之日起施行。

中华人民共和国档案法实施办法内容解读

一、《实施办法》总则第一条：“根据《中华人民共和国档案法》的规定，制定本办法。”说明制订《实施办法》的依据、出发点和总的原则必须与《档案法》保持一致，《实施办法》是《档案法》的具体化，可以对《档案法》做出解释，可以根据《档案法》的规定合理延伸，但不能与《档案法》相矛盾、相抵触。也就是说，《档案法》所允许的，《实施办法》不能禁止；《档案法》所禁止的，《实施办法》不能允许；《档案法》没有规定的，《实施办法》要做出规定就必须依据《档案法》的原则。总之，《实施办法》不能超出《档案法》的范围，必须保持与《档案法》的一致性。

二、《实施办法》总则第二条对《档案法》第二条所称“对国家和社会有保存价值的档案”作了解释：“系指具有现实查考使用价值和对历史、科学技术、艺术、教育等有研究价值的档案。”如电影创作生产过程中形成的文字、图片、影片素材和标准拷贝等均属对艺术有研究价值的档案，教学中产生的教学大纲、专业设置、教学计划、方案、招生简章等属于对教育有研究价值的档案。这里，需要明确两点：一是《档案法》所指“档案”不是一般意义上“档案”的定义，而是指“档案”的一部分，这一部分档案是对国家和社会有保存价值、受《档案法》约束的，除此之外的档案，不包含在《档案法》规定的范围之内。虽然《档案法》所说“档案”概念不像一般意义的“档案”概念范围广，但基本概括了一般意义“档案”的特点。二是《档案法》所说档案规定了对国家和社会有保存价值的这部分档案属于法律保护范围。具体到什么是“对国家和社会有保存价值的档案”，《实施办法》中作了规定，并把这些价值的具体体现补充解释为现实价值与其历史价值两个方面。

三、《实施办法》总则第三条规定了如下两个方面的内容：一是“县级以上各级人民政府应当加强对档案工作的领导，把档案事业的建设列入国民经济和社会发展计划，建立健全档案机构，确定必要的人员编制，统筹安排发展档案事业所需的经费。”二是“其他机关、团体、企业事业单位和组织也应当加强对档案工作的领导，保障档案工作开展。”这就是说，县级以上各级人民政府真正重视档案事业的发展，就必须具体加强对档案工作的领导，不只是在国民经济和社会发展计划中写上这样的条文，而是切切实实地把档案工作作为一项事业来抓，把档案事业发展所必需的人、财、物统筹安排解决。关于人员编制问题，劳动人事部、国家档案局早在 1985 年 2 月 11 日发出的关于颁布《地方各级档案馆人员编制标准》（试行）的通知中就有过明确的规定：“凡档案馆与档案行政机构合署办公的，档案行政机构的人员配备，由各级政府依据所辖地域大小、人口数量和需要进行业务指导单位的多少等具体情况自行确定。”《地方各级档案馆人员编制标准（试行）》规定：以馆藏档案一万卷（册，折合上架排列长度约 150 米，即平均每卷、册 1.5 厘米，下同）确定编制基数：县（区）及县级市档案馆五人，馆藏不足一万卷，编制适当减少，但不少于三人；地区级城市档案馆七人；省、自治区、直辖市及其他大城市档案馆十人。馆藏超过一万卷不足三十万卷的，其超过部分每七千卷增配一人。生活后勤工作独立的档案馆，除按上述规定配备业务人员外，可按不超过业务人员的百分之二十增加编制。关于统筹安排发展档案事业所需经费问题，国档联发〔1985〕16 号文件《国家计委、国家档案局关于地方各级档案馆建设统一纳入地方基建计划的通知》规定，地方各级人民政府计划部门要把地方各级档案馆的基本建设纳入地方基建计划，所需投资，在地方基建投资内统筹安排，力求逐步改善档案保管条件，使档案事业更好地为党的总任务、总目标服务。

《实施办法》总则第三条把加强领导、列入计划、解决人、财、物问题提出来并上升到行政法规高度，为以后建设和发展我国档案事业提供了依据。这是几十年来我国档案事业建设和发展的经验总结，表明我们认识的提高。档案工作是党和国家各级建设中必不可少的环节，《档案法》和《实施办法》把档案工作作为一项事业列入国民经济和社会发展计划，为建设和发展我国档案事业提供了根本保障。可见，党和国家对建设和发展我国档案事业是寄予厚望的。目前档案工作在我国各条战线上还处于比较薄弱的环节，为了卓有成效地建设和发展我国档案事业，就必须把加强领导、列入计划、解决人、财、物问题用法规形式固定下来。《实施办法》总则第三条的规定，给我们提供了法制依据，解决了我国档案事业一些全局性的、重大性的问题。

《实施办法》总则第三条指出，机关、团体、企业事业单位和组织也应加强对档案工作的领导，保障档案工作的开展。机关、团体、组织及企业事业单位档案工作的管理体制和干部，在《实施办法》中重申的《机关档案工作条例》（1983 年 4 月 28 日由中央办公厅和国务院办公厅印发）和《科学技术档案工作条例》（1980 年 12 月 27 日由国家经委、国家建委、国家科委、国家档案局印发）中都做了较为详细的规定。《机关档案工作条例》中规定，机关必须建立档案工作，成立相应的档案工作机构。不需要建立档案机构的机关，应配备专职或兼职的档案人员。各机关应为档案部门配备政治上可靠、具有高中或高中以上文化水平和一定专业知识、能够胜任工作的相应数量的干部。《科学技术档案工作条例》中规定，国务院所属的各专业主管机关和省、自治区、直辖市人民政府所属各专业主管机关，应当建立相应的档案机构，加强对所属企业、事业单位科技档案工作的领导。大中型企业、事业单位要设立直属的科技档案机构；小型企业、事业单位可以设立单独的科技档案室，也可以设立文书档案和科技档案统一管理的档案室，或者配备专兼职人员管理。国务院所属的各专业主管机关和省、自治区、直辖市人民政府所属的各专业主管机关都应当积极建设一支坚持社会主义道路，具有科技档案专业知识和懂得有关的科学技术，有一定工作能力的科技档案干部队伍。各单位要给科技档案部门配备足够数量和能胜任工作的干部，还应当配备一定数量的科技干部，以保证工作的需要。《实施办法》把《机关档案工作条例》和《科学技术档案工作条例》从行政规章的位置提高到行动法规，为今后机关、团体、企业事业单位和组织加强档案工作的领导提供了法制依据，必将在实际工作中发挥很大作用。（转载自江西档案信息网）档案室工作是档案馆工作的基础和前提。档案室移交档案的完整程度、价值高低、整理质量、保管状况直接影响到档案馆的馆藏建设。每个单位的档案，反映本单位的历史活动；全国各单位的档案总和，则反映国家活动的历史。因此，做好档案室工作，对国家档案信息资源的延续积累和维护党和国家历史真实面貌起着重要作用。

附录3　中华人民共和国会计法

（1985 年 1 月 21 日第六届全国人民代表大会常务委员会第九次会议通过，根据 1993 年 12 月 29 日第八届全国人民代表大会常务委员会第五次会议《关于修改〈中华人民共和国会计法〉的决定》第一次修正，1999 年 10 月 31 日第九届全国人民代表大会常务委员会第十二次会议修订，根据 2017 年 11 月 4 日第十二届全国人民代表大会常务委员会第三十次会议《关于修改〈中华人民共和国会计法〉等十一部法律的决定》第二次修正）

第一章　总　　则

第一条　为了规范会计行为，保证会计资料真实、完整，加强经济管理和财务管理，提高经济效益，维护社会主义市场经济秩序，制定本法。

第二条　国家机关、社会团体、公司、企业、事业单位和其他组织（以下统称单位）必须依照本法办理会计事务。

第三条　各单位必须依法设置会计账簿，并保证其真实、完整。

第四条　单位负责人对本单位的会计工作和会计资料的真实性、完整性负责。

第五条　会计机构、会计人员依照本法规定进行会计核算，实行会计监督。任何单位或者个人不得以任何方式授意、指使、强令会计机构、会计人员伪造、变造会计凭证、会计账簿和其他会计资料，提供虚假财务报告。任何单位或者个人不得对依法履行职责、抵制违反本法规定行为的会计人员实行打击报复。

第六条 对认真执行本法，忠于职守，坚持原则，做出显著成绩的会计人员，给予精神的或者物质的奖励。

第七条 国务院财政部门主管全国的会计工作。县级以上地方各级人民政府财政部门管理本行政区域内的会计工作。

第八条 国家实行统一的会计制度。国家统一的会计制度由国务院财政部门根据本法制定并公布。国务院有关部门可以依照本法和国家统一的会计制度制定对会计核算和会计监督有特殊要求的行业实施国家统一的会计制度的具体办法或者补充规定，报国务院财政部门审核批准。中国人民解放军总后勤部可以依照本法和国家统一的会计制度制定军队实施国家统一的会计制度的具体办法，报国务院财政部门备案。

第二章 会 计 核 算

第九条 各单位必须根据实际发生的经济业务事项进行会计核算，填制会计凭证，登记会计账簿，编制财务报告。任何单位不得以虚假的经济业务事项或者资料进行会计核算。

第十条 下列经济业务事项，应当办理会计手续，进行会计核算：（一）款项和有价证券的收付；（二）财物的收发、增减和使用；（三）债权债务的发生和结算；（四）资本、基金的增减；（五）收入、支出、费用、成本的计算；（六）财务成果的计算和处理；（七）需要办理会计手续、进行会计核算的其他事项。

第十一条 会计年度自公历 1 月 1 日起至 12 月 31 日止。

第十二条 会计核算以人民币为记账本位币。业务收支以人民币以外的货币为主的单位，可以选定其中一种货币作为记账本位币，但是编报的财务报告应当折算为人民币。

第十三条 会计凭证、会计账簿、财务报告和其他会计资料，必须符合国家统一的会计制度的规定。使用电子计算机进行会计核算的，其软件及其生成的会计凭证、会计账簿、财务报告和其他会计资料，也必须符合国家统一的会计制度的规定。任何单位和个人不得伪造、变造会计凭证、会计账簿及其他会计资料，不得提供虚假的财务报告。

第十四条 会计凭证包括原始凭证和记账凭证。办理本法第十条所列的经济业务事项，必须填制或者取得原始凭证并及时送交会计机构。会计机构、会计人员必须按照国家统一的会计制度的规定对原始凭证进行审核，对不真实、不合法的原始凭证有权不予接受，并向单位负责人报告；对记载不准确、不完整的原始凭证予以退回，并要求按照国家统一的会计制度的规定更正、补充。原始凭证记载的各项内容均不得涂改；原始凭证有错误的，应当由出具单位重开或者更正，更正处应当加盖出具单位印章。原始凭证金额有错误的，应当由出具单位重开，不得在原始凭证上更正。记账凭证应当根据经过审核的原始凭证及有关资料编制。

第十五条 会计账簿登记，必须以经过审核的会计凭证为依据，并符合有关法律、行政法规和国家统一的会计制度的规定。会计账簿包括总账、明细账、日记账和其他辅助性账簿。会计账簿应当按照连续编号的页码顺序登记。会计账簿记录发生错误或者隔页、缺号、跳行的，应当按照国家统一的会计制度规定的方法更正，并由会计人员和会计机构负责人（会计主管人员）在更正处盖章。使用电子计算机进行会计核算的，其会计账簿的登记、更正，应当符合国家统一的会计制度的规定。

第十六条 各单位发生的各项经济业务事项应当在依法设置的会计账簿上统一登记、核算，不得违反本法和国家统一的会计制度的规定私设会计账簿登记、核算。

第十七条 各单位应当定期将会计账簿记录与实物、款项及有关资料相互核对，保证会计账簿记录与实物及款项的实有数额相符、会计账簿记录与会计凭证的有关内容相符、会计账簿之间相对应的记录相符、会计账簿记录与会计报表的有关内容相符。

第十八条 各单位采用的会计处理方法，前后各期应当一致，不得随意变更；确有必要变更的，应当按照国家统一的会计制度的规定变更，并将变更的原因、情况及影响在财务报告中说明。

第十九条 单位提供的担保、未决诉讼等或有事项，应当按照国家统一的会计制度的规定，在财务报告中予以说明。

第二十条 财务报告应当根据经过审核的会计账簿记录和有关资料编制，并符合本法和国家统一的会计制度关于财务报告的编制要求、提供对象和提供期限的规定；其他法律、行政法规另有规定的，从其规定。财务报告由会计报表、会计报表附注和财务情况说明书组成。向不同的会计资料使用者提供的财务报告，其编制依据应当一致。有关法律、行政法规规定会计报表、会计报表附注和财务情况说明书须经注册会计师审计的，注册会计师及其所在的会计师事务所出具的审计报告应当随同财务报告一并提供。

第二十一条 财务报告应当由单位负责人和主管会计工作的负责人、会计机构负责人（会计主管人员）签名并盖章；设置总会计师的单位，还须由总会计师签名并盖章。单位负责人应当保证财务报告真实、完整。

第二十二条 会计记录的文字应当使用中文。在民族自治地方，会计记录可以同时使用当地通用的一种民族文字。在中华人民共和国境内的外商投资企业、外国企业和其他外国组织的会计记录可以同时使用一种外国文字。

第二十三条 各单位对会计凭证、会计账簿、财务报告和其他会计资料应当建立档案，妥善保管。会计档案的保管期限和销毁办法，由国务院财政部门会同有关部门制定。

第三章 公司、企业会计核算的特别规定

第二十四条 公司、企业进行会计核算，除应当遵守本法第二章的规定外，还应当遵守本章规定。

第二十五条 公司、企业必须根据实际发生的经济业务事项，按照国家统一的会计制度的规定确认、计量和记录资产、负债、所有者权益、收入、费用、成本和利润。

第二十六条 公司、企业进行会计核算不得有下列行为：（一）随意改变资产、负债、所有者权益的确认标准或者计量方法，虚列、多列、不列或者少列资产、负债、所有者权益；（二）虚列或者隐瞒收入，推迟或者提前确认收入；（三）随意改变费用、成本的确认标准或者计量方法，虚列、多列、不列或者少列费用、成本；（四）随意调整利润的计算、分配方法，编造虚假利润或者隐瞒利润；（五）违反国家统一的会计制度规定的其他行为。

第四章 会计监督

第二十七条 各单位应当建立、健全本单位内部会计监督制度。单位内部会计监督制度应当符合下列要求：（一）记账人员与经济业务事项和会计事项的审批人员、经办人员、财物保管人员的职责权限应当明确，并相互分离、相互制约；（二）重大对外投资、资产处置、资金调度和其他重要经济业务事项的决策和执行的相互监督、相互制约程序应当明确；（三）财产清查的范围、期限和组织程序应当明确；（四）对会计资料定期进行内部审计的办法和程序应当明确。

第二十八条 单位负责人应当保证会计机构、会计人员依法履行职责，不得授意、指使、强令会计机构、会计人员违法办理

会计事项。会计机构、会计人员对违反本法和国家统一的会计制度规定的会计事项，有权拒绝办理或者按照职权予以纠正。

第二十九条 会计机构、会计人员发现会计账簿记录与实物、款项及有关资料不相符的，按照国家统一的会计制度的规定有权自行处理的，应当及时处理；无权处理的，应当立即向单位负责人报告，请求查明原因，做出处理。

第三十条 任何单位和个人对违反本法和国家统一的会计制度规定的行为，有权检举。收到检举的部门有权处理的，应当依法按照职责分工及时处理；无权处理的，应当及时移送有权处理的部门处理。收到检举的部门、负责处理的部门应当为检举人保密，不得将检举人姓名和检举材料转给被检举单位和被检举人个人。

第三十一条 有关法律、行政法规规定，须经注册会计师进行审计的单位，应当向受委托的会计师事务所如实提供会计凭证、会计账簿、财务报告和其他会计资料以及有关情况。任何单位或者个人不得以任何方式要求或者示意注册会计师及其所在的会计师事务所出具不实或者不当的审计报告。财政部门有权对会计师事务所出具审计报告的程序和内容进行监督。

第三十二条 财政部门对各单位的下列情况实施监督：（一）是否依法设置会计账簿；（二）会计凭证、会计账簿、财务报告和其他会计资料是否真实、完整；（三）会计核算是否符合本法和国家统一的会计制度的规定；（四）从事会计工作的人员是否具备专业能力、遵守职业道德。在对前款第（二）项所列事项实施监督，发现重大违法嫌疑时，国务院财政部门及其派出机构可以向与被监督单位有经济业务往来的单位和被监督单位开立账户的金融机构查询有关情况，有关单位和金融机构应当给予支持。

第三十三条 财政、审计、税务、人民银行、证券监管、保险监管等部门应当依照有关法律、行政法规规定的职责，对有关单位的会计资料实施监督检查。前款所列监督检查部门对有关单位的会计资料依法实施监督检查后，应当出具检查结论。有关监督检查部门已经做出的检查结论能够满足其他监督检查部门履行本部门职责需要的，其他监督检查部门应当加以利用，避免重复查账。

第三十四条 依法对有关单位的会计资料实施监督检查的部门及其工作人员对在监督检查中知悉的国家秘密和商业秘密负有保密义务。

第三十五条 各单位必须依照有关法律、行政法规的规定，接受有关监督检查部门依法实施的监督检查，如实提供会计凭证、会计账簿、财务报告和其他会计资料以及有关情况，不得拒绝、隐匿、谎报。

第五章 会计机构和会计人员

第三十六条 各单位应当根据会计业务的需要，设置会计机构，或者在有关机构中设置会计人员并指定会计主管人员；不具备设置条件的，应当委托经批准设立从事会计代理记账业务的中介机构代理记账。国有的和国有资产占控股地位或者主导地位的大、中型企业必须设置总会计师。总会计师的任职资格、任免程序、职责权限由国务院规定。

第三十七条 会计机构内部应当建立稽核制度。出纳人员不得兼任稽核、会计档案保管和收入、支出、费用、债权债务账目的登记工作。

第三十八条 会计人员应当具备从事会计工作所需要的专业能力。担任单位会计机构负责人（会计主管人员）的，应当具备会计师以上专业技术职务资格或者从事会计工作三年以上经历。

本法所称会计人员的范围由国务院财政部门规定。

第三十九条 会计人员应当遵守职业道德，提高业务素质。对会计人员的教育和培训工作应当加强。

第四十条 因有提供虚假财务报告，做假账，隐匿或者故意销毁会计凭证、会计账簿、财务报告，贪污，挪用公款，职务侵占等与会计职务有关的违法行为被依法追究刑事责任的人员，不得再从事会计工作。

第四十一条 会计人员调动工作或者离职，必须与接管人员办清交接手续。一般会计人员办理交接手续，由会计机构负责人（会计主管人员）监交；会计机构负责人（会计主管人员）办理交接手续，由单位负责人监交，必要时主管单位可以派人会同监交。

第六章 法律责任

第四十二条 违反本法规定，有下列行为之一的，由县级以上人民政府财政部门责令限期改正，可以对单位并处三千元以上五万元以下的罚款；对其直接负责的主管人员和其他直接责任人员，可以处二千元以上二万元以下的罚款；属于国家工作人员的，还应当由其所在单位或者有关单位依法给予行政处分：（一）不依法设置会计账簿的；（二）私设会计账簿的；（三）未按照规定填制、取得原始凭证或者填制、取得的原始凭证不符合规定的；（四）以未经审核的会计凭证为依据登记会计账簿或者登记会计账簿不符合规定的；（五）随意变更会计处理方法的；（六）向不同的会计资料使用者提供的财务报告编制依据不一致的；（七）未按照规定使用会计记录文字或者记账本位币的；（八）未按照规定保管会计资料，致使会计资料毁损、灭失的；（九）未按照规定建立并实施单位内部会计监督制度或者拒绝依法实施的监督或者不如实提供有关会计资料及有关情况的；（十）任用会计人员不符合本法规定的。有前款所列行为之一，构成犯罪的，依法追究刑事责任。会计人员有第一款所列行为之一，情节严重的，五年内不得从事会计工作。有关法律对第一款所列行为的处罚另有规定的，依照有关法律的规定办理。

第四十三条 伪造、变造会计凭证、会计账簿，编制虚假财务报告，构成犯罪的，依法追究刑事责任。有前款行为，尚不构成犯罪的，由县级以上人民政府财政部门予以通报，可以对单位并处五千元以上十万元以下的罚款；对其直接负责的主管人员和其他直接责任人员，可以处三千元以上五万元以下的罚款；属于国家工作人员的，还应当由其所在单位或者有关单位依法给予撤职直至开除的行政处分；其中的会计人员，五年内不得从事会计工作。

第四十四条 隐匿或者故意销毁依法应当保存的会计凭证、会计账簿、财务报告，构成犯罪的，依法追究刑事责任。有前款行为，尚不构成犯罪的，由县级以上人民政府财政部门予以通报，可以对单位并处五千元以上十万元以下的罚款；对其直接负责的主管人员和其他直接责任人员，可以处三千元以上五万元以下的罚款；属于国家工作人员的，还应当由其所在单位或者有关单位依法给予撤职直至开除的行政处分；其中的会计人员，五年内不得从事会计工作。

第四十五条 授意、指使、强令会计机构、会计人员及其他人员伪造、变造会计凭证、会计账簿，编制虚假财务报告或者隐匿、故意销毁依法应当保存的会计凭证、会计账簿、财务报告，构成犯罪的，依法追究刑事责任；尚不构成犯罪的，可以处五千元以上五万元以下的罚款；属于国家工作人员的，还应当由其所在单位或者有关单位依法给予降级、撤职、开除的行政处分。

第四十六条 单位负责人对依法履行职责、抵制违反本法规定行为的会计人员以降级、撤职、调离工作岗位、解聘或者开除等方式实行打击报复，构成犯罪的，依法追究刑事责任；尚不构成犯罪的，由其所在单位或者有关单位依法给予行政处分。对受打击报复的会计人员，应当恢复其名誉和原有职务、级别。

第四十七条 财政部门及有关行政部门的工作人员在实施监督管理中滥用职权、玩忽职守、徇私舞弊或者泄露国家秘密、商业秘密，构成犯罪的，依法追究刑事责任；尚不构成犯罪的，依法给予行政处分。

第四十八条 违反本法第三十条规定，将检举人姓名和检举材料转给被检举单位和被检举人个人的，由所在单位或者有关单位依法给予行政处分。

第四十九条 违反本法规定，同时违其他法律规定的，由有关部门在各自职权范围内依法进行处罚。

第七章 附　　则

第五十条 本法下列用语的含义：单位负责人，是指单位法定代表人或者法律、行政法规规定代表单位行使职权的主要负责人。国家统一的会计制度，是指国务院财政部门根据本法制定的关于会计核算、会计监督、会计机构和会计人员以及会计工作管理的制度。

第五十一条 个体工商户会计管理的具体办法，由国务院财政部门根据本法的原则另行规定。

第五十二条 本法自 2000 年 7 月 1 日起施行。

附录4 会计档案管理办法

（《会计档案管理办法》已经财政部部务会议、国家档案局局务会议修订通过，现将修订后的《会计档案管理办法》公布，自2016年1月1日起施行）

第一条 为了加强会计档案管理，有效保护和利用会计档案，根据《中华人民共和国会计法》《中华人民共和国档案法》等有关法律和行政法规，制定本办法。

第二条 国家机关、社会团体、企业、事业单位和其他组织（以下统称单位）管理会计档案适用本办法。

第三条 本办法所称会计档案是指单位在进行会计核算等过程中接收或形成的，记录和反映单位经济业务事项的，具有保存价值的文字、图表等各种形式的会计资料，包括通过计算机等电子设备形成、传输和存储的电子会计档案。

第四条 财政部和国家档案局主管全国会计档案工作，共同制定全国统一的会计档案工作制度，对全国会计档案工作实行监督和指导。县级以上地方人民政府财政部门和档案行政管理部门管理本行政区域内的会计档案工作，并对本行政区域内会计档案工作实行监督和指导。

第五条 单位应当加强会计档案管理工作，建立和完善会计档案的收集、整理、保管、利用和鉴定销毁等管理制度，采取可靠的安全防护技术和措施，保证会计档案的真实、完整、可用、安全。单位的档案机构或者档案工作人员所属机构（以下统称单位档案管理机构）负责管理本单位的会计档案。单位也可以委托具备档案管理条件的机构代为管理会计档案。

第六条 下列会计资料应当进行归档：（一）会计凭证，包括原始凭证、记账凭证；（二）会计账簿，包括总账、明细账、日记账、固定资产卡片及其他辅助性账簿；（三）财务报告，包括月度、季度、半年度、年度财务报告；（四）其他会计资料，包括银行存款余额调节表、银行对账单、纳税申报表、会计档案移交清册、会计档案保管清册、会计档案销毁清册、会计档案鉴定意见书及其他具有保存价值的会计资料。

第七条 单位可以利用计算机、网络通信等信息技术手段管理会计档案。

第八条 同时满足下列条件的，单位内部形成的属于归档范围的电子会计资料可仅以电子形式保存，形成电子会计档案：（一）形成的电子会计资料来源真实有效，由计算机等电子设备形成和传输；（二）使用的会计核算系统能够准确、完整、有效接收和读取电子会计资料，能够输出符合国家标准归档格式的会计凭证、会计账簿、财务会计报表等会计资料，设定了经办、审核、审批等必要的审签程序；（三）使用的电子档案管理系统能够有效接收、管理、利用电子会计档案，符合电子档案的长期保管要求，并建立了电子会计档案与相关联的其他纸质会计档案的检索关系；（四）采取有效措施，防止电子会计档案被篡改；（五）建立电子会计档案备份制度，能够有效防范自然灾害、意外事故和人为破坏的影响；（六）形成的电子会计资料不属于具有永久保存价值或者其他重要保存价值的会计档案。

第九条 满足本办法第八条规定条件，单位从外部接收的电子会计资料附有符合《中华人民共和国电子签名法》规定的电子签名的，可仅以电子形式归档保存，形成电子会计档案。

第十条 单位的会计机构或会计人员所属机构（以下统称单位会计管理机构）按照归档范围和归档要求，负责定期将应当归档的会计资料整理立卷，编制会计档案保管清册。

第十一条 当年形成的会计档案，在会计年度终了后，可由单位会计管理机构临时保管一年，再移交单位档案管理机构保管。因工作需要确需推迟移交的，应当经单位档案管理机构同意。单位会计管理机构临时保管会计档案最长不超过三年。临时保管期间，会计档案的保管应当符合国家档案管理的有关规定，且出纳人员不得兼管会计档案。

第十二条 单位会计管理机构在办理会计档案移交时，应当编制会计档案移交清册，并按照国家档案管理的有关规定办理移交手续。纸质会计档案移交时应当保持原卷的封装。电子会计档案移交时应当将电子会计档案及其元数据一并移交，且文件格式应当符合国家档案管理的有关规定。特殊格式的电子会计档案应当与其读取平台一并移交。单位档案管理机构接收电子会计档案时，应当对电子会计档案的准确性、完整性、可用性、安全性进行检测，符合要求的才能接收。

第十三条 单位应当严格按照相关制度利用会计档案，在进行会计档案查阅、复制、借出时履行登记手续，严禁篡改和损坏。单位保存的会计档案一般不得对外借出。确因工作需要且根据国家有关规定必须借出的，应当严格按照规定办理相关手续。会计档案借用单位应当妥善保管和利用借入的会计档案，确保借入会计档案的安全完整，并在规定时间内归还。

第十四条 会计档案的保管期限分为永久、定期两类。定期保管期限一般分为10年和30年。会计档案的保管期限，从会计年度终了后的第一天算起。

第十五条 各类会计档案的保管期限原则上应当按照本办法附表执行，本办法规定的会计档案保管期限为最低保管期限。单位会计档案的具体名称如有同本办法附表所列档案名称不相符的，应当比照类似档案的保管期限办理。

第十六条 单位应当定期对已到保管期限的会计档案进行鉴定，并形成会计档案鉴定意见书。经鉴定，仍需继续保存的会计档案，应当重新划定保管期限；对保管期满，确无保存价值的会计档案，可以销毁。

第十七条 会计档案鉴定工作应当由单位档案管理机构牵头，组织单位会计、审计、纪检监察等机构或人员共同进行。

第十八条 经鉴定可以销毁的会计档案，应当按照以下程序销毁：（一）单位档案管理机构编制会计档案销毁清册，列明拟销毁会计档案的名称、卷号、册数、起止年度、档案编号、应保管期限、已保管期限和销毁时间等内容。（二）单位负责人、档案管理机构负责人、会计管理机构负责人、档案管理机构经办人、会计管理机构经办人在会计档案销毁清册上签署意见。（三）单位档案管理机构负责组织会计档案销毁工作，并与会计管理机构共同派员监销。监销人在会计档案销毁前，应当按照会计档案销毁清册所列内容进行清点核对；在会计档案销毁后，应当在会计档案销毁清册上签名或盖章。电子会计档案的销毁还应当符合国家有关电子档案的规定，并由单位档案管理机构、会计管理机构和信息系统管理机构共同派员监销。

第十九条 保管期满但未结清的债权债务会计凭证和涉及其他未了事项的会计凭证不得销毁，纸质会计档案应当单独抽出立卷，电子会计档案单独转存，保管到未了事项完结时为止。单独抽出立卷或转存的会计档案，应当在会计档案鉴定意见书、会计档案销毁清册和会计档案保管清册中列明。

第二十条 单位因撤销、解散、破产或其他原因而终止的，在终止或办理注销登记手续之前形成的会计档案，按照国家档案管理的有关规定处置。

第二十一条 单位分立后原单位存续的，其会计档案应当由分立后的存续方统一保管，其他方可以查阅、复制与其业务相关的会计档案。单位分立后原单位解散的，其会计档案应当经各方协商后由其中一方代管或按照国家档案管理的有关规定处置，各方可以查阅、复制与其业务相关的会计档案。单位分立中未结清的会计事项所涉及的会计凭证，应当单独抽出由业务相关方保存，并按照规定办理交接手续。单位因业务移交其他单位办理所涉及的会计档案，应当由原单位保管，承接业务单位可以查阅、复制与其业务相关的会计档案。对其中未结清的会计事项所涉及的会计凭证，应当单独抽出由承接业务单位保存，并按照规定办理交接手续。

第二十二条 单位合并后原各单位解散或者一方存续其他方解散的，原各单位的会计档案应当由合并后的单位统一保管。单位合并后原各单位仍存续的，其会计档案仍应当由原各单位保管。

第二十三条 建设单位在项目建设期间形成的会计档案，需要移交给建设项目接受单位的，应当在办理竣工财务决算后及时移交，并按照规定办理交接手续。

第二十四条 单位之间交接会计档案时，交接双方应当办理会计档案交接手续。移交会计档案的单位，应当编制会计档案移交清册，列明应当移交的会计档案名称、卷号、册数、起止年度、档案编号、应保管期限和已保管期限等内容。交接会计档案时，交接双方应当按照会计档案移交清册所列内容逐项交接，并由交接双方的单位有关负责人负责监督。交接完毕后，交接双方经办人和监督人应当在会计档案移交清册上签名或盖章。电子会计档案应当与其元数据一并移交，特殊格式的电子会计档案应当与其读取平台一并移交。档案接受单位应当对保存电子会计档案的载体及其技术环境进行检验，确保所接收电子会计档案的准确、完整、可用和安全。

第二十五条 单位的会计档案及其复制件需要携带、寄运或者传输至境外的，应当按照国家有关规定执行。

第二十六条 单位委托中介机构代理记账的，应当在签订的书面委托合同中，明确会计档案的管理要求及相应责任。

第二十七条 违反本办法规定的单位和个人，由县级以上人民政府财政部门、档案行政管理部门依据《中华人民共和国会计法》《中华人民共和国档案法》等法律法规处理处罚。

第二十八条 预算、计划、制度等文件材料，应当执行文书档案管理规定，不适用本办法。

第二十九条 不具备设立档案机构或配备档案工作人员条件的单位和依法建账的个体工商户，其会计档案的收集、整理、保管、利用和鉴定销毁等参照本办法执行。

第三十条 各省、自治区、直辖市、计划单列市人民政府财政部门、档案行政管理部门，新疆生产建设兵团财务局、档案局，国务院各业务主管部门，中国人民解放军总后勤部，可以根据本办法制定具体实施办法。

第三十一条 本办法由财政部、国家档案局负责解释，自2016年1月1日起施行。1998年8月21日财政部、国家档案局发布的《会计档案管理办法》（财会字〔1998〕32号）同时废止。

附表：1．企业和其他组织会计档案保管期限表

2．财政总预算、行政单位、事业单位和税收会计档案保管期限表

附表 1　　企业和其他组织会计档案保管期限表

序号	档案名称	保管期限	备注
一	会计凭证		
1	原始凭证	30 年	
2	记账凭证	30 年	
二	会计账簿		
3	总账	30 年	
4	明细账	30 年	
5	日记账	30 年	
6	固定资产卡片		固定资产报废后保管 5 年
7	其他辅助性账簿	30 年	
三	财务会计报告		
8	月度、季度、半年度财务会计报告	10 年	
9	年度财务报告	永久	
四	其他会计资料		
10	银行存款余额调节表	10 年	
11	银行对账单	10 年	
12	纳税申报表	10 年	
13	会计档案移交清册	30 年	
14	会计档案保管清册	永久	
15	会计档案销毁清册	永久	
16	会计档案鉴定意见书	永久	

附表 2　　财政总预算、行政单位、事业单位和税收会计档案保管期限表

序号	档案名称	保管期限			备注
		财政总预算	行政单位事业单位	税收会计	
一	会计凭证				
1	国家金库编送的各种报表及缴库退库凭证	10 年		10 年	
2	各收入机关编送的报表	10 年			
3	行政单位和事业单位的各种会计凭证		30 年		包括：原始凭证、记账凭证和传票汇总表
4	财政总预算拨款凭证和其他会计凭证	30 年			包括：拨款凭证和其他会计凭证
二	会计账簿				
5	日记账		30 年	30 年	
6	总账	30 年	30 年	30 年	
7	税收日记账（总账）			30 年	
8	明细分类、分户账或登记簿	30 年	30 年	30 年	
9	行政单位和事业单位固定资产卡片				固定资产报废清理后保管 5 年
三	财务会计报告				
10	政府综合财务报告	永久			下级财政、本级部门和单位报送的保管 2 年
11	部门财务报告		永久		所属单位报送的保管 2 年
12	财政总决算	永久			下级财政、本级部门和单位报送的保管 2 年

续表

序号	档案名称	保管期限			备注
		财政总预算	行政单位事业单位	税收会计	
13	部门决算		永久		所属单位报送的保管2年
14	税收年报（决算）			永久	
15	国家金库年报（决算）	10年			
16	基本建设拨、贷款年报（决算）	10年			
17	行政单位和事业单位会计月、季度报表		10年		所属单位报送的保管2年
18	税收会计报表			10年	所属税务机关报送的保管2年
四	其他会计资料				
19	银行存款余额调节表	10年	10年		
20	银行对账单	10年	10年	10年	
21	会计档案移交清册	30年	30年	30年	
22	会计档案保管清册	永久	永久	永久	
23	会计档案销毁清册	永久	永久	永久	
24	会计档案鉴定意见书	永久	永久	永久	

注：税务机关的税务经费会计档案保管期限，按行政单位会计档案保管期限规定办理。

附录5　会计基础工作规范

（1996年6月17日财会字〔1996〕19号公布，根据2019年3月14日《财政部关于修改〈代理记账管理办法〉等2部部门规章的决定》修改）

第一章　总　　则

第一条　为了加强会计基础工作，建立规范的会计工作秩序，提高会计工作水平，根据《中华人民共和国会计法》的有关规定，制定本规范。

第二条　国家机关、社会团体、企业、事业单位、个体工商户和其他组织的会计基础工作，应当符合本规范的规定。

第三条　各单位应当依据有关法规、法规和本规范的规定，加强会计基础工作，严格执行会计法规制度，保证会计工作依法有序地进行。

第四条　单位领导人对本单位的会计基础工作负有领导责任。

第五条　各省、自治区、直辖市财政厅（局）要加强对会计基础工作的管理和指导，通过政策引导、经验交流、监督检查等措施，促进基层单位加强会计基础工作，不断提高会计工作水平。

第二章　会计机构和会计人员

第一节　会计机构设置和会计人员配备

第六条　各单位应当根据会计业务的需要设置会计机构；不具备单独设置会计机构条件的，应当在有关机构中配备专职会计人员。

事业行政单位会计机构的设置和会计人员的配备，应当符合国家统一事业行政单位会计制度的规定。

设置会计机构，应当配备会计机构负责人；在有关机构中配备专职会计人员，应当在专职会计人员中指定会计主管人员。

会计机构负责人、会计主管人员的任免，应当符合《中华人民共和国会计法》和有关法律的规定。

第七条 会计机构负责人、会计主管人员应当具备下列基本条件：

（一）坚持原则，廉洁奉公；

（二）具备会计师以上专业技术职务资格或者从事会计工作不少于三年；

（三）熟悉国家财经法律、法规、规章和方针、政策，掌握本行业业务管理的有关知识；

（四）有较强的组织能力；

（五）身体状况能够适应本职工作的要求。

第八条 没有设置会计机构或者配备会计人员的单位，应当根据《代理记账管理办法》的规定，委托会计师事务所或者持有代理记账许可证书的代理记账机构进行代理记账。

第九条 大、中型企业、事业单位、业务主管部门应当根据法律和国家有关规定设置总会计师。总会计师由具有会计师以上专业技术资格的人员担任。

总会计师行使《总会计师条例》规定的职责、权限。

总会计师的任命（聘任）、免职（解聘）依照《总会计师条例》和有关法律的规定办理。

第十条 各单位应当根据会计业务需要配备会计人员，督促其遵守职业道德和国家统一的会计制度。

第十一条 各单位应当根据会计业务需要设置会计工作岗位。

会计工作岗位一般可分为：会计机构负责人或者会计主管人员，出纳，财产物资核算，工资核算，成本费用核算，财务成果核算，资金核算，往来结算，总账报表，稽核，档案管理等。开展会计电算化和管理会计的单位，可以根据需要设置相应工作岗位，也可以与其他工作岗位相结合。

第十二条 会计工作岗位，可以一人一岗、一人多岗或者一岗多人。但出纳人员不得兼管稽核、会计档案保管和收入、费用、债权债务账目的登记工作。

第十三条 会计人员的工作岗位应当有计划地进行轮换。

第十四条 会计人员应当具备必要的专业知识和专业技能，熟悉国家有关法律、法规、规章和国家统一会计制度，遵守职业道德。

会计人员应当按照国家有关规定参加会计业务的培训。各单位应当合理安排会计人员的培训，保证会计人员每年有一定时间用于学习和参加培训。

第十五条 各单位领导人应当支持会计机构、会计人员依法行使职权；对忠于职守，坚持原则，做出显著成绩的会计机构、会计人员，应当给予精神的和物质的奖励。

第十六条 国家机关、国有企业、事业单位任用会计人员应当实行回避制度。

单位领导人的直系亲属不得担任本单位的会计机构负责人、会计主管人员。会计机构负责人、会计主管人员的直系亲属不得在本单位会计机构中担任出纳工作。

需要回避的直系亲属为：夫妻关系、直系血亲关系、三代以内旁系血亲以及配偶亲关系。

第二节　会计人员职业道德

第十七条 会计人员在会计工作中应当遵守职业道德，树立良好的职业品质、严谨的工作作风，严守工作纪律，努力提高工作效率和工作质量。

第十八条 会计人员应当热爱本职工作，努力钻研业务，使自己的知识和技能适应所从事工作的要求。

第十九条 会计人员应当熟悉财经法律、法规、规章和国家统一会计制度，并结合会计工作进行广泛宣传。

第二十条 会计人员应当按照会计法规、法规和国家统一会计制度规定的程序和要求进行会计工作，保证所提供的会计信息合法、真实、准确、及时、完整。

第二十一条 会计人员办理会计事务应当实事求是、客观公正。

第二十二条 会计人员应当熟悉本单位的生产经营和业务管理情况，运用掌握的会计信息和会计方法，为改善单位内部管理、提高经济效益服务。

第二十三条 会计人员应当保守本单位的商业秘密。除法律规定和单位领导人同意外，不能私自向外界提供或者泄露单位的会计信息。

第二十四条 财政部门、业务主管部门和各单位应当定期检查会计人员遵守职业道德的情况，并作为会计人员晋升、晋级、聘任专业职务、表彰奖励的重要考核依据。

会计人员违反职业道德的，由所在单位进行处理。

第三节 会计工作交接

第二十五条 会计人员工作调动或者因故离职，必须将本人所经管的会计工作全部移交给接替人员。没有办清交接手续的，不得调动或者离职。

第二十六条 接替人员应当认真接管移交工作，并继续办理移交的未了事项。

第二十七条 会计人员办理移交手续前，必须及时做好以下工作：

（一）已经受理的经济业务尚未填制会计凭证的，应当填制完毕。

（二）尚未登记的账目，应当登记完毕，并在最后一笔余额后加盖经办人员印章。

（三）整理应该移交的各项资料，对未了事项写出书面材料。

（四）编制移交清册，列明应当移交的会计凭证、会计账簿、会计报表、印章、现金、有价证券、支票簿、发票、文件、其他会计资料和物品等内容；实行会计电算化的单位，从事该项工作的移交人员还应当在移交清册中列明会计软件及密码、会计软件数据磁盘（磁带等）及有关资料、实物等内容。

第二十八条 会计人员办理交接手续，必须有监交人负责监交。一般会计人员交接，由单位会计机构负责人、会计主管人员负责监交；会计机构负责人、会计主管人员交接，由单位领导人负责监交，必要时可由上级主管部门派人会同监交。

第二十九条 移交人员在办理移交时，要按移交清册逐项移交；接替人员要逐项核对点收。

（一）现金、有价证券要根据会计账簿有关记录进行点交。库存现金、有价证券必须与会计账簿记录保持一致。不一致时，移交人员必须限期查清。

（二）会计凭证、会计账簿、会计报表和其他会计资料必须完整无缺。如有短缺，必须查清原因，并在移交清册中注明，由移交人员负责。

（三）银行存款账户余额要与银行对账单核对，如不一致，应当编制银行存款余额调节表调节相符，各种财产物资和债权债务的明细账户余额要与总账有关账户余额核对相符；必要时，要抽查个别账户的余额，与实物核对相符，或者与往来单位、个人核对清楚。

（四）移交人员经管的票据、印章和其他实物等，必须交接清楚；移交人员从事会计电算化工作的，要对有关电子数据在实际操作状态下进行交接。

第三十条 会计机构负责人、会计主管人员移交时，还必须将全部财务会计工作、重大财务收支和会计人员的情况等，向接替人员详细介绍。对需要移交的遗留问题，应当写出书面材料。

第三十一条 交接完毕后，交接双方和监交人员要在移交注册上签名或者盖章。并应在移交注册上注明：单位名称，交接日期，交接双方和监交人员的职务、姓名，移交清册页数以及需要说明的问题和意见等。

移交清册一般应当填制一式三份，交接双方各执一份，存档一份。

第三十二条 接替人员应当继续使用移交的会计账簿，不得自行另立新账，以保持会计记录的连续性。

第三十三条 会计人员临时离职或者因病不能工作且需要接替或者代理的，会计机构负责人、会计主管人员或者单位领导人必须指定有关人员接替或者代理，并办理交接手续。

临时离职或者因病不能工作的会计人员恢复工作的，应当与接替或者代理人员办理交接手续。

移交人员因病或者其他特殊原因不能亲自办理移交的，经单位领导人批准，可由移交人员委托他人代办移交，但委托人应当承担本规范第三十五条规定的责任。

第三十四条 单位撤销时，必须留有必要的会计人员，会同有关人员办理清理工作，编制决算。未移交前，不得离职。接收单位和移交日期由主管部门确定。

单位合并、分立的，其会计工作交接手续比照上述有关规定办理。

第三十五条 移交人员对所移交的会计凭证、会计账簿、会计报表和其他有关资料的合法性、真实性承担法律责任。

第三章 会 计 核 算

第一节 会计核算一般要求

第三十六条 各单位应当按照《中华人民共和国会计法》和国家统一会计制度的规定建立会计账册，进行会计核算，及时提供合法、真实、准确、完整的会计信息。

第三十七条 各单位发生的下列事项，应当及时办理会计手续、进行会计核算：

（一）款项和有价证券的收付；

（二）财物的收发、增减和使用；

（三）债权债务的发生和结算；

（四）资本、基金的增减；

（五）收入、支出、费用、成本的计算；

（六）财务成果的计算和处理；

（七）其他需要办理会计手续、进行会计核算的事项。

第三十八条 各单位的会计核算应当以实际发生的经济业务为依据，按照规定的会计处理方法进行，保证会计指标的口径一致、相互可比和会计处理方法的前后各期相一致。

第三十九条 会计年度自公历 1 月 1 日起至 12 月 31 日止。

第四十条 会计核算以人民币为记账本位币。

收支业务以外国货币为主的单位，也可以选定某种外国货币作为记账本位币，但是编制的会计报表应当折算为人民币反映。

境外单位向国内有关部门编报的会计报表，应当折算为人民币反映。

第四十一条 各单位根据国家统一会计制度的要求，在不影响会计核算要求、会计报表指标汇总和对外统一会计报表的前提下，可以根据实际情况自行设置和使用会计科目。

事业行政单位会计科目的设置和使用，应当符合国家统一事业行政单位会计制度的规定。

第四十二条 会计凭证、会计账簿、会计报表和其他会计资料的内容和要求必须符合国家统一会计制度的规定，不得伪造、变造会计凭证和会计账簿，不得设置账外账，不得报送虚假会计报表。

第四十三条 各单位对外报送的会计报表格式由财政部统一规定。

第四十四条 实行会计电算化的单位，对使用的会计软件及其生成的会计凭证、会计账簿、会计报表和其他会计资料的要求，应当符合财政部关于会计电算化的有关规定。

第四十五条 各单位的会计凭证、会计账簿、会计报表和其他会计资料，应当建立档案，妥善保管。会计档案建档要求、保管期限、销毁办法等依据《会计档案管理办法》的规定进行。

实行会计电算化的单位，有关电子数据、会计软件资料等应当作为会计档案进行管理。

第四十六条 会计记录的文字应当使用中文，少数民族自治地区可以同时使用少数民族文字。中国境内的外商投资企业、外国企业和其他外国经济组织也可以同时使用某种外国文字。

第二节 填制会计凭证

第四十七条 各单位办理本规范第三十七条规定的事项，必须取得或者填制原始凭证，并及时送交会计机构。

第四十八条 原始凭证的基本要求是：

（一）原始凭证的内容必须具备：凭证的名称；填制凭证的日期；填制凭证单位名称或者填制人姓名；经办人员的签名或者盖章；接受凭证单位名称；经济业务内容；数量、单价和金额。

（二）从外单位取得的原始凭证，必须盖有填制单位的公章；从个人取得的原始凭证，必须有填制人员的签名或者盖章。自制原始凭证必须有经办单位领导人或者其指定的人员签名或者盖章。对外开出的原始凭证，必须加盖本单位公章。

（三）凡填有大写和小写金额的原始凭证，大写与小写金额必须相符。购买实物的原始凭证，必须有验收证明。支付款项的原始凭证，必须有收款单位和收款人的收款证明。

（四）一式几联的原始凭证，应当注明各联的用途，只能以一联作为报销凭证。一式几联的发票和收据，必须用双面复写纸（发票和收据本身具备复写纸功能的除外）套写，并连续编号。作废时应当加盖“作废”戳记，连同存根一起保存，不得撕毁。

（五）发生销货退回的，除填制退货发票外，还必须有退货验收证明；退款时，必须取得对方的收款收据或者汇款银行的凭证，不得以退货发票代替收据。

（六）职工公出借款凭据，必须附在记账凭证之后。收回借款时，应当另开收据或者退还借据副本，不得退还原借款收据。

（七）经上级有关部门批准的经济业务，应当将批准文件作为原始凭证附件。如果批准文件需要单独归档的，应当在凭证上注明批准机关名称、日期和文件字号。

第四十九条 原始凭证不得涂改、挖补。发现原始凭证有错误的，应当由开出单位重开或者更正，更正处应当加盖开出单位的公章。

第五十条 会计机构、会计人员要根据审核无误的原始凭证填制记账凭证。

记账凭证可以分为收款凭证、付款凭证和转账凭证，也可以使用通用记账凭证。

第五十一条 记账凭证的基本要求是：

（一）记账凭证的内容必须具备：填制凭证的日期；凭证编号；经济业务摘要；会计科目；金额；所附原始凭证张数；填制凭证人员、稽核人员、记账人员、会计机构负责人、会计主管人员签名或者盖章。收款和付款记账凭证还应当由出纳人员签名或者盖章。

以自制的原始凭证或者原始凭证汇总表代替记账凭证的，也必须具备记账凭证应有的项目。

（二）填制记账凭证时，应当对记账凭证进行连续编号。一笔经济业务需要填制两张以上记账凭证的，可以采用分数编号法编号。

（三）记账凭证可以根据每一张原始凭证填制，或者根据若干张同类原始凭证汇总填制，也可以根据原始凭证汇总表填制。但不得将不同内容和类别的原始凭证汇总填制在一张记账凭证上。

（四）除结账和更正错误的记账凭证可以不附原始凭证外，其他记账凭证必须附有原始凭证。如果一张原始凭证涉及几张记账凭证，可以把原始凭证附在一张主要的记账凭证后面，并在其他记账凭证上注明附有该原始凭证的记账凭证的编号或者附原始凭证复印机。

一张复始凭证所列支出需要几个单位共同负担的，应当将其他单位负担的部分，开给对方原始凭证分割单，进行结算。原始凭证分割单必须具备原始凭证的基本内容：凭证名称、填制凭证日期、填制凭证单位名称或者填制人姓名、经办人的签名或者盖章、接受凭证单位名称、经济业务内容、数量、单价、金额和费用分摊情况等。

（五）如果在填制记账凭证时发生错误，应当重新填制。

已经登记入账的记账凭证，在当年内发现填写错误时，可以用红字填写一张与原内容相同的记账凭证，在摘要栏注明“注销某月某日某号凭证”字样，同时再用蓝字重新填制一张正确的记账凭证，注明“订正某月某日某号凭证”字样。如果会计科目没有错误，只是金额错误，也可以将正确数字与错误数字之间的差额，另编一张调整的记账凭证，调增金额用蓝字，调减金额用红字。发现以前年度记账凭证有错误的，应当用蓝字填制一张更正的记账凭证。

（六）记账凭证填制完经济业务事项后，如有空行，应当自金额栏最后一笔金额数字下的空行处至合计数上的空行处划线注销。

第五十二条 填制会计凭证，字迹必须清晰、工整，并符合下列要求：

（一）阿拉伯数字应当一个一个地写，不得连笔写。阿拉伯金额数字前面应当书写货币币种符号或者货币名称简写和币种符号。币种符号与阿拉伯金额数字之间不得留有空白。凡阿拉伯数字前写有币种符号的，数字后面不再写货币单位。

（二）所有以元为单位（其他货币种类为货币基本单位，下同）的阿拉伯数字，除表示单价等情况外，一律填写到角分；无角分的，角位和分位可写“00”，或者符号“——”；有角无分的，分位应当写“0”，不得用符号“——”代替。

（三）汉字大写数字金额如零、壹、贰、叁、肆、伍、陆、柒、捌、玖、拾、佰、仟、万、亿等，一律用正楷或者行书体书写，不得用〇、一、二、三、四、五、六、七、八、九、十等简化字代替，不得任意自造简化字。大写金额数字到元或者角为止的，在“元”或者“角”字之后应当写“整”字或者“正”字；大写金额数字有分的，分字后面不写“整”或者“正”字。

（四）大写金额数字前未印有货币名称的，应当加填货币名称，货币名称与金额数字之间不得留有空白。

（五）阿拉伯金额数字中间有“0”时，汉字大写金额要写“零”字；阿拉伯数字金额中间连续有几个“0”时，汉字大写金额中可以只写一个“零”字；阿拉伯金额数字元位是“0”，或者数字中间连续有几个“0”、元位也是“0”但角位不是“0”时，汉字大写金额可以只写一个“零”字，也可以不写“零”字。

第五十三条 实行会计电算化的单位，对于机制记账凭证，要认真审核，做到会计科目使用正确，数字准确无误。打印出的机制记账凭证要加盖制单人员、审核人员、记账人员及会计机构负责人、会计主管人员印章或者签字。

第五十四条 各单位会计凭证的传递程序应当科学、合理，具体办法由各单位根据会计业务需要自行规定。

第五十五条 会计机构、会计人员要妥善保管会计凭证。

（一）会计凭证应当及时传递，不得积压。

（二）会计凭证登记完毕后，应当按照分类和编号顺序保管，不得散乱丢失。

（三）记账凭证应当连同所附的原始凭证或者原始凭证汇总表，按照编号顺序，折叠整齐，按期装订成册，并加具封面，注明单位名称、年度、月份和起讫日期、凭证种类、起讫号码，由装订人在装订线封签外签名或者盖章。

对于数量过多的原始凭证，可以单独装订保管，在封面上注明记账凭证日期、编号、种类，同时在记账凭证上注明“附件另订”和原始凭证名称及编号。

各种经济合同、存出保证金收据以及涉外文件等重要原始凭证，应当另编目录，单独登记保管，并在有关的记账凭证和原始凭证上相互注明日期和编号。

（四）原始凭证不得外借，其他单位如因特殊原因需要使用原始凭证时，经本单位会计机构负责人、会计主管人员批准，可以复制。向外单位提供的原始凭证复制件，应当在专设的登记簿上登记，并由提供人员和收取人员共同签名或者盖章。

（五）从外单位取得的原始凭证如有遗失，应当取得原开出单位盖有公章的证明，并注明原来凭证的号码、金额和内容等，由经办单位会计机构负责人、会计主管人员和单位领导人批准后，才能代作原始凭证。如果确实无法取得证明的，如火车、轮船、飞机票等凭证，由当事人写出详细情况，由经办单位会计机构负责人、会计主管人员和单位领导人批准后，代作原始凭证。

第三节　登记会计账簿

第五十六条　各单位应当按照国家统一会计制度的规定和会计业务的需要设置会计账簿。会计账簿包括总账、明细账、日记账和其他辅助性账簿。

第五十七条　现金日记账和银行存款日记账必须采用订本式账簿。不得用银行对账单或者其他方法代替日记账。

第五十八条　实行会计电算化的单位，用计算机打印的会计账簿必须连续编号，经审核无误后装订成册，并由记账人员和会计机构负责人、会计主管人员签字或者盖章。

第五十九条　启用会计账簿时，应当在账簿封面上写明单位名称和账簿名称。在账簿扉页上应当附启用表，内容包括：启用日期、账簿页数、记账人员和会计机构负责人、会计主管人员姓名，并加盖名章和单位公章。记账人员或者会计机构负责人、会计主管人员调动工作时，应当注明交接日期、接办人员或者监交人员姓名，并由交接双方人员签名或者盖章。

启用订本式账簿，应当从第一页到最后一页顺序编定页数，不得跳页、缺号。使用活页式账页，应当按账户顺序编号，并须定期装订成册。装订后再按实际使用的账页顺序编定页码。另加目录，记明每个账户的名称和页次。

第六十条 会计人员应当根据审核无误的会计凭证登记会计账簿。登记账簿的基本要求是：

（一）登记会计账簿时，应当将会计凭证日期、编号、业务内容摘要、金额和其他有关资料逐项记入账内，做到数字准确、摘要清楚、登记及时、字迹工整。

（二）登记完毕后，要在记账凭证上签名或者盖章，并注明已经登账的符号，表示已经记账。

（三）账簿中书写的文字和数字上面要留有适当空格，不要写满格；一般应占格距的二分之一。

（四）登记账簿要用蓝黑墨水或者碳素墨水书写，不得使用圆珠笔（银行的复写账簿除外）或者铅笔书写。

（五）下列情况，可以用红色墨水记账：

1. 按照红字冲账的记账凭证，冲销错误记录；

2. 在不设借贷等栏的多栏式账页中，登记减少数；

3. 在三栏式账户的余额栏前，如未印明余额方向的，在余额栏内登记负数余额；

4. 根据国家统一会计制度的规定可以用红字登记的其他会计记录。

（六）各种账簿按页次顺序连续登记，不得跳行、隔页。如果发生跳行、隔页，应当将空行、空页划线注销，或者注明“此行空白”“此页空白”字样，并由记账人员签名或者盖章。

（七）凡需要结出余额的账户，结出余额后，应当在“借或贷”等栏内写明“借”或者“贷”等字样。没有余额的账户，应当在“借或贷”等栏内写“平”字，并在余额栏内用“Q”表示。

现金日记账和银行存款日记账必须逐日结出余额。

（八）每一账页登记完毕结转下页时，应当结出本页合计数及余额，写在本页最后一行和下页第一行有关栏内，并在摘要栏内注明“过次页”和“承前页”字样；也可以将本页合计数及金额只写在下页第一行有关栏内，并在摘要栏内注明“承前页”字样。

对需要结计本月发生额的账户，结计“过次页”的本页合计数应当为自本月初起至本页末止的发生额合计数；对需要结计本年累计发生额的账户，结计“过次页”的本页合计数应当为自年初起至本页末止的累计数；对既不需要结计本月发生额也不需要结计本年累计发生额的账户，可以只将每页末的余额结转次页。

第六十一条　账簿记录发生错误，不准涂改、挖补、刮擦或者用药水消除字迹，不准重新抄写，必须按照下列方法进行更正：

（一）登记账簿时发生错误，应当将错误的文字或者数字划红线注销，但必须使原有字迹仍可辨认；然后在划线上方填写正确的文字或者数字，并由记账人员在更正处盖章。对于错误的数字，应当全部划红线更正，不得只更正其中的错误数字。对于文字错误，可只划去错误的部分。

（二）由于记账凭证错误而使账簿记录发生错误，应当按更正的记账凭证登记账簿。

第六十二条　各单位应当定期对会计账簿记录的有关数字与库存实物、货币资金、有价证券、往来单位或者个人等进行相互核对，保证账证相符、账账相符、账实相符。对账工作每年至少进行一次。

（一）账证核对。核对会计账簿记录与原始凭证、记账凭证的时间、凭证字号、内容、金额是否一致，记账方向是否相符。

（二）账账核对。核对不同会计账簿之间的账簿记录是否相符，包括：总账有关账户的余额核对，总账与明细账核对，总账与日记账核对，会计部门的财产物资明细账与财产物资保管和使用部门的有关明细账核对等。

（三）账实核对。核对会计账簿记录与财产等实有数额是否相符。包括：现金日记账账面余额与现金实际库存数相核对；银行存款日记账账面余额定期与银行对账单相核对；各种财物明细账账面余额与财物实存数额相核对；各种应收、应付款明细账账面余额与有关债务、债权单位或者个人核对等。

第六十三条 各单位应当按照规定定期结账。

（一）结账前，必须将本期内所发生的各项经济业务全部登记入账。

（二）结账时，应当结出每个账户的期末余额。需要结出当月发生额的，应当在摘要栏内注明“本月合计”字样，并在下面通栏划单红线。需要结出本年累计发生额的，应当在摘要栏内注明“本年累计”字样，并在下面通栏划单红线；12 月末的“本年累计”就是全年累计发生额。全年累计发生额下面应当通栏划双红线。年度终了结账时，所有总账账户都应当结出全年发生额和年末余额。

（三）年度终了，要把各账户的余额结转到下一会计年度，并在摘要栏注明“结转下年”字样；在下一会计年度新建有关会计账簿的第一行余额栏内填写上年结转的余额，并在摘要栏注明“上年结转”字样。

第四节 编制财务报告

第六十四条 各单位必须按照国家统一会计制度的规定，定期编制财务报告。

财务报告包括会计报表及其说明。会计报表包括会计报表主表、会计报表附表、会计报表附注。

第六十五条 各单位对外报送的财务报告应当根据国家统一会计制度规定的格式和要求编制。

单位内部使用的财务报告,其格式和要求由各单位自行规定。

第六十六条 会计报表应当根据登记完整、核对无误的会计账簿记录和其他有关资料编制，做到数字真实、计算准确、内容完整、说明清楚。

任何人不得篡改或者授意、指使、强令他人篡改会计报表的有关数字。

第六十七条 会计报表之间、会计报表各项目之间，凡有对应关系的数字，应当相互一致。本期会计报表与上期会计报表之间有关的数字应当相互衔接。如果不同会计年度会计报表中各项目的内容和核算方法有变更的,应当在年度会计报表中加以说明。

第六十八条 各单位应当按照国家统一会计制度的规定认真编写会计报表附注及其说明，做到项目齐全，内容完整。

第六十九条 各单位应当按照国家规定的期限对外报送财务报告。

对外报送的财务报告，应当依次编写页码，加具封面，装订成册，加盖公章。封面上应当注明：单位名称，单位地址，财务报告所属年度、季度、月度，送出日期，并由单位领导人、总会计师、会计机构负责人、会计主管人员签名或者盖章。

单位领导人对财务报告的合法性、真实性负法律责任。

第七十条 根据法律和国家有关规定应当对财务报告进行审计的，财务报告编制单位应当先行委托注册会计师进行审计，并将注册会计师出具的审计报告随同财务报告按照规定的期限报送有关部门。

第七十一条 如果发现对外报送的财务报告有错误，应当及时办理更正手续。除更正本单位留存的财务报告外，并应同时通知接受财务报告的单位更正。错误较多的，应当重新编报。

第四章 会 计 监 督

第七十二条 各单位的会计机构、会计人员对本单位的经济活动进行会计监督。

第七十三条 会计机构、会计人员进行会计监督的依据是：

（一）财经法律、法规、规章；

（二）会计法律、法规和国家统一会计制度；

（三）各省、自治区、直辖市财政厅（局）和国务院业务主管部门根据《中华人民共和国会计法》和国家统一会计制度制定的具体实施办法或者补充规定；

（四）各单位根据《中华人民共和国会计法》和国家统一会计制度制定的单位内部会计管理制度；

（五）各单位内部的预算、财务计划、经济计划、业务计划等。

第七十四条 会计机构、会计人员应当对原始凭证进行审核和监督。

对不真实、不合法的原始凭证，不予受理。对弄虚作假、严重违法的原始凭证，在不予受理的同时，应当予以扣留，并及时向单位领导人报告，请求查明原因，追究当事人的责任。

对记载不准确、不完整的原始凭证，予以退回，要求经办人员更正、补充。

第七十五条 会计机构、会计人员对伪造、变造、故意毁灭会计账簿或者账外设账行为，应当制止和纠正；制止和纠正无效的，应当向上级主管单位报告，请求做出处理。

第七十六条 会计机构、会计人员应当对实物、款项进行监督，督促建立并严格执行财产清查制度。发现账簿记录与实物、款项不符时，应当按照国家有关规定进行处理。超出会计机构、会计人员职权范围的，应当立即向本单位领导报告，请求查明原因，做出处理。

第七十七条 会计机构、会计人员对指使、强令编造、篡改财务报告行为，应当制止和纠正；制止和纠正无效的，应当向上级主管单位报告，请求处理。

第七十八条 会计机构、会计人员应当对财务收支进行监督。

（一）对审批手续不全的财务收支，应当退回，要求补充、更正。

（二）对违反规定不纳入单位统一会计核算的财务收支，应当制止和纠正。

（三）对违反国家统一的财政、财务、会计制度规定的财务收支，不予办理。

（四）对认为是违反国家统一的财政、财务、会计制度规定的财务收支，应当制止和纠正；制止和纠正无效的，应当向单位领导人提出书面意见请求处理。

单位领导人应当在接到书面意见起十日内做出书面决定，并对决定承担责任。

（五）对违反国家统一的财政、财务、会计制度规定的财务收支，不予制止和纠正，又不向单位领导人提出书面意见的，也应当承担责任。

（六）对严重违反国家利益和社会公众利益的财务收支，应当向主管单位或者财政、审计、税务机关报告。

第七十九条 会计机构、会计人员对违反单位内部会计管理制度的经济活动，应当制止和纠正；制止和纠正无效的，向单位领导人报告，请求处理。

第八十条 会计机构、会计人员应当对单位制定的预算、财务计划、经济计划、业务计划的执行情况进行监督。

第八十一条 各单位必须依照法律和国家有关规定接受财政、审计、税务等机关的监督，如实提供会计凭证、会计账簿、会计报表和其他会计资料以及有关情况、不得拒绝、隐匿、谎报。

第八十二条 按照法律规定应当委托注册会计师进行审计的单位，应当委托注册会计师进行审计，并配合注册会计师的工作，如实提供会计凭证、会计账簿、会计报表和其他会计资料以及有关情况，不得拒绝、隐匿、谎报，不得示意注册会计师出具不当的审计报告。

第五章 内部会计管理制度

第八十三条 各单位应当根据《中华人民共和国会计法》和国家统一会计制度的规定，结合单位类型和内容管理的需要，建立健全相应的内部会计管理制度。

第八十四条 各单位制定内部会计管理制度应当遵循下列原则：

（一）应当执行法律、法规和国家统一的财务会计制度。

（二）应当体现本单位的生产经营、业务管理的特点和要求。

（三）应当全面规范本单位的各项会计工作，建立健全会计基础，保证会计工作的有序进行。

（四）应当科学、合理，便于操作和执行。

（五）应当定期检查执行情况。

（六）应当根据管理需要和执行中的问题不断完善。

第八十五条 各单位应当建立内部会计管理体系。主要内容包括：单位领导人、总会计师对会计工作的领导职责；会计部门及其会计机构负责人、会计主管人员的职责、权限；会计部门与其他职能部门的关系；会计核算的组织形式等。

第八十六条 各单位应当建立会计人员岗位责任制度。主要内容包括：会计人员的工作岗位设置；各会计工作岗位的职责和标准；各会计工作岗位的人员和具体分工；会计工作岗位轮换办法；对各会计工作岗位的考核办法。

第八十七条 各单位应当建立账务处理程序制度。主要内容包括：会计科目及其明细科目的设置和使用；会计凭证的格式、审核要求和传递程序；会计核算方法；会计账簿的设置；编制会计报表的种类和要求；单位会计指标体系。

第八十八条 各单位应当建立内部牵制制度。主要内容包括：内部牵制制度的原则；组织分工；出纳岗位的职责和限制条件；有关岗位的职责和权限。

第八十九条 各单位应当建立稽核制度。主要内容包括：稽核工作的组织形式和具体分工；稽核工作的职责、权限；审核会计凭证和复核会计账簿、会计报表的方法。

第九十条 各单位应当建立原始记录管理制度。主要内容包括：原始记录的内容和填制方法；原始记录的格式；原始记录的审核；原始记录填制人的责任；原始记录签署、传递、汇集要求。

第九十一条 各单位应当建立定额管理制度。主要内容包括：定额管理的范围；制定和修订定额的依据、程序和方法；定额的执行；定额考核和奖惩办法等。

第九十二条 各单位应当建立计量验收制度。主要内容包括：计量检测手段和方法；计量验收管理的要求；计量验收人员的责任和奖惩办法。

第九十三条 各单位应当建立财产清查制度。主要内容包括：财产清查的范围；财产清查的组织；财产清查的期限和方法；对财产清查中发现问题的处理办法；对财产管理人员的奖惩办法。

第九十四条 各单位应当建立财务收支审批制度。主要内容包括：财务收支审批人员和审批权限；财务收支审批程序；财务收支审批人员的责任。

第九十五条 实行成本核算的单位应当建立成本核算制度。主要内容包括：成本核算的对象；成本核算的方法和程序；成本分析等。

第九十六条 各单位应当建立财务会计分析制度。主要内容包括：财务会计分析的主要内容；财务会计分析的基本要求和组织程序；财务会计分析的具体方法；财务会计分析报告的编写要求等。

第六章 附 则

第九十七条 本规范所称国家统一会计制度，是指由财政部制定、或者财政部与国务院有关部门联合制定、或者经财政部审核批准的在全国范围内统一执行的会计规章、准则、办法等规范性文件。

本规范所称会计主管人员，是指不设置会计机构、只在其他机构中设置专职会计人员的单位行使会计机构负责人职权的人员。

本规范第三章第二节和第三节关于填制会计凭证、登记会计账簿的规定，除特别指出外，一般适用于手工记账。实行会计电算化的单位，填制会计凭证和登记会计账簿的有关要求，应当符合财政部关于会计电算化的有关规定。

第九十八条 各省、自治区、直辖市财政厅（局）、国务院各业务主管部门可以根据本规范的原则，结合本地区、本部门的具体情况，制定具体实施办法，报财政部备案。

第九十九条 本规范由财政部负责解释、修改。

第一百条 本规范自公布之日起实施。1984 年 4 月 24 日财政部发布的《会计人员工作规则》同时废止。

附录6 企业会计信息化工作规范

（1996年6月17日财会字〔1996〕19号公布，根据2019年3月14日《财政部关于修改〈代理记账管理办法〉等2部部门规章的决定》修改）

第一章 总 则

第一条 为推动企业会计信息化，节约社会资源，提高会计软件和相关服务质量，规范信息化环境下的会计工作，根据《中华人民共和国会计法》《财政部关于全面推进我国会计信息化工作的指导意见》（财会〔2009〕6号），制定本规范。

第二条 本规范所称会计信息化，是指企业利用计算机、网络通信等现代信息技术手段开展会计核算，以及利用上述技术手段将会计核算与其他经营管理活动有机结合的过程。本规范所称会计软件，是指企业使用的，专门用于会计核算、财务管理的计算机软件、软件系统或者其功能模块。会计软件具有以下功能：（一）为会计核算、财务管理直接采集数据；（二）生成会计凭证、账簿、报表等会计资料；（三）对会计资料进行转换、输出、分析、利用。本规范所称会计信息系统，是指由会计软件及其运行所依赖的软硬件环境组成的集合体。

第三条 企业（含代理记账机构，下同）开展会计信息化工作，软件供应商（含相关咨询服务机构，下同）提供会计软件和相关服务，适用本规范。

第四条 财政部主管全国企业会计信息化工作，主要职责包括：（一）拟订企业会计信息化发展政策；（二）起草、制定企业会计信息化技术标准;(三)指导和监督企业开展会计信息化工作;(四)规范会计软件功能。

第五条 县级以上地方人民政府财政部门管理本地区企业会计信息化工作，指导和监督本地区企业开展会计信息化工作。

第二章 会计软件和服务

第六条 会计软件应当保障企业按照国家统一会计准则制度开展会计核算，不得有违背国家统一会计准则制度的功能设计。

第七条 会计软件的界面应当使用中文并且提供对中文处理的支持，可以同时提供外国或者少数民族文字界面对照和处理支持。

第八条 会计软件应当提供符合国家统一会计准则制度的会计科目分类和编码功能。

第九条 会计软件应当提供符合国家统一会计准则制度的会计凭证、账簿和报表的显示和打印功能。

第十条 会计软件应当提供不可逆的记账功能，确保对同类已记账凭证的连续编号，不得提供对已记账凭证的删除和插入功能，不得提供对已记账凭证日期、金额、科目和操作人的修改功能。

第十一条 鼓励软件供应商在会计软件中集成可扩展商业报告语言（XBRL）功能，便于企业生成符合国家统一标准的 XBRL 财务报告。

第十二条 会计软件应当具有符合国家统一标准的数据接口，满足外部会计监督需要。

第十三条 会计软件应当具有会计资料归档功能，提供导出会计档案的接口，在会计档案存储格式、元数据采集、真实性与完整性保障方面，符合国家有关电子文件归档与电子档案管理的要求。

第十四条 会计软件应当记录生成用户操作日志，确保日志的安全、完整，提供按操作人员、操作时间和操作内容查询日志的功能，并能以简单易懂的形式输出。

第十五条 以远程访问、云计算等方式提供会计软件的供应商，应当在技术上保证客户会计资料的安全、完整。对于因供应商原因造成客户会计资料泄露、毁损的，客户可以要求供应商承担赔偿责任。

第十六条 客户以远程访问、云计算等方式使用会计软件生成的电子会计资料归客户所有。软件供应商应当提供符合国家统一标准的数据接口供客户导出电子会计资料，不得以任何理由拒绝客户导出电子会计资料的请求。

第十七条 以远程访问、云计算等方式提供会计软件的供应商，应当做好本厂商不能维持服务情况下，保障企业电子会计资料安全以及企业会计工作持续进行的预案，并在相关服务合同中与客户就该预案做出约定。

第十八条 软件供应商应当努力提高会计软件相关服务质量，按照合同约定及时解决用户使用中的故障问题。会计软件存在影响客户按照国家统一会计准则制度进行会计核算问题的，软件供应商应当为用户免费提供更正程序。

第十九条 鼓励软件供应商采用呼叫中心、在线客服等方式为用户提供实时技术支持。

第二十条 软件供应商应当就如何通过会计软件开展会计监督工作，提供专门教程和相关资料。

第三章 企业会计信息化

第二十一条 企业应当充分重视会计信息化工作，加强组织领导和人才培养，不断推进会计信息化在本企业的应用。除本条第三款规定外，企业应当指定专门机构或者岗位负责会计信息化工作。未设置会计机构和配备会计人员的企业，由其委托的代理记账机构开展会计信息化工作。

第二十二条 企业开展会计信息化工作，应当根据发展目标和实际需要，合理确定建设内容，避免投资浪费。

第二十三条 企业开展会计信息化工作，应当注重信息系统与经营环境的契合，通过信息化推动管理模式、组织架构、业务流程的优化与革新，建立健全适应信息化工作环境的制度体系。

第二十四条 大型企业、企业集团开展会计信息化工作，应当注重整体规划，统一技术标准、编码规则和系统参数，实现各系统的有机整合，消除信息孤岛。

第二十五条 企业配备的会计软件应当符合本规范第二章要求。

第二十六条 企业配备会计软件，应当根据自身技术力量以及业务需求，考虑软件功能、安全性、稳定性、响应速度、可扩展性等要求，合理选择购买、定制开发、购买与开发相结合等方式。定制开发包括企业自行开发、委托外部单位开发、企业与外部单位联合开发。

第二十七条 企业通过委托外部单位开发、购买等方式配备会计软件，应当在有关合同中约定操作培训、软件升级、故障解决等服务事项，以及软件供应商对企业信息安全的责任。

第二十八条 企业应当促进会计信息系统与业务信息系统的一体化，通过业务的处理直接驱动会计记账，减少人工操作，提高业务数据与会计数据的一致性，实现企业内部信息资源共享。

第二十九条 企业应当根据实际情况，开展本企业信息系统与银行、供应商、客户等外部单位信息系统的互联，实现外部交易信息的集中自动处理。

第三十条 企业进行会计信息系统前端系统的建设和改造，应当安排负责会计信息化工作的专门机构或者岗位参与，充分考虑会计信息系统的数据需求。

第三十一条 企业应当遵循企业内部控制规范体系要求，加强对会计信息系统规划、设计、开发、运行、维护全过程的控制，将控制过程和控制规则融入会计信息系统，实现对违反控制规则情况的自动防范和监控，提高内部控制水平。

第三十二条 对于信息系统自动生成、且具有明晰审核规则的会计凭证，可以将审核规则嵌入会计软件，由计算机自动审核。未经自动审核的会计凭证，应当先经人工审核再行后续处理。

第三十三条 处于会计核算信息化阶段的企业，应当结合自身情况，逐步实现资金管理、资产管理、预算控制、成本管理等财务管理信息化。处于财务管理信息化阶段的企业，应当结合自身情况，逐步实现财务分析、全面预算管理、风险控制、绩效考核等决策支持信息化。

第三十四条 分公司、子公司数量多、分布广的大型企业、企业集团应当探索利用信息技术促进会计工作的集中，逐步建立财务共享服务中心。实行会计工作集中的企业以及企业分支机构，应当为外部会计监督机构及时查询和调阅异地储存的会计资料提供必要条件。

第三十五条 外商投资企业使用的境外投资者指定的会计软件或者跨国企业集团统一部署的会计软件，应当符合本规范第二章要求。

第三十六条 企业会计信息系统数据服务器的部署应当符合国家有关规定。数据服务器部署在境外的，应当在境内保存会计资料备份，备份频率不得低于每月一次。境内备份的会计资料应当能够在境外服务器不能正常工作时，独立满足企业开展会计工作的需要以及外部会计监督的需要。

第三十七条 企业会计资料中对经济业务事项的描述应当使用中文，可以同时使用外国或者少数民族文字对照。

第三十八条 企业应当建立电子会计资料备份管理制度，确保会计资料的安全、完整和会计信息系统的持续、稳定运行。

第三十九条 企业不得在非涉密信息系统中存储、处理和传输涉及国家秘密，关系国家经济信息安全的电子会计资料；未经有关主管部门批准，不得将其携带、寄运或者传输至境外。

第四十条 企业内部生成的会计凭证、账簿和辅助性会计资料，同时满足下列条件的，可以不输出纸面资料：（一）所记载的事项属于本企业重复发生的日常业务；（二）由企业信息系统自动生成；（三）可及时在企业信息系统中以人类可读形式查询和输出；（四）企业信息系统具有防止相关数据被篡改的有效机制；（五）企业对相关数据建立了电子备份制度，能有效防范自然灾害、意外事故和人为破坏的影响；（六）企业对电子和纸面会计资料建立了完善的索引体系。

第四十一条 企业获得的需要外部单位或者个人证明的原始凭证和其他会计资料，同时满足下列条件的，可以不输出纸面资料：（一）会计资料附有外部单位或者个人的、符合《中华人民共和国电子签名法》的可靠的电子签名；（二）电子签名经符合《中华人民共和国电子签名法》的第三方认证；（三）满足第四十条第（一）项、第（三）项、第（五）项和第（六）项规定的条件。

第四十二条 企业会计资料的归档管理，遵循国家有关会计档案管理的规定。

第四十三条 实施企业会计准则通用分类标准的企业，应当按照有关要求向财政部报送 XBRL 财务报告。

第四章 监　　督

第四十四条 企业使用会计软件不符合本规范要求的，由财政部门责令限期改正。限期不改的，财政部门应当予以公示，并将有关情况通报同级相关部门或其派出机构。

第四十五条 财政部采取组织同行评议，向用户企业征求意见等方式对软件供应商提供的会计软件遵循本规范的情况进行检查。省、自治区、直辖市人民政府财政部门发现会计软件不符合本规范规定的，应当将有关情况报财政部。任何单位和个人发现会计软件不符合本规范要求的，有权向所在地省、自治区、直辖市人民政府财政部门反映，财政部门应当根据反映开展调查，并按本条第二款规定处理。

第四十六条 软件供应商提供的会计软件不符合本规范要求的，财政部可以约谈该供应商主要负责人，责令限期改正。限期内未改正的，由财政部予以公示，并将有关情况通报相关部门。

第五章 附　　则

第四十七条 省、自治区、直辖市人民政府财政部门可以根据本规范制定本地区具体实施办法。

第四十八条 自本规范施行之日起，《会计核算软件基本功能规范》（财会字〔1994〕27 号）、《会计电算化工作规范》（财会字〔1996〕17 号）不适用于企业及其会计软件。第四十九条　本规范自 2014 年 1 月 6 日起施行，1994 年 6 月 30 日财政部发布的《商品化会计核算软件评审规则》（财会字〔1994〕27 号）、《会计电算化管理办法》（财会字〔1994〕27 号）同时废止。

附录 7　会计档案案卷格式

（摘录自 DA/T 39—2008）

3　会计凭证封面格式

3.1　会计凭证封面外形尺寸

封面尺寸规格采用 245mm×130mm（长×宽）或 245mm×150mm（长×宽）。

封底尺寸同封面尺寸。

3.2　会计凭证封面项目

封面项目包括单位名称、会计凭证名称、时间、册数、册次、记账凭证起止号、记账凭证数、附件数、会计凭证总数、会计主管、装订人、装订时间、备注。各项目具体位置、尺寸见附录 A 图 A1（a）、图 A1（b）。

3.3　封面项目的填写方法

3.3.1　单位名称：填写形成会计档案的单位名称，必须用全称或通用简称。如“中国共产党中央委员会”简称为“中共中央”；“中华人民共和国卫生部”简称为“卫生部”；“云南省人民政府财政厅”简称为“云南省财政厅”。不得简称“本部”“本委”“本省财政厅”等。

3.3.2　会计凭证名称：填写能够反映会计凭证用途或内容的名称，如：“收款会计凭证”、“付款会计凭证”、“转账会计凭证”或“基建会计凭证”、“工会会计凭证”、“预算外会计凭证”等。

3.3.3　起止时间：填写本册会计凭证的起止年月日。

3.3.4 册数：填写 3.3.3 时间界定内会计凭证的册数。

3.3.5 册次：填写本册会计凭证的序号。

3.3.6 记账凭证起止号：填写本册记账凭证起号和止号。

3.3.7 记账凭证数：填写记账凭证的张数。

3.3.8 附件数：填写本册会计凭证的附件张数。

3.3.9 会计凭证总数：填写本册所有凭证的合计张数。

3.3.10 会计主管：填写单位内部具体负责会计工作的中层领导人员。

3.3.11 装订人：填写负责该本会计凭证装订的人员。

3.3.12 装订时间：填写该本会计凭证装订结束的时间。

3.3.13 备注：填写该本凭证需要说明的事项。

3.4 制成材料质量

记账凭证封面和封底宜采用 126 克以上牛皮纸制作。

4 会计凭证盒格式

4.1 会计凭证盒外形尺寸

会计凭证盒的外形尺寸采用 275mm×155mm（长×宽），盒脊厚度可根据需要设置 30mm、40mm、60mm 等。

4.2 会计凭证盒项目及填写方法

4.2.1 会计凭证盒正面项目

会计凭证盒正面项目包括单位名称、凭证名称、时间、册数、册次、记账凭证起止号、附件数、会计凭证总数、起止时间、归档时间、立卷人、保管期限、全宗号、目录号、案卷号。各项具体位置、尺寸见附录 A 图 A2（b）。

4.2.2 正面项目的填写方法

4.2.2.1 单位名称、凭证名称、时间、册数、册次、记账凭证起止号、附件数、会计凭证总数、起止时间根据记账凭证封面的有关项目对应填写，填写方法与记账凭证封面一致。

4.2.2.2 时间：填写本盒会计凭证所属年月。

4.2.2.3 归档时间：填写单位内财务部门向档案部门移交会计档案的年月。

4.2.2.4 立卷人：填写整理本盒会计凭证的人员姓名。

4.2.2.5 保管期限：根据财政部和国家档案局1998年颁布的《会计档案保管期限表》确定填写该案卷的保管期限。

4.2.2.6 全宗号：填写档案馆给立档单位编制的代号。企业可填写表达单位的汉语拼音代字。

4.2.2.7 目录号：填写全宗内案卷所属目录的编号，在同一个全宗内不允许出现重复的案卷目录号，企业或参照《工业企业档案分类试行规则》编制分类方案的单位，可填写类别特征代码。

4.2.2.8 案卷号：目录内案卷的顺序编号，在同一个案卷目录（或分类体系的最低一级类目）内不允许出现重复的案卷号。

4.2.3 会计凭证盒盒脊项目及填写方法

会计凭证盒盒脊项目包括全宗号、目录号、案卷号、年度、月份、册数、册次、保管期限，其排列格式尺寸见附录A图A2（c）。

盒脊项目与正面有关项目对应填写。

4.3 制成材料质量

会计凭证盒宜采用340克以上箱板纸制作。

5 会计档案盒格式

5.1 会计档案盒外形尺寸

会计档案盒的外形尺寸采用310mm×220mm或310mm×260mm（长×宽），盒脊厚度可根据需要设置20mm、30mm、40mm等。立体图见附录A图A3（a）。

5.2 会计档案盒项目及填写方法

5.2.1 会计档案盒正面项目

会计档案盒正面项目包括全宗名称、案卷题名、起止时间、卷数、页数、保管期限、全宗号、目录号、案卷号、盒号。各项目具体位置、尺寸见附录 A 图 A3（b）、图 A3（c）。

5.2.2 正面项目的填写方法

5.2.2.1 全宗名称：全宗名称相当于立档单位的名称，填写时和会计凭证盒正面上的“单位名称”要求一致。

5.2.2.2 案卷题名：由整理会计凭证的人员自拟。案卷题名应准确概括本盒会计档案的形成单位、时间、内容、类别，如：“曲靖市财政局二〇〇二年度（或上半年、下半年、季度）财务报告”、“曲靖市财政局二〇〇二年基金管理总账”、“曲靖市乡镇企业局〇〇行政（或事业、或工会）现金日记账”。文字力求简练、明确。

5.2.2.3 起止时间：填写形成本盒会计档案的起止年月日。

5.2.2.4 卷数、张数：填写本盒内会计档案的卷数和张数。

5.2.2.5 保管期限：按照《会计档案保管期限表》填写该盒会计档案的保管期限。

5.2.2.6 全宗号、目录号：填写方法与会计凭证盒上的“全宗号”、“目录号”的要求相同。

5.2.2.7 案卷号：填写本盒内会计档案的案卷号或案卷起止号，在案卷起号和止号之间用“一”隔开。

5.2.2.8 盒号：盒号是同一全宗、同一目录内按照案卷顺序号装盒的编号。

5.2.3 会计档案盒盒脊项目的填写方法

会计档案盒盒脊项目包括年度、全宗号、目录号、案卷号、盒号、保管期限。其排列格式尺寸见附录 A 图 A3（d）。

年度填写本盒会计档案所属年度，其他项目与正面相应项目填写一致。

5.3 制成材料质量

会计档案盒宜采用 700g 以上无酸纸制作。

6 账簿启用及接交表格式

6.1 账簿启用及接交表用纸尺寸及质量要求

6.1.1 用纸尺寸

账簿启用及接交表用纸幅面尺寸采用国际标准 A4 型（长×宽为 297mm×210mm）。非国际标准纸账簿可根据实际需要另外确定用纸尺寸。

6.1.2 质量要求

账簿启用及接交表宜采用 70g 以上白色书写纸制作。

6.2 账簿启用及接交表项目和填写方法

6.2.1 账簿启用及接交表正面项目和填写方法

6.2.1.1 正面项目

账簿启用及接交表正面项目包括单位名称、账簿名称及编号、账簿页数、账簿起止日期、经管人员、接交记录、备注、档号、贴印花税。各项目具体位置、尺寸见附录 A 图 A4（a）。

6.2.1.2 正面项目的填写方法

6.2.1.2.1 单位名称：填写形成会计档案的单位名称，并加盖公章，填写要求与记账凭证封面上的“单位名称”相同。

6.2.1.2.2 账簿名称及编号：填写该账簿所属的类别及其排列顺序号。

6.2.1.2.3 账簿页数：填写该账簿中有内容记载的账簿页数（空白账页除外）。

6.2.1.2.4 账簿起止时期：填写该账簿启用和终止的年月日。

6.2.1.2.5 经管人员：填写单位内管理财务的负责人姓名、会计姓名、复核姓名、出纳姓名。

6.2.1.2.6 接交记录：该账簿在使用过程中人员发生变化时，由接管和交出双方分别签名，并填写接交日期，同时，经管人员要填写职别并签名。

6.2.1.2.7 备注：填写该账簿中需要特别说明的情况。

6.2.1.2.8 印花税：在印有“贴印花税”的空格处贴上印花税票。

6.2.1.2.9 档号：按照本单位档案分类编号方案的要求填写该账簿的编号。

6.2.2 账簿启用及接交表背面项目和填写方法

6.2.2.1 背面项目

账簿启用及接交表背面项目包括科目名称、页次。各项目具体位置尺寸见附录 A 图 A4（b）。非国际标准纸账簿可根据实际需要另外确定用纸尺寸。

6.2.2.2 背面项目的填写方法

6.2.2.2.1 科目名称：根据该账簿设置的科目名称依次填写。

6.2.2.2.2 页次：在编写该账簿页码总流水顺序号的基础上，分别填写各个科目在该账簿中的页码位置。

6.3 适用范围

账簿启用及交接表适用于会计账簿的整理。

7 会计档案目录格式

7.1 会计档案案卷目录用纸尺寸及质量要求

会计档案目录的用纸尺寸采用国际标准 A4 型（长宽为 297mm×210mm），纸张质量宜采用 70g 以上白色书写纸制作。

7.2 会计档案目录项目

会计档案目录项目包括案卷号、类别、题名、起止时间、保管期限、卷内张数、备注。各项目具体位置、尺寸见附录 A 图 A5。

7.3 项目的填写方法

7.3.1 案卷号：根据整理会计档案时会计凭证盒或会计档案盒上的对应项目填写。

7.3.2 类别：填写该卷会计档案所属的类别，如："会计凭证类"、"会计账簿类"、"财务报告类"等。

7.3.3 题名：题名即案卷题名，填写要求与会计档案盒上的"案卷题名"相同。

7.3.4 起止时间：填写该卷档案启用和终止的时间，年月日用 8 位阿拉伯数字分两行填写，月日不足 2 位的在前面补 0，如下图：

20050124 20061206

7.3.5 保管期限：根据整理会计档案时确定的会计凭证盒或会计档案盒上的保管期限填写。

7.3.6 卷内张数：指会计凭证总数、账页总数或财务报告的总张数，根据该卷会计档案的具体张数填写。

7.3.7 备注：填写记账凭证起止号或其他需要说明的事项。

8 会计档案卷内目录格式

8.1 会计档案卷内目录纸尺寸及质量要求

会计档案卷内目录用纸尺寸及质量要求与会计档案目录相同。

8.2 会计档案卷内目录项目

会计档案卷内目录项目包括顺序号、责任者、文号、题名、日期、页号、备注。各项目具体位置、尺寸见附录 A 图 A6。

8.3 项目的填写方法

8.3.1 顺序号：以卷内文件材料排列先后顺序填写序号，亦即件号。

8.3.2 责任者：填写对档案内容进行创造或负有责任的团体和个人，即文件材料的署名者。

8.3.3 文号：填写文件制发机关的发文字号。

8.3.4 题名：即文件材料标题，一般应照实抄录，没有标题或标题不规范的，可自拟标题，外加“[ ]”号。

8.3.5 日期：填写文件材料的形成时间，以 8 位阿拉伯数字标注年月日，如 20070619。

8.3.6 页号：填写卷内文件材料所在之页的编号。

8.3.7 备注：在需要说明情况的文件材料栏内打“*”号，并将需说明的情况填写在备考表中。

8.4 适用范围

会计档案卷内目录适用于财务报告和其他类会计档案的整理。

9 卷内备考表格式

9.1 卷内备考表用纸尺寸及质量要求

卷内备考表用纸尺寸及质量要求与会计档案目录相同。

9.2 卷内备考表项目

卷内备考表项目包括本卷情况说明、立卷人、检查人、立卷时间、检查时间，各项目具体位置、尺寸见附录 A 图 A7。

9.3 项目的填写方法

9.3.1 本卷情况说明：填写卷内文件材料（财务报告类和其他类）缺损、修改补充、移出、销毁等情况。案卷立好后发生或发现的问题由有关的管理人员填写并签名，标注时间。

9.3.2 立卷人：由负责立卷者签名。

9.3.3 检查人：由案卷质量审查者签名。

9.3.4 立卷时间：填写完成立卷工作的年月日。

9.3.5 检查时间：填写审查案卷质量的年月日。

9.4 适用范围

卷内备考表适用于财务报告和其他类会计档案的整理。

10 会计档案移交清单格式

10.1 会计档案移交清单用纸尺寸及质量要求

与会计档案目录相同。

10.2 会计档案移交清单项目

会计档案移交清单项目包括年度、种类及数量、移交部门及移交人、接收部门及接收人、监交人、移交时间、备注。各项具体位置、尺寸见附录 A 图 A8。

10.3 项目填写方法

10.3.1 年度：填写需要移交的会计档案所属年度，用 4 位阿拉伯数字填写。

10.3.2 移交部门及移交人：由单位内财务部门及其管理人员填写并盖章签字。

10.3.3 接收部门及接收人：由单位内档案部门或接收会计档案的有关部门及其管理人员填写并盖章签字。

10.3.4 监交人：由监督办理接交档案手续的人员签名。

10.3.5 移交时间：填写办理会计档案移交手续的年月日。

10.3.6 备注：填写移交范围的会计档案中需标明的情况。

附录8 财政部、档案局关于规范电子会计凭证报销入账归档的通知

财会〔2020〕6号

党中央有关部门财务部门、档案部门，各省、自治区、直辖市、计划单列市财政厅（局）、档案局，新疆生产建设兵团财政局、档案局，国务院各部委财务部门、档案部门，财政部各地监管局，有关人民团体财务部门、档案部门，中央企业财务部门、档案部门：

为适应电子商务、电子政务发展，规范各类电子会计凭证的报销入账归档，根据国家有关法律、行政法规，现就有关事项通知如下：

一、本通知所称电子会计凭证，是指单位从外部接收的电子形式的各类会计凭证，包括电子发票、财政电子票据、电子客票、电子行程单、电子海关专用缴款书、银行电子回单等电子会计凭证。

二、来源合法、真实的电子会计凭证与纸质会计凭证具有同等法律效力。

三、除法律和行政法规另有规定外，同时满足下列条件的，单位可以仅使用电子会计凭证进行报销入账归档：

（一）接收的电子会计凭证经查验合法、真实；

（二）电子会计凭证的传输、存储安全、可靠，对电子会计凭证的任何篡改能够及时被发现；

（三）使用的会计核算系统能够准确、完整、有效接收和读

取电子会计凭证及其元数据，能够按照国家统一的会计制度完成会计核算业务，能够按照国家档案行政管理部门规定格式输出电子会计凭证及其元数据，设定了经办、审核、审批等必要的审签程序，且能有效防止电子会计凭证重复入账；

（四）电子会计凭证的归档及管理符合《会计档案管理办法》（财政部　国家档案局第 79 号令）等要求。

四、单位以电子会计凭证的纸质打印件作为报销入账归档依据的，必须同时保存打印该纸质件的电子会计凭证。

五、符合档案管理要求的电子会计档案与纸质档案具有同等法律效力。除法律、行政法规另有规定外，电子会计档案可不再另以纸质形式保存。

六、单位和个人在电子会计凭证报销入账归档中存在违反本通知规定行为的，县级以上人民政府财政部门、档案行政管理部门应当依据《中华人民共和国会计法》《中华人民共和国档案法》等有关法律、行政法规处理处罚。

七、本通知由财政部、国家档案局负责解释，并自发布之日起施行。

财政部

国家档案局

2020 年 03 月 23 日

附录9 电子会计档案管理规范

（摘录自 DA/T 94—2022）

3 术语和定义

下列术语和定义适用于本文件。

3.1

电子会计资料 electronic accounting document

单位在进行会计核算过程中通过计算机等电子设备形成、传输、存储的记录和反映单位经济业务事项的电子形式的各种会计信息记录。

注：电子会计资料包括以电子形式存在的会计凭证、会计账簿、财务会计报告和其他会计资料。其中，财务会计报告包括企业财务会计报告、政府会计主体的财务报告和决算报告、民间非营利组织财务会计报告，以及其他会计主体的财务会计报告。

3.2

电子会计档案 electronic accounting archive

在会计核算工作中由电子计算机直接形成或接收、传输、存储并归档，记录和反映单位经济业务事项，具有凭证、查考和保存价值的电子会计资料。

3.3

会计核算系统 accounting system

单位为进行会计核算而使用的，用于直接采集数据，处理会计业务，生成会计凭证、会计账簿、财务会计报告等会计资料，并对会计资料进行转换、输出、分析和利用的计算机软件、软件系统或软件功能模块。

3.4

业务系统　business system

除会计核算系统外，其他产生电子会计凭证的办公自动化系统、报销系统、合同管理系统、企业资源 179DA/T94—2022 计划系统等计算机信息系统。

3.5

电子会计档案管理信息系统　electronic accounting archives management information system

单位用于电子会计资料收集、整理、归档以及电子会计档案保管、统计、利用、鉴定、处置等业务的电子档案管理信息系统或软件功能模块。

4　管理原则和要求

4.1　单位应加强电子会计档案管理工作，建立和完善电子会计资料的形成、收集、整理、归档和电子会计档案保管、统计、利用、鉴定、处置等管理制度，采取可靠的安全防护技术和措施，保证电子会计档案在传递及存储过程中的真实性、完整性、可用性和安全性。

4.2　单位应将电子会计档案管理工作纳入会计人员、档案人员、相关业务人员岗位职责和绩效考核。

4.3　单位的会计机构或会计人员所属机构（以下统称单位会计管理机构）负责应归档的电子会计资料收集、整理、归档等工作，定期向单位的档案管理机构或者档案工作人员所属机构（以下统称单位档案管理机构）移交。

4.4　单位档案管理机构负责电子会计档案保管、统计、利用、鉴定、处置等工作，并对电子会计资料的收集、整理、归档等进行指导和监督。单位也可以委托具备档案管理条件的机构代为管理电子会计档案。

4.5 单位的信息技术机构应在相关会计核算系统及业务系统规划、分析、设计、实施、运维等过程中落实电子会计资料归档要求，将电子会计资料归档要求在会计核算系统及业务系统中予以实现，提供信息技术支持，并负责电子会计档案管理信息系统的运行维护。

4.6 单位应加强电子会计档案的安全保密管理，涉密电子会计资料和电子会计档案管理按照国家有关规定执行。

4.7 符合国家有关规定形成（或接收）并按照本文件管理的电子会计资料，可仅以电子形式归档保存。

5 电子会计档案管理流程

电子会计档案管理由会计人员、档案人员分工负责，涉及会计核算系统、业务系统、电子会计档案管理信息系统等信息系统，管理过程包括电子会计资料的形成、收集、整理、归档和电子会计档案的保管、统计、利用、鉴定、处置等，管理流程见图1。

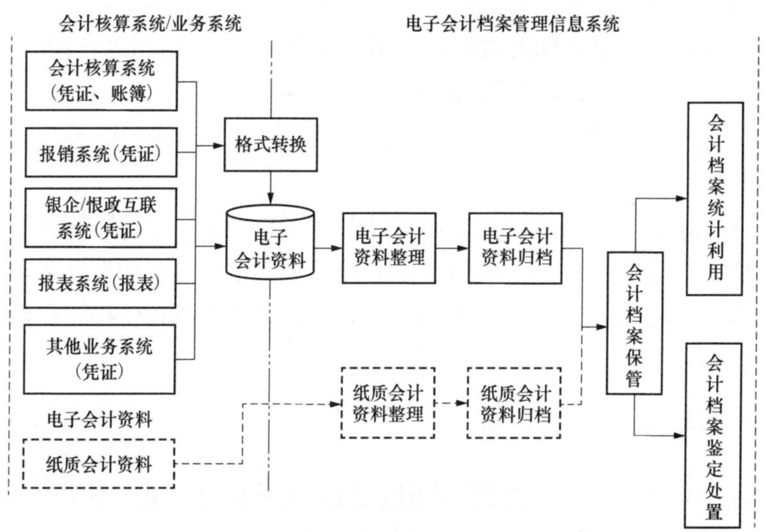

图1 电子会计档案管理流程

6 电子会计资料的形成

6.1 内部形成的电子会计资料应经过经办、审核、审批等必要的审签程序，内容及元数据齐全完整。元数据的结构、内容等见附录 A。

6.2 电子会计资料应形成相应格式的独立的电子文件进行归档。

6.3 内部形成的电子会计资料应按一定的时间和单元输出归档电子会计资料，文件大小应便于管理和利用，各类电子会计资料输出时间及格式应符合以下要求。

a）内部形成的电子会计凭证应在办理完毕后输出成归档电子会计凭证，并在输出信息中体现相关联电子会计凭证间的关联关系。从外部接收的电子会计凭证一般以原格式归档。如原格式不符合归档要求，应将专用软件一并归档，或将原格式转换为符合归档要求的格式，原格式与符合归档要求格式的电子会计资料一并归档。

b）电子会计账簿可按月、季、年等周期定期输出归档电子会计账簿，输出周期可根据数据量大小确定。

c）电子财务会计报告可按会计期间输出归档电子财务会计报告。

6.4 版式电子会计资料归档推荐使用 OFD 格式，不具备应用 OFD 格式条件的单位可使用 PDF 格式或其他符合长期保存要求的版式格式。为方便解析和统计，可同步输出类 XML 描述文件归档。

7 电子会计资料的收集

7.1 电子会计资料归档范围见附录 B，各单位可参考但不限于附录 B 确定本单位电子会计资料归档范围。

7.2 属于归档范围的电子会计资料及其元数据应由会计核算系统、业务系统传输至电子会计档案管理信息系统，传输过程安全可控。电子会计档案元数据方案见附录A。

7.3 电子会计资料收集一般通过接口在线自动收集，接口方案见附录C。

7.4 电子会计资料收集时应梳理电子会计资料的来源，归档电子会计资料与来源系统对照关系可参照表1。

表1　　　　归档电子会计资料与来源系统对照表

<table>
<tr><th colspan="3">归档电子会计资料</th><th>来源系统
（企业）</th><th>来源系统
（行政、事业）</th></tr>
<tr><td rowspan="13">电子会计凭证类</td><td rowspan="12">原始凭证</td><td>销售订单</td><td>企业资料计划系统</td><td>—</td></tr>
<tr><td>出库单</td><td>税务系统</td><td>票据管理系统</td></tr>
<tr><td>销售发票</td><td>企业资源计划系统</td><td>—</td></tr>
<tr><td>采购订单</td><td rowspan="2">企业资源计划系统</td><td rowspan="2">票据管理系统</td></tr>
<tr><td>入库单</td></tr>
<tr><td>采购发票</td><td>税务系统</td><td>票据管理系统</td></tr>
<tr><td>报销单</td><td>报销系统</td><td>报销系统</td></tr>
<tr><td>银行回单</td><td>银企互联系统/
网上银行系统</td><td>银企互联系统/
网上银行系统</td></tr>
<tr><td>合同</td><td>合同管理系统</td><td>合同管理系统</td></tr>
<tr><td>报告</td><td>办公自动化系统</td><td>办公自动化系统</td></tr>
<tr><td>其他原始凭证</td><td>票据管理系统</td><td>票据管理系统</td></tr>
<tr><td></td><td></td><td></td></tr>
<tr><td>记账凭证</td><td>记账凭证</td><td></td><td></td></tr>
<tr><td rowspan="3">电子会计账簿</td><td colspan="2">总账、明细账、现金日记账、银行存款日记账等</td><td rowspan="3">会计核算系统</td><td rowspan="3">会计核算系统</td></tr>
<tr><td colspan="2">固定资产卡片</td></tr>
<tr><td colspan="2">其他辅助性账簿</td></tr>
</table>

续表

<table>
<tr><th colspan="2">归档电子会计资料</th><th>来源系统
（企业）</th><th>来源系统
（行政、事业）</th></tr>
<tr><td rowspan="2">电子财务会计报告</td><td>年报</td><td rowspan="2">会计核算系统</td><td rowspan="2">会计核算系统</td></tr>
<tr><td>月、季、半年报</td></tr>
<tr><td rowspan="2">其他电子会计资料</td><td>银行存款余额调节表、银行对账单</td><td>银企互联系统</td><td>银企互联系统</td></tr>
<tr><td>纳税申报表</td><td>税务系统</td><td>—</td></tr>
</table>

7.5 电子会计资料收集时应按照 DA/T 70 有关要求进行真实性、完整性、可用性和安全性检测。经检测合格的电子会计资料方可登记进入电子会计档案管理信息系统。检测不合格的，应重新收集并在检测合格后登记进入电子会计档案管理信息系统。

7.6 检测合格的电子会计资料应根据附录 B 划定保管期限。电子会计档案保管期限分为永久和定期，定期一般为 10 年和 30 年，从会计年度结束后的第一天算起。附录 B 中的电子会计档案保管期限为最低保管期限，各单位可根据工作需要选择更高的保管期限。

7.7 各单位电子会计档案的具体名称如有同附录 B 所列名称不一致的，应比照类似档案的保管期限办理。

8 电子会计资料的整理

8.1 整理时间

电子会计资料收集完成后应及时整理。其中，电子会计凭证、电子会计账簿、电子固定资产卡片、电子财务会计报告及其他电子会计资料应分别在会计年度结束后 1 个月内、会计决算后 1 个月内、固定资产报废后 1 年内、电子财务会计报告生成后 1 个月内、会计年度结束后 3 个月内完成整理。

8.2 原则

整理电子会计资料应按照其自然形成规律和固有特点，保持电子会计资料之间的有机联系，区别不同的保存价值，便于保管和利用。形成电子会计资料数量较少的单位，将电子会计资料按照 8.3 进行分类后可按件整理。

8.3 分类

8.3.1 制定分类方案

电子会计资料整理时应按照电子会计档案分类方案进行分类。电子会计档案分类方案参照 8.3.3 进行编制，并嵌入电子会计档案管理信息系统中。

8.3.2 电子会计档案分类原则

电子会计档案分类原则如下。

a）按会计资料形式分类：即按会计资料的内容形式分类。一般分为会计凭证、会计账簿、财务会计报告、其他会计资料 4 类。

b）按会计年度分类：即按会计档案针对的会计年度分类。

c）按保管期限分类：即按会计档案的保管期限分类。

d）按组织机构分类：即按会计档案形成的组织机构分类。一般用于总预算会计单位的会计档案分类。

e）按会计类型分类：即按会计档案反映的会计类型分类。一般用于税务机关的会计档案分类。

8.3.3 分类方法

推荐使用的分类方法及适用性如下。

a）会计资料形式·会计年度·保管期限分类法，具体见附录 D 的 D.1，适用于中、小型单位，即会计档案的年形成量不大的单位，也是目前大多数单位采用的方法。

b）会计年度·会计资料形式·保管期限分类法，具体见 D.2，适用于预算单位。

c）会计年度·组织机构·会计资料形式·保管期限分类法，具体见 D.3，适用于多个部门产生会计档案的单位以及各级总预算单位。

d）会计年度·会计类型·会计资料形式·保管期限分类法，具体见 D.4，适用于专业性强的各级税务机关。

8.3.4 类别号设置

电子会计档案类别号的设置应科学、简洁，可根据实际扩展。会计年度采用 4 位阿拉伯数字，会计资料形式、保管期限、组织机构、会计类型等类目一般采用大写汉语拼音字母、阿拉伯数字或二者组合编制，不应有重号。上、下级类目编号间用“·”分隔。

8.4 电子会计凭证的组件、组卷及排列

8.4.1 电子会计凭证按记账凭证号组件，记账凭证及其附带的原始凭证、其他附件等组成一件。件内按记账凭证、原始凭证、其他附件的顺序排列。

8.4.2 电子会计凭证一般按时间组卷，即将电子会计凭证按适当的时间周期组卷，卷内电子会计凭证按凭证号先后顺序排列。实行电子会计凭证分类的，按类型结合时间组卷，不同类型的电子会计凭证不应组成一卷。

8.4.3 电子会计凭证案卷按时间先后顺序排列。实行电子会计凭证分类的，电子会计凭证案卷按类型结合时间顺序排列。

8.4.4 同一记账凭证号的会计凭证存在不同记录形式时，可分别按照不同记录形式进行整理，并以元数据的方式记录其关联关系。如记账凭证为电子形式、原始凭证为纸质形式时，记账凭证按电子档案形式整理，成为一件电子档案；原始凭证以纸质档案形式整理，成为一件纸质档案。同时，在记账凭证的相应元数据中注明其原始凭证号，在原始凭证适当位置注明其对应记账凭证号。

8.5 电子会计账簿的组件、组卷及排列

8.5.1 电子会计账簿根据 6.3 按科目、会计周期，结合单个电子文件可存储的数据量组件。其中，电子固定资产卡片按固定资产编号组件，同一固定资产编号的电子固定资产卡片组成一件。

8.5.2 电子会计账簿应在一个会计年度内按类型定期组卷。卷内电子会计账簿按形成时间先后顺序排列。

8.5.3 不同类型的电子会计账簿按总账、明细分类账、银行存款日记账、现金日记账、固定资产卡片、其他辅助账簿的顺序排列，同一类型的电子会计账簿按时间顺序排列。

8.6 电子财务会计报告及其他电子会计资料的组件、组卷及排列

8.6.1 电子财务会计报告按类型结合周期组件。不同类型、不同周期的报告不应组成一件。

8.6.2 电子财务会计报告按月报、季报、半年报、年报分别组卷。卷内电子财务会计报告按形成时间先后顺序排列。

8.6.3 电子财务会计报告案卷按月报、季报、半年报、年报的顺序排列，同一类型电子财务会计报告案卷按时间先后顺序排列。

8.6.4 除前述外的其他电子会计资料按类别结合时间整理组卷，不同类别和保管期限的电子会计资料不应组成一卷。卷内电子会计资料按形成时间顺序排列。

8.7 编号

排列好的电子会计资料应编制档号，档号格式为“[全宗号-]类别号-案卷号-件号（卷内序号）”。类别号由分类方案给定；案卷号和件号（卷内序号）由 4 位阿拉伯数字标识，不足 4 位的，前面用“0”补足。

9 电子会计资料的归档

9.1 经整理的电子会计资料在会计年度终了后，可由单位会计管理机构临时保管 1 年，再移交单位档案管理机构保管。因工作需要确需推迟移交的，应经单位档案管理机构同意，但最长不超过 3 年。临时保管期间，电子会计档案的保管应符合国家档案管理的有关规定，且出纳人员不应兼管电子会计档案。

9.2 单位档案管理机构在接收电子会计档案时应按照 DA/T 70 有关要求进行检测，检测合格后方可接收。

9.3 电子会计档案移交与接收时，双方应通过线上或线下及时办理交接手续。

10 电子会计档案的保管

10.1 定期评估

单位档案管理机构应每年对电子会计档案的可读性进行评估，形成评估报告；如存在因系统软硬件或其他技术升级、更新导致电子会计档案不可读取的风险，应对电子会计档案进行迁移。

10.2 迁移评估

电子会计档案迁移前应进行迁移可行性评估，包括目标载体、系统、格式的可持续性、安全性、经济性等评估，并保证迁移过程中电子会计档案真实、完整，过程可控，防止迁移过程中电子会计档案信息丢失或被非法篡改。

10.3 存储

10.3.1 电子会计档案应实施在线和离线存储。在线存储按电子会计档案管理系统运行要求实施。离线存储载体应具有较好的耐久性，按优先顺序依次为一次性写光盘、磁带、硬磁盘等。

10.3.2 重要电子会计档案应进行一式三套离线存储，三套离线存储载体宜分开保管，有条件的单位应进行异地备份。

10.3.3 离线存储载体管理按照 DA/T15 和 DA/T38 给出的要求进行。

10.3.4 离线存储应按照保管单位和存储载体容量进行信息组织。应支持导入后形成交接凭据，交接凭据的要求参见《电子档案移交与接收办法》，不能用运维备份的信息组织方式进行离线存储，更不能用系统备份文件代替离线存储文件。

10.3.5 对离线存储电子会计档案的磁性载体每满 2 年、光盘每满 4 年进行一次抽样机读检验，抽样率不低于 10%，发现问题应及时采取措施。

10.3.6 对磁性载体上的电子档案，应每 4 年转存一次。原载体同时保留时间不少于 4 年。

11 电子会计档案的统计

单位应按照国家档案统计要求及本单位实际需要，对电子会计档案进行统计。

12 电子会计档案的利用

12.1 单位应制定利用电子会计档案的权限规定，权限设置应科学、合理，并在电子会计档案管理信息系统中实施。当超出权限利用档案时，应进行审批。

12.2 单位应保证电子会计档案在利用过程中不被篡改。

12.3 电子会计档案可根据授权提供在线或离线利用，利用过程应通过日志或其他方式形成记录，记录信息包括利用人、利用时间、利用方式、利用电子会计档案名称、档号等。利用过程信息应作为电子会计档案元数据进行保存。

13 电子会计档案的定期鉴定及处置

13.1 单位应定期对已到保管期限的电子会计档案进行鉴定，形成鉴定意见书。

13.2 电子会计档案鉴定工作应由单位档案管理机构牵头，组织单位会计、信息技术、审计、纪检监察等机构或人员共同进行。

13.3 经鉴定，仍需继续保存的电子会计档案，应重新划定保管期限；经鉴定可以销毁的电子会计档案，按照以下程序销毁。

a）由单位档案管理机构输出电子会计档案销毁清册，列明拟销毁电子会计档案的名称、册数、起止年度、档号、应保管期限、已保管期限、应销毁时间等内容。

b）单位负责人、档案管理机构负责人、档案管理机构经办人在电子会计档案销毁清册上签署意见。

c）单位档案管理机构负责组织电子会计档案销毁工作，并与会计管理机构共同派员监销，销毁完成后监销在销毁清单上签字。电子会计档案销毁应通过物理删除的方式进行，并进行不可恢复性验证，销毁清册及记录宜输出纸质文件永久保存。

13.4 保管期满但未结清债权债务或涉及其他未了事项的电子会计档案不应销毁，应单独抽出立卷或转存，直至未了事项完结为止。单独抽出立卷或转存的电子会计档案，应在电子会计档案鉴定意见书、电子会计档案销毁清册和电子会计档案保管清册中列明。

13.5 单位按照国家有关规定及时将应进馆的电子档案及其元数据移交进馆。移交方法参见《电子档案移交与接收办法》。

14 元数据管理

14.1 在电子会计资料归档和电子会计档案管理过程中应同时捕获、归档和管理元数据。

14.2 系统开发时应对元数据捕获节点进行规划，明确会计核算系统、业务系统、电子会计档案管理信息系统需捕获的元数据项及其捕获方式，具体见附录 A。

14.3 应对电子会计档案元数据进行完善，具体见附录 A，确保元数据能够规范、客观、准确地描述电子会计档案的主题内容与形式特征。电子会计档案背景、结构和管理过程元数据不应修改。

15 会计核算系统、业务系统及电子会计档案管理信息系统建设

15.1 单位会计核算系统、业务系统建设要求

单位在会计核算系统、业务系统建设时应充分考虑电子会计资料以下归档要求。

a）选择适宜的电子会计资料存储格式，以便于向电子会计档案存储格式转换。为保证电子会计资料的顺利归档，系统实施时尽可能采用符合归档要求的数据结构和文件存储格式作为系统运行时的文件存储格式。如确无法采用符合归档要求的格式，应在系统实施时对所使用的数据结构和文件格式进行可转换性评估，评估为无法转换或风险较大的业务系统应谨慎使用。

b）对电子会计资料在会计核算系统、业务系统中的元数据捕获节点与元素进行规划，将应由会计核算系统、业务系统捕获的电子会计资料元数据全部形成并捕获。有关要求见附录 A。

c）根据系统技术架构选择可行的电子会计资料输出方式，具体见附录 C。

d）确定会计核算系统、业务系统生成电子会计资料归档时的数据包格式。

15.2 电子会计档案管理信息系统功能

电子会计档案管理信息系统功能应符合附录 E 的规定。

15.3 会计核算系统、业务系统与电子会计档案管理信息系统衔接

电子会计资料归档和电子会计档案管理一般通过电子会计档案管理信息系统实现，也可通过在会计核算系统、业务系统中设

计电子会计资料归档和电子会计档案管理功能实现，还可通过将相应功能分别设计在会计核算系统、业务系统和电子会计档案管理信息系统中实现。

16 未实施电子会计档案管理信息系统单位电子会计档案保存方法

16.1 通过会计核算系统进行会计核算单位的电子会计档案保存方法为落实《财政部国家档案局关于规范电子会计凭证报销入账归档的通知》中“四、单位以电子会计凭证的纸质打印件作为报销入账归档依据的，必须同时保存打印该纸质件的电子会计凭证”要求，未实施电子会计档案管理信息系统，但通过会计核算系统进行会计核算的单位，电子会计档案应由会计人员按照以下方法进行保存。

a）从会计核算系统下载电子会计资料，按照附录F的表F.1填写电子会计档案登记表，对电子会计资料进行登记。

b）对下载后的电子会计资料进行真实性、完整性、可用性和安全性检测，检测合格后方可接收。

c）对电子会计资料进行组件。将同一凭证号的电子会计凭证拷贝至同一文件夹，并在文件夹内按记账凭证、报销单、发票、其他附件的顺序排列，一个文件夹视为一件；电子会计账簿按科目、会计周期，结合单个电子文件可存储的数据量组件，每个会计周期为一件；电子财务会计报告按会计周期组件，一个会计周期为一件。存储格式应符合本标准6的要求。

d）划定保管期限。

e）排列电子会计资料。根据分类方案和电子会计资料号顺序以件为单位依次排列电子会计资料，编制档号，并将档号、保管期限等信息填入电子会计档案登记表。

f）编制说明文件，包括电子会计档案内容（会计期间+会计文件形式）、电子会计档案数量、移交人、其他需要说明的情况（如非通用格式文件说明）等。例如：2020年1月—12月电子会计凭证，共555件，张三移交。

g）电子会计资料、目录（电子会计资料登记表）及说明文件的存储见图F.1。

h）将目录（电子会计资料登记表）输出纸质文件。

i）将电子会计资料、目录（电子会计资料登记表）及其纸质文件、说明文件和其他纸质档案在规定时限内移交档案人员。

j）采用多重备份、定期检测等方法，保证电子会计档案在保管期限内真实、完整、安全、可用。

16.2 未通过会计核算系统进行会计核算单位的电子会计凭证保存方法

为落实《财政部国家档案局关于规范电子会计凭证报销入账归档的通知》中“四、单位以电子会计凭证的纸质打印件作为报销入账归档依据的，必须同时保存打印该纸质件的电子会计凭证”要求，未实施电子会计档案管理信息系统且未通过会计核算系统进行会计核算的单位，会计资料主要为纸质载体，从外部接收的电子会计凭证应由会计人员按以下方法进行保存。

a）接收电子会计凭证，填写电子会计资料登记表，对电子会计资料进行登记。

b）对接收的电子会计凭证进行真实性、完整性、可用性、安全性检测，检测合格后方可接收。

c）根据相应纸质载体会计凭证所在案卷（或册）号在存储载体中建立卷（或册）文件夹，将电子会计凭证拷贝至相应卷（或册）文件夹。

d）根据相应纸质载体会计凭证所在案卷（或册）号，将档号、保管期限等信息填入电子会计档案登记表中。

e）编制说明文件，包括会计期间、电子会计凭证名称、数量、移交人、其他需要说明的情况（如非通用格式文件说明）等。例如：2020 年 1 月—12 月电子发票，共 555 件，张三移交。

f）电子会计凭证、目录（电子会计档案登记表）及说明文件的存储见图 F.2。

g）将目录（电子会计档案登记表）输出纸质文件。

h）将整理好的电子会计凭证、目录（电子会计档案登记表）及其纸质文件、说明文件和其他纸质档案在规定时限内移交档案人员。

i）采用多重备份、定期检测等方法，保证电子会计档案在保管期限内真实、完整、安全、可用。

附　录　A

（规范性）

电子会计档案元数据方案

本方案参考 DA/T 46，结合目前电子会计资料归档和电子会计档案管理的实际制定，表 A.1 给出了文件实体元数据项，表 A.2 给出了机构人员实体元数据项，表 A.3 给出了业务实体元数据项，表 A.4 给出了实体关系元数据项。

表 A.1　　　　文件实体元数据

编号	元数据	编号	元数据	来源系统
M1	聚合层次			
M2	来源	M3	档案馆名称	电子会计档案管理信息系统
		M4	档案馆代码	电子会计档案管理信息系统
		M5	全宗名称	电子会计档案管理信息系统
		M6	立档单位名称	电子会计档案管理信息系统

续表

编号	元数据	编号	元数据	来源系统
M7	电子文件号			电子会计档案管理信息系统
M8	档号	M9	全宗号	电子会计档案管理信息系统
		M10	目录号	电子会计档案管理信息系统
		M11	年度	电子会计档案管理信息系统
		M12	保管期限	电子会计档案管理信息系统
		M13	机构或问题	会计核算系统/电子会计档案管理信息系统
		M14	类别号	会计核算系统/电子会计档案管理信息系统
		M15	室编案卷号	电子会计档案管理信息系统
		M16	馆编案卷号	电子会计档案管理信息系统
		M17	室编件号	电子会计档案管理信息系统
		M18	馆编件号	电子会计档案管理信息系统
		M19	文档序号	电子会计档案管理信息系统
		M20	页号	电子会计档案管理信息系统
M21	内容描述	M22	题名	会计核算系统
M21	内容描述	M23	并列题名	会计核算系统
		M24	副题名	会计核算系统
		M25	说明题名文字	会计核算系统
		M26	主题词	会计核算系统/电子会计档案管理信息系统
		M27	关键词	会计核算系统/电子会计档案管理信息系统
		M28	人名	会计核算系统/电子会计档案管理信息系统
		M29	摘要	电子会计档案管理信息系统
		M30	分类号	会计核算系统/电子会计档案管理信息系统

续表

编号	元数据	编号	元数据	来源系统
M21	内容描述	M31	文件编号	会计核算系统
		M32	责任者	会计核算系统
		M33	日期	会计核算系统
		M34	文种	会计核算系统
		M35	紧急程度	会计核算系统
		M36	主送	会计核算系统
		M37	抄送	会计核算系统
		M38	密级	会计核算系统
		M39	保密期限	会计核算系统
		M40	会计年度	会计核算系统
		M41	会计月份	会计核算系统
		M42	本位币	会计核算系统
		M43	编制人	会计核算系统
		M44	编制日期	会计核算系统
		M45	审核人	会计核算系统
		M46	审核日期	会计核算系统
M47	形式特征	M48	文件组合类型	会计核算系统
		M49	件数	会计核算系统
		M50	页数	会计核算系统
		M51	语种	会计核算系统
		M52	稿本	会计核算系统
M53	电子属性	M54	格式信息	会计核算系统
		M55	计算机文件名	会计核算系统
		M56	计算机文件大小	会计核算系统
		M57	文档创建程序	会计核算系统
		M58	信息系统描述	会计核算系统

续表

编号	元数据	编号	元数据	来源系统
M59	数字化属性	M60	数字化对象形态	会计核算系统
		M61	扫描分辨率	会计核算系统
		M62	扫描色彩模式	会计核算系统
		M63	图像压缩方案	会计核算系统
M64	电子签名	M65	签名规则	会计核算系统
		M66	签名时间	会计核算系统
		M67	签名人	会计核算系统
		M68	签名结果	会计核算系统
		M69	证书	会计核算系统
		M70	证书引证	会计核算系统
		M71	签名算法标识	会计核算系统
M72	存储位置	M73	当前位置	会计核算系统
		M74	脱机载体编号	会计核算系统
		M75	脱机柜体存址	会计核算系统
		M76	缩微号	会计核算系统
M77	权限管理	M78	知识产权说明	电子会计档案管理信息系统
		M79	授权对象	电子会计档案管理信息系统
		M80	授权行为	电子会计档案管理信息系统
		M81	控制标识	电子会计档案管理信息系统
M82	附注			

表 A.2　　　　机构人员实体元数据

编号	元数据	来源系统
M83	机构人员类型	会计核算系统/电子会计档案管理信息系统
M84	机构人员名称	会计核算系统/电子会计档案管理信息系统
M85	组织机构代码	会计核算系统/电子会计档案管理信息系统
M86	个人职位	会计核算系统/电子会计档案管理信息系统

表 A.3　　业务实体元数据

编号	元数据	来源系统
M87	业务状态	会计核算系统/电子会计档案管理信息系统
M88	业务行为	会计核算系统/电子会计档案管理信息系统
M89	行为时间	会计核算系统/电子会计档案管理信息系统
M90	行为依据	会计核算系统/电子会计档案管理信息系统
M91	行为描述	会计核算系统/电子会计档案管理信息系统

表 A.4　　实体关系元数据

编号	元数据	来源系统
M92	实体标识符	会计核算系统/电子会计档案管理信息系统
M93	关系类型	会计核算系统/电子会计档案管理信息系统
M94	关系	会计核算系统/电子会计档案管理信息系统
M95	关系描述	会计核算系统/电子会计档案管理信息系统

编　后　语

工程项目建设完工后，国家行政管理部门或上级单位根据相应的档案管理规范，仅对项目档案归档的完整性、系统性、准确性，以及档案的及时、规范、安全保管情况进行检查验收，并建立了完善的项目档案验收体系，建设项目档案的归档工作步入规范化管理，使项目档案经历了从无到有、从有到全、从全到好的过程，成效是显著的。但是，建设单位形成的会计档案，却常常疏于管理，导致工程建设完工多年后，会计机构未向档案部门移交会计档案，而且电子会计档案的形成给会计人员和档案员人提出了新的要求，为加强纸质会计档案和电子会计档案的实时归档，提高会计核算材料从形成、收集、整理、编目、移交归档水平，开拓会计人员对会计核算文件材料的分类及档号编制思路，特编撰《电力会计档案管理应用手册》一书，为财务人员和档案人员工作提供学习与参考。